Konfession, Bild und Macht

Hamburger Veröffentlichungen zur Geschichte
Mittel- und Osteuropas
Eine Reihe des Historischen Seminars der Universität Hamburg

Herausgegeben von Arno Herzig
und Frank Golczewski

Bd. 11

Jens Baumgarten

Konfession, Bild und Macht

Visualisierung als katholisches Herrschafts- und Disziplinierungskonzept in Rom und im habsburgischen Schlesien (1560-1740)

Dölling und Galitz Verlag
Hamburg München 2004

Wir danken für die großzügige Unterstützung:
VolkswagenStiftung für das Teilprojekt „Die Kunst-und Kulturpolitik der Jesuiten in Schlesien und der Grafschaft Glatz" im Forschungsprojekt „Die Rekatholisierungspolitik Habsburgs. Voraussetzungen, Mechanismen und Auswirkungen am Beispiel Schlesiens und der Grafschaft Glatz"
Universität Hamburg
Hamburgische Wissenschaftliche Stiftung

Bibliografische Information Der Deutschen Bibliothek
Die Deutsche Bibliothek verzeichnet diese Publikation in der Deutschen Nationalbibliografie; detaillierte bibliografische Daten sind im Internet über http://dnb.ddb.de abrufbar.

© 2004 Copyright Dölling und Galitz Verlag GmbH, Hamburg • München
Professor Benjamin Allee 1, 82067 Ebenhausen bei München
Große Bergstrße 253, 22767 Hamburg
Umschlagentwurf: Wilfried Gandras
Herstellung: Christine Schatz
Printed in Germany
Umschlagabbildungen: Jesuitenkirche Breslau, Herder-Institut Marburg

Inhaltsverzeichnis

Danksagung

I. **Einleitung**   **10**

II. **Visualisierung als Konzept von Herrschaft und Disziplinierung: theoretische Reflektionen im Medium des Wortes über das Bild**   **32**

    1. Das Bilderdekret des Tridentinums   32
    2. Politik und theoretische Reflektion: Carlo Borromeo, Gabriele Paleotti, Roberto Bellarmino   41
    3. Theologie der „visibilitas": posttridentinische Bildtheorie   67
    4. Künstlertheorie   89
    5. Affekterregung und -disziplinierung durch das Bild   95
    6. Parallelkonzeption von Predigt und Rhetorik   102
    Exkurs: Wissenschaftskonzeption als Disziplinierung   117
    7. Das Modell des „Neuen Sehens" der posttridentinischen Kirche   127

III. **Visualisierung als Instrument zur Rekatholisierung: Herrschafts- und künstlerische Praxis in Wort und Bild**   **139**

    1. Modelle der Disziplinierung in Rom   140
        a) Neuinszenierung alter Kultbilder: Bilderverehrung in der Cappella Paolina in S. Maria Maggiore   141
        b) Vorbild und Rhetorisierung: Märtyrerzyklus in S. Stefano Rotondo   143
        c) Affekterregung und Individualisierung: Cappella Cornaro in S. Maria della Vittoria   146

		d) Fragmentierung und Bewegung: Urbanistik, Kolonnaden von S. Pietro und S. Ignazio	152

    2. Adaptionen und Modifikationen des Visualisierungskonzeptes im habsburgischen Schlesien   161
        a) Visualisierung von Herrschaft: „pietas austriaca"   164
        b) Visualisierung als Instrument einer Rekatholisierungspolitik in Glatz und Breslau   173

IV. Schluss   **203**

V. Quellen- und Literaturverzeichnis   **217**
    1. Quellen   217
    2. Literatur   222

VI. Register   **268**
    1. Personenregister   268
    2. Ortsregister   274
    3. Sachregister   277

VII. Abbildungsverzeichnis   **287**
    1. Abbildungen   287
    2. Abbildungsnachweise   323

Danksagung

Arno Herzig und Horst Pietschmann für kritische Begleitung.
Fritz Jacobs, Achatz von Müller, Martin Warnke und Rudolf Preimesberger für Anregungen und visuelle Erhellung.
Christine Schatz für kritisches Schlusslektorat.
Karen Voss für herzliche Sonderausleihen.
Der VolkswagenStiftung für das tägliche Brot.
Der Hamburgischen Wissenschaftlichen Stiftung und der Universität Hamburg für das hier gedruckte Wort.
Der Bibliotheca Hertziana in Rom, dem Herder-Institut in Marburg und dem Jesuiten-Archiv in Krakau für ausgezeichnete Texte und Bilder.
Allen anderen Archiven und Bibliotheken für Kooperation und Hilfe.
Ulrich Rüter für Herzensgröße.
Ulrich Prehn, Martin Knauer, Jens Jäger für freundschaftliche und detailreiche Korrekturen.
Karin Schnitzer für viele intensive Gespräche.
Und allen anderen Freundinnen und Freunden für ihre Toleranz und Zuneigung.
Ursula und Günter Baumgarten für immer währende materielle, intellektuelle und seelische Unterstützung und nie endende Hoffnung.

Die Arbeit wurde im Oktober 2002 vom Fachbereich Philosophie und Geschichtswissenschaft der Universität Hamburg als Dissertation angenommen. Allen Beteiligten sei hier nochmals für das zügige Verfahren gedankt.

I. Einleitung

In der Vorrede zu seiner Bearbeitung von Calderón de la Barcas *Großem Welttheater* fasst Hugo von Hofmannsthal als letzter Vertreter einer habsburgisch-österreichischen Literatur die barocke „Weltsicht" zusammen: „Von diesem [gemeint ist Calderón – Anm. J. B.] ist hier die das Ganze tragende Metapher entlehnt: daß die Welt ein Schaugerüst aufbaut, worauf die Menschen in ihren von Gott ihnen zugeteilten Rollen das Spiel des Lebens aufführen".[1] Deutlich wird die Bedeutung der Visualisierung als Metapher, als Möglichkeit der „Welterklärung". Das Bild und die Visualisierung spielen eine zentrale Rolle im barocken Denken. Doch nicht nur die „Verzauberung" durch eine Fülle von poetischen Metaphern und Allegorien wird in diesem Theaterstück thematisiert, sondern auch die Funktionsweise frühneuzeitlicher Herrschaft findet ihren Niederschlag. So wird im ersten Teil des Stückes, bevor die Seelen ihre zugewiesenen Rollen spielen, darauf hingewiesen, dass sie diese freiwillig übernehmen. Als diejenige Seele, welche die Rolle des Bettlers erhalten soll, sich weigert, eine derartig „jammervolle" Partie darzustellen, wird sie „überzeugt" mit den Worten des Engels: „Aber wer Freiheit hat und ist ihrer würdig, der fragt: wozu habe ich Freiheit? und ruht nicht, bis er erkennt, welche Frucht sie bringe. Die Frucht aber der Freiheit ist eine: das Rechte zu tun."[2] Schließlich übernimmt die Seele „freiwillig" ihre Rolle als Bettler. Die Freiwilligkeit bedarf des selbstdisziplinierten Individuums.

Hiermit sind bereits diejenigen Themen benannt, von denen die vorliegende Arbeit handelt: In welchem Maße gehört Visualisierung zu einer Disziplinierung des Einzelnen? Welcher Formen neben der gewaltsamen Disziplinierung bedurfte es? Gewalt und Verzauberung gehören sicherlich zu den Mitteln einer frühneuzeitlichen Herrschaftsauffassung. Sie sind verbunden mit zentralen Aspekten von Transformationsprozessen, durch die die Bildauffassung wesentliche Veränderungen erfährt. Interessanterweise faszinieren bis heute barocke Bildwelten die Betrachter; oder diese fühlen sich abgestoßen vom „übertriebenen Schwulst". In beiden Reaktionen schwingt die Konnotation von religiösen und Herrschaftsaspekten mit. Was aber haben Barock und die postmoderne Mediengesellschaft gemeinsam? Auf den ersten Blick überhaupt nichts. Auch für ein heutiges Bildverständnis scheint die Analyse religiöser bzw. konfessioneller Vorbedingungen keinen besonderen Erkenntnisgewinn zu bringen. Jedoch gehören religiös motivierte Konflikte und ihre visuelle Vermittlung im beginnenden 21. Jahrhundert zur politischen Realität. *Konfession, Bild und Macht* lautet der Titel der vorliegenden Arbeit. Dass Bildern in unserem (post)modernen Me-

---

[1] HUGO VON HOFMANNSTHAL: Gesammelte Werke, 10 Bde., Frankfurt/Main 1979, hier Bd. Dramen III, Das Salzburger Große Welttheater, S. 107.
[2] Ebd., S. 120.

dienzeitalter und auch im derzeitigen Wissenschaftsdiskurs besondere Aufmerksamkeit zukommt, ist keine sonderlich neue Erkenntnis. In der Behandlung dieser Themen im Sinne einer wissenschaftlich reflektierten Medienanalyse[3] spielt die Geschichtswissenschaft bislang jedoch keine führende Rolle, obwohl sie ein breites Spektrum an methodischen Zugängen bieten könnte. Dabei stellt die Trias von Konfession, Bild und Macht zweifellos eine (kultur)historisch bedeutsame Konstellation der europäischen wie außereuropäischen Geschichte des 15. bis 18. Jahrhunderts dar. Wie sieht also die „eigene" Perspektive, die europäische Vergangenheit, in Bezug auf Bild, Konfession und Macht aus? Kann sie uns im 21. Jahrhundert aufgrund ihrer historischen „Fremdheit" vielleicht helfen, heutige mediale Konstruktionen und aktuelle Transformationsprozesse zu verstehen?

Eine Anwendung moderner Fragestellungen auf Aspekte frühmoderner Probleme hat Felix Burda-Stengel für die ästhetische Thematik in seiner Arbeit über den barocken Illusionismus und die heutige Videokunst versucht, indem er beide Bereiche auf der Ebene der Rezeption miteinander verknüpft.[4] Zwar versteht sich auch die vorliegende Arbeit in ihrem Erkenntnisinteresse von aktuellen Fragen und Problemen über die Transformationsprozesse der (post)modernen Mediengesellschaft in ihrer kulturellen Selbstdefinition geleitet, jedoch will sie als historische Arbeit auch die politischen und gesellschaftlichen Entwicklungen für die Analyse nutzen. Für die postmoderne Kultur fragt Tom Holert: „Was geschieht in Zeiten einer zunehmend dezentrierten und multiperspektivischen Bildersphäre mit den Bildern der Herrschenden? Wie exakt kann das mediale Bild konstruiert werden, wie steuerbar sind seine Wirkungen?"[5] Für eine zentrierte Gesellschaft müssten die Bilder eine gänzlich andere Bedeutung haben, und die mediale Steuerung sollte kein Problem darstellen. In der Rückschau der postmodernen Kulturkritiker stellt sich die Frühmoderne oft als monofokale, zentrierte Epoche dar. Wie sehen aber konkret die gesellschaftlichen und politischen Bedingungen für die Auffassungen über die Bilder aus? Wie werden in

---

[3] Häufig wird in diesem Zusammenhang heute vom „ionic" oder „pictorial turn" gesprochen. Zum Begriff des „pictorial turn" vgl. W. J. T. MITCHELL: Der Pictorial Turn, in: CHRISTIAN KRAVAGNA (Hrsg.): Privileg Blick. Kritik der visuellen Kultur, Berlin 1997, S. 15-40, hier S. 26. Zum Begriff der Medienrevolution vgl. MICHAEL GIESECKE: Sinnenwandel, Sprachwandel, Kulturwandel: Studien zur Vorgeschichte der Informationsgesellschaft, Frankfurt/Main 1992, und DERS.: Der Buchdruck in der frühen Neuzeit – eine historische Fallstudie über die Durchsetzung neuer Informations- und Kommunikationstechnologien, Frankfurt/Main 1991.

[4] Vgl. FELIX BURDA-STENGEL: Andrea Pozzo und die Videokunst. Neue Überlegungen zum barocken Illusionismus, Berlin 2001, hier S. 115: „Die Verbindung von Video- und Barockkunst ist eher indirekter Art und findet in Bereichen statt, die mit der Irritation oder Täuschung der Sinne des Betrachters und seiner Bewegung im Raum zu tun haben". Für die parallel von mir entwickelten Ansätze vgl. Kapitel III.2.b).

[5] TOM HOLERT: Bildfähigkeiten. Visuelle Kultur, Repräsentationskritik und Politik der Sichtbarkeit, in: Imagineering. Visuelle Kultur und Politik der Sichtbarkeit, hrsg. von DEMS., Köln 2000, S. 14-33, hier S. 23.

einer Zeit der konfessionellen Brüche mediale Bilder konstruiert und wie werden diese instrumentalisiert?

Im Mittelpunkt steht deshalb die Frage, inwieweit religiöse bzw. konfessionelle Kulturen sich in der Zeit nach der Reformation zum Ende des 16. Jahrhunderts herausgebildet haben. Das Hauptinteresse gilt hierbei der Bedeutung des Bildes bzw. der Visualisierung für die Konstituierung einer konfessionellen Identität. In der katholischen Kirche, die sich nach dem Trienter Konzil 1563 neu formierte und sich eine konfessionelle Identität gab, spielte das Bild im Gegensatz zum Protestantismus eine weitaus komplexere Rolle, als sich in der dichotomischen Unterscheidung von der protestantischen Wortkultur und der katholischen Bildkultur ausdrücken ließe. Der Diskurs über die Visualisierung als grundlegendes Prinzip soll in der vorliegenden Untersuchung in die (Re-)Konstruktion des politischen und gesellschaftlichen Prozesses integriert werden. Insofern soll nach den entsprechenden katholischen Konzepten einer Visualisierung gefragt werden. Im Rahmen der frühneuzeitlichen Konzepte von Disziplinierung und Herrschaftspraxis spielte die Visualisierung eine wesentliche Rolle.[6] Deren Stellenwert zu analysieren bzw. deren Adaptionen und Modifikationen zu untersuchen soll Hauptaufgabe dieser Arbeit sein. Inwieweit haben die theologisch-politischen Vorstellungen nach dem Trienter Konzil im Rahmen einer Disziplinierung des Einzelnen auch zu einer neuen Bewertung des Bildes und der Visualisierung geführt, bzw. in welchem interdependenten Verhältnis stehen Politik und Ästhetik?

Gemäß der leitenden Fragestellung orientiert sich der Aufbau der Arbeit am Konzept der Visualisierung als Herrschafts- und Disziplinierungsinstrument in Wort und Bild sowie dessen gesellschaftlicher und politischer Grundlage. Insofern ergibt sich ein chronologisches Vorgehen, um die Entwicklung dieses Modells in einzelnen Schritten nachzuvollziehen.[7] Den historischen Ausgangspunkt meiner Analyse stellt das Konzil von Trient dar. Dessen Abschluss im Jahr 1563 bildete einen Einschnitt in der europäischen Geschichte des 16. Jahrhunderts, einer Epoche, die von konfessionellen Auseinandersetzungen geprägt war. Bestimmten die Protestanten in den ersten Jahrzehnten politisch, kulturell und sozial das Geschehen, fand die katholische Kirche in der zweiten Hälfte des Jahrhunderts zu aktivem Handeln zurück und gewann wieder an Einfluss.

Die Bilderfrage war einer der Hauptstreitpunkte der konfessionellen Auseinandersetzungen. Entsprechend den politischen Zäsuren entstanden die wesent-

---

[6] Vgl. beispielsweise MICHEL FOUCAULT: Überwachen und Strafen, Frankfurt/Main 1991, wo er anhand der Visualisierung den Übergang von klassischen zu modernen Epistemen nachvollzieht. Er begreift die beiden Visualitätsformen entsprechend als Kontrast zwischen „spectacle" und „surveillance".

[7] Der Forschungsstand, insbesondere für die ältere Literatur, soll hier nur in seinen Grundzügen skizziert werden, da die kritische Bewertung der neueren Literatur ausführlich im darstellenden Teil erfolgt.

lichen Schriften der Protestanten in der ersten Hälfte des 16. Jahrhunderts;[8] die bedeutendste Beschäftigung auf katholischer Seite mit Bildtheorie und Bilderpolitik kann für die posttridentinische Phase festgestellt werden. Deshalb soll die tridentinische Auffassung in Bezug auf die Bilderfrage den Ausgangspunkt bilden, um an den zentralen Schriften der folgenden Jahrzehnte zu diesem Themenkomplex die Entwicklung und Fortschreibung von Bildtheorie und Bilderpolitik nachzuvollziehen.

Diese Visualisierungskonzepte sollen im Weiteren analysiert werden unter der Fragestellung, ob eine übergreifende Bildtheorie – auch durch etwaige nichtintendierte Folgen – für die katholisch geprägten Territorien tiefgreifende soziale, politische, künstlerische und mentale Veränderungen bewirkt hat. Diese Konzepte, deren normative Vorgaben theoretisch formuliert wurden, sollen exemplarisch an zwei Beispielen nachgewiesen werden: im Zentrum der katholischen Kirche in Rom und in der Peripherie in Ostmitteleuropa, in den schlesischen Städten Breslau und Glatz. Es geht hierbei weder um die stilgeschichtliche Rezeption des Barock noch um eine „Neuerfindung" des Barock als Epochenbegriff, sondern darum, die politische und soziale Brisanz der katholischen Bildauffassung für kulturelle Transformationsprozesse im so genannten Barockzeitalter neu zu analysieren und zu bewerten.

Für eine Analyse dieser weitreichenden Folgen müssen die ihnen zugrunde liegenden Schriften daraufhin überprüft werden. Da die in dieser Arbeit zu diskutierenden theoretischen Schriften sich ausdrücklich auf die Konzilsbeschlüsse berufen und diese weiter ausführen, sollen sie den Kern des ersten Teils der Untersuchung bilden: das Traktat Carlo Borromeos *Instructiones fabricae et supellectilis ecclesiasticae* aus dem Jahre 1577, das Traktat von Gabriele Paleotti *Discorso intorno alle imagini sacre e profane* aus dem Jahre 1582 und der erste, 1586 erschienene Band des Hauptwerkes des Jesuiten Roberto Bellarmino *De controversiis christianae fidei. Adversus huius temporis haereticos*, der sich in der dritten Kontroverse, *De ecclesia triumphante, sive de gloria et cultu sanctorum*, mit der Frage der Bilder beschäftigt.[9]

---

[8] Hier sind vor allem die Schriften Karlstadts, Luthers, Zwinglis und Calvins zu nennen.

[9] Die *Instructiones* ebenso wie der *Discorso* Paleottis sind von Paola Barocchi kritisch ediert und herausgegeben worden; vgl. Carlo Borromeo: Instructiones fabricae et supellectilis ecclesiasticae libri II; kritische Edition mit Kommentar von PAOLA BAROCCHI, Bari 1960-1962, Bd. 3, S. 1-113 und S. 383-464, bzw. Gabriele Paleotti: Discorso intorno alle imagini sacre e profane, in: PAOLA BAROCCHI: Trattati d'arte del cinquecento. Fra manierismo e controriforma, Bari 1960-62, 3 Bde., Bd. 2, S. 117- 503 und S. 615-699. Die *Controversiae* Bellarminos liegen nur in einem unveränderten Nachdruck aus dem Jahre 1965 des Nachdrucks aus dem Jahr 1870 der venezianischen Ausgabe von 1599 vor; vgl. Roberto Bellarmino: Controversiarum de Ecclesia triumphante liber secundus: De reliquiis et imaginibus sanctorum, in: Roberti Bellarmini Opera omnia, hrsg. von JUSTINUS FÈVRE, Bd. 3, Paris 1870, S. 199-266. Nur für die *Instructiones* liegt eine englische Übersetzung vor; vgl. EVELYN C. VOELKER: Charles Borromeo's "Instructiones fabricae et supellectilis ecclesiasticae," 1577. A translation with commentary and analysis, Ann Arbor 1977. Die angefertigten Übersetzungen bzw. Paraphrasen stammen vom Autor.

Nach einer ausführlichen Analyse des Bilderdekretes[10] steht die Interpretation bzw. die Ausformulierung durch die Theologen in ihren Traktaten im Mittelpunkt des ersten Teils der Arbeit. Im Zusammenhang mit Paleotti muss noch die Weiterentwicklung bei dem Jesuiten Giovan Domenico Ottonelli[11] genannt werden, der einzelne Aspekte der wirkungsästhetischen Konzepte präzisierte. Nach einer kurzen Benennung der formalen Aspekte sollen die Schriften unter den Gesichtspunkten der Entstehung, der Zielsetzung und der Adressaten untersucht werden, um Grundzüge der posttridentinischen Bildtheorie und Bilderpolitik zu konturieren. Die Untergliederung ergibt sich hierbei nicht aus der formalen Unterscheidung zwischen den einzelnen Autoren, sondern ordnet sich einer systematischen Betrachtungsweise unter. Die bildtheologische Konzeption, die Theorie des Künstlers und schließlich die wirkungsästhetischen Überlegungen zur Affekterregung und -disziplinierung des Betrachters stehen im Mittelpunkt dieses Kapitels. Das Hauptbetätigungsfeld für alle Autoren bildete Italien, der Ausgangspunkt der gegenreformatorischen Bewegung. Aus der großen Anzahl der kunsttheoretischen Traktate in der zweiten Hälfte des 16. Jahrhunderts wurden die von Theologen verfassten Texte ausgewählt, weil sich an diesen am deutlichsten die „Aufgabe der Kunst" innerhalb einer katholischen Konzeption der Bildtheorie und Bilderpolitik herausarbeiten lässt. Ein weiterer Grund für die Beschränkung auf diese drei Traktate liegt in der Tatsache, dass diese drei einflussreichsten Theoretiker ihre Schriften in den letzten Jahrzehnten des 16. Jahrhunderts veröffentlichten, sie sich persönlich kannten und somit auch in engem Kontakt bezüglich der Frage nach der Funktion der bildenden Kunst standen.[12] Die Behandlung der Bilderfrage fällt in den einzelnen Traktaten recht unterschiedlich aus. Die exemplarische Auswahl ergibt sich aus den Traktaten: Borromeo kann als „Pionier" gelten; er war der erste italienische Theologe, der sich nach Abschluss des Tridentinums theoretisch mit der Bilderfrage auseinander setzte, dieser aber nur ein Kapitel widmete. Die mit rund 400 Seiten ausführlichste Analyse wurde von Paleotti durchgeführt; er untersuchte nahezu alle die Bilderfrage berührenden Aspekte. Bellarmino schließlich beschäftigte sich mit den Problemen der bildenden Kunst und der Bilderverehrung theologisch am grundlegendsten in einem kontroverstheologischen Kontext. Innerhalb seiner

---

[10] Vgl. Concilium Tridentinum: diarium, actorum, epistularum, tractatum nova collectio, hrsg. von der Görresgesellschaft, Freiburg 1965, T. 9.6, S. 1078f.

[11] Vgl. Giovan Domenico Ottonelli, Pietro Berettini: Trattato della pittura e scultura. Uso et abuso loro, Florenz 1652, hrsg. von VITTORIO CASALE, Nachdruck Rom 1973.

[12] Die Traktate Federico Borromeos und die im Zusammenhang mit seiner Kirchengeschichte behandelte Bilderfrage in den *Annales Ecclesiastici* Cesare Baronios müssen unberücksichtigt bleiben, da sie erst zu Beginn des 17. Jahrhunderts erschienen, und in den hier zu diskutierenden Fragen nicht über Paleotti bzw. Possevino hinausgehen; ebenso die rein ikonographischen Vorschriften von Johannes Molanus, der aber spezifisch auf die Situation in den Niederlanden rekurriert und theologisch-dogmatische und ästhetisch-philosophische Fragen nicht in den Vordergrund stellt.

sechs Bände umfassenden Konzeption der posttridentinischen Kirche stellt die Bilderfrage nur einen – wenn auch entscheidenden – Untersuchungsgegenstand dar. Daran anschließend soll die Bedeutung der bildenden Kunst im Zusammenhang mit den anderen kirchlichen Instrumentarien für die Rekatholisierungspolitik verdeutlicht werden. Exemplarisch soll die parallele Konzeption der sakralen Rhetorik zur sakralen Kunst analysiert werden. Da alle drei Theoretiker ebenfalls in diesem Bereich die wesentlichsten Traktate verfasst haben, orientiert sich dieses Kapitel in seinem Aufbau an dem vorhergehenden.[13] Darüber hinaus spielen die wissenschaftlichen Traktate der Jesuiten Antonio Possevino[14] und Athanasius Kircher[15] im Rahmen einer posttridentinischen, weit über die Fachgrenzen der Theologie hinausweisenden universalwissenschaftlichen Konzeption eine Rolle, die in einem Exkurs analysiert werden sollen. Diese beeinflusste wiederum alle natur- und geisteswissenschaftlichen Studien im 17. und frühen 18. Jahrhundert. Das umfangreiche Werk Possevinos, seine *Bibliotheca selecta*, vermittelt im Zusammenhang mit den bildtheoretischen Ausführungen seine grundsätzlichen pädagogischen wie wissenschaftlichen Zielsetzungen einer posttridentinischen Gesellschaftskonstruktion. Der weit über die Grenzen seines Ordens bekannte Universalwissenschaftler Kircher beschreibt eine Generation später in seinen erkenntnistheoretischen und optischen Schriften die Konsequenzen des Visualisierungskonzeptes für seine universalwissenschaftlichen Projekte.

Der zweite Teil der Arbeit, der sich mit der künstlerischen, liturgischen und Herrschaftspraxis in Rom und Schlesien beschäftigt, untersucht anhand von schriftlichen wie auch bildlichen Quellen die Weiterentwicklung des Visualisierungskonzeptes.[16] Dabei wird es nicht um die monokausal argumentierende

---

[13] Vgl. Carlo Borromeo: Instructiones pastorum ad concionandum, confessionisque et eucharistiae sacramenta ministrandum utilissimae, Mailand 1583, Nachdruck Innsbruck 1846; Gabriele Paleotti: Instruzzione per li predicatori destinati alle ville, o terre, Rom 1578, und Roberto Bellarmino: De ratione formandae concionis, Rom 1593, wiederabgedruckt in: Actuarium Bellarminianum, Supplément aux œuvres du Cardinal Bellarmin, hrsg. von XAVIER-MARIE LE BACHELET, Paris 1913, S. 655-657.

[14] Vgl. Antonio Possevino: Bibliotheca selecta, Rom 1593 und Venedig 1603.

[15] Vgl. Athanasius Kircher: Ars magna lucis et umbrae Amsterdam 1671, 1. Auflage Rom 1646; ders.: Oedipus Aegyptiacus, Rom 1653; ders.: Ars magna sciendi, VII, Amsterdam 1669; ders.: Principis Christiani archetypon, Amsterdam 1669; ders.: Turris babel, Amsterdam 1679.

[16] Dass auch die Arbeit mit Bildern zu einer genuinen Leistung des Historikers gehört, bedarf insbesondere für die Frühneuzeitforschung keiner besonderen Erwähnung – so versteht sich diese Arbeit interdisziplinären Ansätzen verpflichtet, wie sie gerade in Hamburg in der Tradition der Politischen Ikonographie und damit der Warburg-Schule stehen. Zur neueren Standortbestimmung einer Historischen Bildforschung vgl. RAINER WOHLFEIL: Das Bild als Geschichtsquelle, in: Historische Zeitschrift, Bd. 249, 1986, S. 91-100; DERS. und BRIGITTE TOLKEMITT (Hrsg.): Historische Bildkunde. Probleme – Wege – Beispiele, Berlin 1991; HEIKE TALKENBERGER: Von der Illustration zur Interpretation: Das Bild als historische Quelle, in: Zeitschrift für Historische Forschung, Jg. 21, 1994, S. 289-313, und, obwohl thematisch der Fotografie gewidmet, die neueren methodischen Entwicklungen reflektierend JENS JÄGER: Photographie:

Ebene der Umsetzung dieser Konzepte in der Kunst gehen, sondern anhand von Bild-Quellen sollen die Modifikationen des von den Theologen entwickelten Visualisierungskonzeptes im Medium des Bildes untersucht werden. Es ist also nach den Modifikationen und Adaptionen eines Gesellschafts- und Ästhetikmodells in Rom und der Peripherie zu fragen. Zu den ausgewählten Beispielen gehören urbanistische Konzepte aus den 80er Jahren des 16. Jahrhunderts sowie Architektur, Skulpturen und Malerei bis zur Mitte des 17. Jahrhunderts in Rom. Wiederum exemplarisch soll versucht werden, die zentralen Punkte wie Bilderverehrung, Affekterregung, Fragmentierung an römischen Beispielen zu untersuchen. Hierbei sollen die jeweiligen Fresken, Skulpturen sowie die Architektur und Urbanistik herangezogen werden, die zentral für die Frage der Visualisierung stehen können – und kunsthistorisch gleichsam als Inkunabeln des Früh- bzw. Hochbarock angesehen werden: Dazu gehören die Cappella Paolina in S. Maria Maggiore mit ihrer Neuinszenierung eines alten Kultbildes, der Freskenzyklus über die römischen Martyrien in S. Stefano Rotondo und die Cappella Cornaro mit der Skulptur der S. Teresa. Darüber hinaus sollen die Aufstellung der antiken Obelisken im Rahmen der urbanistischen Pläne unter Sixtus V., die Platzgestaltung von S. Pietro mit den Kolonnaden von Gian Lorenzo Bernini und die Ausstattung von S. Ignazio durch Andrea Pozzo in die Analyse einbezogen werden.

Die zentrale Bedeutung Roms nicht nur für die katholische Kirche, sondern auch für die europäische Kunst im 17. Jahrhundert muss nicht besonders betont werden. In welchem Maße also übernahmen die Künstler die Visualisierungskonzepte, bzw. inwieweit wurden diese modifiziert? Der römische Barock als kunsthistorischer Stil blieb nicht auf den Kirchenstaat beschränkt, sondern wurde in den katholischen Territorien europaweit – und auch darüber hinaus – rezipiert. Da sich diese Arbeit mit den Wirkungszusammenhängen von Konfession und Macht beschäftigt, liegt es nahe, nach den Visualisierungskonzepten beispielhaft bei den Habsburger Herrschern zu fragen, die im Rahmen ihrer Rekatholisierungspolitik auf ein breit gefächertes Instrumentarium zurückgriffen. Die Frömmigkeitspraxis der Habsburger, als „pietas austriaca" bezeichnet, soll hier im Sinne einer Visualisierung von Herrschaft interpretiert werden. Neben den Habsburger Residenzen Prag oder Wien könnten auch die Umsetzungen in den spanischen und lateinamerikanischen Territorien untersucht werden. Das hier stattdessen exemplarisch ausgewählte Schlesien bildet einen Sonderfall – und ist gleichzeitig ein vorzügliches Beispiel für die zu verallgemeinernden Thesen. Exemplarisch kann der Frage nachgegangen werden, wie die zentral in Rom im Medium des Wortes und des Bildes entwickelten Modelle in der Peripherie adaptiert und modifiziert wurden. Als Sonderfall muss Schlesien gelten, weil es als eines der letzten Gebiete überhaupt im Zuge der habsburgischen

---

Bilder der Neuzeit. Einführung in die Historische Bildforschung, Tübingen 2000, insbesondere S. 65-88.

monokonfessionellen Bestrebungen in eine Art Frontstellung von Katholiken und Protestanten geriet. Anhand dieses Territoriums können die genuin katholischen Visualisierungskonzepte nochmals überprüft werden. Die schlesischen Fürstentümer lagen aus römischer und Habsburger Sicht in der Peripherie, in der aus rechts- und außenpolitischen Gründen eine ursprünglich protestantische Mehrheit erst verhältnismäßig spät rekatholisiert wurde. Als einer der wichtigsten Agenten der Habsburger Rekatholisierungspolitik und Frömmigkeitspraxis fungierten die Jesuiten. Beispielhaft für die kulturelle Tätigkeit der Jesuiten sollen die Ausstattungsprogramme sowie die theatralische und liturgische Praxis in Glatz und Breslau im Zentrum der Analyse stehen. Die Eroberung Schlesiens durch Preußen fällt schließlich zusammen mit dem Ende der Barockscholastik und dem „emblematischen System" und bildet somit den Abschluss einer fast zweihundertjährigen Entwicklung.

Als Epoche ist der Barock vielfach beschrieben und definiert und in Einzelstudien über politische, gesellschaftliche, ökonomische und kulturelle Themen vielfältig erforscht worden. Die Forschungsliteratur lässt sich in drei Kategorien fassen: erstens theologische bzw. kirchenhistorische Arbeiten, die im Wesentlichen apologetischer Natur sind; zweitens historische Literatur, die sich vor allem mit den sozialen und mentalen Aspekten der katholischen Konfessionalisierung beschäftigt und sich nur am Rande mit der bildenden Kunst auseinander setzt, sowie drittens kunst- und medienhistorische Studien, die ihren Untersuchungsschwerpunkt auf stilistische und ikonographische Fragen bzw. Themen der visuellen Wahrnehmung legen.

Die grundlegenden Arbeiten zum Trienter Konzil sind von dem Kirchenhistoriker Hubert Jedin verfasst worden.[17] Sowohl in seinen Werken zur Konzilsgeschichte und allgemeinen Kirchengeschichte als auch in seinen Einzelaufsätzen zu Spezialproblemen im Rahmen des Trienter Konzils und der Gegenreformation stellt Jedin detailreich die politischen und geistesgeschichtlichen Strömungen und Strukturen dar. Jedin grenzt den Begriff der katholischen Reform von dem der Gegenreformation ab.[18] Einzelne Aspekte und eine gute Übersicht über den neueren Forschungsstand vermittelt der von Remigius Bäumer herausgegebene Band über das Tridentinum.[19] Das Bilderdekret und seine Auswirkungen werden

---

[17] Vgl. HUBERT JEDIN: Geschichte des Konzils von Trient, 4 Bde., Freiburg 1949ff.; DERS.: Kirchenreform und Konzilsgedanke 1550-1559, in: DERS.: Kirche des Glaubens – Kirche der Geschichte, Bd. 2, Konzil und Kirchenreform, Freiburg 1966, S. 237-263; DERS.: Kleine Konzilsgeschichte, Freiburg 1978, und DERS.: Papst und Konzil. Ihre Beziehungen vor, auf und nach dem Trienter Konzil, in: ebd., S. 429-440.

[18] Vgl. DERS.: Katholische Reformatiom oder Gegenreformation?, Luzern 1946. Zum Reformbegriff in diesem Zusammenhang JOHN W. O'MALLEY: Was Ignatius a church reformer? How to look at early modern catholicism, in: Catholic Historical Review, Jg. 77, 1991, S. 177-193.

[19] Vgl. REMIGIUS BÄUMER (Hrsg.): Concilium Tridentinum, Darmstadt 1979.

über Jedin hinaus von Feld besprochen,[20] der auch die Texte Paleottis, Borromeos und Bellarminos bewertet.[21] Die wesentlichen Arbeiten über den *Discorso* Paleottis stammen von Paolo Prodi, Giuseppe Scavizzi und Ulrich Heinen. Scavizzi untersucht explizit die Bilderfrage im Zusammenhang mit den konfessionellen Auseinandersetzungen. Seine Analyse geht von den protestantischen Traktaten aus und bezieht die katholischen Reaktionen auf die Angriffe der lutherischen bzw. calvinistischen Kritik. Im Hinblick auf die Darstellung der Affekte bei Peter Paul Rubens untersucht Heinen den *Discorso*.[22] Die ausführlichste Kompilation, auch der entlegenst erschienenen bildtheoretischen Traktate ist von Christian Hecht aufbereitet worden.[23] Zu Borromeo und Bellarmino sind jeweils zwei Symposiumsbände erschienen, die sich mit allen Aspekten des Wirkens dieser beiden Theologen auseinander setzen.[24] Allein die Literatur zu den Jesuiten füllt Bibliotheken. An dieser Stelle ist vor allem auf die erste ausführliche Untersuchung von Bernhard Duhr und die zwei aktuelleren Sammelbände zur kulturellen Tätigkeit der Jesuiten mit einem Forschungsüberblick und dessen kritischer Würdigung hinzuweisen.[25]

---

[20] Vgl. HUBERT JEDIN: Das Tridentinum und die bildende Kunst, in: Zeitschrift für Kirchengeschichte, Jg. 75, 1963, S. 321-339; DERS.: Der Abschluß des Trienter Konzils 1562/63, Münster 1964; DERS.: Entstehung und Tragweite des Trienter Dekretes über die Bilderverehrung, in: DERS. 1966, Bd. 2, S. 460-498. Vgl. außerdem HELMUT FELD: Der Ikonoklasmus des Westens, Leiden 1990.

[21] Die erste Erwähnung der katholisch-theologischen Traktate findet sich, wenn auch nur am Rande, bei von Schlosser und später auch etwas ausführlicher bei Blunt, ohne jedoch über eine kursorische Paraphrase hinauszugehen. Ohne Erwähnung bleiben die *Controversiae* Bellarminos. Vgl. JULIUS VON SCHLOSSER: Die Kunstliteratur, Wien 1924, S. 383ff., und ANTHONY BLUNT: Artistic theory in Italy 1450-1600, Oxford 1966, S. 127ff.

[22] Vgl. PAOLO PRODI: Il Cardinale Gabriele Paleotti (1522-1597), 2 Bde., Rom 1959/1967; DERS.: Ricerche sulla teorica delle arti figurative nella riforma cattolica, in: Archivio Italiano per la storia della Pietà, Jg. 4, 1965, S. 123-212; GIUSEPPE SCAVIZZI: La controversia sull'arte sacra nel secolo XVI, in: Cristianesimo nella storia, Jg. 14, 1993, S. 569-593, und DERS.: The controversy on images from Calvin to Baronius, New York 1992; ULRICH HEINEN: Rubens zwischen Predigt und Kunst. Der Hochaltar für die Walburgenkirche in Antwerpen, Weimar 1996; jüngst die noch unpublizierte Doktorarbeit von José Domingo Gómez López: Muta praedicatio: El arte, vehículo conceptual de la Revelación, en el „Discorso intorno alle imagini sacre et profane" de Gabriele Paleotti (1522-1597), Rom 2001.

[23] Vgl. CHRISTIAN HECHT: Katholische Bildertheologie im Zeitalter von Gegenreformation und Barock, Berlin 1997.

[24] San Carlo Borromeo. Catholic reform and ecclesiastical politics in the second half of the sixteenth century, hrsg. von JOHN M. HEADLEY, JOHN B. TOMARO, Washington 1988; San Carlo Borromeo e il suo tempo. Atti del convegno internazionale nel IV centenario della morte, Mailand 21.-26.5.1984, 2 Bde., Rom 1986; Bellarmino e la Controriforma, hrsg. von ROMEO DE MAIO, AGOSTINO BORROMEO, LUIGI GULIA, GEORG LUTZ, ALDO MAZZACANE, Atti del simposio internazionale di studi, Sora 15.-18.10.1986, Sora 1990, und Roberto Bellarmino. Arcivescovo di Capua, Teologo e Pastore della Riforma Cattolica, hrsg. von GUSTAVO GALEOTA, Atti del convegno internazionale di studi, Capua 28.9.-1.10.1988, Capua 1992.

[25] Vgl. BERNHARD DUHR: Geschichte der Jesuiten in den Ländern deutscher Zunge, 4 Bde., Freiburg, München, Regensburg 1907-1928; LUCE GIARD (Hrsg.): Les Jésuites à la Renaissance.

Die katholische Konfessionalisierung steht insbesondere seit dem 1977 erschienenen Aufsatz von Wolfgang Reinhard[26] unter einem neuen, veränderten Blickwinkel im Interesse der Forschung. Hierbei wird versucht, die Verbindung des Konzils von Trient mit der „Moderne" zu analysieren. Bei den über diesen engen Rahmen hinausgehenden Interpretationen des neuen Bildverständnisses und der Einordnung in den Transformationsprozess in der frühen Neuzeit bezieht sich die vorliegende Arbeit teilweise auf die für die Geschichtswissenschaft von Schilling und Reinhard in Modifizierung der Thesen Oestreichs vertretenen Paradigmen von Sozialdisziplinierung, Konfessionalisierung und Modernisierung.[27] Diese drei Begriffe gehören zu einem festgelegten Dreierkanon, der die sich verändernden Gesellschaftsbeziehungen in der frühen Neuzeit sowohl unter dem Aspekt sozialwissenschaftlicher als auch theologischer und politischer Implikationen behandelt. Die neueren Fragestellungen in der Sozialgeschichte der frühen Neuzeit zu gesellschaftlichen Phänomenen und zur Alltagswelt werden nicht von der politischen Sphäre abgekoppelt, sondern in ihren Interdependenzen analysiert. Diese strukturgeschichtlichen Ansätze beschäftigen sich wissenschaftlich mit „dem Eindringen äußerer 'hegemonialer' Einflüsse in die selbstbestimmte Lebensweise und Wertorientierung von Individuen, Gruppen, mitunter auch ganzen Nationen"[28] seit dem Spätmittelalter.

Die Diskussion um die Entwicklung der modernen, rationalen Gesellschaft, den abendländischen Prozess der Zivilisation und die Ursprünge der modernen Disziplingesellschaft knüpfte an die Arbeiten von Weber, Elias und Foucault an.[29] Nach Prinz rekonstruieren aber auch diese Theorien den Wandlungsprozess

---

Système éducatif et production du savoir, Paris 1995, und JOHN W. O'MALLEY, GAUVIN ALEXANDER BAILEY, STEVEN J. HARRIS, T. FRANK KENNEDY (Hrsg.): The Jesuits: Cultures, sciences, and the arts 1540-1773, Toronto, Buffalo u.a. 1999; darin vor allem den Beitrag von JOHN W. O'MALLEY: The Historiography of the Society of Jesus: Where does it stand today?, S. 3-35, und GAUVIN ALEXANDER BAILEY: 'le style jésuite n'existe pas': Jesuit corporate culture and the visual arts, S. 38-89.

[26] Vgl. WOLFGANG REINHARD: Gegenreformation als Modernisierung? Prolegomena zu einer Theorie des konfessionellen Zeitalters, in: Archiv für Reformationsgeschichte, Jg. 68, 1977, S. 226-252.

[27] Vgl. exemplarisch für die umfangreiche Literatur zu diesem Themenkomplex WOLFGANG REINHARD: Was ist katholische Konfessionalisierung?, in: Die katholische Konfessionalisierung, hrsg. von DEMS., HEINZ SCHILLING, Gütersloh, Münster 1995, S. 419-452, und HEINZ SCHILLING: Die Konfessionalisierung von Kirche, Staat und Gesellschaft – Profil, Leistung, Defizite und Perspektiven eines geschichtswissenschaftlichen Paradigmas, in: ebd., S. 1-49.

[28] MICHAEL PRINZ: Sozialdisziplinierung und Konfessionalisierung. Neuere Fragestellungen in der Sozialgeschichte der frühen Neuzeit, in: Westfälische Forschungen, Jg. 42, 1992, S. 1-25, hier S. 2.

[29] Zu Max Weber vgl. WOLFGANG SCHLUCHTER: Die Entwicklung des okzidentalen Rationalismus, Tübingen 1979; STEFAN BREUER: Die Revolution der Disziplin. Zum Verhältnis von Rationalität und Herrschaft in Max Webers Theorie der vorrationalen Welt, in: Kölner Zeitschrift für Soziologie und Sozialpsychologie, Jg. 30, 1978, S. 409-437; vgl. außerdem NORBERT ELIAS: Über den Prozeß der Zivilisation, Frankfurt/Main 1977; PETER GLEICHMANN (Hrsg.): Materia-

hin zu innerer Disziplinierung, Triebmodellierung, Affektbeherrschung und letztlich Fremdkontrolle aus einer herrschaftssoziologischen Perspektive,[30] in dem Sinne, dass die Traktate politischer und religiöser Eliten für die Wirklichkeit ausgegeben würden. In den hier untersuchten Traktaten zur bildenden Kunst und zur Predigt spielen diese Vorwürfe keine Rolle, da jene als normative Schriften an die Elite der Gesellschaft gerichtet waren und mittels ihrer Analyse nicht die Wirklichkeit des 16. Jahrhunderts, sondern die Überlegungen zu einem Entwurf eines Leitmodells der christlichen Gesellschaft darstellen wollen, zumal in den folgenden Kapiteln die künstlerische und liturgische Praxis in die Analyse mit einbezogen werden soll.

Von soziologischen Modellen ausgehend, entwickelte Oestreich das Modell der Sozial- und Fundamentaldisziplinierung als Leitbegriff für die bis dahin sich im Wesentlichen mit den Haupt- und Staatsaktionen beschäftigende Absolutismus-Forschung.[31] Oestreich untersuchte das sich wandelnde Verständnis der Eliten von Pflicht und Dienst als Ausdruck einer sich zur modernen Gesellschaft entwickelnden allgemeinen Bewegung für die Schaffung einer rational begründeten Ordnung. Diese soll nach Oestreich den Anspruch auf Normierung der Rechts-, Moral- und Freiheitsvorstellungen erheben.[32]

Das Oestreichsche Modell ist unter Inanspruchnahme des von Zeeden geprägten Begriffes der Konfessionsbildung[33] zeitgleich von Schilling und Reinhard modifiziert worden. Als ein Teilbereich der Sozialdisziplinierung sei der Konfessionalisierungsprozess als Motor für Veränderungen in Habitus und Mentalitäten wie auch für die innere Staatsbildung verantwortlich.[34] Beide Auto-

---

lien zu Norbert Elias' Zivilisationstheorie, Frankfurt/Main 1979; und Foucault 1991; DERS.: Archäologie des Wissens, Frankfurt/Main 1973.

[30] PRINZ 1992, S. 5; vgl. auch MARTIN DINGES: Frühneuzeitliche Armenfürsorge als Sozialdisziplinierung. Probleme mit einem Konzept, in: Geschichte und Gesellschaft, Jg. 17, 1991, S. 5-29.

[31] Vgl. GERHARD OESTREICH: Strukturprobleme des europäischen Absolutismus, in: Vierteljahrschrift für Sozial- und Wirtschaftsgeschichte, Jg. 55, 1968, S. 319-347. Zur Entstehung und Weiterentwicklung des Begriffs bei Oestreich selbst und der Rezeption dieses Paradigmas vgl. auch WINFRIED SCHULZE: Gerhard Oestreichs Begriff 'Sozialdisziplinierung' in der frühen Neuzeit, in: Zeitschrift für historische Forschung, Jg. 14, 1987, S. 265-302.

[32] Zu den einzelnen Überschneidungen der drei Theorien vgl. PRINZ 1992, S. 9ff., und SCHULZE 1987, S. 271ff.

[33] Vgl. ERNST WALTER ZEEDEN: Das Zeitalter der Glaubenskämpfe 1555-1648, Stuttgart 1970, und DERS.: Konfessionsbildung. Studien zur Reformation, Gegenreformation und katholischen Reform, Stuttgart 1985.

[34] Vgl. WOLFGANG REINHARD: Zwang zur Konfessionalisierung. Prolegomena zu einer Theorie des konfessionellen Zeitalters, in: Zeitschrift für historische Forschung, Jg. 10, 1983, S. 257-277; DERS.: Konfession und Konfessionalisierung in Europa, in: Bekenntnis und Geschichte. Die Confessio Augustana im historischen Zusammenhang, hrsg. von DEMS., München 1981, S. 165-189; DERS.: Was ist katholische Konfessionalisierung?, in: Die katholische Konfessionalisierung 1995, S. 419-452; HEINZ SCHILLING: Religion und Gesellschaft in der calvinistischen Republik der Vereinigten Niederlande, in: Kirche und gesellschaftlicher Wandel in deutschen und niederländischen Städten der werdenden Neuzeit, Köln, Wien 1980, S. 197-250; DERS.: Die Konfessio-

ren verstehen darunter die innere Umbildung der Kirchen – der lutherischen, calvinistischen und katholischen[35] – durch den Aufbau einer zentralisierten Bürokratie und Hierarchie sowie die Disziplinierung der Gläubigen. Inwieweit diese zentralen Begriffe sich bereits in den politisch-theologischen Konzepten auch im Hinblick auf die so genannte Bilderfrage eine Rolle spielte, soll im Folgenden untersucht werden. Darüber hinaus soll der Frage nach der Visualisierung dieser Prinzipien mit Hilfe von Predigt und bildender Kunst mit dem Ziel, diese durchzusetzen, nachgegangen werden.

Nach Reinhardt bedeutet Konfessionalisierung als Variante der Sozialdisziplinierung in der Folge des Weberschen Konzeptes, dass der parallel für die katholische und protestantischen Kirchen verlaufende Prozess „zur Disziplinierung der westlichen Menschen beiträgt; [und so die christliche Religion – Anm. J.B.] nur ein weiteres Mal ihre Rationalität stiftende Wirkung [entfaltet], die dann später paradoxer- oder, wie Weber gesagt hätte, tragischerweise in die Aufhebung der Religion durch eben diese voll entwickelte Rationalität umschlagen sollte".[36] Dementsprechend gehört für Reinhard das Konzept der Modernisierung ebenfalls zum selben historischen Diskurs.[37]

Dieser Konfessionalisierungsprozess führte zu wechselseitigen Abhängigkeiten von Fürst und Kirche und somit zu einem inneren und äußeren Staatsbildungsprozess.[38] Verkirchlichungs- und Regulierungstendenzen weiteten auch

---

nalisierung im Reich. Religiöser und gesellschaftlicher Wandel in Deutschland zwischen 1555 und 1620, in: Historische Zeitschrift, Bd. 246, 1988, S. 1-45; DERS.: Chiese confessionali e disciplinamento sociale. Un bilancio provvisorio della ricerca storica, in: Disciplina dell'anima, disciplina del corpo e disciplina della società tra medioevo ed età moderna 1994, S. 125-160, und DERS.: Die Konfessionalisierung von Kirche, Staat und Gesellschaft – Profil, Leistung, Defizite und Perspektiven eines geschichtswissenschaftlichen Paradigmas, in: Die katholische Konfessionalisierung 1995, S. 1-49. Vgl. außerdem HEINRICH RICHARD SCHMIDT: Konfessionalisierung im 16. Jahrhundert, München 1992, insbesondere S. 86ff.

[35] In Anlehnung an das Webersche Modell wird dieser rund zweihundert Jahre während Prozess zuerst für den calvinistischen Bereich und erst mit Zeitverzögerung auch für die katholischen Territorien nachgewiesen.

[36] REINHARD 1995, S. 421; vgl. auch HARTMANN TYRELL: Potenz und Depotenzierung der Religion und Rationalisierung bei Max Weber, in: Saeculum, Jg. 44, 1993, S. 300-347.

[37] Wobei Reinhard vor allem katholische Territorien untersucht; vgl. DERS. 1977, S. 228ff.; DERS.: Historiker, „Modernisierung" und Modernisierung. Erfahrungen mit dem Konzept „Modernisierung" in der neueren Geschichte, in: Innovation und Originalität, hrsg. von WALTER HAUG, BURGHART WACHINGER, Tübingen 1993, S. 53-69; DERS.: Disciplinamento sociale, confessionalizzazione, modernizzazione. Un discorso storiografico, in: Disciplina dell'anima, disciplina del corpo e disciplina della società tra medioevo ed età moderna 1994, S. 101-124, und das unveröffentlichte Manuskript des auf dem Symposium „Das Konzil von Trient und die Moderne" in Trient im September 1995 gehaltenen Vortrages: Das Konzil von Trient und die Modernisierung der Kirche.

[38] Vgl. HEINZ SCHILLING: Nationale Identität und Konfession in der europäischen Neuzeit, in: Studien zur Entwicklung des kollektiven Bewusstseins in der Neuzeit, Teil 1: Nationale und kulturelle Identität, hrsg. von BERNHARD GIESEN, Frankfurt/Main 1991, S. 192-252. Einen Forschungsüberblick vermittelt DERS.: Konfessionelles Zeitalter, in: Geschichte in Wissenschaft und

den Kontrollanspruch der Kirchen auf Alltag und Frömmigkeit aus.[39] In idealtypischer Weise referiert Reinhard die Dimensionen von Ursachen und Verfahren sowie den Institutionen der Konfessionalisierung. Darüber hinaus unterscheidet er in der Frage der Modernisierung zwischen intendierten und nichtintendierten Folgen dieses Prozesses.[40]

Als Ursachen des Konfessionalisierungsprozesses nennt Reinhard religiöse Innovation, die Entstehung mehrerer Kirchen mit Absolutheitsanspruch und den daraus resultierenden Konkurrenzdruck.[41] Er unterscheidet zwischen sieben grundlegenden Verfahren, die sowohl positive als auch negative, abwehrende Maßnahmen enthalten: 1. die Forderung klarer Glaubensbekenntnisse, um eine eindeutige Abgrenzung zwischen den Konfessionen zu ermöglichen; 2. die Herausbildung der jeweils geeigneten Multiplikatoren aus den eigenen Reihen (dies betraf sowohl die Elite als auch den niederen Klerus); 3. die Entstehung

---

Unterricht, Jg. 48, 1997, S. 351-370, S. 618-627, S. 682-694 und S. 748-766. Die katholische Konzeption betonend: DIETMAR WILLOWEIT: Katholische Reform und Disziplinierung als Element der Staats- und Gesellschaftsorganisation, in: Glaube und Eid. Treueformeln, Glaubensbekenntnisse und Sozialdisziplinierung zwischen Mittelalter und Neuzeit, hrsg. von PAOLO PRODI, München 1993, S. 113-132, sowie ARNO HERZIG: Der Zwang zum wahren Glauben. Rekatholisierung vom 16. bis zum 18. Jahrhundert, Göttingen 2000.

[39] Vgl. HEINZ SCHILLING: Die Kirchenzucht im frühneuzeitlichen Europa in interkonfessionell vergleichender und interdisziplinärer Perspektive – eine Zwischenbilanz, in: Kirchenzucht und Sozialdisziplinierung im frühneuzeitlichen Europa, hrsg. von DEMS., Berlin 1994, S. 11-40, zum katholischen Bereich S. 35ff. Vgl. außerdem die eher aus der Perspektive der Betroffenen geschriebene Geschichte von REBEKKA HABERMAS: Wallfahrt und Aufruhr. Zur Geschichte des Wunderglaubens in der frühen Neuzeit, Frankfurt/Main 1991.

[40] Vgl. REINHARD 1995, S. 425ff. In seinem Vortrag auf dem Symposium in Trient unterscheidet er entsprechend der Differenzierung von intendierten und nichtintendierten Folgen ebenfalls zwischen relativer und absoluter Modernisierung: „Relative Modernisierung bezeichnet die Veränderungen aus der Perspektive jener Zeit gesehen als Reaktionen auf deren Herausforderungen, als notwendige Anpassungen an neue Bedingungen (...). Absolute Modernisierung hingegen soll so heißen, weil sie einer aus den Zusammenhängen jener Zeit herausgelösten Sichtweise entstammt, insofern sie nach deren Beiträgen zur Entstehung der Moderne fragt, der westlichen Welt des 19. und 20. Jahrhunderts. In Anlehnung an die Systemtheorie, etwa nach Talcott Parsons, die der jüngeren Modernisierungstheorie Pate gestanden hat, lassen sich vier Dimensionen dieser Modernisierung identifizieren: Differenzierung, Rationalisierung, Individualisierung, Domestizierung", S. 4. Wie Reinhard mehrfach betont, erscheint dieses Konzept gerechtfertigt, weil es die Moderne nicht positiv bewertet, da wir als Angehörige einer postmodernen Gesellschaft den nötigen Abstand zu einer abgeschlossenen Epoche haben. Reinhard bleibt in diesem Zusammenhang die für die Unterscheidung von moderner und postmoderner Gesellschaft fällige Definition schuldig. Dies erscheint um so schwerwiegender, als die zitierten Soziologen vor dem Hintergrund poststrukturalistischer Ansätze selbst in die Kritik geraten sind. Diese Kritik betrifft insbesondere den berührten Bereich der bildenden Kunst, und hier vor allem die Neubewertung von ästhetischen Konzeptionen; die „wirklichere" Existenz von virtuellen Welten erfährt vielleicht durch eine historisierende Analyse gerade jener frühmodernen Bildauffassungen eine Korrektur oder Bestätigung; vgl. stellvertretend PAUL VIRILIO: Die Sehmaschine, Berlin 1989, und DERS.: Rasender Stillstand, München 1992.

[41] Vgl. REINHARD 1995, S. 426ff.

einer speziellen Propaganda einschließlich der Einführung der Zensur, die „zur Indoktrination des Volkes eine breite Palette von den konfessionellen Bedürfnissen angepaßter Instrumente zur Verfügung"[42] stellte: Predigten, Katechismen, Riten, bildende Kunst, Musik, Literatur und die Lenkung der Buchproduktion; 4. die Reorganisation des Bildungswesens; 5. Visitationen zur Kontrolle des Verhaltens und der Affekte eines jeden Einzelnen; 6. Kontrolle der Riten – auf katholischer Seite – beispielsweise durch die Beichte sowie Regulierung und Vereinheitlichung der Liturgie; 7. die Herausbildung eines konfessionell geprägten Jargons. Diese verschiedenen Verfahren ließen sich jedoch nur mit den entsprechenden Institutionen durchführen. Dazu gehörten katholischerseits vor allem die neuen Orden, außerdem die konfessionsspezifischen Bildungseinrichtungen, die Inquisition zur Kontrolle und Repression sowie grundlegend das Zusammenwirken von Kirche und Staatsgewalt.

Ziel dieser von Staat und Kirche gemeinsam initiierten Entwicklung war die Schaffung eines konfessionell geprägten Regelverhaltens der Untertanen. Die für Reinhard entscheidenden nichtintendierten Auswirkungen auf den Modernisierungsprozess bestehen in vier Aspekten: der Entwicklung der bürokratischen Organisation und effektiver Verfahren, vor allem in Bezug auf die Kontrolle des „internalisierten Gewissens";[43] der Gewöhnung der Untertanen an diszipliniertes Verhalten, an eine bewusste Lebensführung; der mentalen Modernisierung;[44] dem auf den ersten Blick paradox erscheinenden, von Weber zuerst nur für die protestantische Konfession attestierten Prozess der Säkularisierung.

Daran anschließend erläutert Reinhard den spezifisch katholischen Beitrag im Rahmen des Konfessionalisierungsprozesses auf verschiedenen Ebenen. Im Gegensatz zum Protestantismus sei die Bindung des Glaubens an die Institution „Kirche" weitaus stärker; in idealtypischer Zuspitzung könne sogar gesagt werden, dass die Bibel Produkt der Kirche sei.[45] Auch hier zeigt sich das bisherige „Desinteresse" der Forschung an den visuellen Äußerungen. Hierbei ist zu klären, ob in ähnlicher Weise auch die moralisch positiv konnotierte christliche Malerei als Emanation der (katholischen) Kirche interpretiert werden kann. Darüber hinaus verweist diese Frage wiederum auf das Verhältnis von schriftli-

---

[42] Ebd.
[43] Insbesondere die Internalisierung des Gewissens gehört zu den am zwiespältigsten zu bewertenden Entwicklungen. Nach Kittsteiner hat dies einerseits zur Ausprägung des totalitären „Zwangsstaates" geführt, andererseits aber auch erst die Entwicklung der modernen westlichen Demokratien ermöglicht. Vgl. zu den „Antinomien der Moderne" ausführlicher HEINZ D. KITTSTEINER: Die Entstehung des modernen Gewissens, Frankfurt/Main 1995, insbesondere S. 293ff.
[44] Reinhard verweist hierbei auf die zunächst destabilisierende Wirkung, auf eine Verunsicherung, die sich in den Hexenprozessen manifestiert habe. Darüber hinaus kann auch die „Erfahrung der Moderne", wie sie sich besonders zu Beginn des 20. Jahrhunderts zeigt, als Spätwirkung analysiert werden.
[45] Vgl. REINHARD 1995, S. 439ff.

chen und bildlichen Quellen oder wirft, abstrakter ausgedrückt, die Frage nach einer spezifisch konfessionellen Definition des Wort-Bild-Verhältnisses auf. Auf katholischer Seite spielt die besondere Betonung der Tradition im Gegensatz zu den Protestanten eine wichtige Rolle, obwohl gerade die posttridentinische Kirche sich durch eine selektive Anwendung dieser Traditionen auszeichnet. Dies bezieht sich vor allem auf die genaue Auswahl der approbierten Rituale im Rahmen der Volksfrömmigkeit.[46] Die bereits erwähnten institutionellen Besonderheiten betreffen nicht nur die neuen Orden wie die Jesuiten, die für die Mission, das Bildungswesen und die Kulturpolitik[47] richtungsweisend waren. Auch die Wiederbelebung bzw. Umwidmung bereits vorhandener Institute wie Synoden und Visitationen sowie die Förderung einer hierarchischen, zentralisierten Ordnung mit dem Papst an der Spitze gehörte zu den Kernbereichen einer neuen katholischen Politikordnung.

Die spezifisch katholische Verbindung zur bildenden Kunst soll in den zu analysierenden Konzeptionen einer posttridentinischen Theologie der Sichtbarkeit, der „visibilitas", und den wirkungsästhetischen Überlegungen zur Affekterregung deutlich werden. In diesen Zusammenhang gehört auch der Gebrauch des Lateins als Kultsprache, der zu einer Betonung der „romanità" der katholischen Kirche führte. Gerade der Bedeutung Roms – als Ort der Vorstellung und realiter – soll im weiteren Verlauf der Untersuchung nachgegangen werden. Zu dieser „romanità" gehörte auch eine besondere Inszenierung der Stadt Rom als „sacrum theatrum", wie sie an Einzelbeispielen in dieser Arbeit vorgestellt werden soll. Dass die Funktion als Leitmodell nicht nur die theologisch-politischen Komplexe der Konfessionalisierung berührt, sondern auf katholischer Seite insbesondere mit Fragen der Ästhetik verknüpft wurde, gehört auch zu den Schwerpunkten dieser Untersuchung.[48] Die „Vorform der Professionalisierung"[49] garantierte auch die Internationalität der katholischen Kirche, ebenso

---

[46] Vgl. WOLFGANG BRÜCKNER: Devotio und Patronage. Zum konkreten Rechtsdenken in handgreiflichen Frömmigkeitsformen des Spätmittelalters und der frühen Neuzeit, in: Laienfrömmigkeit im späten Mittelalter, hrsg. von KLAUS SCHREINER, München 1992, S. 79-91, insbesondere S. 89ff.

[47] Die besondere Verbindung von Tradition und Modernität in ihren Aufträgen und künstlerischen Entwürfen weist Marino nach; vgl. ANGELA MARINO: L'idea di tradizione e il concetto di modernità nell'architettura della Compagnia di Gesù, in: L'architettura della Compagnia di Gesù in Italia XVI-XVIII secolo, hrsg. von LUCIANO PATETTA, STEFANO DELLA TORRE, Genua 1992, S. 53-56. Zum Erfolg der Jesuiten vgl. auch STEFANIA MACIOCE: Undique Splendent: Aspetti della pittura sacra nella Roma di Clemente VIII Aldobrandini (1592-1605), Rom 1990, S. 7f.

[48] Vgl. HERMANN BAUER: Barock: Kunst einer Epoche, Berlin 1992, S. 47ff.

[49] Vgl. REINHARD 1995, S. 444. Auf den Zusammenhang zwischen Professionalisierung und Mäzenatentum einerseits und Staatsbildung andererseits weist Kempers hin. Deutlich wahrnehmbar manifestiere sich dieser Zusammenhang in Bildern: „Sie brachten meist eine Kombination von Geschichtsbild, Aktualität und Ideologie zum Ausdruck. Sie bezogen sich auf Normen in den jeweils bestehenden gesellschaftlichen Verhältnissen"; vgl. BRAM KEMPERS: Kunst,

wie die Orden, zum Beispiel die Jesuiten, die sich eher als internationale Gemeinschaften verstanden. Hierbei muss betont werden, dass in dieselbe Zeit die Gründungen der Akademien fallen und nicht nur Prediger, sondern auch Künstler „professionalisiert" wurden. Insofern verwundert es nicht, dass sich die Jesuiten der „universellen" Sprache der Kunst bedienten.[50] Inwieweit aber die Theologen der Generation nach dem Tridentinum Überlegungen anstellten, was unter dieser „Sprache" zu verstehen sei und unter welchen Prämissen sie Anwendung finden solle, wird exemplarisch zu untersuchen sein.

Im Gegensatz zur lutherischen und auch calvinistischen Auffassung hielt die posttridentinische Kirche an der Werkfrömmigkeit fest, und darum besaßen „sinnenfällige Werke der Frömmigkeit und Nächstenliebe"[51] einen großen Stellenwert. Für Reinhard blieb die katholische Kirche deshalb die Kirche des Status quo, in der die Volksfrömmigkeit teilweise integriert werden konnte. Welche Konzepte dieser Integration zugrunde liegen und wie diese konkret stattfand, soll wiederum exemplarisch anhand der Bilderverehrung in der „Zentrale" in Rom als auch in der „Peripherie" in Schlesien im Folgenden dargestellt werden. Auch gebe es, so Reinhard, einen komplizierten Interaktionsprozess zwischen Volks- und Elitenfrömmigkeit. Gerade in dieser Übernahme besteht für Freitag die wesentliche Leistung des frühneuzeitlichen Katholizismus: „Die Integration in die Anstaltskirche durch volksfromme Rituale und Sakramentalisierung im Bereich des Katholizismus machte (...) insgesamt das Weniger an theologischer Rationalität dieses Denkgebäudes mit Heiligenverehrung, Bilderverehrung und Werkfrömmigkeit wett. Das 'magische Defizit' war also im Katholizismus geringer als im Protestantismus".[52] Reinhard bezeichnet die katholische Konfessionalisierung als konservative Reform:[53] Durch den selektiven Umgang mit der Tradition wurden Reformen durchgeführt, um diese in ein bereits bestehendes theologisches und institutionelles System zu integrieren.

Ist zwar zuletzt Kritik am Konzept der Konfessionalisierung geübt worden, diese argumentiere zu „etatistisch",[54] so blieb auch hier die Bilderfrage weitge-

---

Macht und Mäzenatentum. Der Beruf des Malers in der italienischen Renaissance, München 1989, S. 370.

[50] Vgl. zu den jesuitischen Bestrebungen die Überblicksartikel von O'MALLEY (Hrsg.) 1999, S. 3ff.; und BAILEY: 'le style jésuite n'existe pas', in: ebd., S. 38-89.

[51] Ebd., S. 447ff.

[52] WERNER FREITAG: Konfessionelle Kulturen und innere Staatsbildung. Zur Konfessionalisierung in westfälischen Territorien, in: Westfälische Forschungen, Jg. 42, 1992, S. 75-191, hier S. 184.

[53] Vgl. REINHARD 1995, S. 450.

[54] Vgl. LUISE SCHORN-SCHÜTTE: Bikonfessionalität als Chance? Zur Entstehung konfessionsspezifischer Sozialehren am Ende des 16. und zu Beginn des 17. Jahrhunderts, in: Archiv für Reformationsgeschichte, Sonderband: Die Reformation in Deutschland und Europa, Interpretationen und Debatten, hrsg. von HANS R. GUGGISBERG, GOTTFRIED G. KRODEL, Gütersloh 1993, S. 305-524, hier S. 306ff.; und ANTON SCHINDLING: Konfessionalisierung und Grenzen von Konfessionalisierbarkeit, in: Die Territorien des Reichs im Zeitalter der Reformation und Konfessionalisierung 7, hrsg. von DEMS., WALTER ZIEGLER, Münster 1997, S. 9-44.

hend unbeachtet.[55] Wie weit und in welcher Weise aber die Bilder, die produzierenden Künstler und das Publikum diszipliniert werden sollten, gehört deshalb auch zu den Fragestellungen dieser Arbeit. Die Disziplinierung erscheint somit als ein wesentlicher Faktor im Rahmen der theologischen Traktate über die Bildtheorie und Bilderpolitik am Ende des 16. Jahrhunderts. Welchen Stellenwert hierbei die propagandistische Komponente spielt, wie sie Reinhard für die katholische Konfessionalisierung betont, soll ebenfalls im Folgenden untersucht werden.[56] Entscheidend aber ist die Frage, ob die dem Bild-Medium eigenen Qualitäten von jenen posttridentinischen Theologen in spezifischer Weise berücksichtigt worden sind. Wie wird hierbei die Disziplinierung des Publikums projektiert, und welchen Stellenwert erhält der Künstler im Vergleich zum Prediger?

Parallel zur historischen Forschungsliteratur muss die Entwicklung in der kunsthistorischen Forschung berücksichtigt werden. Die Frage, ob die Beschlüsse des Tridentinums zur Bilderverehrung und die nachtridentinischen kunsttheoretischen Schriften die Kunst und die Kunstpolitik der darauffolgenden Epochen wesentlich beeinflusst haben, führte in den 1920er Jahren zu einer Kontroverse zwischen Weisbach und Pevsner.[57] Diese eher stilgeschichtlichen Diskussionen können inzwischen als obsolet betrachtet werden.[58] Für die kulturwissenschaftlich-kunsthistorische Definition und Einordnung der Entwicklung der kulturellen Funktion des Bildes, eine Analyse, die über stilkritische und ikonographi-

---

[55] Ausnahme im deutschsprachigen Raum mit Beiträgen zur Sozial-, Mentalitäts-, Kunst- und Musikgeschichte blieb der Sammelband Aspekte der Gegenreformation, hrsg. von VICTORIA VON FLEMMING, Frankfurt/Main 1997 (= Zeitsprünge, Sonderheft, Jg. 1).

[56] Göttler benutzt in ihrem Titel und den Ausführungen bei der Behandlung des Sakralbildes im 16. Jahrhundert den Begriff der Disziplinierung, ohne dabei jedoch auf die geschichtswissenschaftlichen Diskussionen und Implikationen zu verweisen; vgl. CHRISTINE GÖTTLER: Die Disziplinierung des Heiligenbildes durch altgläubige Theologen nach der Reformation. Ein Beitrag zur Theorie des Sakralbildes im Übergang vom Mittelalter zur Frühen Neuzeit, in: Bilder und Bildersturm im Spätmittelalter und in der frühen Neuzeit, Wiesbaden 1990, S. 263-298, insbesondere S. 291ff.

[57] Vgl. WERNER WEISBACH: Der Barock als Kunst der Gegenreformation, Berlin 1921; DERS.: Gegenreformation – Manierismus – Barock, in: Repertorium für Kunstwissenschaft, Jg. 49, 1928, S. 16-28; NIKOLAUS PEVSNER: Gegenreformation und Manierismus, in: Repertorium für Kunstwissenschaft, Jg. 46, 1925, S. 243-262; DERS.: Beiträge zur Stilgeschichte des Früh- und Hochbarock, in: Repertorium für Kunstwissenschaft, Jg. 49, 1928, S. 225-246. Kirschbaum versucht zwischen den konträren Thesen zu vermitteln; vgl. E. KIRSCHBAUM: L'influsso del Concilio di Trento nell'arte, in: Gregorianum, Jg. 26, 1945, S. 100-116.

[58] Mâle suchte nach einer direkten Übereinstimmung von katholischem Dogma und religiöser Kunst für die nachtridentinische Epoche. Mit den aktuellen kunsthistorischen Diskussionen, dass eine „Stilepoche" zwischen dem Manierismus und dem Barock – also in dieser posttridentinischen Phase – eingefügt werden müsse, wird den Thesen Mâles scheinbar neues Gewicht verliehen; vgl. EMILE MÂLE: L'art religieux après le Concile de Trente, Paris 1932. Für den Bereich der Architektur wurde das insbesondere herausgearbeitet von HERMANN HIPP: Studien zur „Nachgotik" des 16. und 17. Jahrhunderts in Deutschland, Böhmen, Österreich und der Schweiz, 3 Bde., Phil. Diss. Tübingen 1979.

sche Probleme hinausgeht, müssen die neueren Arbeiten von Burke, Belting und Schuck-Wersig berücksichtigt werden.[59] Ihre Absicht ist es, theologisch-ästhetische Fragestellungen mit einer historischen Analyse zu verbinden. Mittels dieser interdisziplinären Vorgehensweise soll der Frage nach der Bedeutung der posttridentinischen Bildertraktate für einen gesellschaftlichen Transformationsprozess nachgegangen werden. Darüber hinaus sind eine Vielzahl von Studien zu Künstlern oder Werken erschienen, deren Einzelergebnisse in der vorliegenden Untersuchung in diese allgemeinen Entwicklungen eingeordnet werden sollen.[60]

Sowohl die „klassische" historische als auch kunsthistorische Literatur sind in ihrer jeweiligen Argumentationsstruktur immer noch weitgehend monokausal angelegt: Historiker sprechen zwar davon, dass das Barockzeitalter nicht nur sozialen, politischen, mentalen und ökonomischen Transformationsprozessen unterworfen war, Bilder spielen in ihrer Argumentation aber nur eine illustrierende Rolle. Kunsthistoriker verweisen, wenn überhaupt, auf die historischen Forschungsergebnisse und kommen mit wenigen Ausnahmen nicht über eine monokausale Erklärung hinaus, bzw. betonen im Grunde ebenso die Sonderrolle der Kunst oder untersuchen Traktate, indem sie nach einer „Eins-zu-eins-Übertragung" in der künstlerischen Praxis suchen.

Neben diesen historischen Untersuchungen hat sich die zeitgenössische Forschung auf dem Gebiet der visuellen Wahrnehmung vielfältig mit den Grundlagen des modernen und postmodernen Sehens auseinander gesetzt. Insbesondere die anglo-amerikanischen „Cultural Studies" beschäftigen sich mit den Beziehungen zwischen Visualität und Repräsentation, Medialität und Identität: „Visual Culture ist zu einer Schnittstelle von Ansätzen geworden, die kulturelle Phänomene als Produkte einer historisch spezifischen Verschlingung von Macht und Wissen betrachten."[61] Beispielhaft seien hier nur die Untersuchungen von Crary und Burckhardt genannt.[62] Crary versucht, von modernen bzw. postmo-

---

[59] Vgl. HANS BELTING: Bild und Kult. Eine Geschichte des Bildes vor dem Zeitalter der Kunst, München 1990, insbesondere S. 11-27 und S. 510-545; PETER BURKE: Städtische Kultur in Italien zwischen Hochrenaissance und Barock, Berlin 1987, und PETRA SCHUCK-WERSIG: Expeditionen zum Bild. Beiträge zur Analyse des kulturellen Stellenwerts von Bildern, Frankfurt/Main, Berlin u.a. 1993.

[60] Beispielsweise seinen hier nur genannt: MARTIN WARNKE: Italienische Bildtabernakel bis zum Frühbarock, In: Münchner Jahrbuch der Bildenden Kunst, Jg. 19, 1968, S. 61-102; SYBILLE APPUHN-Radtke: Visuelle Medien im Dienst der Gesellschaft Jesu: Johann Christoph Storer (1620-1671) als Maler der katholischen Reform, Regensburg 2000; GERHARD WOLF: Cecilia, Agnes, Gregor und Maria. Heiligenstatuen, Madonnenbilder und ihre künstlerische Inszenierung im römischen Sakralraum um 1600, in: Aspekte der Gegenreform, 1997, S. 750-796; JEFFREY CHIPPS SMITH: Sensous worship. Jesuits and the art of the early catholic reformation in Germany, Princeton, Oxford 2002.

[61] HOLERT 2000, S. 21.

[62] Vgl. JONATHAN CRARY: Techniken des Betrachters. Sehen und Moderne im 19. Jahrhundert, Dresden, Basel 1996, sowie MARTIN BURCKHARDT: Metamorphosen von Raum und Zeit. Eine

dernen Paradigmen ausgehend, den Akt des Sehens zu verorten. Insofern sind seine Schlussfolgerungen für das 19., 20. und das beginnende 21. Jahrhundert interessant, jedoch auf die von ihm nur kurz behandelten vorangegangenen Jahrhunderte zu überprüfen. Er konstatiert für die Entwicklung des modernen „heterogenen Systems des Sehens den Bruch mit den 'klassischen Renaissance-Modellen'", den perspektivischen oder normativen, im 19. Jahrhundert.[63] Hierbei ereignete sich seiner Meinung nach im Hinblick auf die Fotografie vor allem ein veränderter Diskurs bzw. eine veränderte Praxis, die durch soziale Umwälzungen bedingt war. Für ihn war das Modell der Visualität der früheren Epoche das Modell der „Camera obscura", das der monofokalen Perspektive. Als Gegenmodell im 19. Jahrhundert sei dasjenige des Panoptikums entstanden, in dem der Betrachter zugleich als Rezipient fungiere, die Maschine bediene und die Eigenschaften des menschlichen Auges kenne.[64] Es erforderte „einen anpassungsfähigeren, autonomeren und produktiveren Betrachter. Er mußte neuen Funktionen des Körpers und einer umfassenden Vermehrung indifferenter und wandelbarer Zeichen und Bilder entsprechen. Die Moderne führte zu einer Neubewertung und Deterritorialisierung des Sehens".[65] Zwei wesentliche Folgen hätte die „Subjektivierung des Sehens" bewirkt: die Autonomie dieses Vorganges und die Normierung und Regulierung des Betrachters. Unberücksichtigt bei seinen Untersuchungen bleibt die gesamte Entwicklung zwischen der Renaissance und den Veränderungen seit dem 19. Jahrhundert. Gerade die politisch-konfessionellen Bestrebungen der Theologen des ausgehenden 16. und frühen 17. Jahrhunderts führten zu einer eingehenden Beschäftigung mit den Problemen der affektiven Wirkung der Bilder. Auch die Künstler des 17. und 18. Jahrhunderts entwickelten weitere perspektivische Modelle, die sich von der Zentralperspektive der Renaissance entfernten. Beide genannten Bereiche, die „Autonomisierung" und „Normierung", sollen in der vorliegenden Untersuchungen zur Sprache kommen.

Burckhardt hingegen beschäftigt sich ausführlich mit den perspektivischen Veränderungen im 17. Jahrhundert. Sein Schwerpunkt liegt dabei auf ästheti-

---

Geschichte der Wahrnehmung, Frankfurt/Main 1994. In diesem Zusammenhang sei weiterhin auf die angelsächsische Literatur zu diesem Thema verwiesen: NORMAN BRYSON, MICHAEL ANN HOLLY, KEITH MOXEY (Hrsg.): Visual culture. Images and interpretations, Hanover, London 1994; W. J. T. MITCHELL: Picture theory: Essays on verbal and visual representation, Chicago 1994; RON BURNETT: Cultures of vision, Bloomington, Indianapolis 1995; NICHOLAS MIRZOEFF (Hrsg.): The visual culture reader, London, New York 1998; DERS.: An introduction to visual culture, London, New York 1999; IAN HEYWOOD, BARRY SANDWELL (Hrsg.): Interpreting visual culture exploration in the hermeneutics of the visual, London, New York 1999; ANDREW DARLEY: Visual digital culture. Surface play and spectacle in new media genres, New York 2000.

[63] CRARY 1996, S. 13f.
[64] Crary dreht hier die Argumentation Foucaults um, für den das Panoptikum gerade die Sehordnung definiert, in welcher der Betrachter alles sehen, selbst aber nicht gesehen werden könne.
[65] Ebd., S. 151f.

schen Fragestellungen. Am Beispiel der so genannten Trompe l'œil-Malerei, die auf die illusionistische Täuschung des Betrachters zielt, weist er die „Subjektivierung" des Sehens nach.[66] In den bildlichen Zeichen des illusionistischen Gemäldes reflektiere sich der Betrachter selbst und versuche sich wiederzuerkennen. Gänzlich unberücksichtigt bleiben hier sowohl die politischen und sozialen Rahmenbedingungen als auch die Frage der kulturhistorischen Kontextualisierung.

Unter der leitenden Fragestellung nach den Funktionsweisen von Macht und Herrschaft untersucht José Maravall die visuellen Medien exemplarisch in Spanien.[67] In seiner Arbeit über das Barockzeitalter verbindet er politische und sozialhistorische Analysen mit der Darstellung kulturwissenschaftlicher Transformationsprozesse, die sich seines Erachtens am deutlichsten in den visuellen „Massenmedien" widerspiegeln. Trotz des mitunter problematischen Gebrauchs dieses Begriffes – nämlich unterschiedslos für Architektur, Malerei und Grafiken[68] – kommt Maravall zu einem früheren Zeitpunkt zu ähnlichen Erkenntnissen wie das theoretische Paradigma der Konfessionalisierung. Insbesondere durch die Integration ästhetischer und kulturhistorischer Analysen weisen seine Ergebnisse weit darüber hinaus.[69] So kommt er ebenfalls zu dem Ergebnis, dass die Gesellschaft des 17. Jahrhunderts einen Modernisierungsschub erlebte, der ursprünglich dazu diente, die konservativen Ziele der Festigung hierarchischer Gesellschafts- und Ordnungsvorstellungen durchzusetzen. Feudale Strukturen und Werte sollten erneuert und wiederhergestellt werden. Dabei nutzten die politischen und kirchlichen Führungseliten die im Zuge der Renaissance entstandenen politischen, ökonomischen und kulturellen Instrumente, die auf einer „modernen individuellen Erfahrung" basierten. Sie entwickelten diese weiter und setzten sie mit höherer Effizienz ein. Ein Hauptmittel bildeten die visuellen Medien. Maravall versteht darunter die für eine Beeinflussung notwendigen „Massenmedien". Hiermit sollten die Einzelnen, die sich ihrer „modernen", individuellen Freiheit bewusst gewesen seien, beeinflusst werden, um ein „konservatives" soziales und politisches System der Kontrolle zu stabilisieren.[70] Für eine sich „formierende Massengesellschaft" wurden nun alle Produkte der bil-

---

[66] Vgl. BURCKHARDT 1994, S. 154ff.
[67] Vgl. insbesondere JOSÉ ANTONIO MARAVALL: Culture of the Baroque. Analysis of a historical structure, übersetzt von TERRY COCHRAN, Minneapolis 1986, [Originalausgabe: La cultura del Barocco, Barcelona 1975]; DERS.: Estado Moderno y Mentalidad Social, 2 Bde., Madrid 1972, insbesondere zu den Mentalitätsveränderungen Bd. 1, S. 45ff. und S. 457ff.; DERS.: Teatro y literatura en la sociedad barroca, Madrid 1972, sowie DERS.: Velázquez y el espíritu de la modernidad, Madrid 1987.
[68] Dies gilt ebenso für den Begriff der Massengesellschaft für das 17. Jahrhundert, der Ansätzen Ortega y Gassets verpflichtet scheint.
[69] Umso unverständlicher bleibt es, wie wenig seine Arbeiten im Rahmen der deutschsprachigen Konfessionalisierungsdebatte aufgenommen wurden.
[70] Ebd., S. 263.

denden Kunst eingesetzt, um die ihr zugrunde liegenden politischen Konzepte zu unterstützen. Bilder, in diesem weiteren Sinn, hatten die Aufgabe zu zelebrieren, zu erinnern und zu betonen. Ziel war es, die Aufmerksamkeit der Betrachter zu gewinnen, um somit die Gefühle zu erregen und die „politischen Doktrinen" zu vermitteln.[71] Hierbei habe eine Umwertung der Bedeutung der Sinne stattgefunden: Nun habe der Sehsinn die wichtigste Aufgabe besessen, die Seele und die Affekte zu bewegen, um schließlich eine Tätigkeit, eine politische oder religiöse Aktion, beim Betrachter auszulösen. Den Bildern wurde bei der Umsetzung der politischen Konzepte die größte Effizienz zugesprochen. Den Malern komme im Rahmen dieses politischen Konzeptes eine besondere Aufgabe zu, die ihnen in der sozialen Hierarchie einen höheren Rang zuweist. Theologen, Politiker und Pädagogen wollten nun wie die Maler vorgehen, um die „Massen" zu erreichen.[72]

Maravall leugnet nicht die Widersprüche, die zwischen der politischen und sozialen Realität einerseits und den ästhetischen Idealkonzepten anderseits bestehen. Insofern spielen die Künstler, die die barock-scholastischen Konzepte einer idealen sozialen Hierarchie in die Realität überführen, eine entscheidende Rolle. Gerade hierin liegen für Maravall die „modernen" Aspekte einer Gesellschaftsentwicklung, die in ihren mentalen Grundzügen konservativ ist. Diese Ansätze Maravalls in Bezug auf die visuellen Medien sollen in der vorliegenden Arbeit dahingehend überprüft werden, ob sie auch für andere europäische Regionen, etwa in Italien oder in Mitteleuropa, von Gültigkeit waren; insbesondere ob nicht die von ihm benannten sozialen und politischen Konzepte, die den ästhetischen Veränderungen zugrunde lagen, nicht zumindest auch in der katholischen „Zentrale" Rom mit entwickelt worden sind. Darüber hinaus ist zu fragen, inwieweit die ästhetischen und politischen Konzepte nicht miteinander korrelieren. Insofern stehen die bildtheoretischen und wirkungsästhetischen sowie die Theorien über die Funktion des Künstlers im Mittelpunkt des ersten Teils dieser Arbeit. Die Weiterentwicklung bzw. Auseinandersetzung mit der „Realität" soll anhand der Beispiele in Rom und Breslau sowie Glatz näher beleuchtet werden.

Weiter ausgebaut werden die von Maravall angedeuteten Konzepte wiederum in eine eher ästhetisch-philosophische Richtung in der angelsächsischen und französischen Forschung. Martin Jay entwickelte die Ideen Christine Buci-Glucksmanns über unteschiedliche Sehstrukturen und -kulturen weiter, die zum Teil bestimmten Konfessionen zugeordnet werden könnten. Er unterscheidet drei verschiedene visuelle Modelle: Dabei bezeichnet er die „barocke" Sehweise als „Gegenordnung" zur monofokalen der Renaissance und zur beschreibenden

---

[71] Ebd., S. 252f.
[72] Ebd., S. 257ff.

des protestantischen Nordens.[73] Die in der vorliegenden Arbeit zu untersuchenden Beispiele gehören in seinem System zu dieser „Gegenordnung". Sie könne als bedeutendste visuelle Gegenströmung in der Frühen Neuzeit verstanden werden.[74] Die Faszination des Barock gelte ganz der Undurchsichtigkeit, Unlesbarkeit und Unentzifferbarkeit der abgebildeten Welt.[75] Im postmodernen Diskurs, der das Erhabene über das Schöne stelle, besäßen die „Palimpseste des Unsehbaren" eine besondere Faszination, und schließlich zeigten die Bestrebungen zur Restauration der Rhetorik und zur Anerkennung einer sprachlichen Komponente im Visuellen und einer entsprechenden visuellen Komponente in der Sprache, wie zeitgemäß die barocke Alternative sei.[76] Wiederum bleibt hier zu fragen, auf welchen politischen und gesellschaftlichen Konzepten die visuellen Veränderungen basierten oder inwieweit sie zumindest miteinander verknüpft worden sind.

Deshalb möchte die vorliegende Arbeit andere methodische Wege beschreiten: In Erweiterung des Konfessionalisierungsparadigmas versucht die folgende Arbeit, die unterschiedlichen Modelle zu synthetisieren, um diese für die Fragestellung nach der Bedeutung des Bildes bzw. der Visualisierungen für die politischen und gesellschaftlichen Transformationsprozesse in der frühen Neuzeit zu nutzen. Hierbei sollen die Diskurse über das Thema der Visualisierung bei Theologen und Künstlern, in der politischen, theologischen und ästhetischen Theorie, der gebauten Architektur, Urbanistik, den gestalteten Fresken und den ephemeren Bauten sowie in einer Herrschafts- und liturgischen Praxis analysiert werden. Nicht monokausale Erklärungsversuche sollen die Fragestellung leiten, sondern interdependente Fragekomplexe die Untersuchung strukturieren: Welche Bedeutung wurde dem Bild und der Visualisierung im Rahmen einer politischen Konzeption zugewiesen? In welchem Verhältnis standen soziale und politische Vorstellungen zu den ästhetischen? In welcher Form wurden Visualisierungen für eine Politik der Disziplinierung nutzbar gemacht? Hierbei spielt die Unterscheidung der Medien Wort und Bild eine Rolle, daher wird auch das Verhältnis dieser beiden zueinander zu diskutieren sein. Oder anders ausgedrückt: Wie wurde über dieses Verhältnis in Wort und Bild reflektiert? In welchem Verhältnis stand die Ausbildung einer „korporativen Kultur" zur gleichzeitigen Individualisierung? Wie veränderte sich das Verhältnis von Herrschaft und Repräsentation und von Herrschaft im Sinne der Disziplinierung und dem

---

[73] MARTIN JAY: Die skopische Ordnung der Moderne, in: Leviathan, Jg. 20, 1992, S. 178-195, hier S. 188; vgl. auch DERS.: Downcast Eyes. The denigration of vision in twentieth-century French thought, Berkeley 1993, insbesondere Kapitel 1.
[74] Vgl. CHRISTINE BUCI-GLUCKSMANN: La foli du voir: de l'esthétique baroque, Paris 1986, vor allem S. 197ff.; und DIES.: Baroque reason. The aesthetics of modernity, London 1994, vor allem S. 13ff. und S. 129ff.; DIES.: Der kartographische Blick der Kunst, Berlin 1997; DIES. (Hrsg.): Puissance du baroque, Paris 1996, S. 11ff.
[75] Vgl. JAY 1992, S. 189.
[76] Ebd., S. 191.

Bild, bzw. der dadurch notwendigen Unterscheidung von inneren und äußeren Bildern? War die Amtskirche, inklusive ihrer „Bannerträger", der Jesuiten, also verantwortlich für Regression und Disziplinierung, und waren die Künstler die Bewahrer der individuellen Freiheit?

II. Visualisierung als Konzept von Herrschaft und Disziplinierung: theoretische Reflektionen im Medium des Wortes über das Bild

1. Das Bilderdekret des Tridentinums

Keinem Konzil außer dem 1563 beendeten Tridentinum ist eine ähnlich lange Wirkungsmächtigkeit beschieden gewesen. Mehr als 300 Jahre sollten vergehen, bis sich die katholische Kirche wieder zu einem Weltkonzil versammelte. Zwischen 1545 und 1563 wurden die Grundlagen für die Neuformierung der katholischen Kirche gelegt, die in den darauf folgenden Jahrzehnten ausformuliert wurden. Neben den konkreten Beschlüssen für die Selbstdefinition der katholischen Kirche in Abgrenzung zum Protestantismus spielt auch die Symbolwirkung für eine entsprechende Selbstvergewisserung eine große Bedeutung: Dem Tridentinum kommt dabei als Ausgangs- und Wendepunkt einer auf dem Weg von der „ecclesia militans" zur „ecclesia triumphans" befindlichen konfessionell verfassten Gemeinschaft eine entscheidende Bedeutung zu.[77] Auf dem Trienter Konzil wurden auch die bereits auf dem Nizänum im Jahre 787 erfolgten Beschlüsse zur Frage des Bildes erneut behandelt. Sie wurden aufgrund der protestantischen Bilderstürmen wiederum zur Disposition gestellt. Zeigte sich eine neue Qualität in der Diskussion um die Bilderfrage spätestens mit den protestantischen Schriften im Zusammenhang der 1522 stattfindenden Bilderzerstörungen,[78] so setzte die eigentliche Auseinandersetzung mit diesem Thema auf dem

---

[77] Vgl. insbesondere JEDIN 1949ff., zuletzt JOHN W. O'MALLEY: Trent and all that. Renaming Catholicism in the early modern era, Cambridge, London 2000, S. 4ff.

[78] Vgl. für die Diskussionen vor allem SCAVIZZI 1993, S. 570; PAOLO PRODI: Il Concilio di Trento e la riforma dell'arte sacra, in: Arte, economia, cultura e religione nella Brescia del XVI secolo, hrsg. von MAURIZIO PEGRARI, Brescia 1988, S. 387-399, hier S. 390ff.; BOB SCRIBNER: Das Visuelle in der Volksfrömmigkeit, in: Bilder und Bildersturm im Spätmittelalter und in der frühen Neuzeit 1990, S. 9-20; CARLOS M. N. EIRE: The reformation critique of the image, in: ebd., S. 51-68, und SERGIUSZ MICHALSKI: Die protestantischen Bilderstürme. Versuch einer Übersicht, in: ebd., S. 69-124, und DERS.: The reformation and the visual arts. The protestant image question in Western and Eastern Europe, London, New York 1993, S. 169ff.

Konzil erst in der dritten Tagungsperiode ein. Vor der Ankunft des Kardinals Guise in Trient im November 1562 war Frankreich nur durch königliche Gesandte vertreten gewesen, die bis dahin versucht hatten, wichtige Entscheidungen hinauszuzögern. Im Dezember 1562 erfolgte von französischer Seite die offizielle Eingabe eines Reformlibells bei dem Legatenkollegium[79] – zu der Zeit bestehend aus Gonzaga, Seripando, Hosius und Simonetta –, in dem unter anderem die Behandlung des Themenkomplexes Fegefeuer, Ablass und Missbräuche bei der Verehrung von Heiligen, Reliquien und Bildern verlangt wurde. Die Konzilslegaten hielten jedoch ein diesbezügliches Dekret nicht für notwendig und verwiesen auf die geplante Erstellung eines Katechismus.[80]

Erst im Juli des folgenden Jahres wurde die Bilderfrage erneut aufgeworfen: dieses Mal von den spanischen Prälaten in der Absicht, das Konzil hinauszuzögern. Um langwierige Diskussionen zu vermeiden, ernannte der Konzilspräsident, Kardinal Morone, ein Gremium von zehn Theologen, die die Thematik aufarbeiten sollten, damit anschließend eine Prälatendeputation das Dekret rasch formulieren und der Generalkongregation vorlegen könne. Bis zum November 1563 stand das Bilderdekret allerdings wieder im Hintergrund der Verhandlungen. Als dann in der XXIV. Session unter den Teilnehmern der Wunsch laut wurde, das Konzil vor Weihnachten zu einem Abschluss zu bringen, erhob sich die Frage, was mit dem „unbearbeiteten Restmaterial" geschehen solle. Während Kardinal Morone dafür plädierte, diese Entscheidung dem Papst zu überlassen, drängte Kardinal Guise wegen der kritischen Lage seines Landes[81] auf die Verabschiedung eines Bilderdekretes. Eine Partikularkongregation beschloss daraufhin, das Problem der Bilder- und Heiligenverehrung nicht ausführlich in einem dogmatischen Dekret zu behandeln, sondern summarisch in einem Re-

---

[79] Schon vorher waren vom portugiesischen Hof und von den spanischen und italienischen Bischöfen Reformdenkschriften verfasst worden: Dazu gehören neben der 1522 erschienenen Schrift des deutschen Humanisten Johann Eck, *De non tollendis Christi et sanctorum imaginibus*, vgl. dazu ERWIN ISERLOH: Die Verteidigung der Bilder durch Johannes Eck zu Beginn des reformatorischen Bildersturms, in: Aus Reformation und Gegenreformation. Festschrift für Theobald Freudenberger, Würzburg 1974, S. 75-85 und des 1531 herausgegebenen Traktates des italienischen Grafen Alberto Pio von Carpi, vgl. NELSON H. MINNICH: The debate between Desiderius Erasmus of Rotterdam and Alberto Pio of Carpi on the use of sacred images, in: Annuarium Historiae Conciliorum, Jg. 20, 1988, S. 379-413, insbesondere die umfangreiche Monographie des Juristen Konrad Braun, *De imaginibus*, vgl. REMIGIUS BÄUMER: Konrad Braun, in: Katholische Theologen der Reformationszeit, hrsg. von ERWIN ISERLOH, Bd. 5, Münster 1988; vgl. auch KLAUS GANZER: Das Konzil von Trient – Angelpunkt für eine Reform der Kirche?, in: Römische Quartal Schrift, Jg. 175, 1989, S. 30-50; hier insbesondere S. 33f., und DERS.: Das Konzil von Trient und die theologische Dimension der katholischen Konfessionalisierung, in: Die katholische Konfessionalisierung, 1995, S. 50-69, sowie DOROTHEA WENDEBOURG: Die Ekklesiologie des Konzils von Trient, in: ebd., S. 70-87.

[80] HUBERT JEDIN: Entstehung und Tragweite des Trienter Dekretes über die Bilderverehrung, in: DERS. 1966, Bd. 1, S. 460-498. S. 485f.

[81] Zu dem Komplex der angesprochenen französischen Bilderstürme, vgl. OLIVIER CHRISTIN: Une révolution symbolique. L'iconoclasme huguenot et la reconstruction catholique, Paris 1991.

formdekret gegen die eingerissenen Missbräuche zu formulieren und ohne große Diskussion zur Abstimmung zu bringen.[82]

Es wurde daraufhin ein weiterer Ausschuss gebildet, dessen Arbeit zunächst ergebnislos verlief. Durch eine Intrige des spanischen Gesandten Graf Luna wurde der rechtzeitige Abschluss des Konzils ernsthaft gefährdet: Er beantragte Ende November 1563 die dogmatische Behandlung der Bilderfrage, damit durch den umständlichen Konzilsapparat und die Einhaltung der Geschäftsordnung der Fortgang der Verhandlungen verschleppt würde.[83] Der Alternativvorschlag, das Bilderdekret fallen zu lassen, traf bei Kardinal Guise auf heftigen Widerstand. Am 29. November trat eine Deputation zusammen, um einen Dekrettext zu entwerfen. In der Nacht zum 1. Dezember meldeten Boten, dass der Papst schwer erkrankt sei;[84] das Konzil müsse sofort zum Abschluss gebracht werden, damit die bisher gefassten Beschlüsse noch vom Papst bestätigt werden könnten. Am 3. und 4. Dezember wurde das Dekret über die Bilder- und Heiligenverehrung nahezu einstimmig verabschiedet.

Sowohl der Anlass als auch die Textvorlage für das Bilderdekret stammten aus Frankreich. Das Dekret sollte ein wirksames Instrument gegen den bilderfeindlichen Calvinismus sein, der Anfang der 1560er Jahre zu Bilderstürmen geführt hatte.[85] Zwingli und Calvin wandten sich mit dem Hinweis auf die Zehn Gebote und die Bilderlosigkeit des christlichen Altertums energisch gegen die Bilderverehrung.[86] Sie sahen Parallelen zum heidnischen Götzenkult und lehnten

---

[82] JEDIN 1966, Bd. 1, S. 487-489.

[83] Zur Geschäftsordnung vgl. JOHANNES BÄUMER: Die Geschäftsordnung des Trienter Konzils, in: REMIGIUS BÄUMER (Hrsg.): Concilium Tridentinum, Darmstadt 1979, S. 113-140, hier S. 113ff.

[84] Vgl. ODILE DELANDA: Sainte Marie Madeleine et l'application du décret tridentin (1563) sur les Saintes Images, in: Marie Madeleine dans la mystique, les arts et les lettres, Actes du Colloque international, Avignon 20.-21.7.1988, hrsg. von EVE DUPERRAY, Paris 1989, S. 191-210, hier S. 192.

[85] Vgl. JEDIN 1966, Bd. 1, S. 493-498, und DERS. 1963, S. 324 und 328. Zum Themenkomplex des Ikonoklasmus und des Bildersturms vgl. insbesondere die maßgeblichen Arbeiten von HORST BREDEKAMP: Kunst als Medium sozialer Konflikte. Bilderkämpfe von der Spätantike bis zur Hussitenrevolution, Frankfurt/Main 1975; FELD 1990; MARTIN WARNKE: Bilderstürme, in: DERS. (Hrsg.): Bildersturm. Die Zerstörung des Kunstwerks, München 1973, S. 7-13, und Bilder und Bildersturm im Spätmittelalter und in der frühen Neuzeit, hrsg. von BOB SCRIBNER, MARTIN WARNKE, Wiesbaden 1990.

[86] Zu den Lehren Zwinglis und Calvins in diesem Zusammenhang vgl. HANS-DIETRICH ALTENDORFER, PETER JEZLER (Hrsg.): Bilderstreit. Kulturwandel in Zwinglis Reformation, Zürich 1984; LEE PALMER WANDEL: Iconoclasts in Zurich, in: Bilder und Bildersturm im Spätmittelalter und in der frühen Neuzeit 1990, S. 125-142, und PETER JEZLER: Etappen des Zürcher Bildersturms, in: ebd., S. 143-174; DAVID FREEDBERG: Iconoclasm and Painting in the Revolt of the Netherlands 1566-1609, New York 1988, insbesondere S. 10ff. und S. 55ff.; EIRE 1990, S. 51ff.; MICHALSKI 1990, S. 73ff., und HANS VON CAMPENHAUSEN: Die Bilderfrage in der Reformation, in: Zeitschrift für Kunstgeschichte, Jg. 68, 1957, S. 96-128, sowie MARGARETE STIRM: Die Bilderfrage in der Reformation, Gütersloh 1977. Die weitestgehende Analyse bietet SCAVIZZI 1992, S. 9ff.

die Beschlüsse des Konzils von Nizäa ab.[87] Dort waren im Jahre 787 zwei Arten der Verehrung unterschieden worden: einerseits die „latria", die allein Gott vorbehalten sei, und andererseits die „proskynesis", eine äußere Form der Verehrung gegenüber den Bildern. Die traditionsreiche Auffassung des Nizänums vom pädagogisch-didaktischen Nutzen der Bilder war für die Calvinisten kein ausreichendes Argument; sie forderten deshalb die uneingeschränkte Entfernung der Bilder aus den Kirchen.[88]

Die Grundlage für das Bilderdekret bildete das Religionsgespräch in St. Germain-en-Laye im Frühjahr 1562, das von den Vertretern der theologischen Fakultät der Sorbonne[89] formuliert worden war. Im Gegensatz zur calvinistischen Auffassung bezeichneten sie die Bilderverehrung als ein frommes Werk, wehrten sich gegen den Vorwurf der Idolatrie und gegen eine rein didaktische Bewertung der Bilder.[90] Die Sentenz besteht aus drei Teilen. Der erste bestätigt, dass die Herstellung und Verehrung von Bildern nicht gegen ein biblisches Gebot verstoße und somit kein Zeichen für Aberglauben oder Idolatrie darstelle: Bilder seien nützlich, da sie den Menschen daran erinnerten, was sie repräsen-

---

[87] Zum Zusammenhang zwischen den Bilderstürmen und dem Konzil vgl. insbesondere BREDEKAMP 1975, S.114ff.; ROBIN CORMACK: The Byzantine Eye: Studies in art and patronage, London 1989, vor allem Kapitel III, S. 1-11, und Kapitel IV, S. 1-15; JOSEF WOHLMUTH (Hrsg.): Streit um das Bild. Das Zweite Konzil von Nizäa (787) in ökumenischer Perspektive, Bonn 1989, insbesondere S. 25-31 und 43-66; Orthodoxes Forum, Jg. 1, 1987, Heft 2, mit verschiedenen Beiträgen aus Anlass des 1200jährigen Geburtstages des Nizänums; darin insbesondere A. HOHLWEG: Byzantinischer Bilderstreit und das 7. Ökumenische Konzil, S. 191-208; ANDRÉ GRABAR: L'iconoclasme Byzantin, Paris 1984; DANIEL J. SAHES: Icon and logos. Sources in 8th-century iconoclasm, Toronto 1986; Nicée II, 787-1987. Douze siècles d'images religieuses, hrsg. von FRANCOIS BOESPFLUG, NICOLAS LOSSKY, Paris 1987; BAZON BROCK: Der byzantinische Bilderstreit, in: WARNKE 1973, S. 30-40.

[88] JEDIN 1966, S. 460-463. Die Auffassung vom didaktischen Wert der Bilder geht auf eine Homilie Papst Gregors des Großen zurück, in der er die Bilder als Bibel der Leseunkundigen verteidigt, vgl. GERHARD B. LADNER: Der Bilderstreit und die Kunst-Lehren der byzantinischen und abendländischen Theologie, in: Zeitschrift für Kunstgeschichte, Jg. 50, 1931, S. 1-31, und FELD 1990, S. 11ff. Vgl. auch die folgenden Kapitel zur Rezeption und Bedeutung dieser Auffassung im 16. Jahrhundert.

[89] Das Anfertigen von dogmatisch-theologischen Gutachten stellt im Spätmittelalter und in der frühen Neuzeit eine durchaus übliche Praxis dar.

[90] Vorausgegangen war dieser Sentenz das so genannte Religionsgespräch von Poissy im Jahre 1561. Dort wurde eine Reform der Bilderfrage beschlossen: Die Priester sollten die Gläubigen darin unterrichten, dass die Bilder keine göttliche Macht besäßen; die Bilder sollten an Christus erinnern und neue Bilder nur mit Erlaubnis des Bischofs aufgehängt werden; Aberglaube sollte verhindert werden; vulgäre, falsche, lächerliche und laszive Bilder sollten ebenfalls eliminiert werden; jede Form der Idolatrie sollte vermieden werden; Verehrung stehe allein Gott zu, und schließlich bestehe die wahre Verehrung in der des Herzens und nicht im Knien; vgl. dazu JEDIN 1966, S. 168ff.; SCAVIZZI 1992, S. 71, und SCAVIZZI 1993, S. 580f.; dort auch weitere Erläuterungen zu den beteiligten Personen, unter anderem Lainez, einem führenden Vertreter der Jesuiten. Hier deutet sich schon die besondere Rolle der Jesuiten in der Bilderfrage an, die insbesondere im 17. Jahrhundert zu entscheidender Bedeutung gelangte.

tierten, und ihn dazu brächten, Christus und die Heiligen zu imitieren. Der zweite Teil beschäftigt sich mit dem Missbrauch der Bilder: Dieser bestehe in dem Glauben, dass jene eine eigenständige Kraft oder gar Göttlichkeit besäßen und dass ein Bild mehr Wirksamkeit zeigen könne als ein anderes, weil es älter, prachtvoller oder schöner sei. Der dritte und letzte Abschnitt widmet sich den Reformen. Den Gelehrten der Sorbonne zufolge sollten die Gläubigen unterwiesen werden, dass Christus eine größere Verehrung zukomme als den Heiligen. Außerdem sollten neue Bilder nicht ohne Erlaubnis des Bischofs aufgehängt werden, und die Zerstörung von Bildwerken sollte gänzlich verboten werden.[91] Das Bilderdekret[92] sollte aber in einem beschleunigten Verfahren als Reformdekret verabschiedet werden. Da die Reform der Bilderverehrung untrennbar mit deren Wesensbestimmung verknüpft ist, gibt der erste Teil des Dekretes dogmatische Grundzüge wieder, während sich der zweite Teil mit den Maßnahmen gegen den Missbrauch, „abusus", beschäftigt.[93] Insgesamt folgt das Dekret eher die Form einer Anweisung an die Bischöfe und die übrigen Lehrer der Kirche.[94] Die Sentenz der Sorbonne weist große Ähnlichkeit mit der endgültigen Fassung des Bilderdekretes auf. Hieraus ergibt sich für Jedin, dass bei der Erstellung des Trienter Dekrets nicht primär eine Einflussnahme auf das Kunstgeschehen intendiert war, sondern vielmehr eine praktische Handhabe gegen die aktuellen Missstände.[95] Er verneint den dogmatischen Charakter des Dekretes in der Frage des „Stiles".[96] Auch Scavizzi betont die Parallelen zwischen der Sorbonner Sentenz und dem Trienter Dekret. In beiden Fällen wurde eine philosophische Definition der Bilder als solche abgelehnt, und diese wurden eher als „Bestandteil einer höheren Qualität des Kultus" eingeschätzt.[97] Das Konzil sprach sich für eine Beibehaltung von Bildern – besonders in den Kirchen – mit Darstellungen Christi, der Gottesmutter Maria und der Heiligen aus. Ihnen solle nach wie vor Ehrerbietung und Verehrung[98] dargebracht werden, da diese nicht auf das Bild in seiner Materialität abzielten, sondern auf die abgebildeten Proto-

---

[91] Vgl. JEDIN 1966, S. 179ff., und SCAVIZZI 1992, S.74f. Die Sentenz wird auf den 11.2.1562 datiert.

[92] Vgl. auch die ausführliche, aber in einzelnen Punkten divergierende Paraphrasierung bei FELD 1990, S. 197ff., und die Zusammenfassung bei EVA KARCHER: Ursache und Wirkung des Bildverständnisses des Konzils von Trient, in: Die Kunst und die Kirchen. Der Streit um die Bilder heute, hrsg. von RAINER BECK, RAINER VOLP, GISELA SCHMIRBER, München 1984, S. 82-92.

[93] Vgl. das Decretum de invocatione, veneratione et reliquiis sanctorum et sacris imaginibus der XXV. Session vom 3./4. Dezember 1563, in: Concilium Tridentinum, hrsg. von der Görresgesellschaft, Freiburg/Brsg. 1965, T.9.6, S. 1078-1079.

[94] FELD 1990, S. 196.

[95] JEDIN 1966, S. 475ff., und BLUNT 1964, S. 107f.

[96] Vgl. JEDIN 1966, S. 460-498, hier S. 470ff.

[97] SCAVIZZI 1992, S. 75.

[98] Concilium Tridentinum, S. 1078, Zeile 2: „honor et veneratio".

typen.⁹⁹ Hierbei muss betont werden, dass die Bilder nicht philosophisch in ihrer konzeptionellen Bedeutung betrachtet und sie nicht im Zusammenhang mit der Repräsentation bzw. Wesensbestimmung Gottes behandelt wurden.¹⁰⁰ Den Bildern selbst wohnte, nach damaliger Auffassung, keine göttliche Kraft oder Tugend inne:¹⁰¹ Ehrbezeugungen wie Verbeugen, Küssen und Entblößen des Hauptes vor Bildern richteten sich also in einem Akt des Erinnerns auf die Dargestellten, wobei Christus angebetet würde und die Heiligen verehrt würden.¹⁰² In Bezug auf Christus wurde der Begriff „similitudo" vermieden, so dass sich jede Verehrung auf den Prototyp bezieht. Wie diese aussehen solle, wird nicht erklärt, ebenso wenig, inwiefern diese Verehrung sich von der Anbetung der heidnischen Götter unterscheide. Die Konzilstheologen beriefen sich im Dekret unmittelbar auf die Beschlüsse des zweiten Nizänums.¹⁰³ Sie hoben die pädagogisch-didaktische Funktion der Bilder hervor: Diese sollten die heilsgeschichtlichen Ereignisse ins Gedächtnis rufen, das ungebildete Volk im Glauben unterweisen und stärken sowie durch die Darstellung von Heiligen zur Nachahmung bewegen. Als wesentliche Neuerung wurde den Bischöfen die Pflicht auferlegt, in ihren Diözesen dafür zu sorgen, dass die Bilder in diesem Sinne verstanden würden.¹⁰⁴ Jeder Aberglaube bei der Bilderverehrung müsse aufgehoben¹⁰⁵ und für die Neuaufstellung von Bildern zuvor die bischöfliche Geneh-

---

[99] Ebd., Zeile 6: „honos refertur ad prototypa". Diese dogmatisch wesentlichste Feststellung entspricht auch der Beziehung zwischen den Heiligen und deren Reliquien.

[100] Vgl. SCAVIZZI 1992, S. 75.

[101] Concilium Tridentinum, S. 1078, Zeile 3: „divinitas vel virtus".

[102] Ebd., Zeile 8f.: „Christum adoremus (...) sanctos veneremur".

[103] Ebd., Zeile 9; vgl. auch REMIGIUS BÄUMER: Das 2. Konzil von Nizäa in der theologischen Diskussion des 16. Jahrhunderts, in: Annuarium Historiae Conciliorum, Jg. 20, 1988, S. 414-440, hier S. 436f. Schon Bevan hat ausgeführt, dass das Zweite Nizänum als ökumenisch und damit als verbindlich angesehen wurde und somit auch östliche Traditionen in dem Dekret ihren Platz gefunden haben, vgl. EDWIN R. BEVAN: Holy images. An inquiry into idolatry and image-worship in ancient paganism and in christianity, London 1940, S. 158ff. Zu demselben Ergebnis kommt auch JOSEF WOHLMUTH: Bild und Sakrament im Konzil von Trient, in: Wozu Bilder im Christentum? 1990, S. 90ff., wobei er betont, dass Trient das Repräsentationsmodell (Prototyp Bild/Darstellung/repraesentatio) von Nizäa übernommen habe. Wohlmuth analysiert das Dekret vor allem im Zusammenhang mit der Sakramentenlehre, insbesondere der Eucharistietheologie; zur Bildtheorie innerhalb dieses Fragenkomplexes vgl. WOHLMUTH 1990, S. 102ff., und JEAN-LUC MARION: Der Prototyp des Bildes, in: Wozu Bilder im Christentum? 1990, S. 117-139, hier S. 141f.; zur Rezeption im 16. Jahrhundert vgl. auch LOTHAR LIES: Origenes' Eucharistielehre im Streit der Konfessionen. Die Auslegungsgeschichte seit der Reformation, Innsbruck, Wien 1985, S. 76ff.; 153ff. Allgemein zur Rezeption des Zweiten Nizänums vgl. Nicée II 1987, und insbesondere im Hinblick auf die Bilderfrage FRANCOIS BOESPFLUG: Pour une nouvelle réception du décret de Nicée II. Remarques et suggestions d'un théologien francais, in: Atti del III Convegno storico interecclesiale, Bari 11.-13.5.1987, Bari 1988, S. 161-171.

[104] Vgl. Concilium Tridentinum, S. 1078, Zeile 10-18. WOHLMUTH 1990, S. 91, stimmt mit Jedin damit überein, dass es sich hierbei um das Kernstück des Dekretes handelt und dass dies die große Neuerung gegenüber dem Zweiten Nizänum sei; vgl. JEDIN 1966, S. 495.

[105] Vgl. Concilium Tridentinum, S. 1078, Zeile 24f.

migung eingeholt werden.[106] Darüber hinaus wurden Kriterien für die Darstellung religiöser Bilder aufgestellt. Erlaubt seien Erzählungen der Bibel, wobei das Volk darüber aufzuklären sei, dass die Divinität nicht als physische Erscheinung wahrnehmbar und abbildbar sei.[107] Verboten sei dagegen die Darstellung von falschen Dogmen oder solchen, die zu Irrtümern verleiten könnten.[108] Das Dekret nennt an dieser Stelle keine Beispiele, sondern überlässt die Nennung der zu Irrtümern verleitenden Kunstwerke der Interpretation der Bischöfe bzw. der Provinzialsynoden. Außerdem seien in den Kirchen laszive,[109] profane oder ehrenrührige Bilder verboten sowie solche mit „verkehrtem oder ungeordnetem" Bildaufbau.[110]

Eng verknüpft mit der Bilderfrage ist der Heiligen- und Reliquienkult. Auch dort verurteilte das Konzil im Rahmen dieses Kultes Aberglauben und Missbrauch. Durch die eben genannten Bilderverbote sollte verhindert werden, dass die Heiligenfeste und Prozessionen zu prunkvollen Umzügen mit Volksfestcharakter gerieten.[111] Analog zur Aufstellung von Bildern sollte die Annahme neuer Reliquien und die Genehmigung neuer Wunder von der Approbation des Bischofs abhängig sein.[112] Schwierige Fälle sollten auf einem Provinzialkonzil zusammen mit dem Erzbischof und den übrigen Suffraganbischöfen verhandelt werden, damit nichts „Neues" oder „Ungewohntes" ohne Absprache mit dem Heiligen Stuhl in den Kirchen zu sehen sei.[113] Stilistische Fragestellungen haben die Konzilstheologen nicht interessiert und waren wohl auch nicht intendiert. Gegen antik-heidnisch inspirierte Kunst der Renaissance meldete das Konzil indirekt Bedenken an. Durch das Einschärfen bischöflicher Verantwortung sollte der Kunst eine moralische und dogmatische Zielsetzung gegeben werden.[114] Entscheidungen über religiöse Darstellungen unterlagen ausschließlich der kirchlichen Autorität, und das Episkopat erfuhr durch seine Kontrollfunktion eine Erweiterung seiner Vollmachten.

Generell ist festzustellen, dass das Bilderdekret die Linie der übrigen Konzilsbeschlüsse verfolgte: Es brachte weder eine Innovation noch eine Entschei-

---

[106] Vgl. ebd., Zeile 32-34.
[107] Vgl. ebd., Zeile 21-24.
[108] Vgl. ebd., Zeile 19-21.
[109] Vgl. ebd., Zeile 26.
[110] Ebd., Zeile 29-31: „nihil inordinatum aut praeposter et tumultarie accommodatum".
[111] Vgl. ebd., Zeile 27-29. Allerdings unterbleibt auch hier die Definition von Aberglauben, bzw. seinen Ursachen. Im Zusammenhang mit den prunkvollen Ausrichtungen von Wallfahrten und Prozessionen sei nur an die Ausschreitungen im Umfeld mit der Regensburger Marienverehrung erinnert oder an die staatspolitischen Inszenierungen der venezianischen Prozessionen auf dem Markusplatz.
[112] Vgl. ebd., Zeile 34f.
[113] Vgl. ebd., Zeile 40f.
[114] Vgl. WOHLMUTH 1990, S. 92, und STEFAN KUMMER: „Doceant Episcopi". Auswirkungen des Trienter Bilderdekrets im römischen Kirchenraum, in: Zeitschrift für Kunstgeschichte, Jg. 56, 1993, S. 508-533, hier S. 509ff.

dung in Fragen innerkatholischer Bildertheologie.[115] In dogmatischer Hinsicht bewahrte es die Grundsätze der Entscheidungen des Zweiten Nizänums;[116] das bedeutet, dass die Beschlüsse des Konzils von Nizäa die Grundlage der Trienter Entscheidung bildeten[117] – im Unterschied zur Sorbonner Sentenz, die in ihrer apologetischen Qualität nicht nur die biblischen Texte rezipierte, sondern sich auch auf die Kirchenväter bezog.[118] In der Ausformulierung ging es dem Konzil hauptsächlich um eine Abgrenzung gegen die Häretiker, ohne dass diese jedoch namentlich genannt wurden, wobei insbesondere die reformierte Auffassung in der Nachfolge Zwinglis und Calvins als bedenklich empfunden wurde.[119] Dabei hatte es auch im katholischen Lager nicht an Kritik gemangelt, so dass die Betonung des Nutzens und die Berechtigung der Bilderverehrung sowie des Bildergebrauchs „nicht allein in apologetischer, sondern mindestens ebenso in seelsorgerischer Absicht"[120] geschah. Die didaktisch-erzieherische Aufgabe der sakralen Kunst im christlichen Leben stand für die Konzilsteilnehmer im Vordergrund.[121] Dies wird auch heute so gesehen, „dass das Konzil, auch in diesem Dekret, sich auf seine eigentliche Aufgabe beschränkt, Zurückhaltung und Maß übt",[122] während andererseits das „Flickwerk" verbliebene Reformprojekt kritisiert wird.[123] Darüber hinaus wird die Festlegung auf generelle Prinzipien heraus gehoben, die Bilderverehrung in das erneuerte dogmatische System eingefügt zu haben. Dabei werden insbesondere die spirituellen und Frömmigkeitsaspekte betont.[124] Da im dogmatischen Teil die strikte mittelalterlich-katholische Tradition ohne Kompromisse erneut aufrechterhalten wurde, versuchte das Konzil, die von den Reformatoren kritisierten Missstände mittels Anweisung in den Griff zu bekommen. Diese dogmatische Unausgereiftheit lässt sich durch den eiligen Abschluss erklären.[125] Nur wenige Konzilsteilnehmer protestierten aus

---

[115] FELD 1990, S. 198.
[116] Obwohl es zu einigen Akzentverschiebungen hinsichtlich des Grades der Verehrungswürdigkeit kommt; vgl. Conciliorum oecumenicorum decreta, hrsg. von Josephus Alberigo u. a., Bologna 1973, S. 136: „Imaginis enim honor ad primitivum transit; et qui adorat imaginem, adorat in ea depicti subsistentiam".
[117] Vgl. BÄUMER 1988, S. 437.
[118] Außerdem verbindet das Dekret im Unterschied zur Sorbonner Sentenz die Reliquien- und Heiligenverehrung wieder viel stärker mit der Bilderfrage als die präreformatorische Literatur.
[119] Auf den Bezug zu den französischen Bilderstürmen wurde schon weiter oben hingewiesen.
[120] KUMMER, 1993, S. 509.
[121] „Il decreto pone in primo piano il fine didattico-educativo dell'arte sacra figurativa per la vita cristiana"; PRODI 1988, S. 391.
[122] JEDIN 1966, Bd. 1, S. 414.
[123] FELD 1990, S. 198.
[124] SCAVIZZI 1992, S. 76.
[125] Ein weiterer Erklärungsgrund liegt darin, dass das Konzil die Bilderfrage wie auch die Frage über das Purgatorium und den Ablass dem dogmatisch „nebensächlichen" Bereich der Volksfrömmigkeit zuordnete.

diesen Gründen gegen dieses Ende.[126] Nach Feld mangelte es dem Dekret in Bezug auf Bilderverehrung und Ikonoklasmus vor allem an einer innerkatholisch theologischen Fundierung und damit einer sachgemäßen Auseinandersetzung mit den Reformatoren und deren intellektuellem Aufwand.[127] Außerdem fehlt im Gegensatz zur weiteren Entwicklung im 17. Jahrhundert in der Begründung des Dekretes ein ernsthaftes Eingehen auf Phänomene und Inhalte der Volksreligion. In einer abschließenden Bewertung scheint für die Sekundärliteratur das Dekret zumindest „nicht all zuviel verdorben" zu haben. Feld[128] beurteilt insgesamt sowohl die Entstehung als auch die Durchführung und den Inhalt eher negativ: Die Dekrete seien gekennzeichnet von der Eile und dem politischen Druck, unter denen sie zustande kamen. Gleichzeitig räumt Feld ein, sie hätten einen gewissen Freiraum für die Entfaltung der religiösen Kunst in den folgenden Epochen geschaffen.[129] Wesentlich erscheint die Feststellung, dass die Sorbonner Sentenz als theologisches Dokument betrachtet werden kann; das Trienter Dekret hingegen als politische Manifestation. Es bildet in der Bilderfrage eine Trennlinie zwischen der protestantischen und der katholischen Hemisphäre. Nach 1563 erscheint eine Verständigung nur noch schwerlich möglich. „The Western world was settling in a new order which would last until modern times."[130]

Sämtliche Beschlüsse des Trienter Konzils wurden kurze Zeit nach der letzten Session gegen den Widerstand der Kurie durch Papst Pius IV. approbiert. Im August 1564 betraute jener eine Kardinalsdeputation mit der authentischen Interpretation der Dekrete. Provinzial- und Diözesansynoden sowie die Entsendung von Nuntien sollten für ihre Verbreitung sorgen. Von den italienischen Fürsten und dem polnischen König wurden die Beschlüsse sofort akzeptiert; ebenfalls wurden sie von den Orden, insbesondere den Dominikanern, den Augustinern und den Karmelitern, rasch angenommen. In den anderen Ländern

---

[126] Unter anderem der spanische Botschafter Graf Luna, bei dem aber auch politische Erwägungen eine Rolle spielten, darüber hinaus auch Antonius Michaele, der Bischof von Montemarano, und Melchior Alvares, der Bischof von Guadix. Jacobus Gilbertus Nogueras, der Bischof von Alife, beklagte am meisten die Lückenhaftigkeit des Dekretes.

[127] FELD 1990, S. 198.

[128] Ebd., S. 195; vgl. mit der selben Einschätzung auch LOUIS HAUTECOEUR: Le Concile de Trente et l'art, in: Il Concilio di Trento 1979, S. 345-362, und ANDRE CHASTEL: Le concile de Nicée et les théoligiens de la Réforme catholique, in: Nicée II 1987, S. 333-338.

[129] Vgl. unter anderem FELD 1990, S. 199. So könnte aber auch darin eine Stärke des Dekretes liegen. Das Dekret selbst lieferte noch keine genauen expliziten Vorschriften, sondern stellte es den Bischöfen anheim, die Vorgaben des Tridentinums auszuformulieren. Das Dekret ermöglicht so, unter Beibehaltung der wesentlichen Ziele, die es formuliert, die Bilderpolitik bestimmten lokalen und temporären Umständen anzupassen. So kann das Dekret quasi als „Matrix" interpretiert werden. Unter dieser Fragestellung wäre der „Erfolg" der „barocken Kunst" im 17. Jahrhundert neu zu untersuchen.

[130] SCAVIZZI 1992, S. 78. Zur symbolischen Bedeutung des Konzils vgl. auch O'MALLEY 2000, S. 16ff., zur Bedeutung Hubert Jedins für die Erforschung des Tridentinums vgl. S. 46ff.

geschah das nur bedingt und mit zeitlicher Verzögerung.[131] Unmittelbar darauf wurden der Bücherindex, der Katechismus und das Breviarium herausgegeben und kurze Zeit später das Missale Romanum (1570) und die Vulgata (1590) revidiert. Das in den Beschlüssen weiterhin ungeklärte Verhältnis zwischen dem Primat des Papstes und dem Episkopat wirkte sich allerdings hemmend auf die Durchführung der Anordnungen aus.[132] Vor allem das Bilderdekret wurde in Italien bis auf wenige Ausnahmen in den ersten Jahrzehnten praktisch nicht umgesetzt.[133] Es stand zwar am Anfang der sich bis in die allerjüngste Gegenwart fortsetzenden Zensur- und Disziplinierungsversuche der religiösen Kunst durch den Klerus,[134] doch wurde ein Teil der intellektuellen Klärung erst durch Theologen der nachtridentinischen Reform nachgeholt.[135]

2. Politik und theoretische Reflektion: Carlo Borromeo, Gabriele Paleotti, Robert Bellarmino

Die Bilderfrage und die katholische Konfessionalisierung sind gerade im Hinblick auf die Prosperität der bildenden Kunst im ausgehenden 16. und 17. Jahrhundert untrennbar miteinander verbunden, und diese Tatsache wird in der wissenschaftlichen Debatte spätestens seit Beginn des 20. Jahrhunderts in unterschiedlichster Weise untersucht.[136] Dabei scheinen die sich als interdisziplinär ausweisenden neuen Paradigmen der Geschichtswissenschaft und der Kunstgeschichte jedoch kaum Kenntnis voneinander zu nehmen. Deshalb sollen im Folgenden die posttridentinischen Traktate auf ihre politischen und ästhetischen

---

[131] Vgl. ERIC W. COCHRANE: Counter-Reformation or Tridentine reformation? Italy in the age of Carlo Borromeo, in: San Carlo Borromeo 1988, S. 31-46, und GANZER 1989, S. 34ff., und allgemein PETER HERSCHE: Italien im Barockzeitalter 1600-1750, Wien, Köln u.a. 1999, vor allem S. 193ff. Insbesondere im Reich waren die Schwierigkeiten sehr groß. Die Annahme der Dekrete reichsweit scheiterte endgültig 1576; daraufhin wurden in den einzelnen Diözesen und Territorien die Dekrete umgesetzt. Vgl. REMIGIUS BÄUMER: Österreich und das Tridentinum, in: Verdrängter Humanismus – Verzögerte Aufklärung, Bd. 1, 1. Teilband 1996, S. 741-759, hier S. 756.

[132] Vgl. GANZER 1989, S. 42-45.

[133] JEDIN 1963, S. 328f.

[134] Noch während des Pontifikates Pius' IV. erhielt Daniele da Volterra den Auftrag, die nackten Figuren des „Jüngsten Gerichts" von Michelangelo zu übermalen.

[135] Vgl. zu den wesentlichen Vertretern BERNARD ARDURA: Les réseaux catholiques réformateurs précurseurs et réalisateurs du Concile de Trente en France, en Allemagne, en Italie et dans la Péninsule Ibérique, in: Renaissance Européenne et phénomènes religieux 1450-1650, Montbrison 1991, S. 265-288; außerdem die folgenden Kapitel.

[136] Vgl. die Weisbach-Pevsner-Debatte in der Kunstgeschichte aus den 20er und 30er Jahren, die stilgeschichtlich orientiert war und der Frage nachging, ob die „gegenreformatorische" Kunst eher dem Geist des Manierismus oder des Barock entsprang: WEISBACH 1921; ders. 1928, S. 16-28, und PEVSNER 1925, S. 243-262; DERS. 1928, S. 225-246.

Konzepte im Hinblick auf den gesellschaftlichen und kulturellen Transformationsprozess in der frühen Neuzeit befragt werden. Zuerst sollen die einzelnen Autoren im Zusammenhang mit ihren politischen und theologischen Zielsetzungen betrachtet werden, um die bildtheoretischen Traktate in die zeitgenössichen historischen Rahmenbedingungen einordnen zu können. Die bildtheologischen Ansätze sollen dann in ihrer Relevanz für die Bilderverehrung, die Rolle des Künstlers, die wirkungsästhetischen Konsequenzen und die parallele Konzeption für Predigt sowie Rhetorik eingeordnet werden.

Die wesentliche Konzeption einer neuen Bildtheorie und die Etablierung einer theologisch fundierten, pragmatischen Bilderpolitik fällt auf katholischer Seite in die Zeit nach dem Tridentinum. Dieses bildet die inhaltliche Basis und den ideologischen Fixpunkt für die nachfolgenden untersuchten Autoren. Im Gegensatz zu den Traktaten vor dem Konzil setzen sie sich auf einem hohen intellektuellen Niveau mit den Positionen der protestantischen Kritiker auseinander. Dabei stehen politische, soziale, theologische und philosophische Dimensionen im Vordergrund. Ästhetische Fragestellungen spielen nur in ihrer instrumentalen Funktion eine Rolle; wobei dies nicht bedeutet, dass sie nebensächlich wären. Das von ihnen formulierte Regelwerk behielt seine Gültigkeit bis zum Zusammenbruch des allgemein verbindlichen Systems der Rhetorik und Emblematik nach 1750.[137]

Die ausführlichste Analyse der Definition und Aufgabe der Malerei mit der erstmaligen besonderen Akzentuierung der Rolle der „idioti" für die Kunst stammt von Paleotti. In seinem *Discorso* berücksichtigt er sowohl die ästhetischen als auch die theologischen und politischen Aspekte der bildenden Kunst. Bei ihm stehen alle grundsätzlichen Prinzipien, sowohl theoretischer als auch künstlerischer Natur, im Vordergrund.[138] Borromeo hingegen äußert sich als einer der ersten nach dem Tridentinum in seinen pragmatischen *Instructiones*, die sich im wesentlichen mit der sakralen Architektur beschäftigen, eher implizit zu den theoretischen Fragen des Bilderstreites. Auf praktische Hinweise ver-

---

[137] Vgl. die umfangreiche Arbeit von HECHT 1997, vor allem S. 216ff., und zur Ästhetik der Barockscholastik S. 332ff., außerdem ausführlich zu Paleotti insbesondere zu seinem Einfluss auf Rubens HEINEN 1996, insbesondere S. 17ff.; außerdem ILSE VON ZUR MÜHLEN: Imaginibus honos – Ehre sei dem Bild. Die Jesuiten und die Bilderfrage, in: REINHOLD BAUMSTARK (Hrsg.): Ausstellungskatalog Rom in Bayern. Kunst und Spiritualität der ersten Jesuiten, München 1997, S. 161-170, hier S. 162f. Zur Rolle der Jesuiten für Kunst, Musik und Wissenschaft O'MALLEY (Hrsg.) 1999, und LUCE GIRARD, LOUIS DE VAUCELLES (Hrsg.): Les Jésuites à l'Age baroque (1540-1640), Grenoble 1996, und APPUHN-RADTKE 2000, hier insbesondere das Kapitel über Bildmedien in Theorie und Praxis, S. 18-36.

[138] Dies auch im Unterschied zum Traktat des Johannes Molanus, der ein Kompendium der christlichen Ikonographie zusammenstellen wollte und keine Analyse der bildenden Kunst insgesamt; vgl. CARLO MARCORA: Trattati d'arte sacra all'epoca del Baronio, in: Baronio e l'Arte. Atti del convegno internazionale di studi Sora 10.-13.10. 1984, hrsg. von ROMEO DE MAIO, AGOSTINO BORROMEO, LUIGI GULIA, GEORG LUTZ, ALDO MAZZACANE, Sora 1985, S. 211; sehr ausführlich vgl. auch HECHT 1997, S. 193ff. und HEINEN 1996, S. 15ff.

zichtet Bellarmino völlig, der die Rolle der Bilder im Rahmen seiner Konzeption der sichtbaren Kirche in den *Controversiae* behandelt. Hierbei stehen die ästhetisch-philosophischen Fragen im Mittelpunkt: die Definition und Begründung der konfessionellen Bilderverehrung.

Carlo Borromeo

Carlo Borromeo (1538-1584) war einer der einflussreichsten Bischöfe in Italien im Zeitalter der Gegenreformation und der Tridentinischen Reform, welches für Cochrane mit dem Frieden von Cateau-Cambrésis und der Wiedereinberufung des Trienter Konzils im Jahre 1559 beginnt und mit der endgültigen Verurteilung der astronomischen Thesen Galileis im Jahre 1633 endet.[139] Seit 1560 war Borromeo, ein Neffe Pius' IV., Kardinal und Erzbischof von Mailand.[140] Mit der Wahl seines Onkels Gian Angelo de' Medici begann auch die Karriere Borromeos als Kardinal in Rom.[141] Schon 1560 wurde er Pronuntius des Kirchenstaates und hatte damit die Funktion eines Außenministers inne. In dieser einflussreichen Position war er im Wesentlichen für die Verhandlungen über die Wiedereinberufung der dritten und letzten Tagungsperiode des Trienter Konzils verantwortlich.[142] Während der letzten zwei Jahre der Schlusssession beaufsichtigte und leitete Borromeo die offizielle Korrespondenz zwischen dem Papst

---

[139] Vgl. COCHRANE 1988, S. 31-46, hier S. 31, und DERS.: Italy 1530-1630, London, New York 1988, S. 184f.; vgl. auch HECHT 1997, S. 15.

[140] Vgl. MICHEL DE CERTEAU: Carlo Borromeo, in: Dizionario Biografico degli Italiani, hrsg. von P. CAROPRESO, G. A. LOMBARDO, F. LUCIBELLI, Bd. 20, Rom 1977, S. 260-269. Die erste Biographie stammt von CARLO BASCAPÉ: De vita et rebus gestis Caroli S.R.E. Cardinalis Tituli S. Praxedis Archiepiscopi libri septem, Ingolstadt 1592; diese wurde in Mailand im Jahre 1983 neu aufgelegt und mit einer umfangreichen Bibliographie versehen. Vgl. außerdem die Sammelbände San Carlo Borromeo e il suo tempo. Atti del convegno internazionale nel IV centenario della morte, Mailand 21.-26.5. 1984, 2 Bde., Rom 1986 und San Carlo Borromeo. Catholic Reform and Ecclesiastical Politics in the Second Half of the Sixteenth Century, hrsg. von JOHN M. HEADLEY, JOHN B. TOMARO, Washington 1988; vgl. außerdem ENRICO CATANEO: Carlo Borromeo Arcivescovo Metropolita, in: Ricerche Storiche sulla Chiesa Ambrosiana, Jg. 8, 1964, S. 427-457; E. GINEX PALMIERI: San Carlo l'uomo e la sua epoca, Mailand 1984, und ERWIN ISERLOH: Karl Borromäus (1538-1584): ein Heiliger der katholischen Reform im 16. Jahrhundert, in: Weisheit Gottes – Weisheit der Welt, Festschrift für Joseph Kardinal Ratzinger zum 60. Geburtstag, hrsg. von WALTER BAIER, STEPHAN OTTO HORN u. a., St. Ottilien 1987, Bd. 2, S. 889-900; außerdem grundlegend M. BENDISCOLI: Carlo Borromeo cardinale nepote arcivescovo di Milano e la riforma della Chiesa milanese, in: Storia di Milano, Bd. 10, Mailand 1957, S. 119-199.

[141] Zur Jugend Carlo Borromeos vgl. GIUSEPPE ALBERIGO: Karl Borromäus. Geschichtliche Sensibilität und pastorales Engagement, Münster 1995, S. 19f.

[142] Dies ist vor allem seiner erfolgreichen Intervention in dem Streit zwischen den Hugenotten und Katharina von Medici, der Regentin von Frankreich, zu verdanken.

und seinen Legaten in Trient;[143] er machte die Meinung Pius' IV. bekannt und übte so wesentlichen Einfluss auf die Konzilsteilnehmer aus.[144] In der Folgezeit des Konzils wurde er Kommissionsmitglied in der Kurie, die sich mit der Umsetzung der Dekrete beschäftigte. Unter anderem überwachte er die notwendig gewordene Revision der liturgischen Texte und ernannte eine weitere Kommission, die einen neuen Katechismus erstellen sollte. Dieser Römische Katechismus wurde 1566 veröffentlicht und kann als eines der wichtigsten Instrumentarien der römisch-katholischen Gegenreformation bezeichnet werden.[145] Bis zum Tod Pius' IV. im Jahre 1566 wurden die maßgeblichen Fortschritte in der Kirchenreform erreicht, an denen Borromeo Anteil hatte.[146] Obwohl Borromeo schon 1560 Erzbischof von Mailand geworden war,[147] nahm er seinen ständigen

---

[143] Mit den beiden entscheidenden Legaten des Tridentinums, Giovanni Morone, „Protektor" der Medici und der Familie Borromeo, und dem Augustiner Girolamo Seripando, Redaktor der bedeutendsten Tridentiner Dekrete, unterhielt Carlo Borromeo enge Beziehungen.

[144] Die ältere, eher hagiographische Literatur sieht in Carlo Borromeo die Seele und den Deus ex machina der dritten Phase des Tridentinums, so z.B. CESARE ORSENIGO: Der heilige Carl Borromäus. Sein Leben und sein Werk, Freiburg 1937, S. 50ff. Jedin hingegen weist ihm in seiner Darstellung des Tridentinums eine rein funktionale Verantwortung zu.

[145] Der *Catechismus Romanus* erschien 1566 in Rom und war als Leitfaden für Predigt und Katechese gedacht. Die Jesuiten standen ihm, wegen seines augustinisch-dominikanischen Gehalts und aufgrund eigener katechetischer Leistungen, beispielsweise von Petrus Canisius, kritisch gegenüber; vgl. GOTTFRIED MARON: Die nachtridentinische Kodifikationsarbeit in ihrer Bedeutung für die katholische Konfessionalisierung, in: Die katholische Konfessionalisierung 1995, S. 104-124, hier S. 114 mit weiterer Literatur.

[146] Nach Alberigo hatte Carlo Borromeo in den Jahren 1562-1563 in Rom die Möglichkeit gehabt, „sich der Stärke dieses Mißbrauchssystems bewußt zu werden, welches nunmehr die normale Verfassung des Katholizismus darstellte, das nicht nur den kirchlichen Apparat in seiner Gesamtheit beherrschte, sondern auch das christliche Leben selbst verdarb und verzerrte, so dass dessen zentrale Momente entarteten: die Feier der Messe, die Reichung der Sakramente, die Predigt, die katechetische Belehrung"; vgl. ALBERIGO 1995, S. 26.

[147] 1560 erhielt Carlo Borromeo die Weihen als Subdiakon bzw. Diakon. Im Juli 1563 wurde er zum Kardinal-Priester ernannt. Auf die hagiographische 'Anekdote' der Rolle des Todes seines Bruders im Jahre 1562 als spirituelles Erlebnis soll hier nicht näher eingegangen werden. Für den Gesamtzusammenhang erscheint wesentlicher, dass der General des Jesuitenordens Laynez nach Carlo Borromeos Priesterweihe im selben Monat auf die römischen Fratres einwirkte, Pater Ribera solle die geistlichen Exerzitien leiten; vgl. ALBERIGO 1995, S. 31. Zum komplexen Verhältnis zwischen den Jesuiten und Carlo Borromeo vgl. die Arbeit von FLAVIO RURALE: I Gesuiti a Milano. Religione e politica nel secondo Cinquecento, Rom 1992. Ein zweiter wesentlicher Einfluss ging von Bartholomäus de Martyribus, Erzbischof von Braga in Portugal, aus, dem Carlo auf dem Konzil von Trient begegnete. Dieser hatte eine Art Handbuch mit dem Titel *Stimulus patorum* geschrieben, in dem er unter Bezugnahme auf die großen Bischöfe der alten Kirche eine Reihe von Betrachtungen über die persönlichen und öffentlichen Tugenden eines Bischofs zusammengefasst hatte. Dieses Buch „stellte wesentlich mehr als einen allgemeinen geistlichen Aufruf zur Heiligkeit oder den abstrakten Entwurf eines idealen Verhaltensmusters dar; es handelt sich vielmehr um eine praktizierbare Überlegung, wie man auf die Krise, welche die Kirche des Abendlandes erschütterte, antworten könnte. Die Kraft dieser Antwort bestand in der Verschmelzung von persönlichen und öffentlichen Tugenden", so ALBERIGO 1995, S. 33f.

Amtssitz dort erst seit 1565/66 ein. Dann jedoch befolgte er die bischöfliche Residenzpflicht[148] und zeigte ein hohes Maß an pastoralem Engagement, das auf die Neubegründung des bischöflichen Amtes gerichtet und von persönlicher Askese geprägt war. Er reorganisierte seine Diözese – bestehend aus über 700 Pfarreien unter spanischer, schweizerischer, venezianischer und genuesischer Herrschaft – mit geradezu absolutistischen Mitteln.[149] Borromeos Kirchenpolitik war bestimmt von der Durchsetzung der Trienter Dekrete. Sein Erfolg lag darin begründet, dass er sein in Rom erlerntes diplomatisches Geschick mit seinen administrativen und organisatorischen Fähigkeiten sowie seinem empathischen und charismatischen Auftreten in Krisensituationen wie beispielsweise der Pest zu verbinden wusste.[150] Die Grundlage der Revitalisierung der Römisch-Katholischen Kirche bestand für Borromeo in der individuellen Auslegung der Trienter Beschlüsse durch die Bischöfe.[151] Um dieses Ziel zu erreichen, versuchte er, sowohl Interventionen der weltlichen Autoritäten[152] als auch des Papstes[153] zu unterbinden. Trotz seiner Unterstützung für die Durchsetzung des päpstlichen

---

[148] Das Dekret über die Residenzpflicht wurde auf der sechsten Session unter Paul III. am 13.1.1547 verabschiedet.

[149] Parallelen zwischen der Organisation des Mailänder Herzogtums unter den Borromeerbischöfen und dem Herzogtum Bayern unter den Wittelsbachern um 1600 zieht ANGELO TURCHINI; vgl. DERS.: Bayern und Mailand im Zeichen der konfessionellen Bürokratisierung, in: Die katholische Konfessionalisierung 1995, S. 394-404.

[150] PAMELA M. JONES: Federico Borromeo and the Ambrosiana. Art patronage and reform in seventeenth-century Milan, Cambridge 1993, S. 20.

[151] Vgl. GIUSEPPE ALBERIGO: Carlo Borromeo between two models of bishop, in: San Carlo Borromeo 1988, S. 250-163; JOHN B. TOMARO: San Carlo Borromeo and the implementation of the Council of Trent, in: San Carlo Borromeo 1988, S. 67-84; AGOSTINO BORROMEO: Archbishop Carlo Borromeo and the ecclesiastical policy of Philip II in the State of Milan, in: San Carlo Borromeo 1988, S. 85-111, und ROBERT TRISCO: Carlo Borromeo and the Council of Trent: The question of reform, in: San Carlo Borromeo 1988, S. 47-66.

[152] Vgl. über das komplizierte Verhältnis zum spanischen Staat MANUEL FERNANDEZ ALVAREZ: San Carlo Borromeo nei suoi rapporti con la Spagna, in: San Carlo Borromeo 1986, S. 709-726, und seine Probleme mit der Oberschicht des Herzogtums Mailand LUIGI PROSDOCIMI: Riforma borromaica e conservatorismo politico, in: San Carlo Borromeo 1986, S. 691-708. Alberigo betont insbesondere die Neuerungen Borromeos, die zu Auseinandersetzungen führten: So „schuf die synodale Aktivität auch dadurch ein öffentliches Reformklima, daß sie die gesellschaftliche Isolierung jener Kreise förderte, die am hartnäckigsten dem status quo anhingen. Man muß die Mailänder Opposition gegen Borromäus vor diesem Hintergrund sehen (...). Es war fast unausweichlich,
daß die Opposition sich organisierte und, sei es bei der städtischen Obrigkeit, sei es in Madrid und Rom, der politischen Hauptstadt bzw. der höchsten kirchlichen Spitze, Unterstützung zu finden suchte", vgl. ALBERIGO 1995, S. 57.

[153] Zur päpstlichen Politik in der frühen Neuzeit und zur Herausbildung eines Territorialstaates vgl. PAOLO PRODI: Il sovrano pontefice – Un corpo e due anime: la monarchia papale nella prima età moderna, Bologna 1982; zum besonderen Verhältnis zwischen Papsttum und Carlo Borromeo vgl. auch PAOLO PRODI: Charles Borromée, archevêque de Milan et la papauté, in: Revue d'Histoire Ecclésiastique, Jg. 62, 1967, S. 379-411. Zur Rolle der Jesuiten in Mailand in diesem Zusammenhang vgl. Rurale 1992, S. 44ff. und S. 229ff.

Primats geriet er mit dem Papsttum, dessen Ziel es unter anderem war, eine zentralisierte und standardisierte Reform der Diözesen und der Kurie selbst durchzuführen, wegen der intransigenten Strenge seiner pastoralen Mailänder Politik in Konflikt. Nach Borromeos Tod 1584 betonten die Päpste deshalb immer wieder dessen Loyalität gegenüber dem Heiligen Stuhl, seine persönliche asketische Strenge und Heiligkeit und unterdrückten eine stärkere Betonung der episkopalen Aktivitäten. So wurde er nach seiner Kanonisierung 1610 nur als Kardinal und nicht als Erzbischof porträtiert.[154]

Borromeo war mit allen Aspekten sowohl des öffentlichen, kirchlichen und politischen als auch des „privaten" Lebens vertraut. Zu diesem Zweck nahm er Visitationen in den Diözesen seines Erzbistums vor und beschäftigte eine Art Geheimpolizei zur Überwachung und zum Schutz vor „Häresie".[155] So zeigt es sich für Alberigo, dass Borromeo „weder ein Theoretiker der Politik noch ein Theologe im professionellen Sinne des Wortes [war] –, dass er sich von einer 'praktischen', aber ziemlich genauen Sicht der Gesellschaft leiten [ließ], die er entschieden" verfolgte.[156] Dabei ging Borromeo von der Auffassung der Autonomie beider – der politischen und der kirchlichen – Autoritäten aus, einer Autonomie, die die Wohlfahrt der Gesellschaft zum gemeinsamen Ziel hatte.[157] Während Borromeos Amtszeit fragten viele Bischöfe um Rat und Hilfe bei der Umsetzung der Trienter Beschlüsse an, so auch Paleotti.[158] Die weit über die Grenzen der Mailänder Diözese bekannten *Acta Ecclesiae Mediolanensis*[159]

---

[154] Vgl. NIELS RASMUSSEN: Liturgy and iconography at the canonization of Carlo Borromeo, 1 November 1610, in: Analecta Romana Instituti Danici, Jg. 15, 1985, S. 119-150, und die verkürzte Fassung, DERS.: Liturgy and iconography at the vanonization of Carlo Borromeo, 1 November 1610, in: San Carlo Borromeo 1988, S. 264-276.

[155] Vgl. SUSANNE MAYER-HIMMELHEBER: Bischöfliche Kunstpolitik nach dem Tridentinum. Der Secunda Roma Anspruch Carlo Borromeos und die mailändischen Verordnungen zu Bau und Ausstattung der Kirchen, München 1984, S. 16ff.

[156] Ebd., S. 38

[157] Vgl. DIES. S. 61. In diesem Sinne auch Gatti Perer: „Carlo non è teologo nell'accezione accademica del termine; è Vescovo e Dottore, con incessante tensione al Vangelo, profondamente consapevole del suo tempo"; vgl. MARIA LUISA GATTI PERER: Progetto e destino dell'edificio sacro dopo S. Carlo, in: San Carlo Borromeo 1986, S. 611-632, hier S. 614.

[158] Carlo Borromeo stellte für Gabriele Paleotti das Vorbild eines tridentinischen Bischofs dar, in allen entscheidenden Fragen wandte er sich an seinen Mailänder Amtsbruder, vgl. CARLO PRODI: Il Cardinale Gabriele Paleotti (1522-1597), 2 Bde., Rom 1959/1967, Bd. 2, S. 11f. und 103ff. Zu anderen zeitgenössischen Werturteilen, z.B. von Roberto Bellarmino und Ferdinando Gonzaga, vgl. ANGELO TURCHINI: Bellarmino e il processo di canonizzazione di S. Carlo Borromeo, in: Bellarmino e la Controriforma 1990, S. 385-401; insbesondere S. 389f. Auch für Roberto Bellarmino war Carlo Borromeo das große Vorbild in allen pastoralen Fragen; vgl. VALERIA DE LAURENTIIS: Immagini ed arte in Bellarmino, in: Bellarmino e la Controriforma 1990, S. 579-608; hier S. 605f.

[159] Vgl. Acta Ecclesiae Mediolanensis, 3 Bde., hrsg. von A. RATTI, Mailand 1890-1892. Die erste Ausgabe erschien im Jahre 1582 und wurde noch von Carlo Borromeo selbst herausgegeben. Die zweite, posthum edierte Ausgabe, die die gesamten Reformbeschlüsse beinhaltete und somit zur

wurden zu einer Art Leitfaden für die Organisation einer Diözese, speziell zur Frage der Visitationen. So gilt Borromeo in der Folgezeit als Musterbeispiel eines tridentinischen Bischofs.[160] Seine Aktivitäten auf dem Gebiet der Kunst- und Kulturpolitik sind im Rahmen seines pastoralen Engagements, seines Selbstverständnisses als Bischof einer der wichtigsten Diözesen Italiens und eines Vorkämpfers der katholischen Reformen zu bewerten. In einer bis dahin unbekannten Mischung aus Interesse, 'wissenschaftlicher' Genauigkeit für die frühchristliche Epoche und rational-politischem Kalkül widmete er sein eigenes Episkopat einer „imitatio Ambrosii".[161] Mit dem Rückgriff auf ambrosianische Traditionen versuchte er, Mailand den Rang einer Secunda Roma zurückzugeben. Er verfolgte mit diesem lokalen Traditionalismus[162] sowie mit rigiden, zentralistischen Reformen ein Vorhaben, das sich in wichtigen Punkten von der römisch-päpstlichen, aber auch von der tridentinisch-konziliaren Zielsetzung unterschied: Zur Verwirklichung seines Secunda-Roma-Anspruches versuchte Borromeo, für Mailand Ablassprivilegien durchzusetzen, ein Heiliges Jahr[163] einzuführen und Stationskirchen einzurichten. Analog der römischen Wallfahrt

---

Grundlage für alle weiteren Editionen wurde, wurde von seinem Neffen Federico Borromeo im Jahre 1599 herausgegeben.

[160] Carlo Borromeo war auch einer der ersten Männer, die nach einer langen Pause im 16. Jahrhundert heilig gesprochen wurden. Er gilt deshalb auch als einer der Heiligen der Gegenreformation. Zu den Formen der Heiligsprechung in der Gegenreformation vgl. BURKE 1987, S. 54-56; zum Kanonisierungsprozess auch TURCHINI 1990, S. 385-402. Als Pestheiliger ist ihm die größte Pestkirche Wiens, die Karlskirche, geweiht. Zur Bedeutung der Figur Carlo Borromeos für den Kult und die Ikonographie vgl. BERNHARD ANDERES (Hrsg.): Kunst um Karl Borromäus, Luzern 1980, und Heiliger Karl Borromäus. Reformer – Heiliger – Vorbild, Ausstellungskatalog, Hohenems 1988.

[161] Der Heilige Ambrosius war einer der berühmtesten Erzbischöfe Mailands aus dem 4. Jahrhundert und deren Schutzpatron. Unter seinem Episkopat kam es zu Auseinandersetzungen zwischen Staat und Kirche, die Ambrosius häufig für die Kirche gewinnen konnte. Außerdem besaß Mailand in der Folgezeit eine vom Papst in Rom wesentlich unabhängigere Stellung; vgl. dazu auch MAYER-HIMMELHEBER 1984, S. 4ff.

[162] Carlo Borromeo belebte vor allem einen lokalen Heiligen- und Reliquienkult. Damit einhergehend restaurierte er den ambrosianischen Ritus, der als eine der wenigen Lokaltraditionen auf dem Tridentinum und außerdem durch Pius V. 1568 und 1575 durch ein Breve von Gregor XIII. bestätigt wurde. Zu diesem Zweck wurden die Reliquien ausgegraben, vom Erzbischof im Beisein etlicher Kleriker als Zeugen deren Echtheit anerkannt, um sie am folgenden Tag in einer überaus prunkvollen Prozession zu ihrer neuen Ruhestätte zu überführen. Die Beisetzung selbst erfolgte nach ambrosianischem Brauch: Auf der rechten Seite lagen die Märtyrer, auf der linken die Bischöfe. Somit wurde die enorme aktuelle bischöfliche Präsenz selbst ritualisiert.

[163] Das Anno Santo war eine römische Schöpfung Papst Bonifaz VIII. für das Jahr 1300. Im Januar 1576 waren die Bemühungen Carlo Borromeos für die Übertragung des Heiligen Jahres erfolgreich, als er den päpstlichen Erlass *Salvator Noster* veröffentlichen konnte: Papst Gregor XIII. ermächtigte den Mailänder Erzbischof nicht nur, die Bedingungen zur Gewinnung des Jubeljahrablasses festzusetzen, sondern auch – neben dem Dom – drei weitere Jubelkirchen zu ernennen; vgl. MAYER-HIMMELHEBER 1984, S. 35ff.

zu den sieben Hauptkirchen der Stadt[164] erhob Borromeo folgende Mailänder Kirchen in den entsprechenden Rang und ließ diese von den besten Künstlern seiner Zeit entweder restaurieren oder neu ausschmücken:[165] den Dom, S. Simpliciano, S. Vittore al Corpo, S. Ambrogio, S. Lorenzo, S. Nazaro und S. Stefano.[166] Der Ausbau dieser Institute und deren Propagierung im Volk diente einem Programm, das im weitesten Sinn als die 'Ritualisierung der Metropole' bezeichnet werden kann, ein Vorgang, der sich auch in der Urbanistik Mailands unter den Borromeerbischöfen widerspiegelt.[167] Als Zeichen dieser Ritualisierung kann der Erlass über eine vorgeschriebene Wallfahrtsroute interpretiert werden: Alle Gläubigen sollten in großen Prozessionen zusammengefasst werden. Diese neue Konzeption der katholischen Wallfahrt kam einer Choreographie derselben gleich.[168]

---

[164] Dies waren S. Giovanni in Laterano, S. Pietro in Vaticano, S. Paolo fuori le mura, S. Maria Maggiore, S. Lorenzo fuori le mura, S. Croce in Gerusalemme und S. Sebastiano.

[165] Bei der Neugestaltung wurde sehr auf wirkliche bzw. vermeintliche frühchristliche Mailänder Traditionen Rücksicht genommen. Diese Betonung des katholischen frühchristlichen Erbes zeigt sich nicht nur bei Carlo Borromeo, sondern bei allen wichtigen Reformern, vgl. unter anderem STEFANO ZEN: Civiltà cristiana e commitenza eroica, in: Baronio e l'arte, 1985, S. 289-328, und PHILIP J. JACKS: Baronius and the antiquities of Rome, in: Baronio e l'arte 1985, S. 75-96.

[166] Zur künstlerischen Neugestaltung vgl. die kaum überschaubare Literatur zur Kunst in der Lombardei in der zweiten Hälfte des 16. Jahrhunderts. Beispielhaft sind hier zu nennen MARIA LUISA GATTI PERER: Cultura e socialità dell'altare barocco nella antica Diocesi di Milano, in: Arte Lombarda 1975, S. 11-66; GIOVANNI DENTI: Architettura a Milano tra Controriforma e Barocco, Florenz 1988, insbesondere S. 53-86; zu den beiden bedeutendsten zeitgenössischen Architekten Martino Bassi und Pellegrino Tibaldi, dessen Bruder Domenico wiederum unter Gabriele Paleotti in Bologna tätig war; vgl. außerdem zur Neugestaltung des Domes durch Tibaldi MAYER-HIMMELHEBER 1984, S. 70ff., und JAMES S. ACKERMAN: Pellegrino Tibaldi, San Carlo Borromeo e l'architettura ecclesiastica del loro tempo, in: San Carlo Borromeo 1986, S. 573-586. Nach dem Tod Carlo Borromeos erhielt Tibaldi von Philipp II. von Spanien den Auftrag, die Bibliothek im Escorial auszumalen; vgl. MICHAEL SCHOLZ-HÄNSEL: Eine spanische Wissenschaftsutopie am Ende des 16. Jahrhunderts. Die Bibliotheksfresken Pellegrino Pellegrinis im Escorial, Münster 1987. Zur Umgestaltung der zweitwichtigsten Kirche in Mailand, zu S. Lorenzo, vgl. GIAN ALBERTO DELL'ACQUA: La basilica di San Lorenzo, Mailand 1985, und CRISTINA PARODI: Marino Bassi e la ricostruzione della Cupola di S. Lorenzo tra Cinque e Seicento, in: Arte Lombarda 1990, H. 1-2, S. 31-45.

[167] Die Ritualisierung beschränkte sich nicht nur auf die Stadt, sondern kann auch auf die gesamte Diözese übertragen werden: Auch die Landschaft sollte nun durch die Errichtung von Wegkreuzen symbolisch 'besetzt', sondern selbst in ein Gesamtkonzept der Ritualisierung eingebunden werden. So kommt es insbesondere in der Lombardei zur Einrichtung vieler so genannter „Sacri Monti"; vgl. dazu den Sammelband Sacri Monti: Devozione, arte e cultura della Controriforma, hrsg. von LUCIANO VACCARO und FRANCESCO RICARDI, Mailand 1992, darin vor allem den einleitenden Artikel von SANTINO LANGÉ: Problematiche emergenti nella storiografia sui Sacri Monti, S. 1-26 und FRANCO CARDINI: I Sacri Monti nella storia religiosa ed artistica d'Europa, S. 111-118; die besondere Verehrung für Carlo Borromeo untersucht ADELE BURATTI MAZZOTTA: L'apoteosi di Carlo Borromeo disegnata in due secoli di progetti per il Sacro Monte di Arona (1614-1828), in: ebd., S. 231-240.

[168] MAYER-HIMMELHEBER 1984, S. 3. und S. 38.

Um den Inhalt der Trienter Beschlüsse durchzusetzen, hielt Borromeo zahlreiche Synoden ab.[169] Das erste Provinzialkonzil 1565 beschloss die Durchführung des tridentinischen Bilderdekrets, ging aber zugleich inhaltlich über dieses hinaus. So war z.B. die künstlerische Darstellung volkstümlicher Legenden verboten. „Die Bischöfe sollten dafür sorgen, daß die Bilder in ihren Einzelheiten inspiziert werden, um festzustellen, ob alles der Würde und Heiligkeit des Prototypus entspricht, damit durch den Anblick die Frömmigkeit angeregt, auf keinen Fall aber Anlaß zu schandbaren Gedanken gegeben wird".[170] Zur Umsetzung dieser Beschlüsse sollten die Bischöfe die in ihrer Diözese lebenden Künstler über ihren christlichen Auftrag belehren. Aufgrund seines umfassenden Engagements in allen Fragen des pastoralen Lebens betrachtete Borromeo auch die Bedeutung von sakraler Kunst und Architektur als wesentlichen Bestandteil der Liturgie. Auf dem dritten Provinzialkonzil von 1572 kündigte der Erzbischof die Herausgabe umfassender Instruktionen zum Kirchenbau und zur Kircheneinrichtung an: die so genannten *Instructiones*.[171] Die Erstellung der *Instructiones* lässt sich im Zusammenhang mit den apostolischen Visitationen der wichtigsten mailändischen Kirchen im Jahre 1575/76 interpretieren. Diese wurden im Vorfeld des Jubeljahres 1576 durchgeführt, das, wie Mayer-Himmelheber nachweist, „um Höhepunkt metropolitaner Selbstdarstellung" ausgestaltet werden sollte.[172] Das Provinzialkonzil von 1576 wies erneut auf die Veröffentlichung von Normen für die Architektur hin, des Weiteren wurde ein strengeres, rational geplantes System der Visitationen eingeführt.[173] Schließlich erschienen die *Instructiones* 1577 bei Ponzio Pacifico als einbändiges Werk, aus zwei Teilen bestehend.[174] Die genaue Autorschaft ist bis heute umstritten. So können einzelne Kapitel Petrus Galesinus zugeschrieben werden, der nicht nur als Übersetzer für Borromeo tätig, sondern insbesondere für die präzisen Ausführungen zur Liturgie verantwortlich war, da er über genaue Kenntnisse des römischen sowie des ambrosianischen Ritus verfügte.[175] Für praktische Anweisungen, vor allem in den Kapiteln 32 und 33 des ersten Buches, kann die Autor-

---

[169] Vgl. FELD 1990, S. 200.
[170] Aus den Akten des Mailänder Konzils, zitiert nach FELD 1990, S. 201.
[171] Der volle Titel lautet *Instructiones fabricae et supellectilis ecclesiasticae libri II*; S. 1-113; 383-464. Teilweise ist der Text bei MAYER-HIMMELHEBER paraphrasiert, vgl. DIES. 1984, S. 90-175.
[172] Ebd., S. 84.
[173] So teilte Carlo Borromeo die Stadt entsprechend den Stadttoren auf. Jeder Distrikt erhielt einen Visitator. Dieser setzte ein Komitee ein, welches für die Aufsicht über die Gebäude zuständig war, mit dem Vorsitzenden des Prefectus Fabricae: „Visitatio a Praefectis urbis et Vicariis Foraneis obeunda et alia quaedam", Acta Ecclesia Mediolanensis col. 905.
[174] Vgl. MARCORA 1985, S. 194, und MARIA LUISA GATTI PERER: Le „istruzioni" di San Carlo Borromeo e l'ispirazione classica nell'architettura lombarda del Seicento in Lombardia, in: Il mito del classicismo seicento, Messina 1964, S. 100-123, hier S. 102ff. Vgl. auch Borromeo 1577, S. 3-5.
[175] Vgl. MAYER-HIMMELHEBER 1984, S. 87f. und S. 298ff.

schaft des ersten Praefectus Fabricae Ludovico Moneta angenommen werden.[176] Das Werk in seiner Gesamtheit steht jedoch eindeutig unter der Ägide Borromeos und verrät in seinen Grundzügen dessen Handschrift.[177]

Im ersten Buch wird – im Unterschied zu den Provinzialdekreten, die pragmatisch Standards für bereits bestehende Kirchen setzen sollten – von dem Idealfall eines Neubaus einer Kirche ausgegangen. Diese Konzeption spiegelt sich in der Gliederung wider: vom Außenbau über die Innenarchitektur zur Innenausstattung.[178] Borromeo richtete sich mit seinen *Instructiones* im Wesentlichen an die Bauherren und Auftraggeber, zumeist Bischöfe oder andere Kleriker. Seitenkapellen und Bilder konnten aber auch von Laien in Auftrag gegeben werden. In solchen Fällen wird Borromeo in seinem Werk die Bischöfe in ihrer Funktion als Aufsichts- und Kontrollperson angesprochen haben. Dies entsprach auch seiner Politik, die Bischofsgewalt in allen sozialen und kulturellen Bereichen zu stärken. Erst in zweiter Linie werden die *Instructiones* an die ausfüh-

---

[176] Vgl. EVELYN C. VOELKER: Borromeo's influence on sacred art and architecture, in: San Carlo Borromeo 1988, S. 172-187, hier S. 173, und MAYER-HIMMELHEBER 1984, S. 88ff., die ihm einen noch größeren Einfluss zubilligt. Im Gegensatz dazu sieht MARCORA 1985, S. 195, sein wesentliches Verdienst hauptsächlich darin, das Werk kompiliert zu haben.

[177] In den beiden Büchern der *Instructiones* werden die Architektur und die sakrale Kleidung behandelt. Dies geht wahrscheinlich auf eine biblische Tradition zurück: In dem Buch Exodus liefert Gott Mose genaue Anweisungen für die Kultgegenstände, 2. Buch Mose 25-42. Das erste Buch befasst sich mit dem Kirchengebäude und seinen einzelnen Teilen und Formen: Kapitel 1 und 2 untersuchen den geeigneten Ort eines Kirchenneubaus und den Grundriss; Kapitel 3 und 4 die äußeren Mauern, die Fassade, das Atrium, den Portikus und das Vestibül; Kapitel 5 bis 9 das Dach, den Fußboden, die Türen, die Fenster, die Stufen und die Treppen; Kapitel 10 bis 12 und 14 bis 15 den Chor einschließlich Bestuhlung, die Kapellen und Altäre; Kapitel 13 das Tabernakel; Kapitel 16 bis 18 Reliquiare, Bilder, Lampen und Lampadarien; Kapitel 19 das Baptisterium und den Taufstein; Kapitel 20 und 21 das Sacrarium und die Weihwasserbecken. Ein Sacrarium ist ein Abgussbecken in der Nähe des Taufsteines; es besteht aus einem Becken, das auf einem Säulenstumpf ruht; durch ein Abflussloch im Becken werden die Abfälle in eine unterirdische Zisterne geleitet.Kapitel 22 behandelt die Kanzel und die Ambonen, erhöhte Pulte in Kirchen für gottesdienstähnliche Lesungen; Kapitel 23 die Beichtstühle; Kapitel 24 die Trennwände, welche die Kirche teilen; Kapitel 25 die Bradellae, nur für Frauen bestimmte Stühle; Kapitel 26 den Glockenturm samt der Glocken; Kapitel 27 die Friedhöfe und die Gräber; Kapitel 28 die Sakristei; Kapitel 29 den Geräteschuppen; Kapitel 30 bis 33 Sonderformen von Kirchenbauten; Kapitel 34 schließlich allgemeine Regeln, die bei jedem Bau zu beachten seien. Das zweite Buch beinhaltet eine Aufzählung der Kultgeräte und der für die Gewandung von Priester und Altar notwendigen Kleider bzw. Stoffe. Die einzelnen Gerätschaften werden mit Angabe einer Mindestanzahl typologisch und numerisch nach Kirchentypen, z.B. Kathedral-, Kollegiats- oder Pfarrkirche, aufgelistet. Darüber hinaus enthält dieses zweite Buch, dessen Übersetzung und Kommentar Evelyn C. Voelker vorbereitet, eine minutiöse Beschreibung unter anderem der Größe der Prozessionskreuze, der Länge der Umhänge der Priester; außerdem Empfehlungen für Handtücher und Vorschriften über die Taschentücher der Priester.

[178] Zwei Exkurse zu Straßenkapellen bzw. zu Nonnenkirchen und -klöstern und ein abschließenden Mahnwort an die prospektiven Bauherren beenden das Werk.

renden Künstler gerichtet gewesen sein,[179] obwohl gerade Borromeo einen regen Austausch mit einigen ihrer Vertreter, wie Pellegrino Tibaldi und Martino Bassi, pflegte.[180] Er wiederholte in den *Instructiones* weitestgehend die Bestimmungen des Tridentinums bzw. führte diese als Ausgangspunkt an.[181] Aber in Detailfragen ging er darüber hinaus und griff beispielsweise stark in den künstlerischen Schaffensprozess ein. So drohte er den Künstlern in Kapitel XVII des ersten Buches, das den Bildern gewidmet ist, schwere Strafen an, falls sie von den gegebenen Regeln abwichen.[182] Insgesamt gesehen ist sein Werk ein Kompendium von praktischen Anweisungen und trotz der im Einzelnen rigide klingenden Maßnahmen eher zurückhaltend.[183] Die *Instructiones* fanden nach ihrer Veröffentlichung große Verbreitung. Sie wurden nicht nur in Italien verlegt, sondern

---

[179] Borromeo 1577, S. 113: „Id omne cum fabricae praefecti architective, antequam aedificationis initium fiat, consulto caveant, tum in primis curae episcopalis est videre, ne quid tale ab iis in opere ecclesiastico committatur"; außerdem in ähnlicher Weise das Ende des zweiten Buches, Borromeo 1577, S. 463: „(...) in omni ecclesiastico ornatu et sacrae supellectilis apparatu, ratione ac forma etiam, his instructionibus quocumque modo demonstrata praefinitave, ab iis quorum interest Episcopi sui iudicum et consilium assensusque adhibeatur; ut, cum omnia ad divinum cultum pertinentia illius iudico dirigantur, tum ipse etiam accurate videat ut omnia et singula, quae his duobus libris comprehensa aut demonstrata sunt, quod eius fieri potest, recte conformentur harum nostrarum Instructionum praescriptis. Quoniam vero quae hoc et illo superiore libro praescripta sunt, prae sumptibus aliave difficultate, in unaquaque ecclesia non omnia singulave atatim et uno eodemque tempore praestari fortasse non poterunt, idem Episcopus pro sua prudentia dispiciet ac statuet, quae primum, quae deinde magis necessario paranda conficiendave, quae post item, et quae ultimo loco pro ecclesiarum ratione proque oportunitate praestanda ordine sint, sive ad fabricam sive ad supellectilis modum usumque pertineant".

[180] Zu Tibaldis Ziborium im Dom vgl. MAYER-HIMMELHEBER 1984, S. 75ff. und DENTI 1988, S. 97-106; zu Bassis Kuppelbau von S. Lorenzo vgl. CRISTINA PARODI: Marino Bassi e la ricostruzione della Cupola di S. Lorenzo tra Cinque e Seicento, in Arte Lombarda 1990, H. 1-2, S. 31-45, hier S. 35ff., und DENTI, 1988, S. 65-67. So auch James S. Ackerman: „Ho suggerito prima che l'influenza più profonda delle idee del Borromeo sul lavoro del Tibaldi sia da trovare nei disegni fatti dopo il sessantasette (...) le Instructiones e i concetti trasmessi dai sinodi e dalle visite condotte dal Santo furono uno strumento di grande efficacia per un cambiamento radicale nella concezione della pianta di cappella e di chiese grandi o modeste: furono piuttosto le norme annunciate dalle chiese di tre grandi architetti della generazione precedente il Pellegrino: Alessi, Vignola, Palladio – che tutti consideravano conformi allo spirito del Concilio di Trento – ad essere capovolte dalle innovazioni della Diocesi di Milano tra gli anni sessanta ed ottanta del Cinquecento." Vgl. ACKERMAN 1986, S. 573-586, hier S. 576ff.; vgl. auch BLUNT 1964, S. 127f.

[181] Vgl. GATTI PERER 1986, S. 621: „Se il Concilio di Trento aveva tracciato la strada di un rinnovamento religioso, s. Carlo ne stabilisce le fondamenta."

[182] Vgl. MAYER-HIMMELHEBER 1984, S. 129f.

[183] „It is not meant to be a polemical work (...). In this work of a practical nature the polemical points come to the surface almost by chance, and not in a direct way"; SCAVIZZI 1992, S. 125. Auch Gatti Perer betont die praktische Bedeutung der *Instructiones*: „Le Istruzioni costituiscono un progetto di chiesa con ipotesi alternative: infatti s. Carlo non si rivolge ai primi per censo o per autorità, ma ai primi e agli ultimi, ognuno e tutti costituendo popolo di Dio e ugual diritto, prevedendo adeguamenti molto articolati, soluzioni alternative che tengono conto dell'infinita varietà delle circostanze pratiche in cui si trova ad operare." Vgl. DIES.: Progetto e destino dell'edificio sacro dopo S. Carlo, in: San Carlo Borromeo 1986, S. 611-631, hier S. 616.

in ganz Europa gedruckt.[184] Sie wurden sogar in den Codex Iuris Canonici aufgenommen.[185]

Gabriele Paleotti

Die zweite Schlüsselfigur innerhalb der posttridentinischen Auseinandersetzung mit der Bilderfrage stellt der Kardinal und Erzbischof von Bologna Gabriele Paleotti (1522-1597) dar, der mit seinen Schriften und der Tätigkeit in seiner Diözese ein weiteres Beispiel für die Umsetzung der Trienter Dekrete bildet. Paleotti, 1522 in Bologna geboren, entstammte einer angesehenen Familie und studierte zunächst Rechtswissenschaft. Nach Erlangung der Doktorwürde lehrte er an der Universität Zivilrecht und wurde 1556 von Pius IV. zum Richter an der Rota, dem päpstlichen Gerichtshof, berufen.[186] Ab 1561 hielt er sich mit der päpstlichen Gesandtschaft in Trient auf und war erstmals politisch tätig. Er hielt die gefassten Beschlüsse schriftlich fest und verhandelte mit den Abgesandten der Fürsten. Nach Rom zurückgekehrt, wurde er daraufhin beratendes Mitglied der Kardinalsdeputation zur Bestätigung und Ausführung der Konzilsdekrete. 1565 wurde er zum Kardinal ernannt und im Jahr darauf unter dem Pontifikat Pius' V. (1566-1572) zum Bischof von Bologna geweiht. Vorgenommen wurde die Weihe von seinem Freund und großen Vorbild Borromeo.[187] Paleotti organisierte seine Diözese im Geist des Tridentinums wie Borromeo, mit dem er auch brieflich in engem Kontakt stand.[188] Seine im Folgenden zu untersuchenden bildtheoretischen Vorstellungen sind untrennbar verbunden mit den Reformbestrebungen in seiner Diözese. So versuchte er, durch eine Verbindung seiner politischen Reformtätigkeiten mit einem pastoralen Engagement und einer persönlich asketischen Lebensführung[189] Vorbild und „spiritus rector" seiner Diözese zu sein. Gleich nach seiner Ankunft in Bologna begann er, täglich die Messe entsprechend dem neuen Bischofsideal des Tridentinums zu zelebrieren. In der Folgezeit predigte er zumindest jeden Sonntag in der Bischofskirche. Seine Predigten zeigen eine hohe rhetorische Schulung. Im Verlauf seines Episkopats

---

[184] In Paris 1643 und in Lyon 1682; vgl. GATTI PERER 1986, S. 613.

[185] Vgl. MAYER-HIMMELHEBER 1984, S. 85; S. 290ff.; ein Beispiel für den direkten Einfluss auf andere Traktatisten AGOSTINO COLLI: Un trattato di architettura cappuccina e le „Instructiones fabricae" di San Carlo, in: San Carlo Borromeo 1986, S. 663-687. Zur Rezeption bis in das 20. Jahrhundert vgl. MARCORA 1985, S. 199ff.

[186] Zur Person Paleottis vgl. die grundlegende Studie von PRODI 1959/1967 und HECHT 1997, S. 15ff. bzw. S. 193ff.

[187] Vgl. Dictionnaire de Théologie Catholique, Bd. 11, Paris 1931, Stichwort Paleotti, S. 1821-1823, und JEDIN 1963, S. 321-339.

[188] Zum Verhältnis der beiden Bischöfe ausführlich PAOLO PRODI: San Carlo Borromeo e il cardinale Gabriele Paleotti: due vescovi della riforma cattolica, in: Critica Storia, Jg. 3, 1964, S. 135-151.

[189] So reservierte er mindestens zehn Tage im Jahr für die „esercizi spirituali", vgl. PRODI 1959/1967, Bd. 2, S. 7ff.

entstanden mehr als 100 Predigten, die später auch gedruckt wurden, sowie mehrere Schriften zur Predigt.[190] Seit 1568 überwachte ein persönlicher Freund Paleottis, der Jesuit Palmio, die Ausbildung der zukünftigen Priester in der Liturgie, dem Katechismus, der Grammatik und der Rhetorik.[191] Seine besondere Aufmerksamkeit galt der administrativen Neuordnung der Diözese: Das Domkapitel wurde neu besetzt, alte hierarchische Strukturen wurden aufgebrochen und eine „Congregazione della Riforma" gegründet. Außerdem ließ er, ähnlich wie in der Mailänder Erzdiözese, regelmäßig Visitationen durchführen. Überwacht wurden diese durch einen Paleotti direkt unterstellten „Visitatore generale"; zudem mussten alle „Visitatori ordinari" Paleotti dreimal jährlich auf den so genannten „sinodi archipresbiterali" Bericht erstatten. Entsprechend den Beschlüssen des Tridentinums fand jährlich eine Provinzialsynode statt. Nicht nur der Klerus sollte reformiert werden; Paleotti wollte die gesamte Gesellschaft umgestalten: Sein soziales Engagement galt insbesondere den unteren Schichten.[192] Entsprechend der Bologneser Tradition schenkte Paleotti der Universität seine besondere Aufmerksamkeit.[193] Dort versuchte er, die religiöse Indifferenz zu bekämpfen und das Studium straffer zu organisieren.[194] Trotzdem war Paleottis Interesse nicht auf die theologische Ausbildung beschränkt. Dies zeigt sich beispielsweise an der persönlichen Freundschaft zwischen Paleotti, dem Naturwissenschaftler Aldovrandini und dem Historiker Sigonio.[195]

---

[190] Vgl. PRODI 1959/1967, Bd. 2, S. 75ff. und die Ausführungen unten.

[191] Vgl. PRODI 1959/1967, Bd. 2, S. 79ff., und ANTON WILLEM ADRIAAN BOSCHLOO: Annibale Carracci in Bologna. Visible reality in art after the Council of Trent, 2 Bde., 's-Gravenhage 1974, hier Bd. 1, S. 111. Außerdem gründete Paleotti ein Oratorium, entsprechend dem Oratorio Romano des Filippo Neri, dem Lehrer Cesare Baronios.

[192] BOSCHLOO 1974, Bd. 1, S. 112. Oder wie Giuseppe Olmi und Paolo Prodi es ausdrücken: „Caratteristica dell'organizzazione di Bologna è infatti proprio una particolare insistenza sull'aspetto sociale della vita cristiana (...) i fedeli sono chiamati a riunirsi secondo determinati scopi per collaborare con il vescovo e partecipare alla vita della comunità cristiana"; vgl. DIES.: Gabriele Paleotti, Ulisse Aldovrandini e la cultura a Bologna nel secondo Cinquecento, in: Nell'età di Correggio e dei Carracci. Pittura in Emilia dei secoli XVI-XVII, Ausstellungskatalog, Bologna 1986, S. 213-235; hier S. 214.

[193] Vgl. PRODI 1959/1967, Bd. 2, S. 215ff.

[194] Vgl. ebd., S. 217ff.

[195] Vgl. OLMI/PRODI 1986, S. 215: „Nell'ambiente universitario Paleotti poteva inoltre contare su alcune solide amicizie". Sigonio wurde 1568 beauftragt, die Geschichte der Stadt Bologna zu schreiben. Aldovrandini galt als eine der repräsentativsten Figuren der Universität. Vor allem als Naturphilosoph wurde er bekannt, als er 1568 den ersten botanischen Garten in Bologna anlegen ließ; sein naturwissenschaftliches Interesse galt insbesondere dem medizinischen Bereich, aber auch kulturellen Problemen. Sein „museo", welches das „teatro di Natura" vorführen sollte, bestand aus über 18.000 Exponaten: von Tieren über Pflanzen bis zu Mineralien. Außerdem wurde er wissenschaftlicher Direktor der 1572 von Camillo Paleotti, einem Bruder Gabrieles, gegründeten „Società tipografica bolognese", die es sich zur Aufgabe gemacht hatte „d'introdurre in questa nostra città di Bologna una stamperia reale da libri, nella quale (...) s'habbino a stampare di molte opere in ogni professione et lingua", ALBANO SORBELLI: Storia della stampa in Bologna,

Paleotti sicherte, obwohl Bologna zum Kirchenstaat gehörte, nicht nur seine episkopalen Rechte dem Heiligen Stuhl gegenüber; dabei geriet er häufig in Gegensatz zum Papst. Er schützte darüber hinaus aber auch, trotz seiner intransigenten Strenge in Glaubensfragen, „seine Professoren" mehr als einmal vor der Römischen Inquisition.[196] Damit sah er sich in seiner Politik denselben Widerständen ausgesetzt, gegen die auch sein großes Vorbild kämpfte: innenpolitisch gegen seine sozialen Reformen und außenpolitisch gegen die autonomen Rechte des Bischofs. Paleotti suchte eine Erneuerung des katholischen Glaubens nicht durch Ausgrenzung der sich entwickelnden neuen Tendenzen sowohl in der Wissenschaft als auch in der Kunst, sondern durch deren Integration.[197] So förderte er in seiner Erzdiözese neben den Wissenschaften in gleicher Weise die Malerei. Beispielhaft seien als Künstler die Mitglieder der Familie Carracci, die selbst eine Akademie gründeten, und Bartolomeo Cesi genannt.[198]

Bologna 1929, S. 114-117.Zu Aldovrandini allgemein vgl. BOSCHLOO 1974, Bd. 1, S. 113ff., GIUSEPPE OLMI: Ulisse Aldovrandini. Scienza e natura nel secondo Cinquecento, Trient 1976; ANGELA GHIRARDI: Ritratto e scena di genere. Arte, scienza, collezinismo nell'autunno del Rinascimento, in: La pittura in Emilia e in Romagna. Il Cinquecento. Un'avventura artistica tra natura e idea, Mailand 1994, S. 148-185; GIUSEPPE OLMI: Ulisse Aldovrandini and the Bolognese painters in the second half of the 16th century, in: Emilian Painting of the 16th and 17th Centuries: A Symposium, Bologna 1987, S. 63-74, und ROBERTO ZAPPERI: Annibale Carracci: Bildnis eines jungen Künstlers, Berlin 1990, und DERS.: Der Neid und die Macht: die Farnese und Aldobrandini im barocken Rom, München 1994. Vgl. in diesem Zusammenhang die Ausführungen zu Athanasius Kircher, dessen „museo del mondo" 50 Jahre später in Rom Weltberühmtheit erlangen sollte.

[196] Dies betrifft insbesondere Sigonio und Aldovrandini nach Veröffentlichung des Bücherindexes, vgl. PRODI 1959/1967, Bd. 2, S. 238.

[197] „Paleotti si muove in un modo assai graduale ed equilibrato, ben diverso dall'atteggiamento repressivo e dalla volontà di controllo messi in mostra invece dall'Inquisizione e dal Legato pontificio. Egli è spinto certo dall'esigenza di congiungere la pietà cristiana con la scienza, di spingere gli intellettuali ad impegnarsi direttamente anche nel campo della vita religiosa ma senza che ciò implichi forme di svilimento o subordinazione per la ricerca razionale", OLMI/PRODI 1986, S. 215.

[198] Vgl. zu Cesi grundlegend ALBERTO GRAZIANI: Bartolomeo Cesi, Bussero 1988, eine erweiterte Ausgabe des Originals von 1939 mit einem Katalog und einer vervollständigten Bibliographie, außerdem den jüngst erschienenen Aufsatz von ALESSANDRO ZACCHI: La pittura nell'età posttridentina: osservanza religiosa e osservazione della realtà in Bartolomeo Cesi, in: La pittura in Emilia e in Romagna. Teil 1: Il Cinquecento. Un'avventura artistica tra natura e idea, hrsg. von VERA FORTUNATI, Mailand 1995, S. 244-279. Zur Akademiegründung der Carracci vgl. Gail Feigenbaum: La pratica nell'Accademia dei Carracci, in: Accademia Clementina. Atti e Memorie, Jg. 32, 1993, S. 169-184; C. NICOSIA: La bottega e l'accademia. L'educazione artistica nell'età dei Carracci, in: Accademia Clementina. Atti e Memorie, Jg. 32, 1993, S. 201-208. Außerdem die grundlegenden Arbeiten von DENIS MAHON: Studies in seicento art and theory, London 1947; DONALD POSNER: Annibale Carracci. A study in the reform of Italian painting around 1590, London, New York 1971; CHARLES DEMPSEY: Annibale Carracci and the beginnings of Baroque style, Glückstadt 1977. Zum Verhältnis von Künstlerausbildung und Theorie vgl. DERS.: Some observations on the education of artists in Florence and Bologna during the later Sixteenth Century, in: Art Bulletin, Jg. 62, 1980, S. 552-569; DERS.: La riforma pittorica dei Car-

Paleottis kunsttheoretische Abhandlung *Discorso intorno alle imagini sacre et profane* wurde 1582 in Bologna gedruckt.[199] Der Abfassung dieser Schrift ging eine mehrjährige Vorbereitungszeit voraus. Paleotti zog Erkundigungen über reglementierende Maßnahmen im Mailänder Erzbistum ein und ließ durch einen Kreis von Theologen und anderen Gelehrten das notwendige Material – Quellen und illustrierende Beispiele – zusammentragen und diskutieren.[200] Einen wesentlichen Anteil daran besaß Ulisse Aldovrandini, dessen Einfluss sich sowohl auf den Inhalt einzelner Kapitel als auch auf methodische Konzepte bezieht.[201] Paleotti verstand seinen Traktat als ein Pendant zum Trienter *Index librorum* von 1564, um eindeutige Kategorien für das Verbot missbräuchlicher Bilder zu schaffen. Auf diese Weise sollte dreißig Jahre nach dem Konzil endlich die praktische Umsetzung des Dekretes ermöglicht werden.[202] Da er aber nicht offiziell zur Interpretation der Konzilsdekrete autorisiert war, gab er den

---

racci, in: Nell'età di Correggio e dei Carracci, Bologna 1986, S. 237-254; DERS.: The Carracci Academy, in: Academies of Art between Renaissance and Romanticism, in: Leids Kunsthistorisch Jaarboek, Jg. 5-6, 1986-1987, S. 33-43; DERS.: The Carracci and the devout Style in Emilia, in: Emilian Painting 1987, S. 75-87. Eine kritische Literaturübersicht geben DERS.: Gli studi sui Carracci: lo stato della questione, in: Arte a Bologna. Bollettino dei Musei Civici Bolognesi, Jg. 1, 1990, S. 21-31; ELIZABETH CROPPER, CHARLES DEMPSEY: The state of research in Italian painting of the Seventeenth Century, in: Art Bulletin, Jg. 69, 1987, S. 494-509, und HANS W. AURENHAMMER: Kunstliteratur des 17. Jahrhunderts, in: Frühneuzeit-Info, Jg. 5, 1994, H.2, S. 183-189.

[199] Diese hatte den Titel: *Discorso intorno alle imagini sacre et profane diviso in cinque libri. Dove si scuprono varii abusi loro et si dichiara il vero modo che christianamente si doveria osservare nel porle nelle chiese, nelle case, et in ogni altro luogo. Raccolto et posto insieme a utile delle anime per Monsignore Illustrissimo et Reverendissimo Card. Paleotti vescovo di Bologna. Al popolo della città et diocesi sua MDLXXXII.* Herausgegeben und kritisch kommentiert von PAOLA BAROCCHI: Trattati d'arte del cinquecento. Fra manierismo e Controriforma, 3 Bde., Bari 1960-62, hier Bd. 2, S. 117ff.

[200] Darunter werden sich auch die *Instructiones* Borromeos befunden haben, JEDIN 1963, S. 332; vgl. Paleotti 1582, Proemio, S. 119.

[201] Hierbei sei auf die Konzeption des Naturhaften verwiesen; in diesem Zusammenhang ist bemerkenswert, dass Paleotti und Aldovrandini in Trient gemeinsame botanische Studien durchführten, die die ersten Grundlagen für Aldovrandinis „Theatrum biblicum naturale" bildeten, vgl. PRODI 1959/1967, Bd. 1, S. 63, und OLMI/PRODI 1986, S. 225. Hinzuweisen ist auch auf das grundsätzliche Interesse Aldovrandinis an der Formbildung in der Natur, die ihn zu Reflexionen über den Wert und die Bedeutung der bildenden Kunst führte; so besaß er unter anderem die *Vier Bücher von menschlicher Proportion* Dürers in lateinischer Übersetzung, *Le vite* von Vasari und *De' veri precetti della pittura* von Armenini, vgl. OLMI/PRODI 1986, S. 223; vgl. außerdem ANDREA EMILIANI: Natura e storia: due appuntamenti nell'organizzazione figurativa bolognese fra cinquecento e barocco, in: Emilian Painting of the 16th and 17th centuries, Bologna 1987, S. 11-22.

[202] Paleotti 1582, Lib. II, Cap. II, S. 268: „Dunque, essendosi dal sacro Concilio Tridentino con l'Indice dei libri data buona regola per dicernere quali siano i libri permessi e quali i proibiti, potrà istessa servire per norma al conoscere quali siano le pitture da essere seguite o fuggite dal cristiano".

Traktat nicht in den Buchhandel.[203] Im Vorwort erklärt er, dass die Schrift für die praktische Anwendung in seiner Diözese bestimmt sei und auch nur dort als verbindlich gelten könne,[204] obwohl er wünsche, dass die Botschaft von Bologna, der „maestra degli studii", auch über die Grenzen seiner Diözese hinaus Gehör finde. In diesem Sinne sorgte Paleotti dafür, dass sein Traktat auch über die Grenzen Bolognas hinaus Verbreitung fand. Er sandte Borromeo ein Exemplar nach Mailand und ein weiteres Kardinal Sirleto nach Rom.[205] Auf der Provinzialsynode von Bologna 1586 wurden außerdem die Suffraganbischöfe auf ihre Fürsorgepflicht und die Tridentiner Bildernormen verwiesen. Eine lateinische Übersetzung des *Discorso* wurde 1594 unter dem Titel *De imaginibus* in Ingolstadt herausgegeben[206] und fand im Heiligen Römischen Reich große Verbreitung. Paleotti selbst, der inzwischen in den Kreis der Kardinäle aufgestiegen war und in Rom residierte, war jedoch mit der Entwicklung in der Kunst keineswegs zufrieden und setzte sich im Jahr 1596 in der Kurie massiv für die Herausgabe eines vom apostolischen Stuhl promulgierten Bilderindexes ein. Zu diesem Anlass verfasste er eine für das Kardinalskollegium bestimmte Denkschrift *De tollendis imaginem abusibus novissima consideratio*,[207] Im Vorwort beklagt er die Versäumnisse im Bereich der bildenden Kunst seit Abschluss des Tridentinums. Diese Tatsache führte er auf die scheinbare Geringschätzung jenes Bereiches durch die römische Kurie zurück.[208] In neun Fragen fasst Paleotti nochmals seine Standpunkte zur Bildtheorie und seine ikonographischen Vorschriften zusammen. In der sechsten Frage schlägt er eine Art Leitfaden vor, entsprechend dem Index der verbotenen Bücher;[209] die Überwachung sollte ebenfalls zentral von einer päpstlichen Kongregation übernommen werden. Die Reaktion war jedoch ablehnend. Im folgenden Jahr starb Paleotti, ohne dem Papst seinen Antrag unterbreitet zu haben.[210]

Wie in verkürzter Form in seiner Schrift *De tollendis* formuliert, war das vordringliche Ziel des *Discorso* – da nach Paleottis Ansicht der häretische Ikonoklasmus noch nicht nach Bologna vorgedrungen war –, dem Bildermiss-

---

[203] JEDIN 1963, S. 332.
[204] Paleotti 1582, Alcuni avvertimenti, S. 122.
[205] Beide Kardinäle galten für Paleotti als Inbegriff der Tridentinischen Reform; vgl. PRODI 1959/1967, Bd. 1, S. 93ff.
[206] In Ingolstadt befand sich eine bedeutende jesuitische Universität und damit eines der Zentren der gegenreformatorischen Bewegung; vgl. PRODI 1965, S. 141ff.
[207] Ediert von PRODI, Appendice seconda, S. 194-208. Dem Bücherindex ähnlich, der in verschärfter Form unter Paul IV. herausgebracht wurde. In diese Zeit fielen auch schwere Ausschreitungen gegen Juden und Bücherverbrennungen.
[208] „Paleotti devait en effet constater que la reforme souhaitée n'avait pas lieu; les figurations fantaisistes avaient toujours cours, la liberté abusive des peintres continuait à se manifester avec l'indifférence ou la négligence coupable des autorités ecclésiastiques, CHASTEL 1987, S. 338, und PRODI 1965, S. 196.
[209] Vgl. PRODI 1965, S. 208.
[210] JEDIN 1963, S. 336-339.

brauch entgegenzuwirken, der sich bei halbherzigen und korrupten Katholiken eingeschlichen habe.[211] Als Adressaten werden vor allem die Auftraggeber, also Adlige, kirchliche Würdenträger und Seelsorger, genannt, die sich für die Ausschmückung der Kirchen und Privathäuser zuständig zeigten. Aber auch die Künstler werden direkt angesprochen, da ihre Ruhmsucht und ihr Mangel an Gelehrsamkeit und Pietät für die Missstände mitverantwortlich seien.[212] Die Hauptverantwortung trügen jedoch die Auftraggeber, indem sie versäumten, den Künstlern, die nur ausführendes Werkzeug seien, korrekte Anweisungen zu geben.[213] Der *Discorso* sollte ursprünglich fünf Bücher umfassen, jedoch sind nur die ersten beiden überliefert. Von den übrigen existieren die Inhaltsverzeichnisse und einige Fragmente; wahrscheinlich sind sie nie vollständig ausgeführt worden.[214] Der Aufbau von Paleottis Werk ähnelt der Systematik der Traktate von Borromeo und Molanus[215] in der Art und Weise, wie die Prinzipien einer christlichen Kunst verstanden wurden und wie auf Missstände und Reformen eingegangen wurde. Paleottis *Discorso* wie auch Borromeos *Instructiones* haben zwar denselben Anspruch, tridentinische Prinzipien umzusetzen, sind in vielem aber komplementär konzipiert. Beide Autoren waren in der Schlussphase des Konzils engagiert gewesen und versuchten später, dessen Normen in ihren Diözesen praktisch umzusetzen. Lag Borromeos Hauptinteresse in der Architektur, beschäftigte sich Paleotti im Wesentlichen mit der Malerei, wobei seine allgemeinen Überlegungen auch für die Skulptur gelten sollten. War Borromeos Traktat eher ein Kompendium praktischer Anweisungen, zusammengestellt aus den verschiedenen Entscheidungen unterschiedlicher Synoden, so war Paleottis Schrift Ergebnis der Zusammenarbeit von Klerikern und Wissenschaftlern, die den Wunsch hatten, die sakrale Kunst zu reformieren. Im Gegensatz zu Molanus interessierten Paleotti eher die prinzipiellen Fragen der Kunst als die Ikonographie.[216] Er setzte die Ikonographie und ästhetische Fragen in Verbindung

---

[211] Paleotti 1582, Proemio, S. 119: „(...) de' catolici, i quali, ritendo l'uso delle imagini, hanno nondimeno in varii modi corretta e difformata la dignità loro".
[212] Ebd., Proemio, S. 120.
[213] Ebd., Alcuni avvertimenti, S. 122: „(...) essecutori della loro volontà".
[214] Vgl. JEDIN 1963, S. 335, und BAROCCHI 1960-1962, Bd. 2, S. 504-509.
[215] Zu Carlo Borromeo s. die vorigen Ausführungen. Molanus beschäftigt sich als einer der ersten nachtridentinischen Autoren mit den Bildern. Hierbei interessieren ihn hautsächlich ikonographische Fragen, die in diesem Zusammenhang von untergeordneter Bedeutung sind; zu Johannes Molanus und seinem Traktat vgl. Johannes Molanus: De picturis et imganinibus sacris, Löwen 1570, Nachdruck Paris 1996, dazu FELD 1990, S. 211ff.; SCAVIZZI 1992, S. 115ff., und DERS. 1974 sowie DAVID FREEDBERG: Johannes Molanus on provocative paintings, in: Journal of the Warburg and Courtauld Institutes, Jg. 34, 1971, S. 229-245 und HECHT 1997, S. 179ff., S. 233ff, S. 356ff.
[216] Auch wenn die kunsthistorische Forschung bis in die 80er Jahr sich im Wesentlichen mit den ikonographischen Problemen im Werk Paleottis beschäftigte.

mit moralischer Kasuistik und entwickelte damit einen Katechismus für die Künstler.[217]

Im ersten Buch des *Discorso* wird eine Bildtheorie entwickelt: Nach einer allgemeinen Einführung über den Ursprung der Bilder[218] in der Antike versucht Paleotti, die Bedeutung und Würde der Bilder zu bestimmen, um schließlich Ziel und Zweck der Malerei zu definieren. In den beiden folgenden Abschnitten wird die Bilderfrage nach zwei Hauptgesichtspunkten getrennt erörtert: profane und sakrale Malerei. Diese jeweils allgemeinen Äußerungen über Ursprung und Eigenschaften von Bildern sowie eine Beschreibung der Funktion der Götzenbilder bzw. christlicher Bilder sollen das dogmatische Fundament für die Beschreibung der Missbräuche in der zeitgenössischen Kunst bilden.[219] Das zweite Buch befasst sich mit diesen Missbräuchen unter Beibehaltung derselben Kategorien: Zuerst werden die Missbräuche in der sakralen Malerei aufgezählt, dann die in der profanen und schließlich die Missbräuche, die bei beiden vorkommen. Paleotti entwickelt eine Reform der bildenden Künste ex negativo.[220] Der ur-

---

[217] SCAVIZZI 1992, S. 131; vgl. auch MARCORA 1985, S. 207ff.
[218] Wobei unter dem Begriff „imagines" sowohl die Malerei als auch die Skulptur zu verstehen sind.
[219] Nach zwei einleitenden Kapiteln werden zuerst im Rahmen der sakralen Malerei die anmaßenden Bilder – „pitture temerarie" – genannt, d.h., das Dargestellte sei zwar nicht unmöglich, jedoch spekulativ, und dahinter verberge sich eine überhebliche Haltung. So z.B., wenn auf einem Bild vom Jüngsten Gericht mehr Pfarrer als Mönche oder mehr Bauern als Städter gerettet werden, Paleotti 1582, Lib. II, Cap. 3, S. 270.
[220] Um skandalöse Bilder – „pitture scandalose" – handele es sich, wenn die menschlichen Schwächen und Eitelkeiten der Geistlichen in diffamierender Weise dargestellt würden, ebd., Lib. II, Cap. 4. Der Oberbegriff der falschen Bilder – „pitture erronee" – umfasse alle Darstellungen, die noch nicht häretisch, d.h. dogmatisch falsch, zu nennen seien. Darunter fällt auch die nächste Kategorie der verdächtigen Bilder –"pitture sospette" –, die den Betrachter über den dogmatischen Inhalt im Unklaren ließen. So ist z.B. die Darstellung eines Dämons im Gewand eines Priesters, der die Taufe vornimmt, nicht per se verdammenswert, sondern deswegen, weil der Eindruck entstehen könnte, dass die Taufe von einem sündigen Priester nicht heilswirksam ist; Paleotti 1582, Lib. II, Cap. 6, S. 276f. Der im Konzilsdekret auftauchende vage Begriff des Aberglaubens im Umgang mit Bildern wird im VIII. Kapitel präzisiert. Zunächst bezieht er sich auf den Produktionsprozess der Bilder. Außerdem sei die Darstellung von Götzenanbetung sowie schließlich der Bilderkult selbst, wie beispielsweise der Erntezauber, verboten. So gelten z.B. unter Einhaltung eines bestimmten Rituals gemischte Farben oder von Jungfrauen gewebte Leinwand für Marienbildnisse als Scharlatanerie; Paleotti 1582, Lib. II, Cap. 8, S. 282-84. Als letzte Kategorie seien Darstellungen der Apokryphen abzulehnen; vgl. PRODI 1965, S. 152. In den folgenden Kapiteln 10 bis 18 bespricht Paleotti das Verbot von Darstellungen antiker mythologischer Figuren und heidnischer Tyrannen. Das Porträt wird in den Kapiteln 19 bis 23 besprochen, insbesondere Paleotti 1582, Lib. II, Cap. 21, S. 344. Ab Kapitel 24 werden die Kategorien im Rahmen einer Bildtypologie abgehandelt, die sowohl für die profanen als auch für die sakralen Bilder gelten sollen. Kapitel 25 behandelt die trügerischen und falschen Gemälde, „bugiarde e false"; Kapitel 26 die nicht wahrheitsgetreuen, „non verisimile"; Kapitel 27 die untauglichen und unanständigen, „inette et indecore"; Kapitel 28 die unproportionierten, „sproporzionate"; Kapitel 29 die unvollkommenen, „imperfette"; Kapitel 30 die nichtigen und überflüssigen, „vane et oziose"; Kapitel 31 die lächerlichen, „ridicole"; Kapitel 32 die Bilder, die eine Neuheit bringen und ungewöhnlich sind, „che apportano novità è sono insolite"; Kapitel 33 die unklaren und schwer ver-

sprüngliche Plan, den theoretischen Ausführungen Zeichnungen beizufügen, wurde nicht in die Tat umgesetzt.[221] Abschließend wendet sich Paleotti nochmals an die Künstler, um zusammenzufassen, wie diese Perfektion erreichen könnten. Er baute somit das dogmatische Fundament, auf dem sowohl die ihm nachfolgenden Theologen als auch Künstler aufbauen konnten.[222]

Roberto Bellarmino

Die eingehendste und gründlichste Erörterung aller theologischen Probleme einschließlich der Bilderfrage – sowohl in Bezug auf die Geschichte des Ikonoklasmus als auch auf die Bekämpfung des Bilderkultes durch die Reformatoren, insbesondere durch Calvin – findet sich im Werk des Jesuiten Roberto Bellarmino (1542-1621).[223] 1560 trat er in Rom in den Jesuitenorden ein.[224] Seine

---

ständlichen, „oscure e difficile da intendersi"; Kapitel 34 die unbestimmten und unsicheren, „indifferenti et incerte"; Kapitel 35 die grausamen und schrecklichen, „fiere et orrende"; Kapitel 36 die ungeheuerlichen und wunderbaren, „mostruose e prodigiose". Vgl. auch JEDIN 1963, S. 334; BAROCCHI 1960-1962, Bd. 2, S. 538f. Den Grotesken und ihrer geforderten Verbannung aus der Kunst widmet Paleotti die Kapitel 37 bis 42. Die weiteren Kapitel 43 bis 50 behandeln die Allegorien, die Impresen und die Familienwappen; vgl. PRODI 1965, S. 161f.

[221] Vgl. Paleotti 1582, Alcuni Avvertimenti, S. 125f.

[222] Vgl. SCAVIZZI 1992, S. 140; vgl. auch MARIA CALÌ: Da Michelangelo all'Escorial. Momenti del dibattito religioso nell'arte del Cinquecento, Turin 1980, S. 191ff. Gegenstand des dritten Buches wären die lasziven und unehrenhaften Bilder gewesen. So das Kapitel 1: „Delle pitture lascive e non convenoli all'onestà, che è il soggetto del presente libro". Außerdem sollte es in diesem Kapitel um die verschiedenen Zuständigkeiten der unterschiedlichen aufsichtsführenden Gremien gehen, so z.B. Kapitel 13: „Autorità de'gentili, i quali hanno biasimato le disoneste imagini"; oder Kapitel 18: „Autorità et essempi contro l'abuso del formare immagini ignude". Das vierte Buch hätte eine minutiöse Auflistung religiöser Themen der lokalen Malerei mit deren jeweiliger Ikonographie geliefert. So z.B. Gottvater, Christus, der Heilige Geist, die wichtigsten Mysterien, Maria, die Engel, die Patriarchen, die Apostel. Eine damals durchaus übliche Praxis, ikonographische Vorbilder zu sammeln; vgl. z.B. die Ikonographie von Cesare Ripa. Zum Vorbildcharakter Paleottis für Cesare Ripa vgl. JÜRGEN MÜLLER: Ripa und die Gegenreformation, in: De zeventiende eeuw, Jg. 11, 1995, S. 56-66. Das fünfte Buch schließlich sollte praktische Anweisungen an Seelsorger, Familienoberhäupter und Maler enthalten. Im Vorwort wird dem Leser diese straffe Gliederung zusammenfassend erläutert; Paleotti 1582, Alcuni avvertimenti, S. 122ff.: „Cose per ammaestramento dei curati, dei padri di famiglia e degli stessi pittori."

[223] Vgl. FELD 1990, S. 211ff.; außerdem die bis zu Bellarminos Ernennung zum Kardinal 1599 von Le Bachelet herausgegebenen Briefe und Dokumente, XAVIER-MARIE LE BACHELET: Bellarmin avant son Cardinalat, 1542-1598, Paris 1911; und die im Rahmen des Kanonisierungsprozesses entstandene Arbeit von GOTTFRIED BUSCHBELL: Selbstbezeugungen des Kardinals Bellarmin, Krumbach 1924, und die ausführliche Biographie von JAMES BRODERICK: Robert Bellarmine: Saint and scholar, London 1961, die eine revidierte und verkürzte Fassung seiner Arbeit von 1928 darstellt, DERS.: The life and work of blessed Robert Francis Cardinal Bellarmine, 2 Bde., London 1928. Zur Jugend und den familiären Beziehungen zu Papst Marcellus II. und den Jesuiten vgl. BRODERICK 1961, S. 4ff., und BUSCHBELL 1924, S. 71.

[224] Am dortigen Collegio belegte er die Fächer Logik, Physik und Metaphysik, also die Fächer, die die aristotelische Grundlage der Jesuiten-Philosophie kennzeichneten, vgl. LE BACHELET 1911,

prägende Studienzeit verbrachte er seit 1570 in Löwen, der „citadella della controriforma",[225] wo er in späteren Jahren selbst Vorlesungen geben sollte.[226] Dort setzte er sich mit den Schriften des Erasmus, Thomas von Aquins und Michael Baius' auseinander. Besonders ausführlich widmete er sich dabei den Theorien des Erasmus in seiner Schrift *Index haereticorum*, in der er zwar jenen nicht offiziell verdammte, seine Schriften aber doch in die Liste aufnahm, weil dieser „Urheber oder Begünstiger der meisten oder fast aller Ketzereien der Gegenwart gewesen zu sein scheint".[227] Bellarmino bevorzugte in seinen theologischen Arbeiten vor allem die Schriften des Thomas von Aquin. Diese Neubelebung der Scholastik sollte die Hörer seiner Vorlesungen für ein schwieriges dogmatisches Problem motivieren und gleichzeitig die Vorzüge scholastischer Systematik hervorheben.[228] In diesem Zusammenhang sei auch auf Bellarminos Erfolge als Prediger verwiesen, die von den Zeitgenossen gerühmt wurden.[229] In den schon bestehenden Streit um die Thesen des Baius, der behauptet hatte, die Autorität der Kirchenlehrer wäre größer als die der Päpste, und der Papst hätte zwar die oberste Lehrgewalt in Fragen der Sitten, aber in Glaubensfragen wären immer die Kirchenväter zu konsultieren, griff Bellarmino mit mehreren Schrif-

---

S. 446, und BRODERICK 1961, S. 12. Der wesentliche wissenschaftliche Einfluss auf Roberto Bellarmino ging von den spanischen Jesuiten, allen voran Franz von Toledo, 1532-1596, aus. Er lehrte von 1559 bis 1569 am Collegio; danach war er bis 1592 Theologe an der Pönitentiatrie und Apostolischer Prediger: vgl. LE BACHELET 1911, S. 38f. Weitere Studienaufenthalte brachten ihn nach Florenz, Mondovi und Padua. Die besondere Rolle der so genannten neuen Orden für die Verbreitung der katholischen Reform muss nicht sonderlich betont werden, zumal gerade der Jesuitenorden auf dem Konzil von Trient bestätigt wurde. Macioce führt weiter aus, dass die Jesuiten „insisteranno invece [im Gegensatz zu den Oratorianern, dem zweiten bedeutenden Orden], privilegiando l'opera di evangelizzazione di nuovi territori, ma il loro operato è anche fondamentale nelle questioni di carattere dottrinale, i cui influssi sulla cultura del tempo sono ogetto di un'indagine che può definirsi ancora aperta"; STEFANIA MACIOCE: Undique Splendent: Aspetti della pittura sacra nella Roma di Clemente VIII Aldobrandini (1592-1605), Rom 1990, S. 3 bzw. S. 8; vgl. auch RUDOLF WITTKOWE, IRMA B. JAFFÈ (Hrsg.): Baroque art and the Jesuit contribution, New York 1972.

[225] Vgl. AMBROGIO M. FIOCCHI: S. Roberto Bellarmino, Rom 1930, S. 92. Die Geschichte des Löwener Jesuitenkollegs geht bis in das Jahr 1542 zurück, als spanische und flämische Jesuiten aus Paris vertrieben wurden und sich in Löwen niederließen. Sie durften sich aber erst 1565 organisieren.

[226] Vgl. GUSTAVO GALEOTA: Roberto Bellarmin SJ (1542-1621), in: Katholische Theologen der Reformationszeit, Bd. 5, hrsg. von ERWIN ISERLOH, Münster 1988, S. 153-168, hier S. 153. und HECHT 1997, S. 17ff.

[227] Zitiert nach MANFRED BIERSACK: Initia Bellarminiana. Die Prädestinationslehre bei Robert Bellarmin SJ bis zu seinen Löwener Vorlesungen 1570-1576, Stuttgart 1989, S. 52.

[228] Vgl. ebd., S. 54.

[229] Vgl. SEBASTIAN TROMP: S. Robertus Cardinalis Bellarminus, Opera Oratoria Postuma, 11 Bde., Rom 1942ff.; hier Bd. 1, S. 24f. Die Predigten wurden 1615 in Köln nach Hörermitschriften, 1617 in Cambrai nach einer Abschrift des Bellarminischen Autographs ediert. Die ersten Predigten beschäftigten sich mit innerkatholischen Themen; erst seit 1571 hielt er einen Predigtzyklus über protestantische Ketzereien.

ten ein. Dabei ging es ihm weniger um eine sachlich-theologische Erörterung bajanistischer Standpunkte als vielmehr um die kirchenpolitische Stellung des Papstes.[230] In den später erschienenen Kontroversen präzisiert Bellarmino seine Thesen: In Fragen, die den Glauben der ganzen Kirche beträfen, könne der Papst in keiner Weise Häretisches definieren; selbstverständliche Voraussetzung sei dabei allerdings, dass er vor einer Definition ausführlich reflektiere und die anderen „pastores" konsultiere.[231]

Von 1576 bis 1587 war Bellarmino Professor für Kontroverstheologie am Collegio Romano, das schon 1561 eingerichtet worden war.[232] Er reorganisierte das Studium,[233] denn die kontroversistische Tradition vor ihm „was a chaos and not a science",[234] insbesondere für Studenten des Jesuitenordens, die nach Deutschland geschickt wurden. Am Collegio wurde er 1590 Spiritual, 1592 Rektor. Zwei Jahre später ging er als Spiritual an das neapolitanische Kollegium.[235] Nach Auseinandersetzungen innerhalb des Jesuitenordens wurde er im Jahre 1599 Kardinal, Konsultor des Heiligen Offiziums und Rektor der Pöni-

---

[230] Vgl. BIERSACK 1989, S. 60ff.
[231] Vgl. *Tertia Contoversia Generalis*: De Summo Pontifice IV 2; Bellarmino 1586, Bd. 2, S. 79f. Dabei nahm Bellarmino die Entscheidung des Ersten Vatikanums vorweg.
[232] Bellarmino besetzte ein Ordinariat, das vom Jesuitengeneral Eberhard Mercurian mit dem Segen des Papstes Gregor XIII. neu eingerichtet worden war. Schon 1570/71 und 1574 waren in Rom kontroverstheologische Vorlesungen gehalten worden, aber ein Ordinariat, das auch die Unterstützung des Papstes hatte, wurde erst für Bellarmino eingerichtet; vgl. LE BACHELET 1911, S. 103.
[233] Roberto Bellarminos Beitrag zu einer Neuorganisation des Studiums besteht aus zwei Teilen: Erstens der Methodik, d.h. seiner neuartigen Anwendung der Philologie auf die Bibel, die scholastischen Schriften und die Kirchenväter, und zweitens seinem speziellen Beitrag zur jesuitischen „Ratio studiorum", ein so genannter definitiver Studienplan, dessen erste Ausgabe 1586 erschien, vgl. dazu ANITA MANCIA: L'opera del Bellarmino nella riorganizzazione degli studi filosofici e teologici, in: Roberto Bellarmino. Arcivescovo di Capua 1992, S. 271-281; vgl. auch DOMINIQUE JULIA: Généalogie de la „Ratio Studiorum", in: GIARD (Hrsg.)1996, S. 115-130, und ALDO SCAGLIONE: The liberal arts and the Jesuit college system, Amsterdam, Philadelphia 1986, S. 51ff.
[234] Vgl. BRODERICK 1961, S. 52f.; zur kontroversistischen Tradition vgl. auch GUSTAVO GALEOTA: Genesi, sviluppo e fortuna delle Controversiae di Roberto Bellarmino, in: Bellarmino e la Controriforma 1990, S. 3-48. Zusammen mit Antonio Possevino, dem Autor des 1593 erschienenen Traktates *Tractatio de poesi et pictura*, stellte er kurz vor 1583 einen alphabetischen Katalog der katholischen Kontroversliteratur zusammen; vgl. LE BACHELET 1911, S. 480ff.
[235] Romeo De Maio folgt Gottfried Buschbell in seiner Einschätzung der Neapolitaner bzw. der Capuaner Episode in Bellarminos Leben, wenn er vom „semi-esilio" in Neapel schreibt „(...) anche il secondo esilio a Capua, sotto il velo della nomina ad arcivescovo nel 1602, avvenne per contrasti sulla portata del potere pontificio"; ROMEO DE MAIO: Rinascimento lievemente narrato, Neapel 1993, S. 278. Vgl. auch THOMAS DIETRICH: Die Theologie der Kirche bei Robert Bellarmin (1542-1621), Paderborn 1999, vor allem S. 20-61. Seine Arbeit als Zensor beleuchtet PETER GOODMAN: The saint as censor. Robert Bellarmin between inquisition and index, Leiden, Boston, Köln 2000 vor allem S. 49ff. Ein Appendix mit den Bücherindizes erlaubt einen detaillierten Einblick in die verschiedenen Formen der Zensur.

tentiatrie.²³⁶ Für drei Jahre, 1602 bis 1605, war Bellarmino Erzbischof von Capua,²³⁷ um danach als theologischer Ratgeber endgültig nach Rom zurückzukehren.²³⁸ Maßgeblichen Anteil hatte Bellarmino an Entscheidungen seines Ordens und war nach seiner Kardinalsernennung Mitglied zahlreicher Kongregationen und Kommissionen: So war er am so genannten Gnadenstreit zwischen Dominikanern und Jesuiten beteiligt, der im Zusammenhang mit der Frage der Willensfreiheit ein zentrales Problem darstellte,²³⁹ und er war Mitglied der schon von Pius IV. eingesetzten Kongregation für die Vulgata-Revision, die unter Sixtus V. bzw. Clemens VII. beendet wurde.²⁴⁰ Zudem griff er in die verschiedenen kirchenpolitisch relevanten Streitigkeiten seiner Zeit ein – nicht immer in Übereinstimmung mit seinen Ordensoberen und dem Papst. Gegen die Schrift *De translatione imperii Romani ad Germanos* des Mathias Flacius Illyricus verteidigte er in einer 1584 verfassten und 1589 gedruckten Schrift die römisch-katholische Theorie von der Übertragung des Kaisertums auf die Franken durch die Autorität des römischen Papstes.²⁴¹ Als Mitglied des Heiligen Offiziums

---

²³⁶ Die „Sacra paenitentiaria" war als Recht sprechendes Organ der römischen Kurie zuständig für die dem Papst vorbehaltenen Fälle von Absolution sowie die Bewilligung von Dispensen..

²³⁷ Zu seiner Tätigkeit in Capua vgl. ROSOLINO CHILLEMI: Aspetti culturali nella Capua del Cinquecento, in: Roberto Bellarmino. Arcivescovo di Capua 1992, S. 459-472, und in demselben Band ANTONIO IODICE: I principi ispiratori della pastorale riformatrice del Bellarmino a Capua, S. 311-362.

²³⁸ Im Jahre 1923 wurde Roberto Bellarmino selig und 1930 heilig gesprochen; 1931 wurde er offiziell zum Kirchenlehrer erklärt. In diesem Zusammenhang fand eine verstärkte – vor allem apologetische – Beschäftigung mit Bellarminos Leben und Werk statt. Zur Ikonographie seiner Person vgl. GAETANO ANDRISANI: Contributi allo studio dell'iconografia bellarminiana, in: Roberto Bellarmino. Arcivescovo di Capua 1992, S. 697-720.

²³⁹ Bellarmino nahm in diesem Streit eine vermittelnde Haltung ein, die weder eine völlige Willensfreiheit, wie Molina sie lehrte, proklamierte noch die Prädestinationslehre von Báñez unterstützte. So förderte er zwar individualistische Tendenzen, vermied aber gleichzeitig allzu 'libertinäre' Ideen; vgl. allgemein W. L. CRAIG: Divine foreknowledge and human freedom, Leiden 1991; zur ausgleichenden Haltung Bellarminos vgl. MANFRED BIERSACK. Initia Bellarminiana. Die Prädestinationslehre bei Robert Bellarmin SJ bis zu seinen Löwener Vorlesungen 1570-1576, Stuttgart 1989, S. 80ff. Oder wie Macioce es ausdrückt: „(...) che lo stesso pontefice optò per una linea diplomatica di apparente dissenso, in realtà egli appoggerà sempre i gesuiti attraverso Bellarmino, così come aveva fatto per gli oratoriani tramite il Baronio", MACIOCE 1990, S. 18.

²⁴⁰ Die erste Fassung unter Sixtus V. war so fehlerhaft, dass sie nie veröffentlicht werden konnte. Unter Gregor XIV. wurde mit der Revision begonnen, die dann unter dem Namen Sixtus' V. während des Pontifikates Clemens VII. mit einem Vorwort Roberto Bellarminos herausgegeben wurde; vgl. BIERSACK 1989, S. 77.

²⁴¹ Die Lehre von der „potestas indirecta", die noch von Papst Sixtus V. auf den Index gesetzt worden war, verteidigte Bellarmino in der Kontroverse mit Jakob I. von England über die Frage von Ursprung und Legitimation königlicher Gewalt. Vgl. PRODI 1982, S. 61ff. und S. 213f. Vgl. DOMENICO FERRARO: Bellarmino, Suárez, Giacomo I e la polemica sulle origini del potere politico, in: Bellarmino e la Controriforma 1990, S. 191-250; Gennaro Barbuto arbeitet im selben Sammelband mehr die daraus entstehende Kontroverse zwischen Thomas Hobbes und Roberto Bellarmino heraus, GENNARO BARBUTO: Il 'Principe' di Bellarmino, in: Bellarmino e la Controriforma 1990, S. 123-190 und GIORGIO NARDONE: La controversia sul giudice delle controversie:

nahm er sowohl am Prozess gegen Bruno als auch an der Verurteilung Galileis teil, obwohl er dessen Theorien gegenüber sehr aufgeschlossen war.[242] Eine intellektuelle und spirituelle Freundschaft verband Bellarmino mit Cesare Baronio, einem führenden Mitglied des anderen wichtigen Reformordens, der Oratorianer. Dieselbe Bedeutung und Autorität wie Bellarmino in theologischexegetischen Fragen besaß Baronio bei kirchenhistorischen Themen.[243]

Mit der Ernennung Bellarminos auf den Lehrstuhl für Kontroverstheologie setzte sich Gregor XIII. gegen Borromeo durch, der Bellarmino als Theologen von Löwen nach Mailand berufen wollte.[244] Bellarmino hatte genaue Vorstellungen vom Aufbau seiner Vorlesungen.[245] Zehn Jahre nach seiner Antrittsrede im Jahre 1576 bereitete Bellarmino die Herausgabe des ersten Bandes der *Disputationes de Controversiis Christianae Fidei adversus huius temporis Haereticos* vor. Dieses ursprünglich nicht zur Veröffentlichung bestimmte, dann aber auf Drängen der Ordensoberen doch publizierte Werk wird als Höhepunkt der katholischen Kontroverstheologie bezeichnet. Der erste Band der aus den römischen Vorlesungen entstandenen Kontroversen wurde 1586 in zwei Teilen in Ingolstadt gedruckt.[246] Diese enthalten Themen der hermeneutischen Theolo-

---

il Cardinale Bellarmino e Thomas Hobbes, in: Roberto Bellarmino. Arcivescovo di Capua 1992, S. 543-628. Allgemein als Überblick zu Bellarminos Staatslehre vgl. FRANZ XAVER ARNOLD: Die Staatslehre des Kardinal Bellarmin, München 1954. Vgl. auch GOODMAN 2000, S. 155f. Vgl. auch THOMAS MAISSEN: Von der Legende zum Modell. Das Interesse an Frankreichs Vergangenheit während der italienischen Renaissance, Basel, Frankfurt/Main 1994, S. 266ff.

[242] „Invece con Galileo (...) Bellarmino dové sentirsi appagato, avendolo indotto a promesse rassicuranti anche se, per fortuna della scienza e dell'immagine di Dio, non saranno mantenute: la passione di Bruno era la libertà del pensare, di Galileo la libertà di indagare, di Bellarmino quella di uniformarsi", DE MAIO 1993, S. 277f. Vgl. außerdem PAOLA DE FALCO: Bellarmino e la scienza, in: Bellarmino e la Controriforma 1990, S. 541-570, und GEORGE V. COYNE: Bellarmino e la nuova astronomia nell'età della Controriforma, in: ebd., S. 571-578. Vgl. ebenso GOODMAN 2000, S. 177ff.

[243] Zu Baronio und seinen Annales Ecclesiastici, erschienen in Rom 1588-1607, allgemein vgl. die beiden Symposiumsbände: Baronio e l'arte 1985 und Baronio Storico e la Controriforma. Atti del Convegno internazionale di studi Sora 6.-10.10. 1979, hrsg. von ROMEO DE MAIO, LUIGI GULIA, ALDO MAZZACANE, Sora 1982; zur Freundschaft zwischen Bellarmino und Baronio vgl. STEFANO ZEN: Bellarmino e Baronio, in: Bellarmino e la Controriforma 1990, S. 277-322, und ANTHONY D. WRIGHT: Bellarmine, Baronius and Federico Borromeo, in: Bellarmino e la Controriforma 1990, S. 323-370. Vgl. ebenfalls die umfassende Arbeit von STEFANO ZEN: Baronio Storico: Controriforma e crisi del metodo umanistico, Neapel 1994, zum Verhältnis Baronios zu Bellarmino vor allem S. 317ff.

[244] Vgl. GALEOTA 1988, S. 157 und BRODERICK 1961, S. 49f.

[245] So hat Galeota nachgewiesen, dass ein großer Teil der Löwener Vorlesungen in die römischen Kurse integriert wurden, obwohl er die Materie neu strukturierte: „Bellarmino non intese mai il corso di controversie come un corso di dommatica"; vgl. GALEOTA 1990, S. 3-48, hier S. 24f.

[246] Die Drucküberwachung übernahmen die Ingolstädter Jesuiten, wobei Gregor von Valencia Änderungen vornahm, deren Gewicht unklar ist. Hentrich bestätigt zwar Eingriffe, erklärt sie aber als unwesentlich; vgl. WILHELM HENTRICH: Gregor von Valencia und der Molinismus, Innsbruck 1928, S. 103ff. Für die Editionen und Übersetzungen CLAUDE SOMMERVOGEL: Bibli-

gie, des Alten und des Neuen Testamentes, der Tradition, der Christologie, der kirchlichen Monarchie, der Konzilien und der Kirche selbst.[247] Angriffe aus dem eigenen Orden und eine geplante Indizierung des ersten Bandes durch Sixtus V. konnten die internationale Rezeption des Hauptwerkes Bellarminos nicht verhindern.[248] Die Kontroverstheologie stand im Mittelpunkt aller theologischen Überlegungen Bellarminos. Sie können als die dichteste Darstellung dieser Theologie der zweiten Jesuitengeneration bezeichnet werden. Dementsprechend waren Ekklesiologie und Anthropologie zentrale Bereiche seines Arbeitens und Forschens. Die Kirche selbst wird in Abgrenzung zu den Reformatoren definiert: Als sichtbare Gemeinschaft werde sie durch die drei „vincula", das Bekenntnis des wahren Glaubens, die Gemeinschaft der Sakramente und die Anerkennung des Papstes, geeint. In besonderer Weise wird die Stellung des Papstes als sichtbares Oberhaupt der Kirche herausgestellt.[249] Diese Konzeption be-

---

othèque de la Compagnie de Jésus, Bd. 1, Brüssel und Paris 1890, col. 1156-1180, und Bd. 8, Brüssel und Paris 1898, col. 1797-1798; für eine neuere Übersicht bis zum Jahr 1990 vgl. ANITA MANCIA: Bibliografia sistematica e commentata degli studi sull'opera bellarminiana dal 1900 al 1990, in: Roberto Bellarmino. Arcivescovo di Capua 1992, S. 805-870, und die bewertende Analyse von DERS.: L'opera del Card. Roberto Bellarmino teologo e pastore di un tempo di transizione, in: Roberto Bellarmino. Arcivescovo di Capua 1992, S. 901-907.

[247] Prima Controversia Generalis: De verbo Dei scripto et non scripto (4 Bücher); Secunda Controversia Generalis: De Christo capite totius Ecclesiae (5 Bücher); Tertia Controversia Generalis: De Summo Pontifice capite militantis Ecclesiae (5 Bücher); Quarta Controversia Generalis: De conciliis et ecclesia (3 Bücher); Quinta Controversia Generalis: De membris Ecclesiae (3 Bücher); Sexta Controversia Generalis: De Ecclesia, quae est in Purgatoriis (2 Bücher); Septima Controversia Generalis: De Ecclesia, quae triumphat in caelis (3 Bücher). 1588 erschien der zweite Band mit der Sakramentenlehre: De Sacramentis. Schließlich kam 1593 der dritte Band mit der theologischen Anthropologie heraus: Prima Controversia Generalis: De gratia primi hominis (1 Buch); Secunda Controversia Generalis: De amissione gratiae et statu peccati (6 Bücher); Tertia Controversia Generalis: De reparatione gratiae: Prima Controversia Principalis: De gratia et libero arbitrio (6 Bücher); Secunda Controversia Principalis: De iustificatione impii (5 Bücher); Tertia Controversia Principalis: De operibus bonis in particulari (3 Bücher). In diesem ersten Teil befindet sich das im Folgenden zu untersuchende Kapitel über die Bilder und den Kirchenbau bzw. dessen Ausstattung: Septima Controversia Generalis. De Ecclesia Triumphante; Liber II De reliquiis et imaginibus sanctorum; in: Roberto Bellarmini Opera omnia, hrsg. von JUSTINUS FÈVRE, Paris 1870, S. 199-266.

[248] Bellarminos Werk wurde von Sixtus V. auf den Index gesetzt, weil dieser in seiner *Tertia Controversia Generalis: De Summo Pontifice V: De Potestate Pontificis Temporali* trotz des ansonsten betonten Primats des Papsttums für zeitliche Dinge nur eine „potestas indirecta" des Papstes gelehrt hatte. Zum anderen wurde Bellarmino vorgeworfen, er fördere die Sache der Protestanten, indem er ausführlich deren Autoren zitiere; so der österreichische Jesuit Stephan Szanto (Arator), der 1591 dem General Aquaviva über die Stimmung gegenüber Bellarminos Kontroversen berichtet. Auf diese Vorwürfe reagierte Bellarmino äußerst gereizt. Diese Vorgänge hatten aber keine weiteren Folgen, da Sixtus V. kurz danach starb und sein Nachfolger Urban VII. Bellarminos Namen aus dem noch nicht publizierten Index streichen ließ; vgl. BUSCHBELL 1924, S. 11ff.

[249] Vgl. Bellarmino 1586, Bd. 1, S. 461ff.; S. 537ff. und Bd. 2, S. 77ff.

stimmte die innerkirchliche Ideologie bis zum Ersten Vatikanischen Konzil.[250] Bellarmino wollte mit dieser Kontroverstheologie ein dogmatisches Instrumentarium entwickeln, um in Verbindung mit den Exerzitien des Ignatius von Loyola, mit der Predigt, Katechismen und Religionsgesprächen den Protestantismus zurückzudrängen.[251] Den protestantischen Lehren sollten eigene Schriften entgegengesetzt werden, die von der Lehrtendenz und den Definitionen des Tridentinums inspiriert waren.[252] Außerdem sollte eine Art „Summa catholica controversiarum" aufgestellt werden, die in einheitlicher und systematischer Form das zusammenfassen sollte, was seit dem Beginn der Reformation zu verschiedensten theologischen Fragen in Traktaten und Schriften niedergelegt worden war. „Bellarmin bot so zur Verteidigung des Katholizismus eine einheitliche Gesamtlehre an",[253] die drei Grundfragen nachging: der Glaubensnorm, der Ekklesiologie und der theologischen Anthropologie. Die spezifisch jesuitische Bildhaftigkeit erscheint auch für das Werk Bellarminos von grundlegender Bedeutung gewesen zu sein, wie im Folgenden zu zeigen sein wird.

Im zweiten Buch der siebten Kontroverse *De Ecclesia Triumphante* beschäftigt sich Bellarmino mit dem Reliquienkult und der Bilderfrage,[254] im dritten mit dem Kirchenbau, den Riten und den Feiertagen.[255] Er behandelt zunächst den Reliquienkult, indem er die wesentlichen Argumente der protestantischen Autoren in den Kapiteln 1 bis 4 bespricht. Im fünften Abschnitt versucht Bel-

---

[250] Vgl. GALEOTA 1988, S. 158. Außerdem wird Bellarmino damit indirekt zu einem der Väter der Vorstellung von der Kirche als „Corpus Christi Mysticum", wenn auch die Akzentuierung der Sichtbarkeit der Kirche überwiegt. Vgl. auch DIETRICH 1999, S. 62ff. und KARLHEINZ DIEZ: „Ecclesia – non est civitas Platonica": Antworten katholischer Kontroverstheologen des 16. Jahrhunderts auf Martin Luthers Anfrage an die „Sichtbarkeit der Kirche, Frankfurt/Main 1997, S. 327-346. Weitere Kontroverstheologen dieser zweiten Generation waren u.a. in Deutschland Petrus Canisius (1521-1597), in Ungarn Peter Pázmánny (1570-1637) und Piotr Skarga (1536-1612) in Polen. Allgemein zur Rezeption vgl. GALEOTA 1990, S. 25ff.; zu Skarga und seinem Verhältnis zu Bellarmino vgl. JAN ŚLASKI: Roberto Bellarmino e la letteratura dell'età della Controriforma in Polonia, in: Bellarmino e la Controriforma 1990, S. 519-539.

[251] Macioce unterscheidet im dialektischen Sinn die posttridentinische Theologie zwischen einer dialektischen Theologie und einer „pia fides": „Nasce una nuova scienza della teologia, la teologia 'mistica' o 'ascetica' o 'spirituale' che proprio in Ignazio di Loyola ha il suo esponente maggiore", MACIOCE 1990, S. 20. Noch wenig untersucht scheint die Frage nach der Bildhaftigkeit der bellarminianischen Spiritualität im Vergleich mit der ignatianischen Konzeption; so z.B. Bellarminos Schrift *De Ascensione mentis in Deum per scalas rerum creaturum*, die 1615 in Antwerpen erschien; vgl. die englische Übersetzung und den einführenden Text von JOHN PATRICK DONNELLY, ROLAND TESKE (Hrsg.): Spiritual writings by Robert Bellarmine, Wisconsin Province 1989, insbesondere S. 18ff.

[252] Vgl. GALEOTA 1988 S. 159.

[253] Ebd., S. 160.

[254] „De Reliquiis et Imaginibus Sanctorum": vgl. Bellarmino 1586, Bd. 3, S. 199-266. Das erste Buch hatte die Selig- und Heiligsprechungen zum Inhalt.

[255] „De iis rebus, quibus superna Hierusalem ab Ecclesia in terris peregrinate colitur": vgl. Bellarmino 1586, Bd. 3, S. 267-322.

larmino, den Begriff „imago" zu definieren und ihn gegen die Idolatrie abzugrenzen.[256] Danach gibt er einen Überblick über die Geschichte des Ikonoklasmus,[257] um schließlich zur Rechtfertigung der Bilderverehrung zu kommen,[258] wobei er auch auf Fragen der Wallfahrt eingeht. Ein besonderer Abschnitt ist speziell dem Kreuz gewidmet.[259] Entsprechend ist auch der Aufbau des folgenden Buches gegliedert, das sich mit der Architektur beschäftigt. Nach der Auflistung der Irrtümer über den Kirchenbau stellt Bellarmino im dritten Kapitel eine Typologie der sakralen Architektur auf.[260] Über Zweck, Weihe und Konsekration berichten die beiden nächsten Kapitel. Das sechste Kapitel widmet Bellarmino der Ausstattung der Kirchen. Abschließend werden die wichtigsten Kirchenfeste behandelt. Bellarminos Interesse liegt entsprechend seinem Adressatenkreis, den Theologen und Bischöfen seiner Zeit – die sowohl als Auftraggeber als auch als Lehrer zukünftiger Theologen angesprochen werden –, überwiegend im wissenschaftlich-theologischen Diskurs und somit in einem anderen Bereich als Borromeos und Paleottis.[261] So verbindet Bellarmino den Typus des humanistischen Renaissancegelehrten mit dem Politiker der posttridentinischen Zeit.[262] Seine Zielvorstellung war, dass die „res publica Catholica" eine korrigierte Version der „res publica litterarum" darstellte.[263]

---

[256] Vgl. ebd., S. 214: „De nomine Imaginis et Idoli".
[257] Vgl. ebd., S. 214ff.
[258] Vgl. ebd., S. 216ff.
[259] Vgl. ebd., S. 254ff.
[260] Zum Streit um die Architektur im Jesuitenorden vgl. WITTKOWER 1972; LUCIANO PATETTA, STEFANO DELLA TORRE (Hrsg.): L'architettura della Compagnia di Gesù in Italia XVI - XVII secolo, Atti del convegno, Mailand 24.-27.10. 1990, Genua 1992, insbesondere darin den Artikel von ANTONIO SECONDO TESSARI: Tempio di Salomone e tipologia della chiesa nelle Disputationes de controversiis christianae fidei di San Roberto Bellarmino S.J., S. 31-34, und ANGELA MARINO: L'idea di tradizione e il concetto di modernità nell' architettura della Compagnia di Gesù, in: PATETTA (Hrsg.) 1992, S. 53-56; vgl. außerdem RICHARD BÖSEL: Typus und Tradition in der Baukultur gegenreformatorischer Orden, in: Römische Historische Mitteilungen, Jg. 31, 1989, S. 239-254 bzw. DERS.: Jesuitenarchitektur in Italien 1540-1773, Wien 1985, mit einem Forschungsüberblick über die Diskussion eines so genannten Jesuitenstiles.
[261] Vgl. Bellarmino 1586, Bd. 3, S. 228f.
[262] So beurteilt Macioce das kontroversistische Werk und seine Doktrin zur „potestà indiretta" des Papstes: „[Loro] sono dunque all'origine del grande processo storico della secolarizzazione, ma nel momento in cui sono formulate indicano un'apertura intellettuale considerevole che nell'ambito del pontefice di Clemente VIII può rappresentare il rilancio di una politica ideologica di tipo rinascimentale, temprata e nuovamente rinvigorita dalla riforma cattolica operante." MACIOCE 1990, S. 24.
[263] GOODMAN 2000, S. 225

3. Theologie der „visibilitas": posttridentinische Bildtheorie

Definition und Begründung von Bildern

Auf der Grundlage seiner neuartigen Theologie der „visibilitas" schafft Bellarmino eine theoretische Basis für eine katholische bzw. jesuitische Neupositionierung im Bereich des Visuellen.[264] In Abgrenzung zu dem „sola scriptura"-Prinzip Luthers ist Bellarmino die Betonung einer eigenen visuellen römisch-katholischen Tradition wichtig. Sei es in seinen philologischen Untersuchungen oder seiner quasi dialektischen Methode, immer sind diese zielgerichtet auf die Verherrlichung der Wahrheit als „luogo teologico" und der Form – im weitesten Sinne von Herrschaft – als allumfassender „potere assoluto".[265] Diese Wahrheit, so wie die gesamte Theologie, sollte eine „teologia del visibile" sein[266] oder mit den Worten Bellarminos: „Vera Ecclesia sit visibilis".[267] Dies bedeutet auch als grundlegendes Prinzip eine „chiarezza visibile"[268] als Modell einer gegenreformatorischen Ideologie. Seine Konzeption einer Kunsttheorie muss im Rahmen dieser „teologia del visibile", die auf Ignatius von Loyola verweist, verstanden werden.[269] Im Zusammenhang einer theologisch-dogmatischen Begründung der Bilderverehrung versucht er, nach der Analyse der Frage der Reliquienverehrung, das Bild als solches zu definieren. Antinomisch verwendet er die Begriffe „imago" und „idolum", um diese gegeneinander abzugrenzen; schließlich unterscheidet er davon „simulacrum", welches manchmal im Sinne des ersten, manchmal des zweiten benutzt wird.[270] Repräsentiere „imago" das wahre Abbild

---

[264] Auf eine ausführliche Besprechung der ignatianischen Spiritualität muss an dieser Stelle verzichtet werden. Grundlegend für die jesuitische Auffassung ist die im deutschsprachigen Raum kaum rezipierte Studie von PIERRE-ANTOINE FABRE: Ignace de Loyola. Le lieu de l'image, Paris 1992, vor allem S. 25ff und S. 75ff. Hier wird insbesondere die Bildlichkeit im Zusammenhang mit den Exerzitien und ihren ersten Illustrationen analysiert. Eine wichtige Rolle spielt die Vorstellung des Ortes. Zum Repräsentationsbegriff bei Bellarmino vgl. DIETRICH 1999, S. 316ff., zur Idee der Kirche als „Instanz visualisierter Wahrheit" vgl. KARLHEINZ DIEZ: „Ecclesia – non est civitas Platonica". Antworten katholischer Kontroverstheologen des 16. Jahrhunderts auf Martin Luthers Anfrage an die „Sichtbarkeit" der Kirche, Frankfurt/Main 1997, S.330ff.

[265] Vgl. ROMEO DE MAIO: Introduzione. Bellarmino e la Controriforma, in: Bellarmino e la Controriforma 1990, S. XIX-XXIV.

[266] Vgl. ADRIANA VALERIO: La verità luogo teologico in Bellarmino, in: ebd., S. 49-88.

[267] Roberto Bellarmino: Opera omnia, hrsg. von JUSTINUS FÈVRE, Bd. 2, S. 345; Bellarmino benutzt hier den Konjunktiv und nicht, wie in der Sekundärliteratur (z. B. De Maio) meistens zitiert, den Indikativ; ROMEO DE MAIO 1993, S. 275ff. Bellarmino beschreibt damit also eine Forderung an die zu reformierende Kirche, einen Soll-Zustand und keinen Ist-Zustand. Ausführlicher zur Einordnung seiner theologischen Überlegungen zur Sichtbarkeit vgl. DIETRICH 1999, S. 495f.

[268] MACIOCE 1990, S. 35.

[269] Vgl. DE LAURENTIIS 1990, S. 589 und DIEZ 1997, S. 339ff.

[270] Bellarmino 1586, Bd. 3, Lib. II, Cap. 5, S. 212: „Primum enim dicendum erit de nomine imaginis, idoli, et simulacri". Ausführlich behandelt er die Begriffe „imago" und „idolum"; „simulacrum" wird nur am Rande in zwei Absätzen untersucht; er bevorzugt die Verwendung des Begriffes im Sinne von „idolum".

einer Sache, so bezeichne „idolum" das falsche Abbild, da es etwas darstelle, was es in Wirklichkeit nicht gebe. Götzenbilder der Heiden, wie beispielsweise Statuen der römischen Götter Venus und Minerva, werden deshalb in der biblischen und patristischen Literatur immer als „idolum" bezeichnet; „wahre" Abbilder Christi oder der Heiligen hingegen als „imago".[271] Die Bilder von Engeln und Darstellungen der Trinität seien ebenfalls erlaubt, da diese sich nicht auf „naturam", sondern auf ihre Erscheinungsweisen bezögen.[272] Diese Definition ähnelt Paleottis Bildbegriff, der sich im Wesentlichen auf den Produktionsprozess bezieht und die „similitudine" als Kennzeichen trägt.[273] Die Möglichkeit des Irrtums könne darin bestehen, ein Objekt falsch abzubilden oder ein falsches Objekt vorzuführen.[274] Für Paleotti kommt der Prozess des Kunstschaffens dem Schöpfungsakt Gottes nahe.[275] Das vordergründige Ziel der Malerei stellt dementsprechend zunächst einmal die Nachahmung dar. So definiert Paleotti den Begriff „Bild" im Sinne der aristotelischen Mimesis als jede materielle Erscheinung, die ein Produkt der so genannten Zeichenkunst ist und die sich von einer anderen Gestalt herleitet, um sie abzubilden.[276] Entsprechend Vasaris Auffas-

---

[271] Ders., S. 212f.: „Dicunt inter imaginem et idolum hoc interesse, quod imago est vera rei similitudo; ut eum pingimus hominem, equum etc. Imago enim ab imitando dicta est. Idolum autem est falsa similitudo, id est, repraesentat id, quod revera non est. Ut cum Gentiles proponebant statuas Veneris, aut Minervae. Illa signa idola erant, quia repraesentabant Deos generis foeminini, quales Dii nec sunt, nec esse possunt. Atque ita vere repraesentabant, sed erant falsae imagines. id enim, quod non est, repraesentari non potest. Ex quo intelligimus imagines Christi et sanctorum non esse idola (...). Hanc esse veram differentiam illarum vocum secundum Ecclesiasticos, probatur Primo, quia Scriptura nusquam tribuit nomen idoli ulli verae imagini, sed solum simulacris Gentilium, quae falsos Deos referebant".

[272] Vgl. Bellarmino 1586, Bd. 3, Lib. II, Cap. 5, S. 213. Bellarmino verweist hier indirekt schon auf die Prototypenlehre.

[273] Paleotti 1582, Lib. I, Cap 2, S. 132: „ogni figura materiale prodotta dall'arte chiamata il dissegno e dedotta da un'altra forma per assomigliarla"; auch ders., Lib. II, Cap. 25, S. 359: „considerandosi che questa arte non è stata introdotta per rappresentarci la sostanzia delle cose, nelle quali consiste principalmente la verità, ma solamente la similitudine della verità."

[274] Vgl. DE LAURENTIIS 1990, S. 586.

[275] Paleotti 1582, Lib. I, Cap. 4, S. 139: „(...) l'uomo sopra tutte l'altre creature, una ve ne fu singolarmente privileggiata, che egli solo con l'arte e industria potesse imitare e rappresentare l'istesse opere che Dio con le sue mani avea fabricato". Vgl. allgemein zur Kunsttheorie GÖTZ POCHAT: Geschichte der Ästhetik und Kunsttheorie. Von der Antike bis zum 19. Jahrhundert, Köln 1986, zur gegenreformatorischen Kunsttheorie überblicksartig und kurz zu Paleotti S. 289ff. Zur italienischen Tradition vgl. unter anderem BLUNT 1964, S. 125ff., und GERDA S. PANOFSKY: Ghiberti, Alberti und die frühen Italiener, in: Kunst und Kunsttheorie 1400-1600, hrsg. von PETER GANZ, MARTIN GOSEBRUCH, NIKOLAUS MEIER, MARTIN WARNKE, Wiesbaden 1991, S. 1-28; JULIAN KLIEMANN: Giorgio Vasari: Kunstgeschichtliche Perspektiven, in: ebd., S. 29-74, und THOMAS PUTTFARKEN: The dispute about disegno und colorito in Venice: Paolo Pino, Lodovico Dolce and Titian, in: ebd., S. 75-100; dieser Sammelband enthält bezeichnenderweise keinen Beitrag zur theologischen Traktatliteratur der hier untersuchten Autoren.

[276] Paleotti 1582, Lib. I, Cap. 2, S. 132: „Laonde diciamo che per imagine noi pigliamo ogni figura materiale prodotta dall'arte chiamata il dissegno e dedotta da un'altra forma per assomigliarla."

sung von den „arti del disegno"[277] – Malerei, einschließlich Graphik, Plastik und Architektur – und mit Rückgriff auf das zweite Nizänum ist damit die Nachbildung in verschiedenen Materialien gemeint:[278] Es gebe die Idee einer Sache, die Sache selbst und das Bild einer Sache. Die Idee sei bei Gott; die Sache selbst werde von der Natur oder den Künsten nach der Idee geschaffen und das Bild vom Maler nach der Sache.[279] Im Weiteren stellt Paleotti die Würde und Bedeutung der Kunst heraus, indem er sie nach den klassischen Maßstäben „necessità" (Notwendigkeit), „utilità" (Nützlichkeit), „diletto" (Vergnügen) und „virtù" (Tugendhaftigkeit) bemisst. Gemäß der „necessità" tragen Bilder dem menschlichen Kommunikationsbedürfnis Rechnung und können die Funktion einer universellen, d.h. einer allgemein verständlichen Sprache übernehmen. Unter dem Aspekt der „utilità" sollten sie dem Wissensdrang des Menschen genügen. Als spezielle Eigenschaft der Bilder komme ihre „comodità", ihre Bequemlichkeit, hinzu: Bilder könnten Dinge vor Augen führen, die weit entfernt oder bereits vergangen sind, ohne dass man sich irgendeiner Unannehmlichkeit aussetzen müsse. Die Aspekte „diletto" oder „onorare", d.h., dass man sich an den Bildern erfreut oder jemanden ehren will, seien sekundär und ergäben sich aus den vorangegangenen Motiven.[280] Im Rahmen einer christlichen Kunst werde deshalb die Malerei zu einem höchst tugendhaften Akt.[281] Da Borromeo sich in seinen *Instructiones* nur im 17. Kapitel der Frage der Bilder widmet, fällt seine theoretische Auseinandersetzung verhältnismäßig knapp aus und entspricht der Konzeption des Tridentinums. In seiner pastoralen Tätigkeit jedoch hatte er, wie oben bereits erwähnt, die Funktion von Bildern immer betont.[282] Er rechtfertigt in seinen allgemeinen Ausführungen die Bilder dadurch, dass Gott König Salomo Vorschriften zur Errichtung und Ausstattung des Tempels gegeben habe.[283]

---

[277] Vasaris Lebensläufe der berühmtesten Maler, Bildhauer und Architekten waren 1550 erstmals erschienen.
[278] Paleotti 1582, Lib. I, Cap. 3, S. 136ff.; diese Definition rekurriert auf die unter neoplatonischem Einfluss stehende Ideenlehre; vgl. HERBERT WILLMS: Eikon, eine begriffsgeschichtliche Untersuchung zum Platonismus, Münster 1935; PAUL AUBIN: L'image dans l'œuvre de Plotin, in: Recherches de Science Religieuse, Jg. 41, 1953, S. 348-379; STEFAN OTTO: Die Funktion des Bildbegriffs in der Theologie des 12. Jahrhunderts, Münster 1963; JEAN PAUL VERNANT: Image et apparence dans la théorie platonicienne de Mimesis, in: DERS.: Religions, Histoires, Raisons, Paris 1979, S. 105-137. Zur grundsätzlichen Kritik, den Neoplatonismus als Topos für die Interpretation von bildender Kunst und Literatur des 15. und 16. Jahrhunderts zu missbrauchen, vgl. HORST BREDEKAMP: Götterdämmerung des Neoplatonismus, in: Die Lesbarkeit der Kunst. Zur Geistes-Gegenwart der Ikonologie, hrsg. von ANDREAS BEYER, Berlin 1992, S. 75-83.
[279] Paleotti 1582, Lib. I, Cap. 2, S. 134; vgl. auch PRODI 1959/1967, Bd. 2, S. 532ff.
[280] Paleotti 1582, Lib. I, Cap. 4, S. 140-42.
[281] Ebd., Lib. I, Cap. 19, S. 211: „(...) così ora, essercitandosi come operazione di uomo cristiano, acquista insieme un'altra più nobile forma e perciò passa nell'ordine delle più nobili virtù".
[282] Vgl. MARCORA 1985, S. 206.
[283] Vgl. allgemein Borromeo 1577, S. 14ff., zum Tabernakel S. 22; zu den liturgischen Gefäßen S. 40 und zu den Lampen S. 44. Zur Diskussion über diesen anagogischen Topos bei Calvin und den katholischen Autoren vor dem Tridentinum vgl. SCAVIZZI 1992, S. 122f.

Wie die Rhetorik hat die Kunst bei Paleotti die Aufgabe, den Rezipienten zu überzeugen („persuadere") und über die Zwischenstufen erfreuen („dilettare"), lehren („insegnare") und bewegen („muovere") Gott näher zu bringen[284]. Der Vergleich mit der Schrift bzw. der Sprache zieht sich durch seine gesamte Argumentation und ist von der mittelalterlichen Theologie geprägt. Der Primatstreit zwischen Malerei und Bildhauerei wird in ähnlicher Terminologie – „comodità", „facilità", „brevità", „stabilità" – und Argumentationsweise auf den Vergleich von Bild und Buch übertragen und zugunsten des pädagogisch-didaktischen Nutzens der Bilder entschieden.[285] Die Gleichsetzung mit der Poesie befreie die Malerei von dem Vorwurf einer niederen, mechanischen Tätigkeit,[286] aber erst durch den christlichen Anspruch werde sie vollends nobilitiert. Nachahmung, Nutzen und christliche Tugend – „assomigliare", „utilità", „virtù" – bilden daher die Maximen, an denen sich die praktischen Anweisungen für Künstler und Bilderherstellung orientieren. Im Zentrum der Argumentation Paleottis steht der Nachweis des besonderen Wertes der bildenden Kunst, der sich darin äußert, dass Kunst zu den anthropologischen Grundkonstanten der menschlichen Existenz gehört[287] und dass die Kunst sich schon unter den ersten Dingen befand, die dem Menschen von Gott gegeben wurden.[288] Unter Rückgriff sowohl auf heidnische als auch auf christliche Quellen erläutert Paleotti, dass Bilder schon immer im Zusammenhang mit Büchern zu verstehen gewesen seien und dass das Ziel beider „Künste" dasselbe sei: zu überzeugen.[289] Paleotti betont, dass die bildenden Künste zu den „artes liberales" gehören, und vergleicht die Werkzeuge des Malers mit denen des Predigers oder des Advokaten,

---

[284] Paleotti 1582, Lib. I, Cap. 21, S. 214f. Vgl. auch HECHT 1997, S. 204ff., und HEINEN 1996, S. 30ff.

[285] Paleotti 1582, Lib. I, Cap. 23, S. 221f. Bellarmino hingegen entscheidet sich in dem Primatstreit zwischen Bildhauerei und Malerei nicht; vgl. Bellarmino 1586, Bd. 3, Lib. II, Cap. 7, S. 216ff.

[286] Paleotti 1582, Lib. I, Cap. 5, S. 147: „ut pictura poesis". Zum Topos „ut pictura poesis" und zur Ekphrasis in der ersten Hälfte des 16. Jahrhunderts vgl. NORMAN E. LAND: The viewer as poet. The Renaissance response to art, Pennsylvania 1994, insbesondere S. 179ff. Ein von ihm behandeltes Beispiel in einem 1990 erschienenen Artikel beschäftigt sich mit der Position Tizians und der Funktion von Kunsttheorie und Malerei; vgl. DERS.: Titian's Martyrdom of St. Peter Marty and the 'Limitations' of Ekphrastic Art Criticism, in: Art History, Jg. 13, 1990, S. 293-317. Vgl. außerdem grundlegend RENSSELAER W. LEE: Ut Pictura Poesis: The humanistic theory of painting, New York 1967.

[287] Vgl. Paleotti 1582, Lib. 1, Cap. 1, S. 127 und Cap. 4, S. 139: „Diciamo dunque che tra le grazie meravigliose et eccellenti, di che piacque all'eterna providenza d'Iddio signor nostro adornare l'uomo sopra tutte l'altre creature, una ve ne fu singolarmente privileggiata, che egli solo con l'arte et industria potesse imitare e rappresentare l'istesse opere che Dio con le sue mani aveva fabricato".

[288] Vgl. ebd., Lib. I, Cap. 17, S. 201ff. In ähnlicher Weise benutzt Bellarmino seine Argumentation gegen die Ikonoklasten.

[289] Paleotti 1582, Lib. I, Cap. 5, S. 147: „[Sì] come ogni libro ordinariamente ha per fine di fare capace colui che legge e persuaderlo a qualche cosa, così si può dire che le pitture vadano anch'elle all'istesso fine con quelli che le mirano".

um damit nachzuweisen, dass jede Profession ihre spezifischen „istrumenti materiali" besitze, aber trotzdem nicht zu den „artes meccaniche" gehöre.[290] Die Malerei gehöre zu den „artes liberales" und werde insofern nach deren Regeln bewertet. Im speziellen vergleicht Paleotti die Malerei mit der Rhetorik bzw. parallelisiert beider Normen und Absichten.[291] Diesem Beispiel folgt auch Bellarmino, wenn er Predigt und Malerei miteinander in Beziehung setzt.[292]

Nutzen der Malerei – Kriterien für ihre Produktion

Um die Überlegenheit der Malerei über alle anderen Künste nachzuweisen, greift Paleotti – wie bereits dargelegt – in seiner Argumentation auf den traditionsreichen Vergleich von Büchern mit Bildern zurück. Er geht vom Supremat des Sehsinnes aus, der der nobelste aller Sinne sei.[293] Allein mit Hilfe der Kunst und des Handwerks könne der Mensch Gott nachahmen, der seine Werke auch mit seinen eigenen Händen geschaffen habe.[294] Darüber hinaus hätten Bilder eine längere Tradition als Bücher.[295] Gegenüber den Büchern erwiesen sich die Bilder sogar als effektiver, da sie unmittelbar wirkten und Inhalte vermittelten, ohne Rücksicht auf Herkunft und Bildung des Betrachters nehmen zu müssen.[296] Sie besitzen gemäß Paleotti einen universellen Charakter: Die Menschheit spreche in mehreren Sprachen, aber Bilder seien allen Nationen und Schichten ver-

---

[290] Ebd., Lib. I, Cap. 6, S. 157: „E se alcuno s'opponesse, dicendo che, per maneggiare queste arti colori stemperati, carboni, terra, sassi, scarpelli, cera e materie immonde, non possono chiamarsi se non sordide e mecaniche; si risponde che, per essere quest'instrumenti necesarii all'arte, non le levano il pregio, sì come né lo inchiostro all'advocato per iscrivere consegli, o al teologo per comporre omelie o sermoni, leva la molta eccellenza della professione; (...), imperò che tutte le facoltà hanno bisogno d'alcuni istrumenti materiali." Die Bewertungskriterien für die „nobilità" führt Paleotti im Folgenden aus: der Preis, die Schwierigkeit sie herzustellen, der Wert, der einer Sache zugemessen wird – hierbei sagt Paleotti nicht, woher diese Beurteilung stammt –, die Nützlichkeit, die Ehre, die dieser Sache von den „persone grandi" entgegengebracht wird, und, besonders wichtig, die „virtù" und die Disziplin, die durch sie im Volk erzeugt wird; vgl. ebd., Lib. I, Cap. 6, S. 158.
[291] Ebd., Lib. I, Cap. 21: S. 215. Zum Vergleich mit der Rhetorik s. ausführlicher im Rahmen der Untersuchung der Konzeption des Publikums im folgenden Kapitel; vgl. außerdem SCAVIZZI 1992, S. 137.
[292] Vgl. Bellarmino 1586, Bd. 3, Lib. II, Cap. 8, S. 218f.
[293] Paleotti 1582, Lib. I, Cap. 22, S. 218: „Quantto al senso, è cosa manifestissima a tutti che, essendo il senso del vedere più nobile degli altri".
[294] Ebd., Lib. I, Cap. 4, S. 139: „che egli [der Mensch] solo con l'arte et industria potesse imitare e rappresentare l'istesse opere che Dio con le sue mani avea fabricato".
[295] Vgl. ebd. 1582, Lib. I, Cap. 5, S. 145: Paleotti bezieht sich auf die biblische Geschichte, dass Moses die Schrift eingeführt habe, aber Bilder schon seit geraumer Zeit existiert hätten. Außerdem habe Gott Bilder seit mehr als 2370 Jahren benutzt und erst danach die Bibel geschrieben. Vgl. auch HECHT 1997, S. 151ff.
[296] Gerade an diesem Punkt lässt sich Kritik anmelden, da die „korrekte Lesart" eine Vorbildung erfordert.

ständlich: Analphabeten, Armen, Reichen, Intelligenten, Ungebildeten.[297] Bilder stellten somit selbst eine Sprache dar: eine zwar komplexe, aber leicht verständliche. Bücher, die der Sprache bedürften, erforderten vom Rezipienten das Erlernen derselben. Bilder hingegen würden natürlicherweise von jedem begriffen.[298] Bücher seien also, so folgert Paleotti, künstlich und indirekt, Bilder hingegen konkret und direkt.[299] Die Wirkung von wenig verständlichen Bildern aber kann nach Auffassung Borromeos und Paleottis durch Tituli unterstützt werden.[300] In diesem Zusammenhang gelangt Paleotti zum Thema der „biblia pauperum" und behauptet, dass die Malerei deshalb besonders gelobt werden müsse, weil sie auch von den Ungebildeten verstanden werde und nicht nur von den wenigen, die schreiben und lesen könnten.[301] In der Erregung der Gefühle, „excitatio", besteht für Paleotti das Hauptziel jeder bildenden Kunst. Darin sei sie der Schrift im Vergleich zweifelsfrei überlegen. So führt Paleotti als Beispiel an, dass die Erzählung des Martyriums eines Heiligen, der Inbrunst und Standhaftigkeit einer Jungfrau oder der Passion Christi uns anrühren könnten. Diese Geschichten jedoch vor unseren Augen zu haben, in lebendigen Farben gemalt, der Heilige gefoltert, das Martyrium der Jungfrau und Christus ans Kreuz geschlagen, steigere unsere Devotion, und diejenigen, die nicht davon gerührt würden, müssten aus Holz oder Marmor sein.[302] Insofern bedeute das Entfernen von Bildern eine große Ungerechtigkeit den einfachen Menschen gegenüber, da diese dadurch von den Sakramenten ausgeschlossen würden und ihr Seelenheil gefährdet wäre. Alle gläubigen Christen seien verpflichtet, die Glaubensartikel zu kennen, denn ohne deren Kenntnis könnten sie keine Absolution erlangen. Paleotti stellt in Frage, dass die Ikonoklasten den Armen, die nicht lesen können und deren einzige Erkenntnisquelle die Bilder sind, das Heil versprechen könn-

---

[297] Paleotti 1582, Lib. I, Cap. 5, S. 147: „ma le pitture abbracciano universalmente tutte le sorti di persone".

[298] Ebd., Lib. I, Cap. 23, S. 221: „E certo (...) che, per volere intendere qualche libro, vi sono necessarie sì difficili cose, come la cognizione della lingua, il maestro, l'ingegno capace e la commodità d'imparare, tal che la cognizione loro si ristringe solo in pochi, che si chiamano dotti et intelligenti; dove che le pitture servono come libro aperto alla capacità d'ognuno, per essere composte di linguaggio comune a tutte le sorti di persone, uomini, donne, piccioli, grandi, dotti, ignoranti".

[299] Vgl. ebd., Lib. I, Cap. 5, S. 145.

[300] Vgl. Borromeo 1577, S. 44 und Paleotti 1582, Lib. II, Cap. 33, S. 411. Bellarmino hingegen erwähnt nicht einmal die Tituli.

[301] Vgl. Paleotti 1582, Lib. I Cap. 4, S. 139.

[302] ebd., Lib. I, Cap. 25, S. 228: „Il sentire narrare il martirio d'un santo, il zelo e costanza d'una vergine, la passione dello stesso Cristo, sono cose che toccano dentro di vero; ma l'esserci con vivi colori qua posto sotto gli occhi il santo martirizzato, colà la vergine combattuta e nell'altro lato Cristo inchiodato, egli è pur vero che tanto accresce la divozione e compunge le viscere, che chi non lo conosce è di legno o di marmo". Vgl. auch HEINEN 1996, S. 34f.

ten.[303] Der zentrale Punkt in Paleottis Beurteilung der Wirkungskraft von Bildern ist deren Fähigkeit, die Menschen sogar physisch zu verändern. Damit wird die Forderung verbunden, dass die bildende Kunst gerade diese Eigenschaft besser ausnutzen solle. Da die menschliche Einbildungskraft Vergnügen daran empfinde, visuelle Eindrücke zu erhalten, gibt es für Paleotti keinen Zweifel daran, dass kein Instrument stärker und effektiver sein könne als Bilder, die nach dem Leben gemalt sind und die die labilen Sinne fast verletzen.[304] Kein anderer der katholischen Autoren – im Gegensatz zu den protestantischen Theoretikern – betont die Möglichkeiten der Indoktrination durch Bilder so wie Paleotti.[305] Dementsprechend nimmt das Thema der „excitatio" und der „persuasione" einen breiten Raum in seinen Untersuchungen ein. Diese Überlegenheit der Malerei über die Schrift führt Paleotti dazu, deren Vorteile im Einzelnen aufzulisten. Der menschliche Geist werde in die Lage versetzt, auch komplizierte Sachverhalte zu verstehen, und das Gedächtnis, „memoria", werde gestützt;[306] die Malerei diene als Hilfe der Kontemplation sublimer Dinge;[307] sie führe den Betrachter dazu, gute Wünsche zu hegen, die Sünde zu verachten und den gemalten Heiligen in seiner Vorbildfunktion nachzueifern;[308] die Malerei befriedige die Sinne in hervorragender Weise und bereite grenzenlose Unterhaltung: Durch sie erreiche der Rezipient Vergnügen und Vorteil bzw. Nutzen und Ehre.[309] Die Malerei gewähre „diletto", weil sie das Sehen erweitere und den Augen somit Vergnügen, bzw. einen angenehmen Zeitvertreib ermögliche; sie sei nützlich und stelle einen besonderen Gewinn dar, weil sie die Unvollkommenheiten irdischer Dinge verdecken könne. Auch sie könne als „onesto" bezeichnet werden, weil sie für jeden Ort Glanz und Schönheit bereitstelle. Außerdem führe sie den Betrachter, der den Wunsch nach „virtù" hege und Angst vor dem Laster habe, zu heroischen Taten.[310]

Bellarmino rechtfertigt die Tradition von Bildern nach einem Überblick über die Geschichte des Ikonoklasmus dogmatisch in erster Linie aus biblischen und

---

[303] Ebd., Lib. I, Cap. 24, S. 224: „ma ancora perché, sendo ognuno obligato, secondo i teologi e sommisti, per la salute propria, di sapere esplicatamente gli articoli della fede, e, non sapendoli, non possono avere l'assoluzione sacramentale, come inabili alla grazia".
[304] Paleotti 1582, Lib. I, Cap. 26, S. 230: „Essendo donque la imaginativa nostra così atta a ricevere tali impressioni, non è dubbio non ci essere istrumento più forte o più efficace a ciò delle imagini fatte al vivo, che quasi violentano i sensi incauti".
[305] „Nobody, however had reached Paleotti's awareness of the power of occult persuasion embodied in images". SCAVIZZI 1992, S. 134 und DERS.: La teologia cattolica e le immagini durante il XVI secolo, in: Storia dell'Arte, Jg. 21, 1974, S. 190ff.; vgl. auch Paleotti 1582, Lib. I, Cap. 25, S. 228.
[306] Vgl. Paleotti 1582, Lib. I, Cap. 18, S. 207, und Cap. 20, S. 213.
[307] Die „cose sublime" sind hier im neoplatonischen Sinne als die Ideen zu verstehen, die bei Gott sind; vgl. Paleotti 1582, Lib. I, Cap. 7, S. 162.
[308] Vgl. Paleotti 1582, Lib. I, Cap. 18, S. 208.
[309] Vgl. ebd., Lib. I, Cap. 20, S. 213.
[310] Vgl. ebd.

patristischen Quellen: Erstens kenne die Bibel im Alten Testament nur zehn Gebote und nicht ein spezifisches Bilderverbot. In Bezug auf das zweite Gebot stellt Bellarmino fest, dass dieses sich nur darauf beziehe, dass ein Bild fälschlich als Gott verehrt werde, damit aber nicht ein generelles Verbot für jedes gemalte, geschnitzte oder gehauene Bild gemeint sei.[311] Zweitens habe Gott selbst Aufträge zur Errichtung von Kunstwerken erteilt.[312] Entsprechend der jesuitischen Kasuistik vertritt Bellarmino die Auffassung, dass die zehn Gebote – bis auf das Sabbatgebot – den Vorschriften des Naturrechts entsprächen. Deshalb seien jene Taten böse und verboten, die gegen das Naturrecht verstießen, und nicht umgekehrt böse, weil sie verboten seien.[313] Seine Definition vom Nutzen der Bilder ist direkt gegen Calvins Überlegungen zur Bilderfrage gerichtet[314] und bezieht sich erstens auf Information und Bildung, zweitens auf die Vermehrung der Liebe zu Gott, drittens auf die Anregung zur Nachahmung, viertens auf das Andenken an Christus und die Heiligen, fünftens auf das Glaubenszeugnis und sechstens auf die Ehre für Gott und die Heiligen.[315] Für ihn sind neben grundsätzlichen philosophischen Problemen der Bildtheorie auch der Produktionsprozess und der Besitz von Bildern wichtig[316]. So vergleicht er, wie auch schon Borromeo und Paleotti, den Prozess des Bildschaffens mit der Tätigkeit Gottes als Auftraggeber und Hersteller von Bildern. Ebenso wie Paleotti betont auch Bellarmino nicht nur die didaktische Funktion der Bilder, sondern auch ihre mnemotechnische.[317] Er stellt die Überlegenheit des optischen Sinnes für die Erfahrung heraus: Alles, was der Mensch kennen lerne bzw. wiedererkenne, sei es intellektuell oder sinnlich, erfahre er durch Bilder.[318]

---

[311] Bellarmino 1586, Bd. 3, Lib. II, Cap. 7, S. 216f.: „Et tunc non prohibetur sculptile quodcumque, sed solum sculptile, quod habetur pro Deo alieno (...) sed facere imagines absolute, et adorare easdem, sunt res distinctae, ut patet; quia potest unus adorare sculptile, quod non fecit, et alius non adorare, quod fecit. Ergo unum tantum horum est prohibitum, alioqui essent undescim praecepta. Sed certum est prohiberi cultum: ergo non prohibetur fabricatio per se, sed solum in ordine ad cultum. Proinde peccat, qui facit, ut adoret, non qui facit ad alium usum".

[312] Als Beispiele nennt Bellarmino die Anbringung der Cherubim an der Bundeslade, die eherne Schlange des Moses und die Ausschmückung des Salomonischen Tempels – biblische Topoi, die sowohl für Borromeo als auch für Paleotti verbindlich waren; vgl. Bellarmino 1586, Bd. 3, Lib. II, Cap. 7, S. 217.

[313] Bellarmino erläutert dies am Beispiel der Juden beim Auszug aus Ägypten, die nicht das Eigentum der Ägypter gestohlen hätten, sondern Gott hätte es ihnen – und damit berechtigterweise – als Eigentum gegeben; ebd., Lib. II, Cap. 7, S. 217: „praecepta decalogi sunt explicationes iuris naturae, excepto illo de Sabbato: res autem prohibitae iure naturae, sunt prohibitae, quia malae; non malae, quia prohibitae, et proinde nec a Deo praecipi possunt".

[314] Vgl. SCAVIZZI 1992, S. 16ff., und MICHALSKI 1993, S. 60ff.

[315] Vgl. Bellarmino 1586, Bd. 3, Lib. II, Cap. 10, S. 227ff.

[316] Vgl. ebd., Cap. 7, S. 216: „Licere imagines et facere, et habere".

[317] Bellarmino übernimmt diesen Begriff aus dem aristotelischen Sprachgebrauch, vgl. ders., Lib. II, Cap. 20, S. 247.

[318] Bellarmino 1586, Bd. 3, Lib. II, Cap. 7, S. 216: „Homo quidquid cognoscit sive sensu, sive intellectu, per imagines cognoscit"; vgl. grundlegend zur „memoria" und der aristotelisch-

Paleotti vergleicht die Notwendigkeit der Bilder für den katholischen Glauben mit derjenigen der Sakramente.[319] So gelingt es seiner Ansicht nach einem Maler nicht unbedingt, nur aus eigenem Vermögen das Gemälde einer Madonna zu malen, sondern aufgrund des Sakraments der Beichte fühle er sich gereinigt und finde nun das Bild durch himmlische Intervention.[320] Dieses Beispiel zeigt den Nexus, der für Paleotti zwischen der religiösen Kunst und den Sakramenten besteht: Die erste sei nicht möglich ohne die letzteren, diese wiederum seien ohne die erste nicht denkbar. So könne ohne Kenntnis der Sakramente die Absolution nicht erteilt werden, und diese sei für die „idioti" nur über Bilder zu erfahren.[321] Die Kunst kann als „Anticamera" oder als Unterart der Sakramente bezeichnet werden.[322] Im Verhältnis von Sakrament und Bild in der Tridentinischen Lehre steht die westliche Theologie in ihrer katholischen Tradition – trotz grundsätzlicher Bilderfreundlichkeit – sakramententheologisch auf der Seite der byzantinischen Bilderfeinde, für die das Sakrament und insbesondere die Eucharistie mehr ist als jede „Ikone". Die Protestanten hingegen stehen trotz einer grundlegenden Bilderskepsis sakramententheologisch auf der Seite der Bilderfreunde, „weil auch die Bilder nicht mehr sind als Bilder". So verehrten die Orthodoxen die „Ikonen" weitaus stärker als die Sakramente.[323] Bellarmino betont in dieser Frage besonders die Bildlichkeit der Eucharistie, die für ihn der sinnhafte Ausdruck der Gnade Gottes darstelle.[324] Damit geht Paleotti weit über

---

scholastischen Tradition FRANCES A. YATES: The art of memory, London 1967, Kapitel 3. Vgl. außerdem JÖRG JOCHEN BERNS, WOLFGANG NEUBER (Hrsg.): Ars memorativa. Zur kulturgeschichtlichen Bedeutung der Gedächtniskunst 1400-1750, Tübingen 1993.

[319] Paleotti 1582, Lib. I, Cap. 3, S. 137: „come in alcuni sacramenti hanno detto i sacri teologi che, per essere di somma necessità, è stata ancora instituita la materia loro tale che sia commune e pronta al bisogno di ciascuno [es folgen Beispiele einzelner Sakramente wie der Taufe]; così per lo bisogno universale delle imagini, pare ch'ogni materia loro sia applicata"; vgl. auch PRODI 1965, S. 139ff.

[320] Vgl. Paleotti 1582, Lib. I, Cap. 8, S. 167.

[321] Vgl. ebd., Lib. I, Cap. 24, S. 224. Die praktische Bedeutung insbesondere für die Ausstattungsprogramme in verschiedenen Bologneser Kirchen, unter anderem S. Paolo und S. Maria dei Servi weist Göttler im Zusammenhang mit der Messopferlehre und dem Dogma über das Fegefeuer nach; vgl. CHRISTINE GÖTTLER: „Jede Messe erlöst eine Seele aus dem Fegefeuer." Der privilegierte Altar und die Anfänge des barocken Fegefeuerbildes in Bologna, in: Ausstellungskatalog Himmel, Hölle, Fegefeuer. Das Jenseits im Mittelalter, hrsg. von PETER JEZLER, Zürich 1994, S. 149-164, insbesondere S. 161ff.

[322] SCAVIZZI 1974, S. 212. Zur Sakramentenlehre des Abendmahls vgl. HELMUT FELD: Das Verständnis des Abendmahls, Darmstadt 1976, insbesondere S. 121f.; in Bezug auf die Eucharistie in der Tridentinischen Lehre vgl. JOSEF WOHLMUTH: Realpräsenz und Transsubstantiation im Konzil von Trient. Eine historisch-kritische Analyse der Canones 1-4 der Sessio XIII, 2 Bde., Bern, Frankfurt/Main 1975.

[323] WOHLMUTH 1989, S. 117. Zur Rezeption der Eucharistielehre des Origenes auf dem Konzil und in der posttridentinischen Epoche vgl. LIES 1985, S. 101ff.

[324] Vgl. ebd., S. 165ff. Michalski versucht in seiner Untersuchung des Begriffes „Repraesentatio" Querverbindungen zur Kunsttheorie aufzustellen, um in den Debatten um das Symbol eine Parallelisierung der Bildkategorien und der symbolhaften Beziehungskategorien der christlichen A-

Borromeo, aber auch über Bellarmino hinaus, obwohl jener ebenfalls einen Nexus zwischen den Bildern und den Sakramenten in seinen kurzen Ausführungen zur Notwendigkeit, Tabernakel mit Bildern zu schmücken, erkennen lässt; Borromeo erhebt das Bild zum zentralen Fixpunkt in der Verehrung der Eucharistie, der realen Präsenz Christi.[325]

Im Rahmen der eher praktischen Einschätzung der Funktion von Bildern bei Borromeo bemerkt dieser lediglich, dass jene gemäß den Anordnungen der Prediger feierlich verehrt werden sollten.[326] Dementsprechend sollten Bilder zwar keinen großen Raum einnehmen, aber so inszeniert werden, dass ihre herausragende Rolle in der Frage der Verehrung deutlich sichtbar werde.[327] Er behandelt die sakramententheologische Dimension der Bilderfrage nur implizit, weil er von einer allgemeineren Fragestellung ausgeht: Er analysiert im Rahmen seiner Untersuchung der Kirchenarchitektur auch deren Ausstattung. Die Heiligkeit der Kirche wird seiner Meinung nach als Stufe im kommunikativen Prozess zwischen Mensch – durch seine Invokation – und Gott – durch Gnade – interpretiert. Diese symbolistische Auffassung von der Architektur als „Zeichen" steht bei Borromeo in engem Zusammenhang mit seiner Auffassung von der Symbolik der Bilder und deren Rechtfertigung sowie der Symbolik der liturgischen Zeremonien. So haben alle drei Formen immer ein doppeltes Ziel: ein didaktisches zur Vermittlung der Doktrin und ein anagogisches als Präfiguration der „göttlichen Wahrheit".[328]

Infolge der Terminologie Paleottis, der die Malerei als „muta praedicatio" versteht, und im Zusammenhang mit dem Nexus zwischen Sakramentenlehre und Ästhetik wird die Kunst insgesamt als „ancilla theologiae" interpretiert. Die Kunst könne als dienstbar und hilfreich für höhere Zwecke angesehen werden. Sie sei den sakralen und heiligen Dingen untergeordnet, welche dem eigentli-

---

bendmahlskontroversen zu unternehmen; vgl. SERGIUSZ MICHALSKI: Bild, Spiegelbild, Figura, Repraesentatio. Ikonitätsbegriffe im Spannungsfeld zwischen Bilderfrage und Abendmahlskontroverse, in: Annuarium Historiae Conciliorum, Jg. 20, 1988, S. 458-488. Vgl. außerdem ALEX STOCK: Bilderstreit als Kontroverse um das Heilige, in: Wozu Bilder im Christentumß 1990, S. 63-86, und WOHLMUTH 1990, S. 87-104.

[325] Vgl. Borromeo 1577, S. 22ff.

[326] Ebd., S. 44: „Nec vero loci solum habenda ratio est, sed antiqui ecclesiasticique ritus; ut cum scilicet expressae sunt sanctorum imagines, solemni benedictione statisque precibus, Pontificali Sacerdotalive Libro praescriptis, consecrentur".

[327] Vgl. ebd., S. 11 und S. 14. Weitere detaillierte Angaben beziehen sich auf die Anbringung von Bildern an Tabernakeln, S. 22; in der Nähe von Reliquien, S. 41; über dem Ziborium in Baptisterien, S. 51; in der Confessio, S. 68; in der Sakristei, S. 80.

[328] Vgl. SCAVIZZI 1992, S. 121. Eine weitere Untersuchung der von den Theoretikern benutzten Symbolbegriffe mit dem methodischen Instrumentarium des 20. Jahrhunderts, besonders des von Cassirer entwickelten, fehlt für die hier untersuchten Autoren völlig; vgl. GÖTZ POCHAT: Der Symbolbegriff in der Ästhetik und Kunstwissenschaft, Köln 1983, insbesondere S. 127ff.

chen Zweck näher seien und dadurch auch hervorragender.[329] Paleottis Beanstandung der Missbräuche in der Malerei führt ihn zur Kritik an wesentlichen Bestandteilen der Malerei der ersten Hälfte des 16. Jahrhunderts.[330] Für die Gotteshäuser lehnt er wie Borromeo, dem Konzilsbeschluss entsprechend, jede Art von profaner Malerei ab;[331] außerdem verbietet er das Anbringen von Familienwappen. Mythologische Darstellungen seien mit Hinweis auf den Dekalog auch außerhalb der Kirchen streng untersagt, ebenso die Bildnisse heidnischer Tyrannen und von Christenverfolgern. Dagegen hätte die Aufstellung von Bildnissen tugendhafter Personen aus dem profanen Leben, wie beispielsweise von Philosophen, Rednern, Dichtern, Anführern und christlichen Herrschern, wegen ihres Vorbildcharakters positive Auswirkungen.[332] Einen besonderen Akzent legt Bellarmino auf die Darstellung Gottes, also auf die Frage, ob dem körperlosen Gott ein sichtbares körperliches Zeichen gesetzt werden dürfe. Die ersten drei Gründe, die er dafür anführt, beziehen sich direkt auf metaphorische Darstellungen Gottes im Alten Testament.[333] Wichtiger erscheint, dass mit der Begründung für die Gottesbilder indirekt auch die Allegorien erlaubt werden, da er ausführt, dass die Tugenden, die geistig und bloß Akzidentien seien, auch gemalt werden dürften. Zudem gelte der Mensch als das wahre Bild Gottes, deshalb könne auch

---

[329] Paleotti 1582, Lib. II, Cap. 12: „riconoscendole [die Kunst] però per ancelle e mezzane alle cose maggiori e come sottoordinate alle spirituali e sacre, le quali, per essere più prossime al fine che si pretende, conseguentemente sono più nobile delle altre e più eccellenti".

[330] So kritisiert Paleotti die Darstellung Johannes des Täufers mit einem Vogel, eine ikonographische Tradition, die auf Raffael zurückgeht; vgl. Paleotti 1582, Lib. II, Cap. 32, S. 403. Wenn er die ikonographische Tradition beanstandet, dass Joseph auf der Flucht nach Ägypten Obst pflückt, spielt er wohl auf entsprechende Bilder von Barocci an; vgl. ders., Lib. II, Cap. 32, S. 404. In weitaus stärkerem Maße wendet er sich gegen die Selbstvergottung des Menschen in der Renaissance, wenn er am Porträt grundlegend kritisiert, dass es die Menschen dazu verführe, an ihre eigene Vollkommenheit zu glauben; vgl. dazu, auch wenn der Begriff dort nicht ausdrücklich genannt wird, HORST BREDEKAMP: Antikensehnsucht und Maschinenglauben, Berlin 1993, insbesondere S. 26ff. und S. 88. Vgl. außerdem Paleotti 1582, Lib. II, Cap. 19, S. 334; vgl auch BOSCHLOO 1974, Bd. 1, S. 130; PRODI 1965, S. 153f., und HECHT 1997, S. 243ff.

[331] Borromeo 1577, S. 43: „Nec vero sacra imago, etiam in ecclesia, humi exprimatur".

[332] So erläutert auch Bellarmino, dass schon die ersten Christen mit der Aufstellung von Statuen und Bildern bedeutende Menschen geehrt hatten; vgl. ders. 1586, Bd. 3, Lib. II, Cap. 10, S. 229. Vgl. dazu auch JEDIN 1963, S. 333, und BAROCCHI 1960-1962, Bd. 2, S. 537; die Darstellung tugendhafter Männer, die Vorbildcharakter hatten und vor allem einem didaktisch-pädagogischen Zweck dienten, gehörten zur Tradition der so genannten „Uomini famosi", wie sie seit Petrarca überliefert sind. In der bildenden Kunst spielen sie in den gleichnamigen Zyklen insbesondere in Nord- und Mittelitalien und in Frankreich als Neuf-Preux-Zyklen eine Rolle. Dazu HEIDY BÖCKER-DURSCH: Zyklen berühmter Männer in der bildenden Kunst Italiens - 'Neuf Preux' und 'Uomini Illustri', München 1973, und NICOLAI RUBINSTEIN: Political ideas in Sienese Art, in: Journal of the Warburg and Courtauld Institutes, Jg. 21, 1958, S. 181ff.

[333] So führt Bellarmino an, dass das Alte Testament berichtet, dass auch körperlose Engel bildlich dargestellt wurden und dass Gott in körperlicher Gestalt den Menschen erscheint und Geräte wie Thron und Schemel benutzt; vgl. ebd., Lib. II, Cap. 8; vgl. auch SCAVIZZI 1974, S. 172ff., und DERS.: Arte e architettura sacra, Rom 1982, S. 285f.

Gott gemalt werden, denn das Bild des Menschen sei ein Abbild Gottes.[334] Sein letzter Nachweis entspricht der üblichen katholisch-pragmatischen Handhabung des Traditionsgedankens, indem die allgemeine Rezeption der Bilder durch die Kirche in allen Zeiten die Begründung für deren Legitimität darstellt.[335]

Bilderverehrung

Aus diesen Überlegungen folgert Paleotti in Bezug auf die Bilderverehrung: Die Idolatrie existiere zwar noch als Sünde, stelle aber keine wirkliche Bedrohung für den katholischen Glauben mehr dar – im Gegensatz zur größeren Gefahr der Bilderstürmer, die aber nicht näher ausgeführt wird. In der Zeit des Alten Testamentes sei die Idolatrie eine Todsünde gewesen. Wenn die Gläubigen sich der Leitung der Kirche anvertrauten und im Glauben fest seien, bestehe hingegen keine Gefahr.[336] Paleotti führt aus, dass der Kult nicht nur vom verehrten Objekt abhängt, sondern ebenso von der betrachtenden Person. Die eherne Schlange des Moses könnte von den einen als heiliges und mystisches Phänomen, von anderen aber als Idol interpretiert werden.[337] Das Problem liege also im Glauben des Betrachters und in den Einflüssen eventueller Dämonen.[338] Für die Begründung der Bilderverehrung geht Paleotti weit über die Argumentation des Konzils von Trient hinaus: Er verweist auf die zwei Naturen des Menschen – die spirituelle Seele und den materiellen Körper – sowie auch auf die Vielfalt des Kultes und die Vorteile der öffentlichen Unterwerfung der Gläubigen.[339] In seinen Ausführungen wird jedes Werk, welches nur irgendeinen Zusammenhang mit dem „Heiligen" hat, zu einem verehrungswürdigen Gegenstand. Dazu gehören Bilder, die göttliche Dinge darstellen, und solche, die in jeglicher Weise Heiligkeit durch Partizipation erlangt haben. Letzteres ist für Paleotti der Fall, wenn diese von Gott in Auftrag gegeben wurden (wie z.B. die Bilder und Skulpturen im Tempel Salomos), den Körper Gottes oder der Heiligen berührt haben,

---

[334] Vgl. zum Konzept „imago imaginis" LEO SCHEFFCZYK (Hrsg.): Der Mensch als Bild Gottes, Darmstadt 1969.

[335] Bellarmino 1586, Bd. 3, Lib. II, Cap. 8, S. 220: „Quarto (...) nimirum virtutes, quae non solum spirituales, sed etiam accidentia sunt; cur ergo non poterit pingi Deus? Quinto, homo est vera imago Dei; sed hominis potest pingi imago, ergo et Dei; nam quae est imago imaginis, est etiam exemplaris (...) Ultimo probatur ex usu Ecclaesiae. Jam enim receptae sunt fere ubique ejusmodi imagines; neque credibile est Ecclesiam toleraturam universaliter aliquid illicitum".

[336] Nach Scavizzi kann die Idolatrie eher als ideologischer Fehler bezeichnet werden; SCAVIZZI 1974, S. 206.

[337] Paleotti 1582, Lib. I, Cap. 10, S. 171f.: „Questa aviene perchè lo spettatore averà concetto molto diverso nella imaginatione sua da quello che l'artefice ha avuto, come anticamente il serpente di metallo fatto da Moisè per ordine di Dio ad alcuni era in loco di cosa sacra e misteriosa, ad altri invece d'idolo".

[338] Paleotti folgt hier im Wesentlichen Gilio und Thomas von Aquin; vgl. ebd., Lib. I, Cap. 15, S. 189 und Cap. 27, S. 234ff.

[339] Vgl. SCAVIZZI 1974, S. 210, und HECHT 1997, S. 216ff.

von Heiligen hergestellt wurden (wie z.B. das Bildnis Marias, das vom Evangelisten Lukas gemalt worden sein soll), wenn sie auf wundersame Weise entstanden sind, Gott durch sie Wunder bewirkt hat, sie von heiligem Salböl geweiht oder von der Kirche gesegnet wurden, ein heiliges Thema haben oder von jemandem hergestellt wurden, der einen festen Glauben hatte, oder wenn sie gar vom Zweck geheiligt worden sind.[340] Paleotti unterscheidet drei Möglichkeiten der Bildanalyse: erstens nach dem Material; zweitens nach seiner äußeren, vom „Autor" verliehenen Form – hierunter versteht er u.a. den „disegno" – und drittens nach der „repraesentatio", dem eigentlichen Bild, das aus den ersten beiden Elementen gemeinsam entsteht und im Sinne der „similitudine" etwas anderes darstellt. Daraus folgert er drei Betrachtungsweisen: Die erste bezieht sich auf den Wert des Materials und die Farbe, die zweite auf die Kunstfertigkeit des „Autors" und die sorgfältige Figuration und die dritte allein auf die Repräsentation.[341] Entsprechend der Tridentiner Lehre und mit Rückbezug auf das zweite Nizänum wird also nicht der Gegenstand selbst verehrt, sondern der Prototyp:[342]

---

[340] Vgl. Paleotti 1582, Lib. I, Cap. 16, S. 197ff.

[341] Vgl. ebd., Lib. I, Cap. 32, S. 254f.

[342] Michalski erläutert die für diesen Zusammenhang entscheidende Definition des Prototyps: Mit Bezug auf Johannes Damascenus und den Heiligen Basilius, den wichtigsten Vorläufern im Bilderstreit vor dem zweiten Nizänum, hatte dieses die eucharistische Argumentationslinie der Ikonoklasten verworfen. „Für die Ikonodulen, die ja den Begriff 'Antitypos' [Johannes Damascenus hatte den Begriff „Antitypos" mit „figura" übersetzt] als Bezeichnung für die Bilder verwendeten, war die Verwerfung des ikonoklastischen Argumentes, daß die Bilder dieselbe 'Ousia' wie das Urbild besitzen müßten, das Hauptanliegen"; vgl. MICHALSKI 1988, S. 464. Michalski weist überzeugend nach, dass es schon in den byzantinischen Auseinandersetzungen über die Bilderverehrung zu einem verstärkten Einfluss aristotelischer Gedankengänge auf die platonische Prototypenlehre kommt. So hatte Patriarch Nikephoros geschrieben: „Der Prototyp ist der Anfang und das Vorbild einer nach ihm gestalteten Form und die Ursache des Bildes der Ähnlichkeit (...). Ein Bild ist das Abbild eines Archetypos, das in sich selbst die ganze Form dessen auf dem Wege der Ähnlichkeit wiedergibt, das auf ihm ausgedrückt ist und das sich von ihm nur durch die Verschiedenheit der Substanz unterscheidet, also was die Materie betrifft (...). So ist ein Bild ein Abbild und eine Darstellung von Dingen, die sind und existieren"; zitiert nach DIETER STEIN: Biblische Exegese und kirchliche Lehre im Für und Wider des byzantinischen Bilderstreits, in: ...kein Bildnis machen. Kunst und Theologie im Gespräch, hrsg. von CHRISTOPH DOHMEN, THOMAS STERNBERG, Würzburg 1987, S. 69-81, hier S. 78. Die biblische Topik verlässt Theodor Studites, wenn seiner Meinung nach die Bilder der Archetypen, die aus dem durch die Kunst geformten Material geschaffen sind, an der Natur der Archetypen keinen Anteil haben; sie zeigen jedoch, wie im Spiegel, die Ähnlichkeit mit den Urbildern; vgl. MICHALSKI 1988, S. 466. Der Frage des Typos insbesondere des Kreuzes, geht Jean-Luc Marion nach in Verbindung mit grundsätzlichen theologischen Überlegungen zur Definition des Heiligen im Rahmen einer Bildtheologie; vgl. JEAN LUC MARION 1990, S. 117-135. Er erläutert zuerst die platonische Lehre, in der Plato drei Ebenen unterscheidet: Die erste sei allein wirklich, unsinnlich und dennoch deutlich, die zweite Ebene, sei die des Individuellen, des Verursachten, die jene sichtbar nachahmt, und die dritte sei die der Nachahmung der Nachahmung, das gemalte Bild des Künstlers. Nach Platon lässt die Logik der Nachahmung die Sichtbarkeit proportional zur Sinnlichkeit wachsen, jedoch in umgekehrter Proportion zur Wahrheit und Wirklichkeit. Für Marion unterscheidet sich die Moderne davon, dass sie den Platonismus zwar umkehrt, den metaphysischen Ikonoklasmus

Paleotti versteht unter den Bildern somit nicht nur ihre äußere Erscheinung. Das bedeutet, dass sich, wenn der Betrachter mit seinen leiblichen Augen ein Bild anschaue, der Geist an die von diesem repräsentierte Sache hefte. Diese sei also im Sinne der „repraesentatio" beinhaltet, und daraus erwachse jene Ehrerbietung, welche der repräsentierten Sache angemessen erscheine und mystisch dem Bild erwiesen werden könne – entsprechend den Unterscheidungen der Verehrung von „latria", „hyperdulia" und „dulia". Dieses impliziert seiner Meinung nach nicht zwei verschiedene Bestandteile, die auf zwei unterschiedliche Begriffe abzielen, sondern es sei ein und dieselbe Handlung, in Bezug auf dasselbe Objekt, wenn auch in unterschiedlicher Weise zwischen dem Bild und dem Vorgestellten ausgeführt. Deshalb – so führt Paleotti beispielsweise an – werde Christus, wenn er ohne Bild verehrt wird, nach seinem eigentlichen Sein verehrt; wenn er im Bild verehrt wird, verehre der Gläubige das Repräsentierte; d.h. wenn man das Bild Christi anbete, so verehre man auch wahrhaftig Christus: Christus könne aber in einem Bild nicht entsprechend seinem realen Sein, sondern nur entsprechend seinem figurativen oder repräsentierten Sein dargestellt werden.[343]

Ebenfalls in Übereinstimmung mit den Beschlüssen des Trienter Konzils und des zweiten Nizänums grenzt er die christliche Bilderverehrung von der heidnischen Idolatrie ab. Er unterscheidet innere und äußere Verehrung und deren verschiedene Rangabstufungen: Die „adoratio" oder „latria" sei allein Gott vorbehalten, die Gottesmutter Maria werde durch die „hyperdulia" in besonderer Weise verehrt, und den Heiligen werde auf unterster Stufe Verehrung, „dulia", zuteil.[344] Paleotti erklärt den Prototypgedanken, indem er eine Parallele von der Bilderverehrung zu der Verehrung zieht, die sich auf die Person eines Botschaf-

---

aber radikalisiert. „Von nun an ahmt das Bild zuerst seinen Betrachter nach und öffnet sich für kein anderes Vorbild als für seinen Zuschauer (...). Das Bild wird zum Idol des Menschen – ‚...der Mensch ist das Vorbild seines Idols' –, aber darüber hinaus betet der Mensch in einem Sichtbaren, das er sich zum Anblick wählt, sich selbst als Idol an"; DERS. ebd., S. 129. Marion bezieht diese Analyse vor allem auf die Hegel-Nachfolge im ausgehenden 19. Jahrhundert. Doch scheint ein wesentlicher Umbruch in der Krise der Bilderverehrung und der Neubewertung der Kunst als solcher im 16. Jahrhundert maßgeblich vorbereitet zu sein.

[343] Paleotti 1582, Lib. I, Cap. 32, S. 255f.: „Prendiamo noi esse imagini non come semplici figure, ma sotto questo atto di rappresentare; il che vuol dire che, riguardando noi con gli occhi corporali nella imagine, la mente si fissa nella cosa rappresentata e contenuta in essa per modo di rappresentazione, e di qui nasce che quell'onore che si conviene alla cosa rappresentata si potrà ancora misteriosamente tribuire alla imagine, secondo i gradi di latria, iperdulia e dulia, di sopra da noi dichiarati. Né saranno questi due atti diversi, che mirino due termini distinti, ma è un istesso atto, portato in un medesimo oggetto, ancorché sotto modo diverso tra la imagine e l'imaginato; percioché, per essempio, quando si adora Cristo senza imagine, l'adoriamo secondo il suo proprio modo di essere, e quando l'adoriamo nella imagine, l'adoriamo nell'essere rappresentativo et imaginato (...); così, quando si adora la imagine di Cristo, si adora veramente Cristo, e Cristo è nella imagine non secondo l'essere reale, ma secondo l'essere figurativo o rappresentativo".

[344] Paleotti 1582, Lib. I, Cap. 30.

ters bezieht, denn diese richte sich nicht auf jenen als Person, sondern auf den von ihm repräsentierten Fürsten.[345] Die Verehrung, die dem Original, „l'imaginato", zukommt, müsse also, verhältnismäßig abgestimmt, „proporzionatamente", auch dessen Abbild zustehen.[346] Als wesentliche Argumente dafür, dass die Bilder nicht nur verehrt werden dürfen, sondern sogar müssen, führt Paleotti biblische und traditionelle Gründe an, etwa, dass die Bilder von Gott geschaffen bzw. eingesetzt und von der Kirche kanonisiert worden seien.[347] Außerdem nennt er zu deren Rechtfertigung übernatürliche Erscheinungen, „effetti sopranaturali", die häufig eine heroische und ekstatische Erfahrung des Göttlichen oder eine Bekehrung der Leidenschaften des Menschen zum Guten bewirkten.[348]

Auch Borromeo bezieht sich auf die Vorstellung vom Prototyp, ohne allerdings dieser Konzeption ein eigenes Kapitel zu widmen. So verbietet er die Darstellung von Kreuzen oder Bildern von „sacri mysterii typum" auf dem Fußboden einer Kirche, da das Kreuz oder jedes andere Bild, welches sich auf einen heiligen Prototyp bezieht, in sich eine Heiligkeit beinhalte, die es untersage, dass ein Gläubiger auf sie treten dürfe.[349] Auch hier wird erneut die eher praktische Bedeutung der *Instructiones* deutlich.[350]

Die Heiligen-, Reliquien- und Bilderverehrung wird bei Bellarmino – in dieser Zusammenstellung formal parallel zum Bilderdekret des Tridentinums – im Kontext der „ecclesia triumphans" untersucht. Diese Lesart erfolgt aber nicht aus pragmatischen Gründen, sondern will entsprechend Bellarminos Grundauffassung in den *Controversiae* das Bild einer einheitlichen Kirche präsentieren.[351] Die Heiligen fungieren in erster Linie als Vorbilder für ein mustergültiges Leben.[352] Sie sollten gemäß den unterschiedlichen Formen kultisch verehrt wer-

---

[345] Vgl. Paleotti 1582, Lib. II, Cap. 32, S. 257.
[346] Ebd.
[347] Paleotti 1582, Lib. I, Cap. 23, S. 223: „Parimente per sapere noi che le nostre imagini sono publicate dalla celeste sapienza, canonizzate per tradizione degli apostoli e autentiche dalla santa Chiesa, (...), debbono raginevolmente tanto più acquistarsi e l'animo e la riverenza di ciascuno".
[348] Vgl. ebd., Lib. I, Cap. 26, S. 231ff.
[349] Vgl. Borromeo 1577, S. 14. Zur Diskussion um die Kreuzesverehrung vgl. auch GIUSEPPE SCAVIZZI: The Cross: A 16th century controversy, in: Storia dell'arte, Jg. 65, 1989, S. 27-43; insbesondere S. 40. Dieser Aufsatz ist in fast unveränderter Form Bestandteil der 1992 erschienenen Monographie. Eine wesentliche Analyse des Kreuzes in seiner Bedeutung als Reliquie, als Symbol und als Bild liefert Bellarmino, S. 34ff.
[350] Vgl. SCAVIZZI 1992, S. 130.
[351] „[La chiesa è] come (...) un blocco unitario in cui ogni anello è legato all'altro mediante percorsi che rafforzano strutture gerarchiche"; DE LAURENTIIS 1990, S. 582. Allgemein zur Heiligen- und Reliquienverehrung auf katholischer Seite während des 16. Jahrhunderts vgl. ARNOLD ANGENENDT: Heilige und Reliquien. Die Geschichte ihres Kultes vom frühen Christentum bis zur Gegenwart, München 1994, S. 242-256.
[352] Vgl. Bellarmino 1586, Bd. 3, Lib. I, Cap. 8, S. 163ff.

den.³⁵³ Wie auch schon in seiner Gesamtdarstellung der sichtbaren Kirche zeichnet Bellarmino ein fast realistisches Bild der Heiligen: Sie seien „amici" Gottes, „custodi" der „chiesa militante", die zusammen in der „chiesa trionfante" einen Corpus bildeten, eine „repubblica", in der sich alle Mitglieder gegenseitig helfen.³⁵⁴ Wenn die Heiligen Verehrung verdienten, so seien ihre Reliquien und Bilder die Instrumente dieses Kultus. Für Bellarmino stellt die Verehrung der Reliquien weder Aberglaube noch Idolatrie dar. Die Reliquien bilden den Nexus zwischen dem Sichtbaren und dem Unsichtbaren; sie verbinden die Mystik mit dem Konkreten und demonstrieren so die Evidenz der sichtbaren Kirche.³⁵⁵ Die Gefahr, die er sieht, bestehe im Missbrauch, nicht im Gebrauch. Dies erläutert er, ebenso wie Paleotti, am Beispiel der Verehrung der ehernen Schlange bei Moses. Er führt nicht nur die „onestà" und „utilità", sondern auch die mnemotechnische Funktion der Bilder als Gründe an.³⁵⁶ Sowohl für Bellarmino als auch für Paleotti ist die Offensichtlichkeit der Wahrheit in der „similitudine" entscheidend, d.h. in der „repraesentatio" bzw. im Bild. Das Bild fungiert als transitorischer Weg³⁵⁷ und dient einer kommunikativen Intention, die es mit der Realität verbindet, auch wenn es ihr nicht angehört. De Laurentiis bezeichnet diesen Prozess als „naturalizzazione".³⁵⁸ Beiden Autoren geht es um die wahre Abbildung, nicht um die Diskussion über die Existenz des Abgebildeten.³⁵⁹ Die

---

[353] Da die Heiligen die Tugenden „sapientia", „potestas" und „nobilitas" besitzen, werden sie durch den Kult der „dulia" verehrt; Gott kommt die Verehrung der „latria" zu und Maria der „hyperdulia"; vgl. Bellarmino 1586, Bd. 3, Lib. I, Cap. 13ff., S. 169ff.

[354] Vgl. ebd., Lib. I, Cap. 18, insbesondere S. 180.

[355] Vgl. DE LAURENTIIS 1990, S. 583. Dies kann auch im Zusammenhang mit seiner Eucharistielehre interpretiert werden, in der Bellarmino die Sichtbarkeit der Eucharistie betont, denn einst habe Gott in Bildern verkündet, was er nun offen sage; einst habe er in Bildern gegeben, was er nun „in specie" gebe, LIES 1985, S. 167.

[356] Vgl. Bellarmino 1586, Bd. 3, Lib. I, Cap. 3, S. 145ff.

[357] Dieser Begriff erscheint nicht nur für die Theologie Bellarminos von Bedeutung, sondern spielt in der Weiterentwicklung der ästhetischen Konzepte und einer künstlerischen wie liturgischen Praxis von immenser Relevanz wie im Folgenden an Beispielen in Rom und Schlesien auszuführen sein wird.

[358] DE LAURENTIIS 1990, S. 586.

[359] Mit Roland Barthes versucht De Laurentiis nachzuweisen, dass in beiden Traktaten zwei linguistische Systeme definiert werden, zum einen über das, was man sehe und zum anderen das, was man sagt, dass man sehe: Dieses bezeichnet eine metalinguistische oder mythische Beziehung; vgl. dazu ROLAND BARTHES: Mythologies, Paris 1957, S. 191ff. „Nel rapporto tra i due sistemi linguistici non si nasconde nulla; le intenzioni sono naturalizzate ed eccessivamente giustificate"; DE LAURENTIIS 1990, S. 586. Mit anderen Worten: Die Form ist leer, aber präsent; der Sinn, das „concetto" ist abwesend, jedoch erfüllt. Dazu auch Paleotti 1582, Lib. I, Cap. 16, S. 199f.: „l'imagini per sè stesse non sono cose, ma segni di cose, onde pigliano la sua condizione da quello che rappresentano, sì come tutti i segni si considerano secondo le cose che significano". Bellarmino vertritt eine ähnliche Auffassung, wenn er über die Darstellungsmöglichkeiten Gottes schreibt, der nicht in seinem wahren Wesen abgebildet werden kann. Er führt dabei eine von Plinius erwähnte bekannte Anekdote an. Bellarmino 1586, Bd. 3, Lib. II, Cap. 8, S. 220: „nam homo non est homo rationae figurae, et colorum, quae sola exprimuntur in imagine, sed est homo

Verankerung dieser Theorie in der Realität garantiert somit die „onestà" und verhindert, dass die eigenen katholischen Dogmen in Zweifel gezogen werden.[360]

Insofern will Bellarmino ebenso wie Paleotti nachweisen, dass die Bilder verehrt werden können, ohne sich der Gefahr der Idolatrie auszusetzen. Beide Theoretiker vertreten die Lehre vom Prototyp. Betont Paleotti dessen positiven Aspekt, so akzentuiert Bellarmino eher die Einschränkungen für die Bilderverehrung. Das Bild scheint unfassbar zu sein, ohne dass es durch das Signifikat aufgeladen wäre.[361] Er unterscheidet auch die verschiedenen Formen der Verehrung. Den Christus- und Gottesbildern stehe nicht der „cultus latriae" wie den Prototypen zu,[362] denn eine leb- und vernunftlose Sache könne nicht Gegenstand des gleichen Kultes sein wie eine Person. Die Bilderverehrung ist nach Bellarminos Auffassung ein unvollkommener Kultus, der in analoger und eingeschränkter Weise zur Art des Kultus gehört, der dem Prototyp zukommt. Den Bildern gebühre also keine Verehrung im Sinne der „latria", „hyperdulia" oder „dulia", sondern im analogen Verständnis stehe ihnen ein untergeordneter Kultus zu, eine „dulia secundum" oder „dulia reductive".[363] Insbesondere in der

---

ratione substantiae, et praecipue ratione animae, quae pingi non possunt (...) alioqui numquam fieret, ut res depicta videretur res ipsa vera".

[360] Vgl. dazu auch KURT BAUCH: Imago, in: Beiträge zu Philosophie und Wissenschaft. Wilhelm Szilasi zum 70. Geburtstag, München 1960, S. 9-28, und CARSTEN-PETER WARNCKE: Sprechende Bilder – sichtbare Worte. Das Bildverständnis in der frühen Neuzeit, Wiesbaden 1987. Wie wichtig das Problem des Prototypen für die Zeitgenossen war und dass es nicht nur ein hermetisches Problem einer elitären Theologenschicht darstellte, beweisen die Diskussionen um die „repraesentatio" im Zusammenhang mit der Neuinszenierung des „wundertätig blutenden" Marienfreskos durch Peter Paul Rubens für die Oratorianerkongregation in der Chiesa Nuova in Rom. An diesem Beispiel wird deutlich, dass die katholische Kirche einen bestimmten Kultanspruch aufgibt: Die Ikone selbst ist in Rubens' Gemälde wie eine Reliquie im Reliquiar präsent; die Verehrung, die diesem Bild zusteht, ist eine sekundäre. Vgl. dazu WARNKE 1968, S. 61-102; VOLKER HERZNER: Honor refertur ad prototypa, in: Zeitschrift für Kunstgeschichte, Jg. 42, 1979, S. 117-132 und ILSE VON ZUR MÜHLEN: Nachtridentinische Bildauffassungen. Cesare Baronio und Rubens Gemälde für S. Maria in Vallicella in Rom, in: Münchner Jahrbuch der Bildenden Kunst, Jg. 41, 1990, S. 23-60.

[361] Vgl. Bellarmino 1586, Bd. 3, Lib. II, Cap. 24, S. 252: „Nam reddere volens causam, cur memoria cognoscat absentia, dicit, causam esse, quia in memoria sunt species rerum, quae sunt quasi picturae quaedam, et si quidem homo speculetur illa phantasmata, ut res quaedam sunt in se, non cognoscet praeterita, sed rem praesentem cogitabit: At si speculetur eadem phantasmata, ut imagines sunt, tunc cognoscet praeterita, quorum illae sunt imagines, quia nimirum non potest cognosci imago ut imago, quin simul cognoscatur res, cujus illa est imago".

[362] Bellarmino verbindet dies mit der Forderung an die Prediger, diesen Sachverhalt den Gläubigen in den Predigten deutlich genug zu erläutern; vgl. ebd., Lib. II, Cap. 22, S. 249f.

[363] Ebd., Lib. II, Cap. 25, S. 253: „Quinta Conclusio: 'Cultus qui per se, proprie debetur imaginibus, est cultus quidam imperfectus, qui analogice et reductive pertinet ad speciem ejus cultus, qui debetur exemplari.' Explico; Imaginibus non convenit proprie nec latria, nec hyperdulia, nec dulia, nec ullus alius eorum, qui tribuuntur naturae intelligenti. Non enim est capax res inanima, et rationis expers ejusmodi cultuum: sed cultus quidam inferior et varius pro varietate imaginum. Ita-

Frage der Bilderverehrung disziplinieren Ordnung, Proportionalität und Hierarchie die Objekte und die Formen des Kultus.[364]

Im Rahmen eines von Feld als Reduktionsbestreben bezeichneten Verfahrens Bellarminos[365] behandelt dieser nicht ausdrücklich die aktive Funktion der Kultbilder; auch nicht im Zusammenhang mit seiner Untersuchung des Wallfahrtswesens, welches von Borromeo überhaupt nicht behandelt und von Paleotti nur am Rande gestreift wird. Für den Nutzen des Pilgerwesens führt Bellarmino drei Gründe an: Erstens werde Gott und den Heiligen durch die Mühen und Strapazen, die der Reisende auf sich nimmt, Ehre erwiesen; zweitens sei die Wallfahrt ein Werk der Buße, und drittens vermehre ein heiliger Ort die Andacht.[366] In Hinblick auf eine praktische und lenkbare Handhabung des Wallfahrtswesens schränkt er seine grundsätzlichen Bemerkungen am Schluss des Kapitels wieder ein. So sei die Wallfahrt weder unbedingt notwendig noch das ideale Mittel. Außerdem sei sie nicht für jeden bestimmt, sondern nur für reife Männer. Dies gelte insbesondere für die Pilgerfahrt nach Jerusalem, da es dort nichts gebe, was nicht auch anderswo existiere.[367] Obwohl das Heilige Grab die Andacht in besonderer Weise unterstützen könne, solle das Seelenheil deshalb nicht gefährdet werden.[368]

Quellen der Bildtheorie: Tradition als Prinzip

Wie gezeigt, bilden die Beschlüsse des Tridentinums den wesentlichen Bezugspunkt für Borromeo, Paleotti und Bellarmino. Dieses bildet für sie die Grundlage und Rechtfertigung ihrer Argumentation – und ist gleichzeitig Symbol der Erneuerung selbst. Borromeo legt besonderen Wert auf die Verbindung seiner

---

que imaginibus Sanctorum non debetur proprie dulia, sed cultus inferior, qui dici potest dulia secundum quid, vel dulia analogice, sive reductive. Similiter imaginibus B. Virginis non debetur hyperdulia simpliciter; sed hyperdulia secundum quid, sive analogice reductive".

[364] „La certezza delle argomentazioni garantisce l'impossibilità di trovarsi nell'errore"; DE LAURENTIIS 1990, S. 601.

[365] Vgl. FELD 1990, S. 215; zur Wallfahrt allgemein vgl. ANGENENDT 1994, S. 248f.

[366] Vgl. Bellarmino 1586, Bd. 3, Lib. III, Cap. 8, S. 295ff.

[367] So befinden sich in den sieben Hauptkirchen Roms wichtige Reliquien aus Jerusalem, so dass ein Pilger im Heiligen Jahr nach Rom wallfahren konnte. In die zweite Hälfte des 16. Jahrhunderts fallen auch die Reunierungsversuche der Kurie mit den östlichen Kirchen. Außerdem entspricht die Betonung eines „locus sanctus" bei Bellarmino auf theoretischer Ebene den Versuchen Borromeos, sowohl die Stadt als auch die Landschaft durch die „Sacri Monti" rituell zu inszenieren.

[368] Ebd., Lib. III, Cap. 8, S. 298: „Sed diluamus objectiones. Ad primam rationem dico, ea probari solum, peregrinationem non esse opus necessarium ad perfectionem, vel ad salutem (...). Ad secundam dico, illa pericula recte probare, peregrinationem non esse omnibus accomodatam, sed solum viris maturis, et quibus parum aut nihil periculi immineat (...). Ad tertiam dico, nihil esse Hierosolymis quod non possit alibi inveniri, si agamus de rebus essentialibus, et necessariis ad religionem: Deus est ubique (...) tamen interim negari non potest, quin aliquid sit Hierosolymis, quo devotio juvari possit, quod alibi non invenitur, nimirum sepulcrum Domini (...). Sed haec non tanti facienda sunt, ut propterea oporteat deserere majora bona".

Instructiones zur Tradition. „The connection with tradition remains the most secure way of reading the book";[369] sie wird teilweise direkt angesprochen, oder aber nur impliziert. Diese Tradition wird im Wesentlichen in Bezug auf die symbolische bzw. mystische Funktion genannt. Geradezu topischen Charakter hat der Satz „a patribus demonstrata".[370] Paleotti benutzt die unterschiedlichsten theologischen Quellen.[371] Diese bestehen im Wesentlichen aus den griechischen Kirchenvätern des zweiten Nizänums und weiteren byzantinischen Historikern einschließlich des legendären Metaphrastes. Außerdem bedient Paleotti sich reichlich der Traktatliteratur von Theologen der vorangegangenen Generation, wie z.B. Ambrogio Catarino, Konrad Braun, Nicholas Sanders und Johannes Molanus, bzw. er fügt Teile von Laurentius Surius' *Vitae Sanctorum ab Lipomano olim conscriptae* in seinen Text ein.[372] Das Argumentationsspektrum Borromeos, Paleottis und Bellarminos reicht von Aristoteles, Platon, Cicero und Plinius, der Bibel, den Kirchenvätern – besonders Augustinus – und Thomas von Aquin bis zu Vasari; ihre angeführten Belege haben eine Spannweite von der Antike bis zur Gegenwart. Für die wesentliche Argumentation zur Rechtfertigung der Bilder durch ihre Assoziierung mit Büchern zitiert Paleotti sowohl heidnische als auch christliche Autoren, von Plinius bis zu Papst Gregor dem Großen und von Strabo bis zu Johannes Damascenus.[373] Bellarmino stützt sich in seiner Rechtfertigung des Reliquien- und Bilderkultes auf biblische Quellen,[374]

---

[369] SCAVIZZI 1992, S. 125; vgl. auch Borromeo 1577, S. 4. In Bezug auf Durandus' „Rationale" verweist Borromeo auf die symbolische Tradition des lateinischen Kreuzes, vgl. Borromeo 1577, S. 12ff., oder die Farbe der Reliquiare, vgl. Borromeo 1577, S. 41.

[370] Borromeo 1577, S. 16.

[371] SCAVIZZI 1992, S. 132. Der „Discorso" Paleottis wird von Scavizzi als ein wenig weitschweifig bezeichnet, was zum Teil in der intensiven Nutzung der theologischen Quellen begründet liegt. Vgl. außerdem ausführlich HECHT 1997, S. 79ff.

[372] Die Werke von Nicholas Sanders: A Treatise of the Image of Christ, and his saints: and that it is unlauful to breake them, and lauful to honour them, Löwen 1567; Reprint Ilkley 1976; DERS.: De Typica et honoraria sacrarum imaginum Adoratione libri duo, Löwen 1569, und ders.: Rise and Growth of the Anglican Schism, Löwen 1585; neu hrsg. von DAVID LEWIS, London 1877. Konrad Braun: De imaginibus libri adversus iconoclastas, Mainz 1548. Ambrogio Catarino: Disputatio de cultu et adoratione imaginum, Rom 1552; Johannes Molanus: De picturis et imaginibus sacris, Löwen 1570 [Nachdruck Paris 1996]; ders.: De historia sacrarum imaginum et picturarum pro vero earum usu contra abusum, Löwen 1594 (eine erweiterte Ausgabe seines ersten Traktates). 1570 erschien das Werk von Surius in sechs Bänden in Köln; vgl. allgemein zur katholischen Literatur über die Bilderfrage vor dem Tridentinum SCAVIZZI 1982; DERS. 1992, S. 63-121; DERS. 1974, S. 175ff., und DERS 1993, S. 571ff.; zu Molanus vgl. auch FREEDBERG 1971, S. 229ff.

[373] Zu Strabo, Plinius und Plutarch s. Paleotti 1582, Lib. I, Cap. 9, S. 169; zu Papst Gregor und Basilius ebd., Lib. I, Cap. 4, S. 142, und Lib.I, Cap. 18, S. 208; zu Aristoteles ebd., Lib. I, Cap. 6, S. 156.

[374] Vgl. Bellarmino 1586, Bd. 3, Lib. II, Cap. 1ff., S. 199ff.: Die wichtigsten Zitate zum Reliquienkult sind die Überführung der Gebeine von Joseph durch Moses (2. Buch Mose 13,19); die Bestattung der Leiche des Moses durch Gott (5. Buch Mose 34,6) und die Heilung einer Frau durch die Berührung eines Kleidersaumes Christi (Matth. 9,20ff.).

eine Vielzahl verschiedener Konzilsentscheidungen sowie auf Äußerungen der wesentlichen östlichen und westlichen Kirchenväter.[375] Diese Stellen benutzt er, um hiermit im Einzelnen die Argumente der Protestanten, insbesondere Wyclifs, Calvins und der Magdeburger Centuriatoren zu widerlegen.[376]

Wie bereits im Zusammenhang mit dem Bilderdekret des Tridentinums deutlich wurde, können in der Frage der Bilderverehrung drei Phasen der katholischen Rechtfertigung unterschieden werden:[377] die erste Phase vor 1560, in der die Theologen den Protestanten wenig entgegenzusetzen hatten und „experimentierten"; die zweite Phase während des Tridentinums, als hauptsächlich politische Motive überwogen, und schließlich, drittens, die posttridentinische Phase, in der von katholischer Seite dieses Dogma nicht mehr in Frage gestellt wurde. In Paleottis *Discorso* verändert sich die Behandlung der Bilderverehrungsfrage gegenüber früheren Traktaten.[378] In der nachtridentinischen Ära wur-

---

[375] Die wichtigsten Konzilien werden in chronologischer Reihenfolge nach Entscheidungen vorgenommen, unter anderem das zweite Nizänum und das Laterankonzil unter Papst Innozenz III.; vgl. Bellarmino 1586, Bd. 3, Lib. II, Cap. 3, S. 203. Zur Rezeption des zweiten Nizänums vgl. BÄUMER 1988, S. 438f. Es werden die wichtigsten östlichen und westlichen Kirchenväter erwähnt: Gregor Nyssenus, Eusebius, Johannes Chrysostomos, Johannes Damascenus, Hieronymus und Ambrosius, z.B. über den Aufbewahrungsort von Reliquien; vgl. Bellarmino 1586, Bd. 3, Lib. II, Cap. 3, S. 204ff. Als neuere Untersuchungen zum byzantinischen Bilderstreit vgl. AIDAN NICHOLS: The horos of Nicaea II: a theological re-appropriation, in: Annuarium Historiae Conciliorum, Jg. 20, 1988, S. 171-181; GERVAIS DUMEIGE: L'image du Christ. Verbe de Dieux. Recherche sur l'horos du IIe concile de Nicée et la tradition théologique, in: ebd., S. 258-267; P. ANTON DESPINESCU: Un peuple solidaire dans la vénération des images et dans le culte des saints, in: ebd., S. 368-370; ATHANASIOS PAPAS: Die Ideen des 7. Ökumenischen Konzils über die kirchliche Kunst und die Paramentenpracht des Byzantinischen Ritus, in: ebd., S. 370-379; HANS GEORG THÜMMEL: Bild und Wort in der Spätantike, in: Wozu Bilder im Christentum? 1990, S. 1-16; DERS.: Bilderlehre und Bilderstreit. Arbeiten zur Auseinandersetzung über die Ikone und ihre Begründung vornehmlich im 8. und 9. Jahrhundert, Würzburg 1991; DERS.: Die Frühgeschichte der ostkirchlichen Bilderlehre. Texte und Untersuchungen zur Zeit vor dem Bilderstreit, Würzburg 1993; AMBROSIUS GIAKALIS: Images of the Divine. The Theology of Icons at the Seventh Ecumenical Council, Leiden, New York u.a. 1994; für die Zeit der frühen Christen vgl. auch HANS GROTZ: Die früheste römische Stellungnahme gegen den Bildersturm, in: Annuarium Historiae Conciliorum, Jg. 20, 1988, S. 150-161; PAUL CORBY FINNEY: The invisible God. The earliest Christians on art, New York, Oxford 1994; HERMANN J. VOGT: Das Bild als Ausdruck des Glaubens in der frühen Kirche. Die Bilder des Katechismus, in: Theologische Quartalschrift, Jg. 175, 1995, S. 306-329. Zur Entwicklung im Westen vgl. HANS GEORG THÜMMEL: Die Ikone im Westen, in: Annuarium Historiae Conciliorum, Jg. 20, 1988, S. 354-367; ENRICO CATTANEO: La Chiesa di Ambrogio. Studi di storia e di liturgia, Mailand 1984; DERS.: Terra di Sant'Ambrogio. La Chiesa Milanese nel primo millennio, Mailand 1989, und vor allem FELD 1990, S. 11-104.

[376] Vgl. Bellarmino 1586, Bd. 3, Lib. II, Cap. I, S. 199f. mit den Argumenten Wyclifs und Calvins und Cap. 2, S. 200f. der Magdeburger Centuriatoren. Zur protestantischen Einschätzung selbst vgl. SCAVIZZI 1992, S. 9ff., und DERS. 1982 sowie CAMPENHAUSEN 1957, S. 98ff.; FELD 1990, S. 118ff., und STIRM 1977.

[377] SCAVIZZI 1974, S. 211.

[378] Ebd.

den die historischen Elemente immer stärker instrumentalisiert; sie wurden eklektisch und unbefangen eingesetzt.[379] Anders als in Borromeos *Instructiones* werden die protestantischen Autoren und Ideen bei Paleotti nicht namentlich genannt: So werden Plutarch, Seneca und Cicero zitiert, um die Einheit von katholischer und antiker Weisheit nachzuweisen. Dies steht im Gegensatz zur Kontroverse, die Bullinger, Erasmus und Calvin in ihren Schriften initiierten, indem sie die antiken Autoren insgesamt als heidnisch disqualifizierten.[380] Paleotti bezieht sich nur an wenigen Stellen direkt auf protestantische Vorwürfe. Im Zusammenhang mit dem Vorwurf der Idolatrie gibt er den Protestanten – er bezieht sich dabei wohl auf Calvin – insofern Recht, als sie behaupteten, die Katholiken würden Idole anbeten, wenn es bei ihnen üblich wäre, dass antike Bilder nicht für das, was sie repräsentierten, verehrt würden, sondern für die Kunstfertigkeit, und wenn sie behaupteten, dass dies nützlich für die Gelehrten sei oder als reines Ornament diene.[381] Intensiv und explizit setzt sich Bellarmino mit den Argumenten der Protestanten auseinander. In gleicher Weise bezieht er lutherische und calvinistische Positionen in seine Überlegungen mit ein.[382]

In vielen Aspekten der Moralpsychologie steht Paleotti in der Tradition des Thomas von Aquin, so z.B. in seiner Auffassung von den im Glauben wirksam werdenden Grundaffekten des „desiderio" nach dem Guten und des „orrore" vor dem Bösen.[383] Paleotti vernachlässigt bei seiner Übernahme thomistischer Gedanken, dass jener, bei der Frage nach der Wirkung von Bildern auf die Affekte für die Devotion, die Gefühle notwendigerweise mit dem Intellekt verknüpft.

---

[379] Die „ragione di Stato" beherrschte alle Felder der theologischen und politischen Reflexion.Ohne auf diese für die Geschichte der gesamten frühen Neuzeit äußerst wichtigen Thematik sei hier nur auf die Verknüpfung der Bilderfrage mit dem Repräsentationsbedürfnis der frühneuzeitlichen Herrscher hingewiesenammen; als Theoretiker kann in diesem Zusammenhang an prominenter Stelle Giovanni Botero genannt werden; vgl. VALERIO MARCHETTI: Gli scritti religiosi di Giovanni Botero, in: Botero e la „Ragion di stato", hrsg. von ENZO BALDINI, Florenz 1992, S. 127-147. Trotz aller philologischen Genauigkeit der drei Autoren und der intensiven Auseinandersetzung mit der bilderfeindlichen westlichen Schrift der Libri Carolini, im 8. Jahrhundert unter Karl dem Großen entstanden, weist insbesondere Bellarmino sie als Fälschung zurück. Vgl. Bellarmino 1586, Bd. 3 , Lib. II, Cap. 12, S. 230ff.; vgl. auch DE LAURENTIIS 1990, S. 588, und FELD 1990, S. 14ff.

[380] Vgl. SCAVIZZI 1992, S. 127 und S. 132. Beispielsweise wendet sich Borromeo gegen das seiner Meinung nach verzerrte, protestantische Bild des Mailänder Klerus', wenn er auf das tradierte Bild der Freizügigkeit unter Ambrosius, seinem großen Vorbild, verweist.

[381] Vgl. Paleotti 1582, Lib. II, Cap. 10, S. 289f.

[382] Eine quantitative Untersuchung über die Verwendung der protestantischen Quellen in den *Controversiae* liefert ROBERT W. RICHGELS: The pattern of controversy in a Counter-Reformation Classic: The Controversies of Robert Bellarmine, in: Sixteenth Century Journal, Jg. 11, 1980, H. 2, S. 3-15; insbesondere S. 6ff.

[383] Vgl. NORBERT MICHELS: Bewegung zwischen Ethos und Pathos. Zur Wirkungsästhetik italienischer Kunsttheorie des 15. und 16. Jahrhunderts, Münster 1988, S. 144, und beispielsweise Paleotti 1582, Lib. I, Cap. 20, S. 213f.

Mit dem thomistischen Begriff der „caritas" in Hinblick auf die „idioti" rechtfertigt Paleotti die affektive Persuasion durch Bilder und richtet sich somit auch gegen die Reformatoren bzw. deren Ablehnung der Werkgerechtigkeit.[384] Michels kritisiert bei Paleottis Affektenlehre eine Inkonsequenz zwischen beiden Büchern. Im ersten Buch gehe Paleotti über die traditionellen Vorbehalte der Dogmatik hinaus, indem er in „gleichsam progressiver Weise nach außen gegen die Positionen der Reformatoren zu Felde zieht".[385] Im Gegensatz dazu erstellt Paleotti im zweiten Buch eher einen für den internen katholischen Gebrauch geeigneten „Index" von Missbräuchen der Malerei. Bei dem Vergleich zwischen Büchern und Bildern stützt sich Paleotti auf eine lange Tradition und benutzt sowohl humanistische als auch theologische Quellen: Im Wesentlichen folgt er Gilio, der der Malerei den Vorzug vor den Büchern gab.[386] Betont werden muss in diesem Zusammenhang, dass in den Jahren 1530 bis 1580 der Topos des Paragone zwischen den verschiedenen Künsten in der nichttheologischen Literatur weit verbreitet war. Insbesondere nach 1550 gab es eine intensive Debatte infolge der Veröffentlichung der Werke Vasaris, Varchis, Pinos und Dolces. In allen Traktaten kann die Bevorzugung der Malerei schon als Leitmotiv angesehen werden.[387] In der Behandlung der Frage der „persuasione", der Übernahme rhetorischer Argumentation, greift Paleotti vorwiegend auf antike Autoren wie Appian und Quintilian zurück, da er bei den angeführten kirchlichen Autoritäten keine hinreichende Rechtfertigung findet, um die Bilderverehrung als Mittel der Glaubensvermittlung in der christlichen Dogmatik zu begründen.[388] Diese Frage der „persuasione" bezieht sich auf scholastische Autoren, insbesondere auf Thomas von Aquin.[389] Am Beispiel seiner Beschäftigung mit den Grotesken wird deutlich, dass Paleotti aus Ermangelung an christlichen Autoren auf antikheidnische Schriftsteller als Autoritäten verweist.[390] Eine im Rahmen der Beschäftigung mit der Affektenlehre und seines Entwurfs einer „Rezeptionsästhetik" wesentliche Quelle bilden außerdem die Schriften Albertis.[391]

---

[384] Vgl. MICHELS 1988, S. 147.
[385] Ebd., S. 152.
[386] Aber auch schon Harpsfield und Sanders beschäftigten sich mit diesem Vergleich; vgl. SCAVIZZI 1992, S. 84ff., und ders. 1974, S. 175ff.
[387] Vgl. LEATRICE MENDELSOHN: Paragoni. Benedetto Varchi's due lezione and cinquecento art theory, Ann Arbor 1982, S. 10ff.; vgl. auch dort zu den einzelnen Traktaten.
[388] MICHELS 1988, S. 139; als ein Beispiel für den Rückgriff auf antike Autoren vgl. Paleotti 1582, Lib. I, Cap. 26, S. 231ff.
[389] MICHELS 1988, S. 140-144.
[390] So z.B. auf Vitruv; vgl. Paleotti 1582, Lib. II, Cap. 37ff., S. 425ff.
[391] MICHELS 1988, S. 9ff., und allgemein MARK JARZOMBEK: On Leon Baptista Alberti. His literary and aesthetic theories, Massachusetts 1989, insbesondere S. 85ff.; THOMAS FRANGENBERG: Der Betrachter. Studien zur florentinischen Kunstliteratur des 16. Jahrhunderts, Berlin 1990.

4. Künstlertheorie

In den Konzeptionen der posttridentinischen Autoren wird nicht nur über das Bild selbst reflektiert, sondern der Produzent der Bilder wird in die Überlegungen zur Disziplinierung mit eingebunden. Dabei berücksichtigen sie die veränderte soziale Situation des Künstlers am Ende des 16. Jahrhunderts. Paleotti entwirft keine allgemeine Theorie des Künstlers, sondern entwickelt Regeln und Normen für Künstler, die sakrale Kunst herstellen.[392] Er unterscheidet zwischen Kunst als solcher und christlicher Kunst. Dementsprechend grenzt er den Maler als Künstler generell vom christlichen Maler ab.[393] Er betont, dass das wahre Ziel eines christlichen Künstlers die Schaffung christlich sakraler Kunst sei und damit letztlich die Gnade Gottes. Im Gegensatz zu gewöhnlichen Künstlern sei er zu Höherem berufen, indem er nicht nach Geld und Ehre strebe, sondern nach ewigem Ruhm, und indem er die Menschen von den Lastern abbringe und zur wahren Gottesverehrung veranlasse.[394] Das Ziel der Maler profaner Sujets bewertet er negativ, denn diesen gehe es nur darum, Geld zu verdienen, Ruhm und Ehre zu erlangen, anderen zu dienen, oder um Zeitvertreib.[395] Deshalb sei es auch nicht verwunderlich, dass Künstler ohne höhere Ziele ungebildet und grob seien und dass sie die wahre Kunst ignorierten, weil sie gezwungen seien, durch profane Kunst ihren Lebensunterhalt zu verdienen.[396] Von den christlichen Künstlern erwartet er, dass sich ihre Arbeit nicht in leeren Formen erschöpft, sondern dass sie Gott dienen und ihm ihre Bilder als Opfer antragen.[397] Für Paleottis Bewertung ist der Zweck künstlerischer Betätigung entscheidend und nicht

---

[392] Zur realen, sozialen Situation des Künstlers im ausgehenden 16. Jahrhundert vgl. ALESSANDRO CONTI: Die Entwicklung des Künstlers, in: Italienische Kunst. Eine neue Sicht auf ihre Geschichte, hrsg. von LUCIANO BELLOSI u.a., München 1991, S. 93-232, insbesondere S. 189ff. hauptsächlich in Bezug auf Caravaggio und die Akademiengründungen; vgl. ferner grundlegend MARTIN WARNKE: Hofkünstler. Zur Vorgeschichte des modernen Künstlers, Köln 1985, insbesondere S. 261ff. Beide Werke besprechen, wenn überhaupt, die hier vorgestellten Autoren im Hinblick auf die Konzeption der sozialen Stellung des Künstlers nur am Rande. Vgl. außerdem KEMPERS 1989, S. 195ff., S. 329ff. und S. 363ff.

[393] S. Paleotti 1582, Lib. I, Cap. 19, S. 209: „imperoché altro è il parlare del pittore come puro artefice, altro del pittore come artefice cristiano". Nicht-christliche Künstler, etwa jüdische oder islamische, wollte er sicherlich nicht in seine Untersuchung mit einbeziehen.

[394] Ebd., Lib. I, Cap. 19, S. 210f.

[395] Ebd., Lib. I, Cap. 19, S. 210: „Il fine del pittore, come artefice, serà col mezzo di quella arte fare guadagno, o acquistarsi laude o credito, o fare servigio altrui, overo lavorare per suo passatempo o per simili altre cose".

[396] Paleotti 1582, Proemio, S. 120: „o per la necessità del vivere, che li fa trascurare i principii et ornamenti necessarii a l'arte, o per lo sconcerto grande e quasi universale di tutte le cose del mondo, che non si fanno co'metodi suoi, ma come a caso, restano i pittori nella cognizione dell'altre discipline affatto rozzi et inesperti".

[397] Paleotti 1582, Lib. I, Cap. 7, S. 160: „se non sono state accompagnate da pura intenzione di servire a Dio, e che a lui siano state offerte come sacrificio delle mani nostre".

die Kunst als solche.³⁹⁸ Die Künstler tragen nach Paleotti eine wesentliche Verantwortung für die Missbräuche in der zeitgenössischen Kunst, obwohl ihnen eigentlich eine persönliche Vorbildrolle zukomme. Sie sollten in jeder wichtigen Disziplin und Wissenschaft unterrichtet und wie Redner ausgebildet werden. Tatsächlich aber seien sie ungebildet, primitiv und völlig ohne Kenntnis in den Disziplinen außerhalb ihrer Profession.³⁹⁹ Außerdem sollten die Künstler in allen Fragen der Theologie unterrichtet werden, denn sie wären nicht in der Lage, andere Menschen von der Devotion und dem Glauben zu überzeugen, wenn sie diese nicht in ihrem Inneren selbst fühlten.

In Paleottis Traktat scheint der Künstler trotz allem hinter der Kunst zurückzutreten.⁴⁰⁰ Schon für Borromeo liegt die wesentliche Verantwortung für die Architektur bei den Auftrag gebenden Klerikern, und der Künstler wird zum technischen Berater degradiert.⁴⁰¹ Von größerer Bedeutung als die Künstler sind auch für Paleotti die Auftraggeber, deren Willen jene nur ausführen sollen.⁴⁰² Im zweiten Buch wendet sich Paleotti deshalb mehrfach an den Auftraggeber und nicht an den Künstler.⁴⁰³ Die letzte Entscheidung in strittigen Fällen liege jedoch in den Händen des zuständigen Bischofs. Paleotti bezieht sich hierbei auf die Beschlüsse des Tridentinums.⁴⁰⁴ Auch bei Bellarmino tritt der Künstler hinter der grundsätzlich positiven Bewertung der Kunst als solcher zurück. Nicht seine Fähigkeit der Imitation mit künstlerischen Mitteln wird besonders hervorgehoben,⁴⁰⁵ sondern seine Fähigkeiten werden auf eine instrumentale Funktion für die Kirche beschränkt, die rationalisiert und klassifiziert sein soll.⁴⁰⁶ Jedoch greift

---

[398] Vgl. ebd., Lib. I, Cap. 6, S. 153.
[399] Vgl. ebd., Lib. II, Cap. 51, S. 493.
[400] SCAVIZZI spricht sogar von einer Herabsetzung des Künstlers, vgl. SCAVIZZI 1992, S. 135; dies erscheint übertrieben, da der Künstler auch für die Theologen nun endgültig nicht mehr zu den Handwerkern gehörte und einer besonderen Aufmerksamkeit bedurfte. Zweifellos wird in den Traktaten die Betonung des Geniekultes, wie er für Michelangelo von Vasari betrieben wurde, nicht unterstützt; vgl. auch BOSCHLOO 1974, Bd. 1, S. 124f.
[401] Vgl. Borromeo 1577, S. 44; vgl. auch FELD 1990, S. 201ff.
[402] Vgl. Paleotti 1582, Alcuni Avvertimenti, S. 122.
[403] So z. B. ebd., Lib. II, Cap. 49, S. 484ff. über die Anbringung von Familienwappen. Negativ äußert sich Paleotti, wenn er bei der Untersuchung der Grotesken, die er für schädlich hält, die Auftraggeber kritisiert: Die Grotesken seien nur deshalb beliebt, weil aufgrund des geringeren Farbgebrauchs und der schnellen Ausführung auf mittelmäßige Künstler zurückgegriffen werden könne, um Kosten zu sparen; vgl. ebd., Lib. II, Cap. 40, S. 441.
[404] Ebd., Lib. II, Cap. 15, S. 312: „Et a questo effetto il sacro Concilio Tridentino ha dato il carico ai vescovi di conoscere la loro causa e di restituirli quello che le si deve".
[405] Vgl. Bellarmino 1586, Bd. 3, Lib. II, Cap. 7, S. 216ff.; vgl. auch DE LAURENTIIS 1990, S. 589.
[406] Vgl. DE LAURENTIIS 1990, S. 599; Bellarmino erteilt grundsätzliche Ratschläge, aus welchem Themenkreis der Künstler auswählen kann, Bellarmino 1586, Bd. 3, Lib. II, Cap. 8, S. 218: „aliquid pingi extra historiam ad explicandum naturam rei non per immediatam et propriam similitudinem, sed per analogiam, sive metaphoricas, mysticasque significationes. Quemadmodum pingimus angelos, juvenes, alatos, formosos, nudis pedibus etc. ad significandum eos semper viribus pollere, celerrime moveri, splendore gratiae et virtutum praeditos".

Bellarmino nicht reglementierend in den künstlerischen Prozess ein, sondern definiert nur die persönlichen und künstlerischen Grenzen, in denen sich das „Künstlergenie" frei bewegen darf. Die künstlerische Freiheit des Künstlers wird als solche bei Paleotti nicht beschränkt; es wird nur auf die „natürlichen" Grenzen verwiesen, die der Maler als eigenständige Normen verinnerlicht haben sollte.[407] In letzter Instanz sollen aber Theologen verantwortlich für den dogmatischen Gehalt von Bildern sein; die Künstler sollten in Zweifelsfragen diese um Rat fragen.[408] Borromeo droht den Malern und Bildhauern sogar schwere Strafen an, falls diese von den vorgegebenen Regeln abwichen.[409] Der Künstler darf nach Paleottis Vorstellungen die festgesetzten Grenzen nicht überschreiten und den Normenkatalog nicht selbständig erweitern oder kürzen: Er darf zwar die Natur kopieren, muss es aber den Theologen überlassen, das Gezeigte auf die versteckten höheren Gefühle auszudehnen. Damit soll die Vermischung der Dinge, welche die Natur betreffen, mit denen, die sich auf die Gnade beziehen, vermieden werden.[410] Außerdem soll sich der Künstler Rat bei erfahrenen und anerkannten Personen holen, denn es sei besser, ernsthaften und akzeptierten Autoren zu folgen, als sich allein auf seine eigenen Inventionen zu verlassen.[411] Zur Kontrolle habe der Künstler immer seine Skizzen und Pläne zur Begutachtung einzureichen, denn nur so könnten Unachtsamkeiten, die Paleotti an den zeitgenössischen Zuständen beklagt, vermieden werden.[412] Der Maler sollte sich streng an die Schilderungen der Bibel halten und sich in Detailfragen an der traditionellen Darstellungsweise orientieren, beispielsweise in der Frage, ob

---

[407] Seine Freiheit wird immer eingeschränkt durch die Gegebenheiten, das Ansehen und den Nutzen: „ma solo ricordiamo che la libertà de'pittori nelle cose sacre deve essere accompagnata sempre da probabilità, decoro e giovamento"; Paleotti 1582, Lib. II, Cap. 32, S. 406.

[408] Ebd., Lib. II, Cap. 3: „perché ora non siamo sul speculare le proposizioni dogmatiche, ma solo per mostrare come si debba mettere in prattica l'ufficio delle imagini".

[409] Borromeo 1577, S. 42: „Iam vero de sacris imaginibus pie religioseque exprimendis, cum maxime ex decreto Tridentino, constitutionibusque provincialibus Episcopus cavere debet, tum etiam pictoribus et sculptoribus gravis poena mulatave proposita est, ut ne iis exprimendis a praescriptis regulis discedant".

[410] Paleotti 1582, Lib. II, Cap. 32, S. 406: „[Essendo] l'officio del pittore l'imitare le cose nel naturale suo essere e puramente come si sono mostrate agli occhi de'mortali, non ha egli da trapassare i suoi confini, ma lasciare a'teologi e sacri dottori il dilattarle ad altri sentimenti più alti e più nascosti. Altrimente seria un confondere ogni cosa e passare tumultariamente dallo stato della natura a quello della grazia o della gloria".

[411] Ebd., Lib. II, Cap. 34, S. 415: „abbino l'approbazione delle persone dotte et intelligenti delle cose ecclesiastiche"; ders., Lib II, Cap. 44, S. 459: „E perché è pericoloso spesso il fondarsi in proprie invenzioni, prudentemente crediamo farà quel pittore che si dietterà seguire gli autori gravi et approvati, che di queste cose hanno ragionato, e vedere come da quelli sono state descritte"; Paleotti folgt hier Gilio in seinen Ausführungen.

[412] Ebd., Lib. II, Cap. 6, S. 279: „anzi, sarebbe bene il non porsi mai a dipingere istoria alcuna sacra, che prima non si conferisse il disegno con alcuni di quegli che intendano, perché questo ci farebbe schifare molti inconvenienti che ogni giorno si scorgono nelle pitture, causati forse per la sola inavvertenza".

Maria bei der Flucht nach Ägypten auf einem Esel geritten sei oder ob sie bei der Verkündigung gesessen oder gestanden habe.[413] Borromeo verbietet auch die Darstellung von Tieren, wenn sie entsprechend der Tradition nicht zur biblischen Geschichte gehörten.[414] Paleotti entwickelt eine utilitaristische Theorie der Entwurfszeichnung, die das Wesentliche erfassen und gleichzeitig zweckgerichtet, d.h. besser zu kontrollieren sein sollte.[415] Der Künstler sollte entsprechend der Konzeption der Malerei ein stummer Prediger für die Gläubigen sein.[416] Das übergeordnete Ziel für die Maler sei es, als Ausdruck tätiger Nächstenliebe die Menschen mit Gott zu verbinden.[417] Durch die Zuschreibung der Tugend „caritas" soll theologisch der Beitrag der Malerei und damit auch des Künstlers zur Annäherung des Menschen an Gott sichergestellt sein. Daraus ergeben sich für Paleotti logisch die einzeln zu benennenden Aufgaben: Die Künstler sollten mit ihren Bildern didaktisch erziehen, indem sie die Sachverhalte deutlich erklären, insbesondere wenn diese äußerst kompliziert seien.[418] Im Wesentlichen sollten sie jedoch die Betrachter vom Glauben überzeugen, „persuadere",[419] und sie zu Gott führen: Die Menschen sollten den gebührenden Gehorsam zeigen und sich

---

[413] Ebd., Lib. II, Cap. 9, S. 285f.
[414] Borromeo 1577, S. 43: „Effigies praeterea iumentorum, canum, piscium aliorumve brutorum animantium in ecclesia aliove sacro loco fieri non debent, nisi historiae sacrae expressio, ex matris Ecclesiae consuetudine, aliter quandoque fieri postulat".
[415] Paleotti 1582, Lib. II, Cap. 29, S. 381: „non intendiamo però volere con questo ubligare un pittore a fare minutamente ogni particella che pertenga a quella imagine o azzione o misterio che rappresenta; ma intendiamo solo delle cose che sono sostanziali dell'opera, overo accidentali necessarie". Zur definitorischen Unterscheidung von Skizze und Entwurf vgl. UWE WESTFEHLING: Zeichnen in der Renaissance: Entwicklung – Techniken – Formen – Themen, Köln 1993, S. 130ff. bzw. S. 136ff. In diesem Sinne meint Paleotti eher die Entwurfszeichnung, „progetto", „abbozzo" oder „disegno". Westfehling versteht darunter, dass eine noch unfertige Idee sichtbar fixiert wird und sich dadurch die endgültige Vorstellung formt, die dann in weiteren zeichnerischen Formulierungen immer näher konkretisiert werden kann, d.h. der Entwurf bezeichnet „den Vorgang des Suchens und Findens, des Überprüfens und Verbesserns (...) kurzum die Herausbildung einer kreativen Idee"; ebd., S. 144. Er analysiert diese Entwicklung an Zeichnungen von Raffael und Michelangelo. Sicherlich stellt Paleottis Forderung nach einer Entwurfszeichnung keine Neuerung als solche dar; sie erscheint jedoch im Rahmen der Analyse der Verantwortung der Auftraggeber zumindest in ihrer Benennung erstmals in größerem theoretischen Kontext.
[416] Paleotti 1582, Lib. II, Cap. 52, S. 497: „che debba movere molto i pittori dell'imagini sacre, che sono taciti predicatori del popolo".
[417] Ebd., Lib. I, Cap. 7, S. 162: „che di unire gli uomini con Dio, che è il fine della carità".
[418] Ebd., Lib. II, Cap. 33: „ch'egli sappia chiaramente esplicare i suoi concetti, e le materie se bene alte e difficili, renderle col suo facil modo di parlare intelligibili a tutti e piane"; im Folgenden kommt Paleotti wieder auf die Funktion der Bilder als „libri degli idioti" zu sprechen. Vgl. auch PRODI 1965, S. 148ff.
[419] In diesem Kapitel wird der Künstler mit dem Redner verglichen, vgl. Paleotti 1582, Lib. I, Cap. 21, S. 214ff.; vgl. auch BOSCHLOO 1974, Bd. 1, S. 125.

Gott unterordnen: D.h., der Betrachter solle büßen, Leid gerne ertragen, Barmherzigkeit zeigen und die Welt verachten.[420]

Die allgemeinen Überlegungen, dass der Maler eine freie Kunst ausübe, die sich an den Begriffen höchster Tugend ausrichtet,[421] erläutert Paleotti im zweiten Buch anhand von Beispielen: Durch das Darstellen von Exempla tugendhaften Handelns belehre der Künstler den Betrachter, rege ihn zur Nachahmung an und helfe so, die Psalmen der Religion zu singen, die aus Tränen, Buße, Arbeit, Schmerzen und Leid bestünden.[422] Indirekt versteht auch Bellarmino den Künstler als Prediger, wenn er die Überzeugung, „persuasione", mittels der Ohren mit der Wirkung der Bilder bzw. mit der Tätigkeit des Malers parallelisiert.[423] Diese Leistungen des Künstlers nobilitieren ihn und erheben ihn nicht nur über den Handwerker, sondern stellen ihn über den antik-heidnischen Künstler. Paleotti führt außerkünstlerische Normen für die Bewertung der Kunst ein: Die Ziele und Motivationen werden moralisch konnotiert. Ein christlicher Maler verrichte demzufolge seine Tätigkeit auf sehr viel höherem Niveau, als ein Apelles, Phidias oder Protogenes bzw. ein anderer berühmter Maler oder Bildhauer der Antike[424] je hätte leisten können.[425] Paleotti benennt aber auch den negativen Vergleich. So stellt er die Groteskenmaler auf eine Stufe mit den Sophisten, die die Wahrheit mit Hilfe des Unwahren bekämpften.[426] Die angestrebte Reform bezieht sich für Paleotti nicht nur auf die Kunst und im Besonderen auf die Malerei, sondern im Wesentlichen auf den Künstler als Person und katholischen Christen. Der Künstler müsse sich selbst zum persönlichen Vorbild disziplinieren, wie auch die Erzbischöfe Paleotti und Borromeo ihr eigenes Vorbild als normsetzend ansahen.[427] Denn der Maler könne nur die Demutshaltung darstel-

---

[420] Paleotti 1582, Lib. I, Cap. 21, S. 215: „che il fine di esse principale sarà di persuadere le persone alla pietà et ordinarle a Dio (...), ch lo scopo di queste imagini sarà di movere gli uomini alla debita obedienza e soggezzione a Dio, se benepossono con questo ancora concorrere altri fini particolari e più prossimi, come è d'indurre gli uomini alla penitenza, o al patire volentire, o alla carità. o allo sprezzo del mondo, o altre simili virtù, che sono nondimeno tutte come istrumenti per unire gli uomini con Dio, che è il fine vero e prencipale".

[421] Ebd., Lib. I, Cap. 6, S. 156f.: „però dicemo che, sì come la poesia è posta tra le arti nobili, così deve essere tra quelle collocata la pittura, poi che la poesia, conforme a quello che narrano i gesti onorati d'uomini e di donne, vien a dare agli altri esempii del viver bene, il che è officio di arte nobile, detta morale: così la pittura, rappresentandoci avanti gli occhi quelli che in alcuna virtù sono stati eccellenti, conseguentemente viene ad ammaestrare et eccitare gli uomini ad imitarli".

[422] Ebd., Lib. II, Cap. 31, S. 393: „che [sono] lagrime, penitenza, travagli, tribulazioni e croci".

[423] Vgl. Bellarmino 1586, Bd. 3, Lib. II, Cap. 8, S. 218f.

[424] Sie stellen den Typus des klassischen antiken Künstlers dar, der seit der Renaissance wieder häufiger positiv konnotiert war.

[425] Paleotti 1582, Lib. I, Cap. 7, S. 161: „talché si potrà dire con verità che molto più nobilmente et altamente oggi può un pittore cristiano fare le opere sue, di quello che facesse mai Apelle o Fidia o Protogene, o qualonque altro de' più famosi pittori o scultori della antichità".

[426] Vgl. ebd., Lib. II, Cap. 40, S. 442.

[427] Vgl. die Ausführungen in Kapitel II.2. zum persönlichen Vorbildcharakter und der strengen asketischen Lebensweise beider Erzbischöfe.

len, die er auch innerlich fühle.[428] Deshalb sei es nicht ausreichend, ein hervorragender Künstler zu sein, sondern dieser müsse aus wahrer Überzeugung Christ sein. Diese Disziplinierung betreffe seine Seele und seine Gefühle, die er zeigen, also nachweisen müsse.[429] Im achten Kapitel des ersten Buches führt Paleotti einige Maler und Bildhauer an, deren demutsvolles Leben und dementsprechend auch ihre Kunst dem Leser ihren Vorbildcharakter vor Augen führen soll: Die Beispiele reichen von Bezeleel aus dem Alten Testament und Lukas, dem Evangelisten – dem Heiligen der Maler, der der Legende nach das Porträt Marias aus S. Maria Maggiore gemalt haben soll – über Märtyrer aus Rom und Konstantinopel bis hin zu Pietro Cavallini, Giovanni da Fiesole und Fra Bartolomeo aus dem 14. und 15. Jahrhundert und abschließend zu Albrecht Dürer.[430] Aufgrund seiner Verpflichtung als gläubiger Christ habe der Maler den Regeln der moralischen Natur zu folgen, die er deshalb kennen müsse. Missbräuche in der Malerei werden von Paleotti als Sünden angesehen. Daher erscheint es ihm notwendig, dass alle Erscheinungen in der Kunst unter dieselben Bestimmungen fallen und deshalb auch dieselben Bestrafungen erhalten sollten wie jede andere Sünde, sei es eine Tod- oder eine lässliche Sünde, wie sie die Kanonisten kodifiziert hatten:[431] Die Verbote und Strafen richten sich also nach dem von Paleotti festgelegten Missbrauchskatalog. Diese spezielle Kasuistik spiegelt sich in den fünf Graden von Fehlern wider, gemäß den fünf Graden der Sünde, die von Paleotti als Kategorie für die Bücher bestimmt werden: die anmaßenden, die skandalösen, die falschen, die verdächtigen und die häretischen Bilder.[432]

Ein besonderes Problem in Paleottis *Discorso* bilden die Porträts, deren Bewertung ebenfalls nach moralischen Gesichtspunkten erfolgt. In Anlehnung an Borromeo ist Naturtreue das oberste Gebot.[433] Für den Künstler sei es schwierig, sich möglicher Idealisierungswünsche sowohl von Seiten des Porträtierten als auch des nicht zwangsläufig identischen Auftraggebers zu erwehren. Borromeo hatte noch das Einfügen von Porträts bekannter Personen in Heiligendarstellun-

---

[428] Paleotti 1582, Proemio, S. 120: „i pittori, per non essere communemente meglio disciplinati degli altri nella cognizione di Dio, né essercitati nello spirito e pietade, non possono rappresentare, nelle figure che fanno, quella maniera di divozione ch'essi non hanno né sentono dentro di sé".

[429] Ebd., Lib. I, Cap. 3: „che non basta solo esser buono artefice, ma, oltre l'eccellenza dell'arte, essendo egli di nome e di professione cristiano, ricercano da lui l'imagini ch'egli farà, un animo et affetto cristiano, essendo questa qualità inseparabile dalla persona sua, e tale ch'egli è ubligato di mostrarla ovunque fia bisogno".

[430] Ebd., Lib. I, Cap. 8, S. 163-168.

[431] Ebd., Alcuni Avvertimenti, S. 123f.: „ma lasciare il tutto [die Kunst] sotto le medesime proibizioni e sotto le medesime pene di peccato o mortale o veniale, o di semplice imperfezzione, a che i sacri canoni l'hanno sottoposto".

[432] Vgl. ebd., Lib. II, Cap. 3-7, S. 270-282.

[433] So fordert Borromeo, dass die Darstellung der Heiligen deren wirklichem Aussehen so nahe wie möglich kommen soll; ihnen sollen nicht die Züge einer anderen lebenden oder verstorbenen Person gegeben werden; vgl. Borromeo 1577, S. 42.

gen als Ausdruck weltlicher Eitelkeit gänzlich verboten.[434] Grundsätzlich fordert Paleotti jedoch nur noch eine klare und verständliche Bildsprache,[435] an der die künstlerische Qualität des Malers gemessen werden könne. Der Künstler wird von Paleotti insgesamt aufgewertet, indem er ihn einerseits vom reinen Produzenten von Bildern zum christlichen Maler erhebt, der sich selbst der moralischen Implikationen seines Schaffens bewusst ist. Andererseits traut Paleotti dieser inneren Disziplinierung nicht genügend, so dass er den Malern die Theologen als Kontrollinstanz zur Seite stellt.

5. Affekterregung und -disziplinierung durch das Bild

Aus dem traditionellen, auf Papst Gregor den Großen zurückgehenden Ansatz, dass die Malerei als „libro degli idioti" zu verstehen sei und die Kunst eine universelle Sprache darstelle, entwickelt Paleotti, über Borromeo und Bellarmino hinausgehend, grundlegend neue Vorstellungen vom Verhältnis zwischen Kunst und Publikum. Die Malerei solle Männern, Frauen, Adligen und einfachen Bürgern, Reichen, Armen, Gelehrten und Ungebildeten dienen, jedem auf eine spezielle Art und Weise; sie sei das allgemein verständliche Buch für alle, der „libro popolare". Bei der Unfähigkeit, Bücher, d.h. also die Sprache, verstehen zu können, unterscheidet Paleotti die Analphabeten von denen, auf die das Gesagte nicht ausreichenden Eindruck mache, und denjenigen, die es sofort vergäßen, weil sie anstößige Gedanken hätten.[436] Bilder funktionierten in den meisten Fällen als Bücher für die Lese- und Schreibunkundigen; Bilder seien der „libro degli idioti".[437] Paleotti benennt nicht nur diese für ihn feststehende Tatsache, sondern erläutert auch deren Funktionsweise: Einfache Menschen könnten Bilder verstehen, weil sie dadurch neugierig würden und daraufhin

---

[434] Vgl. Paleotti 1582, Lib. I, Cap. 29, S. 242f., und Lib. II, Cap. 19-23, S. 332-353, insbesondere Cap. 21, S. 344; vgl. Borromeo 1577, S. 43f.; FELD 1990, S. 202, und PRODI 1965, S. 136. Zur genaueren Unterscheidung bei Paleotti zwischen „ritratto" und „statua", also zwischen Privatporträts und öffentlichen Bildnissen, in seiner Bedeutung für die Werke Gian Lorenzo Berninis; vgl. KASPAR ZOLLIKOFER: Berninis Grabmal für Alexander VII. Fiktion und Repräsentation, Worms 1994, S. 105ff. Zollikofer interpretiert die Grabstatue Alexanders VII. in St. Peter als öffentliches Bildnis und führt als Begründung die Kapitel 13-14 und 17-18 aus dem zweiten Buch an; vgl. Paleotti 1582, Lib. II, Cap. 13f., S. 302ff., und Cap. 17f., S. 317ff.

[435] Ebd., Lib. II, Cap. 33, S. 408: „Una delle principali laudi che sogliono darsi ad uno autore o professore di qualche scienza, è ch'egli sappia chiaramente esplicare i suoi concetti". Müller merkt an, dass Paleotti trotzdem die „Tradition der Hieroglyphik, die Technik der 'dissimulatio' [lobt] (...). In letzter Konsequenz fallen hierbei Dunkelheit und Dignität des verborgenen Mysteriums zusammen", MÜLLER 1995, S. 65.

[436] Paleotti 1582, Lib. I, Cap. 18, S. 207: „molti a chi le parole non fariano sufficente impressione nella mente, e molti che per la lubricità de' pensieri mani facilmente lo manderiano in oblivione".

[437] Ebd., Lib. II, Cap. 33, S. 408.

gebildete Personen – in den meisten Fällen also Kleriker – nach Erklärungen fragten.[438] Zudem könnten Bilder leichter Emotionen ansprechen und auslösen. Die Kunst muss nach Paleottis Auffassung eine „Sprache" finden, mit der sie entsprechend den verschiedenen Ansprüchen der unterschiedlichen Gruppen alle Erwartungen befriedigen könne. Erst bei dieser Aufgabe erweise sich die Fähigkeit des Künstlers, der vor wahrhaft großen Schwierigkeiten stehe.[439] Paleotti fordert als Alternative zu der von ihm kritisierten Diskrepanz zwischen qualitativ niedriger Volkskunst und hermetischer Elitekunst eine christlich motivierte, integrativ wirkende „'ars una', die alle Stände wieder gleichermaßen in den ästhetischen Bannkreis der Kirche zwingt".[440] Um dieses Ziel zu erreichen, müssten die einzelnen Betrachter jeweils verschieden angesprochen werden. Er unterteilt deshalb die Masse des Publikums systematisch in vier Rezipientengruppen: die Maler, die Gebildeten, die Ungebildeten und die Geistlichen – „i pittori", „i letterati", „gli'idioti" und „gli spirituali".[441] Die Qualität eines Künstlers äußere sich eben darin, dass die Malerei jeden entsprechend seiner Vorgaben anspreche und befriedige: die Maler durch die kunstgemäße Darstellung, die Gebildeten durch eine passende Ikonographie, die Ungebildeten durch die Schönheit und die Geistlichen durch den anagogischen Charakter der Malerei.[442]

Hauptsächlich beschäftigt sich Paleotti mit der Frage, wie die „breite Masse" der Bevölkerung erreicht werden kann. Da diese die Worte der Bibel nur schwer verstehe, sollten mit den Bildern die Schwächen der Ungebildeten überwunden werden und alle drei Potenzen der menschlichen Seele – der Geist, der Wille und das Gedächtnis – angesprochen werden. Sie dienen nach Paleottis Auffassung dem Intellekt als „libro popolare", bewegen den Willen durch ihre Vor-

---

[438] Vgl. ebd., Lib. I, Cap. 18, S. 208.

[439] Ebd., Lib. II, Cap. 51, S. 493f. „che la pittura, la quale ha da servire ad uomini, donne, nobili, ignobili, ricchi, poveri, dotti, indotti, et ad ognuno in qualche parte, essendo ella il libro popolare, dovesse ancor essere formata in modo che proporzionamente potesse saziare il gusto di tutti. Et in questo riputiamo riposta l'eccellenza dell'artefice e a ciò tende la difficultà che ora abbiamo alle mani, la quale in vero è grandissima". Bereits im Proemio hatte Paleotti geäußert, dass die Malerei fruchtbarer als die Bücher sei, weil sie von jedem verstanden würde; vgl. Paleotti 1582, Proemio, S. 120.

[440] WOLFGANG KEMP: Kunstwissenschaft und Rezeptionsästhetik, in: Der Betrachter ist im Bild, hrsg. von DEMS., Berlin 1992, S. 7-28, hier S. 10. Paleotti bezieht sich im Wesentlichen auf die Diskussion um die Kunst Michelangelos; vgl. vor allem CALÌ 1980, S. 138ff. und 164ff., und HEINEN 1996, S. 34ff.

[441] Vgl. insbesondere Paleotti 1582, Lib. I, Cap. 6, S. 149ff. Diese Unterscheidung in vier verschiedene Publikumsgruppen steht in Übereinstimmung mit den vier Säulen des Gotteskultes, Psalm 95, 6: In Analogie zu den im Psalm abgeleiteten Kategorien entspricht das Interesse der Maler am „disegno" der „confessio"; der Intellektuellen für Sachkenntnis der „magnificentia"; der Theologen der „sanctimonia"; und das „movere" der „idioti" entspricht der „pulchritudo"; vgl. dazu Paleotti 1582, Lib. II, Cap. 52, S. 498.

[442] KEMP 1992, S. 10.

bildfunktion und stützen das Gedächtnis.[443] Deshalb dürften eigentlich nur sakrale Objekte, die gemäß den Regeln der Theologen von Künstlern im wahren Glauben gemalt wurden, entsprechend Paleottis Einschätzung des Rezipienten, erlaubt sein.[444] Außerdem lehnt Paleotti die antiken Kunstwerke nicht nur aus theologischen Erwägungen ab, sondern auch, weil diese nur von wenigen begriffen würden – ebenso wie schwer verständliche mythologische Themen und Allegorien.[445] Unter diesem Aspekt muss auch seine Ablehnung der Grotesken verstanden werden, denn – so merkt er ironisch an – diese könnten auf den ersten Blick durchaus gefallen, wenn auch nur denjenigen, die nicht mehr erwarteten, und diese machten den größeren Teil der Menschen aus.[446] Die Grotesken seien ungeeignet, da sie den Geist der „idioti" nur verwirren würden.

Die affektive Wirkung der Bilder auf die Betrachter kann als das zentrale Anliegen der Argumentation Paleottis bezeichnet werden. Die Emotionen des einzelnen Gläubigen stehen im Mittelpunkt seines Interesses. Die Gefühle können nur dann diszipliniert werden, wenn die Funktion und die Interdependenzen von Bild und Affekten im Hinblick auf die Konstruktion eines vereinheitlichten katholischen Glaubens verstanden wurden. In seiner Wirkungsästhetik bedient er sich der Begrifflichkeiten der Rhetorik und übernimmt deren Ziele für die Malerei: Diese soll vergnügen, belehren und bewegen, „dilettare", „insegnare" und „commovere".[447] Die letztgenannte Kategorie des „commovere" wird von Paleotti in besonderer Weise akzentuiert.[448] Michels betont, dass für Paleotti die von starkem „Pathos" zeugenden Darstellungen „größere und effektvollere Wirkungen auf die Seele des Betrachters ausüben, als sie in alltäglichen Situationen empfunden werden können".[449] Das „commovere" bildet die Grundlage für die Konzeption des Pathos. Diese neuartige Konzeption Paleottis bedeutet, dass die Wirksamkeit der Malerei einen Mangel an Intellektualität ausgleiche und nicht mehr, wie noch bei Michelangelo, von besonderer Seelengröße oder geis-

---

[443] Zum Intellekt und zum Willen vgl. Paleotti 1582, Lib. I, Cap. 18, S. 207f.; zum Gedächtnis s. ders., Lib. I, Cap. 23, S. 222: „dove le imagini quello che inseganno lo scolpiscono nelle tavole della memoria di saldamente, che vi resta impresso per molti anni".

[444] Ebd., Lib. II, Cap. 12, S. 296: „Sono molti che giudicano alla vera professione di cristiano non conenirsi altra cognizione o cura che di cose religiose, e conseguentemente nelle pitture non vogliono admetterne alcuna che non sia di quella classe, escludendo in questo modo non solo tutte le cose de'gentili, ma ancora tutte l'altre che oggi chiamiamo profane e secolari"; vgl. auch BOSCHLOO 1974, Bd. 1, S. 126.

[445] Vgl. Paleotti 1582, Lib. II, Cap. 15, S. 311.

[446] Vgl. ebd., Lib. II, Cap. 40, S. 440f.

[447] Ebd., Lib. I, Cap. 5, S. 148: „Intorno a che dicemo che, solendosi nell'arte oratoria assignare tre principali, che sono il dilettare, l'insegnare et il commovere, non è dubbio che i medesimi cadono ancor notabilmente nella pittura". Vgl. auch im Zusammenhang mit der Bildtheorie der Begriff der „excitatio".

[448] Vgl. Paleotti 1582, Lib. I, Cap. 20, S. 213.

[449] MICHELS 1988, S. 134.

tigem Vermögen des Publikums abhängig sei.[450] Wie bereits ausgeführt, übernimmt Paleotti das Ziel der Überzeugung des Publikums, der „persuasione", aus der Rhetorik. Diese Parallelisierung wird schon im Titel des 21. Kapitels deutlich: „Dell'officio e fine del pittore cristiano, a similitudine degli oratori".[451] Dieser in der Kunsttheorie bekannte Begriff der „persuasione" durch christliche Bilder wird als Grundlage für eine allgemeine religiöse Unterweisung der Gläubigen angesehen.[452] Paleotti folgert weiterhin, dass das Ziel des Überzeugens am besten durch das „movere" erreicht werden könne, durch das die Menschen u.a. zur Buße bewegt würden.[453] In den folgenden Kapiteln analysiert Paleotti entsprechend seiner Diversifizierung der Rezipientengruppen die einzelnen Wirkungsmöglichkeiten des „delectare", des „instruere" und des „movere". Er unterscheidet das animalische oder sinnliche Vergnügen von dem rationalen, intellektuellen und dem übernatürlichen und spirituellen. Hätten die Maler ein Vergnügen an der Kunstfertigkeit der ausgeführten Gemälde, so würden die „idioti" animalisch–sinnlich angesprochen. Die „letterati" würden intellektuell befriedigt und die „animi nobili" spirituell[454]. Die Wirkung des „instruere" wird nicht nach den einzelnen Gruppen analysiert, sie dürfte sich im Wesentlichen aber auf die Ungebildeten beziehen, da Paleotti darunter die didaktische Hilfe versteht, die das Begreifen und Einprägen von theologischen Sachverhalten erleichtert.[455] Das wirkungsvollste und lobenswerteste Ziel der Malerei sei es, die Seelen der Betrachter zu bewegen.[456] Paleotti greift den Vergleich mit der Rhetorik wieder auf: Wenn es die Redner verständen, mit ihren sprachlichen Fähigkeiten die Gefühle der Zuhörer in die eine oder die andere Richtung zu lenken, und diese dafür höchstes und hervorragendstes Lob ernteten, in wie viel stärkerem Maße müsse die christliche Malerei gelobt werden, die dieses Ziel besser und effektiver erreiche. Diese sei von spiritueller Schönheit begleitet, denn sie eigne sich von Natur aus für die grobe Masse besser und ihr Ziel sei weitaus sublimer und

---

[450] Vgl. ebd., S. 130. Die Wirkungsmodi werden nach sozialen Gruppen innerhalb des Publikums differenziert. „Pathos gilt nicht mehr als Ausdruck von Seelenheroismus wie noch bei Michelangelo, sondern wird unter Berufung auf den Caritasgedanken als der geeignetste Wirkungsmodus für die Ungebildeten angesehen. Die anderen Schichten werden entsprechend ihres geistigen Vermögens angesprochen"; vgl. ebd., S. 158; vgl. auch CALÌ 1980, S. 100ff.
[451] Paleotti 1582, Lib. I, Cap. 21, 214ff.
[452] Ebd., S. 215: „dicemo che il fine di esse prencipale darà di persuadere le persone alla pietà et ordinarle a Dio; perchè, essendo queste imagini sacre cose di religione e richiedendo la virtù della religione che si renda il debito culto a Dio".
[453] S. ebd.: „ne segue che lo scopo di queste imagini darà di movere gli uomini alla debita obedienza de soggezzione a Dio (...) come è d'indurre gli uomini alla penitenza".
[454] Vgl. Paleotti 1582, Lib. I, Cap. 22, S. 216ff; vgl. auch BOSCHLOO 1974, Bd. 1, S. 127f.
[455] Vgl. ebd., Cap. 24, S. 224ff.
[456] Ebd., Lib. I, Cap. 25, S. 227: „non solo propria, ma principale delle pitture, che è di movere gli animi de'rigurandanti, il che tanto maggior laude le apporta, quanto che l'effetto in sé è nobilissimo et esse a ciò sono molte atte et efficaci".

ruhmvoller.[457] In der Begründung, warum die Malerei die Affekte stärker anspreche, wiederholt Paleotti seine Argumente für die Überlegenheit des optischen Sinnes.[458] Frömmigkeit, Gottesgehorsam und Tugendhaftigkeit werden, ohne, wie Thomas von Aquin, den Akzent auf die intellektuelle Glaubenserkenntnis zu legen, als Ergebnis affektiver Wirkung der Persuasion angesehen.[459] Bei Paleotti wird der Begriff des „movere" auf den Bereich von Willen und Sinneserfahrung bezogen. Rationale Glaubensvermittlung, wie sie Thomas von Aquin lehrte, ist für Paleotti, der die persuasive Bildwirkung insbesondere im Hinblick auf die Ungebildeten legitimieren will, von untergeordneter Bedeutung. Michels kommt zu dem Schluss, dass die persuasive Wirkung der „immagini sacre" auf ein ungebildetes Publikum ein physiologisch begründeter Vorgang sei, der dem der Wirkung der „immagini profane" ähnele. Dies gilt insbesondere für die Darstellung von Höllenszenarien und Martyrienbildern, die eine exzessive Wirkung ausüben sollten, um Abscheu hervorzurufen bzw. die heroische Glaubenskraft zu stärken.[460] Paleotti verbindet die tugendhafte Wirkung der Affekte mit dem Persuasionsgedanken der Rhetorik auch auf einer bildlichen Ebene.

Einen weitaus stärkeren Einfluss auf die Erregung von Emotionen bei den Gläubigen räumen der Jesuit Gian Domenico Ottonelli (1584-1670) und der Maler Pietro da Cortona (1596-1669) in ihrem Traktat *Della pittura e scultura.*

---

[457] Ebd.: „Ché se negli oratori il saper volgere con la facoltà del dire gli affetti altrui in questa o in quella parte è stata riputata laude sopra le altre eggregia et eccellente, chi dubita che le pitture cristiane, da bellezza spirituale accompagnate, tanto più efficacemente e nobilmente potranno effettuare questo, quanto che di natura sua, rispetto alla moltitudine universalmente rozza, a ciò sono più atte, et il fine a che caminano, come di già dicemmo, è molto più sublime e glorioso".

[458] So z.B. die des aus der „Ars Poetica" des Horaz übernommene Feststellung, dass die Seele durch Gehörtes schwächer erregt werde als durch das mit der Verlässlichkeit der Augen Gesehene. Außerdem begründet er es damit, dass schon die Griechen die Malerei als „viva scrittura" bezeichnet hätten; vgl. Paleotti 1582, Lib. I, Cap. 25, S. 227f.

[459] Vgl. MICHELS 1988, S. 145.

[460] Vgl. ebd., S. 147, und BOSCHLOO 1974, Bd. 1, S. 126f.; vgl. Paleotti 1582, Lib. II, Cap. 36, S. 418. Ein späteres Beispiel für solche Horrorszenarien stellen die Höllenstürze dar, der erste unter jesuitischem, d.h. unter dem Einfluss von Roberto Bellarmino entstandene Engelssturz in der Cappella degli Angeli in Il Gesù in Rom; vgl. ALESSANDRO ZUCCARI: Bellarmino e la prima iconografia gesuitica: la cappella degli Angeli al Gesù, in: Bellarmino e la Controriforma 1990, S. 609-628. Eindrucksvolle Beispiele für die Darstellung von Martyrienzyklen, die sich auf das Martyrologium von Cesare Baronio stützen, sind die Fresken von Niccolò Circignani aus dem Jahr 1582 in S. Stefano Rotondo, die im folgenden Kapitel genauer zu untersuchen sein wird. Sie war gleichzeitig die Kirche des Germanicums, an der die Jesuiten, die nach Deutschland zur Mission geschickt werden sollten, ausgebildet wurden, und die Titularkirche Baronios, S. Nereo e Achilleo. Zu S. Stefano Rotondo vgl. das folgende Kapitel; zu S. Nereo e Achilleo vgl. ALESSANDRO ZUCCARI: La politica culturale dell'oratorio romano nelle imprese artistiche promosse da Cesare Baronio, in: Storia dell'arte, Bd. 41-43, 1981, S. 171-193, DERS.: Restauro e filologia baroniani, in: Baronio e l'arte 1985, S. 489-510, insbesondere S. 490ff.

Uso et abuso loro aus dem Jahr 1652 den Bildern ein.[461] Das in sechs Kapitel gegliederte Werk widmet dem Betrachter sogar ein eigenes Kapitel. Ottonelli und Cortona gehen von einer direkten Beeinflussung von Bildern auf das Innere des Betrachters aus: Er ist der Macht der Bilder passiv ausgeliefert. In einem graduellen Prozess bemächtigen sie sich gleichermaßen aller drei seelischen Vermögen des Menschen: des Intellekts, des Willens und des Gedächtnisses. Unter Ausschaltung der Urteilskraft wirken sie so über die Phantasie direkt auf den Willen des Betrachters. Zwar als Gefahr, die es zu kontrollieren galt, aber auch als grundsätzlich lobenswerte Eigenschaft heben Ottonelli und Cortona neben der repräsentativen Macht der Malerei insbesondere den „inganno", die Täuschung des Betrachters, hervor.[462] Sie verstehen unter „inganno" die Macht der Malerei, den Betrachter dahingehend zu manipulieren, dass er nicht mehr zwischen Wirklichkeit und Fiktion unterscheiden kann.[463] In diesen Zusammenhang gehören auch Ottonellis Überlegungen, dass das Betrachten eines obszönen Bildes unverzüglich eine sündige Handlung zur Folge haben kann, das eines erbauenden Bildes aber eine christliche Tat herausfordere. Dies gelte nicht allein für künstliche, sondern gleichermaßen auch für Bilder der Natur.[464] Dabei schreiben die Autoren den gemalten Bildern allerdings eine stärkere Wirkung zu.

Der Maler wird von Paleotti davor gewarnt, auch wenn er für ein ungebildetes Publikum arbeitet, es an Sorgfalt, Kunstfertigkeit, Grazie und Angemessenheit von Schmuck und Invention mangeln zu lassen. Darüber hinaus solle er nicht versuchen, sich bei den „idioti" durch die Darstellung lasziver Tänze oder irgendeiner Art von Unmäßigkeit anzubiedern. Für Paleotti ist es entscheidend, dass die Bilder klar gestaltet sind, damit die einfachen Menschen das Abgebildete ohne große Mühe erkennen und dechiffrieren können; aber

---

[461] Dieses Werk stellt eine Weiterentwicklung der Gedanken Paleottis dar und bezieht sich an vielen Stellen auch explizit auf seine Schriften; vgl. Giovan Domenico Ottonelli, Pietro Berettini: Trattato della pittura e scultura. Uso et abuso loro, Florenz 1652, hrsg. von VITTORIO CASALE, Nachdruck Rom 1973; darin insbesondere die Einleitung; außerdem VITTORIO CASALE: Authors of the „Trattato della pittura", in: The Burlington Magazine 117, 1975, S. 303; MARCO COLARETA: L'Ottonelli-Berettini e la critica moralistica, in: Annali della Scuola Normale Superiore di Pisa, s. III, V, 1, 1975, S. 177-197, und KARL NOEHLES: La chiesa di SS. Martina e Luca nell'opera di Pietro da Cortona, Rom 1970, S. 2ff. und ELISABETH OY-MARRA: Das Verhältnis von Kunst und Natur im Traktat von Gian Domenico Ottonelli und Pietro da Cortona: Della pittura et scultura. Uso e abuso loro, in: Künste und Natur in Diskursen der frühen Neuzeit, hrsg. von HARTMUT LAUFHÜTTE, Wiesbaden 2000, S. 433-444.
[462] Vgl. Ottonelli 1652/1973, S. 23: „così nell'altrui inganno trionfa la forza rappresentatrice della pittura".
[463] Das von Tizian zum Trocknen auf den Balkon gestellte Porträt Pauls III. habe nämlich Passanten zum Glauben veranlasst, dem leibhaftigen Papst begegnet zu sein.
[464] Vgl. Ottonelli 1973, S. 53ff.

zumindest unter Anleitung durch gebildetere Menschen.⁴⁶⁵ Die Gruppe der „spirituali" ist nach Paleottis Meinung durch eine besondere Innerlichkeit ausgezeichnet, die sie von der Gruppe der „sensuali" abhebt, welche über ein rein sinnliches Erfassen der Dinge nicht hinauskommt. Insofern sprächen die sakralen Bilder in ihrer gesamten Qualität die Gruppe der „spirituali" an, obwohl sie nach Paleottis Auffassung zur Unterstützung der „idioti" eingeführt wurden.⁴⁶⁶ Die „sensuali" müssten erst auf eine andere Weise zur Devotion gebracht werden, von der aus sie dann die höhere Stufe der spirituellen Erkenntnis erreichen könnten.⁴⁶⁷ Wurde das „movere" vor allem auf die Gruppe der „sensuali" bezogen, so werden die intellektuellen Ansprüche für die Wirkungsabsichten des „instruere" und des „delectare" reserviert, die in der Kunsttheorie der Renaissance eher die Bedeutung einer leichten und angenehmen Vermittlung von Inhalten besaßen. Die Gelehrten würden außerdem durch die angemessene Berücksichtigung der Kenntnisse der Geschichte, der Natur und der Künste angesprochen. Ein instruktives Beispiel für die Anwendung seiner differenzierten Rezipientenauffassung bildet Paleottis Bewertung der Antikensammlungen. So hält er ein übertriebenes Interesse an der antik-heidnischen Kunst für gefährlich, da in dieser von vielen römischen Adligen gepflegten Sammelleidenschaft die Gefahr begründet liege, dass sich Geschmack und Ästhetik von moralischen Normen trennen könnten. Außerdem hätten die ersten Christen gerade gegen diese Bilder und Statuen gekämpft.⁴⁶⁸ Den Wunsch, nur Vergnügen aus einem Kunstwerk zu beziehen, sieht Paleotti kritisch.⁴⁶⁹ Wenn jemand von den neuen Kontinenten käme, bewegt vom Ruhm der christlichen Religion, müsste er doch sehr überrascht sein, Statuen zu sehen, die wenigen gefielen, aber viele beleidigten;⁴⁷⁰ die Kunst müsse also dem christlichen Glauben förderlich sein.⁴⁷¹ Eine

---

⁴⁶⁵ Paleotti 1582, Lib. II, Cap. 52, S. 501: „Dipoi, che la pittura abbia seco quella maggior chiarezza (...) e, (...) sia distintamente compartita, talmente, che chi la riguarda, subito con poca fatica riconosca quello che si vuol rappresentare; e quando pure la materia sia tale, che non sia così volgare e nota ad ogni uomo, almeno sia talmente espressa e compartita, che quegli di maggior intelligenza ne possono commodamente istruire gli idioti".

⁴⁶⁶ Ebd., Lib. II, Cap. 52, S. 500: „La terza sorte di persone, a chi necessariamente si ha da sodisfare, sono gl'idioti, che è la maggior parte del popolo, per servizio de'quali principalmente furono introdotte le pitture sacre".

⁴⁶⁷ Ebd.

⁴⁶⁸ Paleotti glaubte sogar, dass die Auffindung vieler antiker Statuen in Rom auf den Einfluss des Teufels zurückzuführen sei. Die Teufel seien übrraschenderweise aus Indien nach der Zerstörung der dortigen Idole nach Europa gekommen; vgl. ebd., Lib. II, Cap. 10, S. 289ff.

⁴⁶⁹ Vgl. ebd., Lib. II, Cap. 15, S. 312.

⁴⁷⁰ Ebd., Lib. II, Cap. 14, S. 307 und Cap. 15, S. 311: „ si è venuto in gran luce di molte cose dell'antichità intorno agli abiti, vestimenti, sacrificii, trionfi, spettacoli, magistrati e cose simili. (...) seguendo quello che si è gia detto, che questi rispetti, quando pure siano così, servono a pochi e possono scandaleggiare molti".

⁴⁷¹ Vgl. ebd., Lib. II, Cap. 16, S. 314ff. Paleotti lehnt auch die Grotesken ab, weil er glaubt, diese hätten einem Kult für unterirdische Götter gedient; vgl. ebd., Lib. II, Cap. 37, S. 425ff.

Einschränkung macht Paleotti lediglich in der Hinsicht, dass diese von ihm kritisierten antiken Statuen in privaten Räumen aufgestellt werden dürften.[472]

Die Differenzierung und Neubewertung der verschiedenen Publikumsgruppen, wie sie charakteristisch für Paleottis Übertragung der rhetorischen „persuasione" auf die Kunsttheorie ist, findet sich weder bei Borromeo noch bei Bellarmino.[473] Insbesondere die Gruppe der „idioti" rückt bei Paleotti – und nach ihm Ottonelli – in den Vordergrund der Analyse. Nicht mehr nur die Gebildeten und Spirituellen sollten durch pathetische Bewegung angesprochen werden. Dabei werden die Hierarchien aber nicht angetastet: Die höchste, die spirituelle Erkenntnis bleibe jenen verwehrt. Bei aller Öffnung für die breite Masse des Volkes bleibt „ein Moment sozialer Diskriminierung bestehen".[474] Als „modern und konstruktiv" beurteilt Kemp Paleottis Konzeption des Publikums: Hier zeigt sich die tragende Idee der Rezeptionsästhetik, dass der Betrachter im Bild vorgesehen sei; Kunst und Publikum werden symmetrisch aufeinander bezogen.[475] Jedoch auch diese Konzeption der Einbeziehung des Rezipienten in eine neue Bildauffassung wird instrumentalisiert und dem disziplinierenden Normenkatalog der katholischen Kirche unterworfen.

6. Parallelkonzeption von Predigt und Rhetorik

Mit dem expliziten Verweis Paleottis auf die parallele Konzeption von sakraler Rhetorik und sakraler Kunst im Zusammenhang von ähnlich aufgefassten Aufgaben für den christlichen Prediger und den christlichen Künstler[476] lässt sich eine zeitgleiche, parallele Konstruktion zweier Bereiche in den klassischen und neu eingeführten „artes liberales" erkennen.[477] Beide Konzeptionen werden

---

[472] Vgl. ebd., Lib. II, Cap. 14, S. 306, und Cap. 15, S. 313.
[473] Vgl. BOSCHLOO 1976, Bd. 1, S. 138ff. Ebenso wenig tauchen sie bei Gilio oder Molanus auf.
[474] MICHELS 1988, S. 154.
[475] Vgl. KEMP 1992, S. 10.
[476] Vgl. Paleotti 1582, Lib. I, Cap. 21, S. 214-216.
[477] Die bildende Kunst wurde, wie im letzten Kapitel nachgewiesen wurde, nun auch von den Theologen zu den „artes liberales" gerechnet. Die besonderen Einflüsse der Rhetorik auf die bildende Kunst bzw. der Konzeption von Bildprogrammen im Barock ist vielfältig diskutiert worden. Beispielhaft seien hier nur genannt: MICHAEL BAXANDALL: Giotto and the Orators. Humanist observers of painting in Italy and the discovery of pictorial composition 1350-1450, Oxford 1971, insbesondere S. 31ff.; POCHAT 1986, S. 289ff. und 309ff.; DERS.: Rhetorik und bildende Kunst in der Renaissance, in: Renaissance-Rhetorik, hrsg. von HEINRICH F. PLETT, Berlin, New York 1993, S. 266-284, besonders S. 279; FRANK BÜTTNER: Rhetorik und barocke Deckenmalerei. Überlegungen am Beispiel der Fresken Johann Zicks in Bruchsal, in: Zeitschrift des deutschen Vereins für Kunstwissenschaft, Jg. 43, 1989, S. 49-72; DERS.: „Argumentatio" in Bildern der Reformationszeit. Ein Beitrag zur Bestimmung argumentativer Strukturen in der Bildkunst, in:

instrumental dem „höheren" Ziel einer Neustrukturierung der katholischen Gesellschaft untergeordnet. Hierbei stehen beide Bereiche, die Predigt und die bildende Kunst, in einem interdependenten Verhältnis. Zudem dient die Rhetorik nicht nur der Reglementierung der sprachlichen Kommunikation, sondern sie sollte „das kulturelle Gebäude organisieren".[478] Dabei wird von den posttridentinischen Autoren betont, dass der Einfluss der Prediger unmittelbar und effektiv sei. Die Mehrheit der Zuhörer, deren religiöse Unterweisung nicht durch Bücher erfolgt, kann direkt auf die emotional bewegende Rede reagieren.[479]

Das Predigtdekret des Tridentinums

Das Tridentinum bildet für die Predigt ebenso wie für die bildende Kunst einen wesentlichen Einschnitt. Zwar hatte es auch von katholischer Seite im Vorfeld viele Versuche gegeben, das Predigtwesen zu reformieren, aber erst die erzwungene, theologisch-dogmatisch fundierte Auseinandersetzung mit protestantischen Vorstellungen auf dem Tridentinum brachte die maßgeblichen Veränderungen.[480] Die Konzilsteilnehmer sahen in der Reform des Predigtwesens eine

---

Zeitschrift für Kunstgeschichte, Jg. 57, 1994, S. 23-44, und MARKUS HUNDEMER: Rhetorische Kunsttheorie und barocke Deckenmalerei. Zur Struktur und Substruktur sinnlicher Erkenntnis im Barock, Regensburg 1997, insbesondere S. 230ff.

[478] GILLES DECLERCQ: Stylistique et rhétorique, in: XVIIe siècle, Jg. 38, 1986, S. 212-237, hier S. 215; vgl. auch Heinen 1996, S. 36ff., und HECHT 1997, S. 204ff.

[479] „Good preachers could instruct, inspire, and entrall whole communities at once (...) preaching was indeed the most direct way to the hearts and minds of the faithful", KEITH P. LURIA: The Counter-Reformation and Popular Spirituality, in: Christian Spirituality, Bd. 3, Post Reformation and Modern, hrsg. von LOUIS DUPRÉ, DON E. SALIERS, New York 1989, S. 93-120; hier S. 95. Zum Verhältnis von Rhetorik und Predigtlehre vgl. GERT OTTO: Zur Kritik am rhetorischen Predigtverständnis, in: Rhetorik, Bd. 5, Rhetorik und Theologie, S. 1-12, vgl. auch GIOVANNI BAFFETTI: Retorica e scienza. Cultura Gesuitica e Seicento Italiano, Bologna 1997, insbesondere S. 211.

[480] Vgl. zur Geschichte der Predigt in der Renaissance vor allem DEBORA SHUGER: Sacred Rhetoric in the Renaissance, in: Renaissance-Rhetorik, 1993, S. 121-142; sie untersucht im Wesentlichen deutsche und spanische Autoren. Grundlegend JOHN W. O'MALLEY: Praise and blame in Renaissance Rome, rhetoric, doctrine, and Reform in the sacred orators of the Papal Court, c. 1450-1521, Durham 1979, und WILFRIED BARNER: Barockrhetorik. Untersuchungen zu ihren geschichtlichen Grundlagen, Tübingen 1970; vgl. auch PAUL OSKAR KRISTELLER: Studien zur Geschichte der Rhetorik und zum Begriff des Menschen in der Renaissance, Göttingen 1981; MARC FUMAROLI: L'Age de l'Eloquence. Rhétorique et „res literaria" de la Renaissance au seuil de l'époque classique, Genf 1980, S. 77ff. zur Rhetorik in der Renaissance und S. 116ff. zu den Reformbestrebungen des Tridentinums; zur Verbindung von Malerei und Rhetorik DERS.: L'école du silence, Paris 1998, 1. Auflage 1994 vor allem S. 259ff.; JAMES J. MURPHY: One thousand neglected authors: The scope and importance of Renaissance rhetoric, in: Renaissance Eloquence. Studies in the theory and practice of Renaissance rhetoric, hrsg. von DEMS., Berkeley 1983, S. 20-36, und DOMINIC A. LARUSSO: Rhetoric in the Italian Renaissance, in: ebd., S. 37-55. Zur Geschichte der Rhetorik allgemein vgl. THOMAS M. CONLEY: Rhetoric in the european tradition, New York, London 1990, S. 109ff. und 151ff. Die neueste Darstellung von MARC

ihrer vordringlichsten Aufgaben. Diese Frage wurde zusammen mit der Diskussion um die Vulgata und die Erbsünde auf der fünften Session der ersten Tagungsperiode am 7. Mai 1546 behandelt.[481] Die Diskussion des Textes wurde, ohne große Veränderungen vorzunehmen, am 18., 20. und 21. Mai fortgesetzt, so dass die vorgelegte Fassung im Wesentlichen angenommen wurde.[482] Der erste Absatz des aus 15 Punkten bestehenden Dekretes beschäftigt sich mit der Einführung von Instituten zur Verbesserung der Ausbildung des Predigers in den freien Künsten und in der Bibel. Im Weiteren wird dieses Erziehungsprogramm verbunden mit der Predigtpflicht: Zumindest an Sonn- und Feiertagen sollte gepredigt werden. Die Predigten sollten sich den mentalen Fähigkeiten der Zuhörer anpassen. Die Gläubigen sollten in jenen Dingen unterrichtet werden, die notwendig sind, um das Seelenheil zu erlangen. Die Predigten müssten deshalb klar und verständlich sein; Worte, die der Prediger nur um ihrer Schönheit willen einsetze, betrachteten die Konzilsteilnehmer deshalb mit Argwohn. Kurz und verständlich sollten die Laster und Tugenden aufgezeigt werden, die die Menschen zu fliehen bzw. zu erreichen hätten, so dass sie der ewigen Verdammnis entgingen und die Glorie des Himmels erlangten.[483] Der Schlussteil des Entwurfs kann als Predigerspiegel bezeichnet werden, der die Handschrift jener Theologen trägt, die humanistisch orientierten, katechetischen Reformen gegenüber aufgeschlossen waren:[484] Mit Verweis auf das neutestamentliche Wort sollten die Prediger Menschenfischer und die Netze ihrer Worte fromm, elegant und überlegt sein – passend für die Rede Gottes.[485]

FUMAROLI (Hrsg.): Histoire de la rhétorique dans l'Europe moderne 1450-1950, Paris 1999, darin vor allem MICHEL MAGNIEN: Dune mort, l'autre (1536-1572): la rhétorique reconsidérée, S. 341-410, sowie ALAIN PONS: La rhétorique des manières aus XVIe siècle en Italie, S. 411-430, und Christian MOUCHEL: Les rhétoriques post-tridentines (1570-1600): la fabrique d'une société chrétienne, S. 431-498.

[481] Vgl. zur Entstehung des Dekretes JOHANN E. REINER: Entstehungsgeschichte des Trienter Predigtreformdekretes, in: Zeitschrift für katholische Theologie, Jg. 30, 1915, S. 256-317 und S. 465-523; JEDIN 1949-1975, Bd. 2, S. 83-103; OLIVIER DE LA BROSSE, JOSEPH LECLER, HENRI HOLSTEIN: Lateran V und Trient (1. Teil), Mainz 1987, S. 295-301. Die ältere Literatur zur Predigtgeschichte beschäftigt sich nur am Rande mit den Folgen des Tridentinums: Vgl. EDWIN CHARLES DARGAN: A history of preaching, 2 Bde., New York 1968, Bd. 2, S. 24ff.; JOHANN BAPTIST SCHNEYER: Geschichte der katholischen Predigt, Freiburg/Brsg. 1969, S. 249f., und WERNER SCHÜTZ: Geschichte der christlichen Predigt, Berlin 1972, S. 111f.

[482] Schließlich wurde sie auf der Abschlusssession 1563 endgültig bestätigt; vgl. Concilium Tridentinum 1911ff., Bd. 9, S. 981.

[483] Concilium Tridentinum 1911ff., Bd. 5, S. 122ff.

[484] Vgl. BARBARA BAUER: Jesuitische „ars rhetorica" im Zeitalter der Glaubenskämpfe, Frankfurt/Main, Bern u.a. 1986, S. 116, und FUMAROLI 1980, S. 137. Zur Ausbildung vgl. außerdem ders.: Les Jésuites et la pédagogie de la parole, in: FEDERICO DOGLIO, MARIA CHIABÒ (Hrsg.): I Gesuiti e i primordi del teatro barocco in Europa, Rom 1995, S. 39-56.

[485] Concilium Tridentinum 1911ff., Bd. 5, S. 127: „casta munda et examinata, sicut decet eloquia Dei".

Das Dekret übernimmt die aus der antiken Rhetorik bekannten „officia": „docere", „delectare" und „flectare".[486] Ergänzt werden diese durch den Verweis auf die augustinische Lehre,[487] dass der Prediger durch sein persönliches Beispiel eines christlichen Lebens auf den Verstand und den Willen der Gläubigen einwirken solle. Schließlich sollten die Prediger nach tridentinischer Lehre sich nicht so sehr darum bemühen, mit überzeugenden Worten menschlicher Weisheit und göttlicher Beredsamkeit zu belehren, zu erfreuen und zu rühren, als vielmehr darum, dass man verständnisvoll, freiwillig und gehorsam ihnen als den Zeugen des Geistes und der Tugend zuhöre und dass sie nicht in ihrem Handeln dem widersprächen, was ihr Mund als Wahrheit verkündet.[488] Ein wesentlicher Aspekt der Predigt sollte nicht nur in der Glaubensvermittlung, sondern auch in der unerschrockenen und frommen Widerlegung häretischer Irrlehren liegen, damit sich die Prediger durch ihr Stillschweigen gegenüber ketzerischen Umtrieben nicht dem Verdacht aussetzten, sich mit den Häretikern zu solidarisieren.[489] Einfachheit in Verbindung mit Mitleid und Demut würden den Redner vor Eitelkeit bewahren. Die Überwachung wird, wie in den meisten Beschlüssen des Konzils, den Bischöfen in ihren Diözesen überlassen.

Diese Vorstellungen waren nicht gundlegend neu, sondern fassten die in der ersten Hälfte des 16. Jahrhunderts geäußerten Kritikpunkte zusammen.[490]

---

[486] Zur politischen Bedeutung der Rhetorik in der Spätantike vgl. PETER BROWN: Macht und Rhetorik in der Spätantike. Der Weg zu einem „christlichen Imperium", München 1995, besonders S. 153ff.

[487] Vgl. zur augustinischen Lehre im 16. Jahrhundert FREDERICK J. MCGINNESS: Rhetoric and Counter-Reformation Rome: Sacred oratory and the construction of the catholic world view 1563-1621, Berkeley 1982, S. 247ff., und die später publizierte Fassung der Dissertation DERS.: Right thinking and sacred oratory on Counter-Reformation Rome, Princeton 1995; sowie FUMAROLI 1980, S. 71ff., DERS.: The fertility and the shortcoming of Renaissance rhetoric: The Jesuit Case, in: O'MALLEY (Hrsg.) 1999, S. 90-106.

[488] Concilium Tridentinum 1911ff., Bd. 5, S. 127: „Denique [die Prediger] curent non tam ut deceant, delectent, et flectant in persuasibilibus humanae sapientiae et eloquentiae verbis, quam ut intelligenter, libenter et obedienter audiantur in ostensione spiritus et virtutis, ut sc(ilicet) quam veritatem ore praedicant, opere non impugnent".

[489] Vgl. ebd.: „Porro illud nunquam obliviscantur, ne (quod seductorum est) aliud praedicent in publicis concionibus, aliud in colloquiis privatis, sed ubique idem et semper ad aedificationem audientium, pro quorum etiam salute non modo veritatem fidei interpide doceant, sed et ipsas haereses (si tamen et quando et ubi et quomodo opportuerit), ne a silentio argui possint quasi sentientes cum haereticis, sancte pieque confutent".

[490] Vgl. vor allem das einflussreiche Werk von Erasmus von Rotterdam: Ecclesiastes sive de ratione concionandi, das 1536 in Basel erschien; vgl. dazu ROBERT G. KLEINHANS: Erasmus' doctrine of preaching: A study of the Ecclesiastes sive De Ratione Concionandi, Princeton 1968; JAMES MICHAEL WEISS: Ecclesiastes and Erasmus: The mirror and the image, in: Archiv für Reformationsgeschichte, Jg. 65, 1974, S. 83-198; JACQUES CHOMARAT: Grammaire et rhétorique chez Erasme, 2 Bde., Paris 1981; JOHN W. O'MALLEY: Erasmus and the history of sacred rhetoric: The Ecclesiastes of 1535, in: Erasmus of Rotterdam Society Yearbook, Jg. 5, 1985, S. 1-29, und RICHARD J. SCHOECK: „Going for the Throat": Erasmus' rhetorical theory and practice, in: Renaissance-Rhetorik 1993, S. 43-58; vgl. FREDERICK J. MCGINNESS: Preaching Ideals and Practice

McGinness bezeichnet die Tridentiner Vorschriften als lückenhaft; gleichzeitig lieferte das Dekret aber die Grundlage für eine spätere Ausformulierung der Vorstellungen auf Provinzialsynoden und überließ es den Bischöfen, die Bestimmungen den lokalen Bedürfnissen, Bräuchen und personellen – intellektuellen wie emotionalen – Ressourcen anzupassen. Gleichsam als Vorgriff zur Ausformulierung des Bilderdekretes 17 Jahre später, lag es in der Absicht der Konzilsteilnehmer, für die Predigt, d.h. die sakrale Rhetorik, die wesentlichen Grenzen abzustecken – beispielsweise, dass die Predigt auf den biblischen Schriften basieren solle – also eine Matrix zu erstellen, auf der die Theologen aufbauen konnten. So wird in dem Dekret auch nichts über die Form und die Methoden gesagt, wie der Priester die Gläubigen konkret überzeugen soll.[491]

Das Dekret konnte nur mit einiger Zeitverzögerung umgesetzt werden. Die Situation des Predigtwesens war zu Beginn des 16. Jahrhunderts in desolatem Zustand und lag im Wesentlichen in den Händen der Dominikaner und der Franziskaner. Die theoretischen Schriften über diese Form der sakralen Rhetorik, die „artes praedicandi", waren weitgehend überholt.[492] In ländlichen Gebieten verzögerte sich diese Neustrukturierung noch bis weit in das 17. Jahrhundert. Die wichtigsten Impulse für diese Neuordnung gingen von den Bischöfen und den Orden aus, vor allem den Jesuiten.[493]

Posttridentinische Predigtlehre

Nach dem Konzil von Trient wurden die vagen Bestimmungen in strikt antihäretische Instruktionen umgesetzt, die Modellcharakter haben sollten. Die theoretische Beschäftigung mit dem Predigtwesen erfolgte durch Theologen und Bischöfe derjenigen Generation, die selbst noch am Konzil aktiv teilgenommen

---

in Counter-Reformation Rome, in: Sixteenth Century Journal, Jg. 11, 1980, H. 2, S. 109-127, hier S. 112ff.

[491] „[He] was supposed to present the truths of the faith and exhort his flock to virtuous living", MCGINNESS 1980, S. 112; vgl. FUMAROLI 1980, S. 140.

[492] Zur mittelalterlichen Tradition vgl. JAMES J. MURPHY: Rhetoric in the Middle Ages. A history of rhetorical theory from Saint Augustine to the Renaissance, Berkeley, Los Angeles, London 1974, insbesondere S. 269ff., und die eher typologische Arbeit von RUTH MORSE: Truth and convention in the Middle Ages. Rhetoric, representation, and reality, Cambridge 1991, insbesondere S. 63ff. und 125ff.

[493] Die genannten Beispiel von katholischer Seite gehören zu einem vielfältigen Katalog von Maßnahmen. In diesem Zusammenhang seien nur die Einführung von inneren und äußeren Missionen genannt, die sich der Predigt, der Katechismen, Messen, Prozessionen, organisierter Laien und Priesterorganisationen und der bildenden Kunst bedienen; vgl. LURIA 1989, S. 97ff.; beispielhaft dargestellt für Mailand unter Borromeo durch ROGER MOLS: Saint Charles Borromée, pionnier de la pastorale moderne, in: Nouvelle Revue théologique, Jg. 79, 1957, S. 600-622 und S. 715-747; hier S. 715ff.

hatte.⁴⁹⁴ Die einflussreichsten Schriften stammen von denselben Autoren, die sich auch mit der Bilderfrage auseinander gesetzt haben: 1578 erschien in Rom Gabriele Paleottis Traktat *Instruzzione per li praedicatori destinati alle ville, o terre*;⁴⁹⁵ 1583 in Mailand Carlo Borromeos *Instructiones pastorum ad concionandum*⁴⁹⁶ und 1593 in Rom Roberto Bellarminos *De ratione formandae conciones*.⁴⁹⁷ Diese drei Traktate waren Richtlinien für Priester und können nicht im eigentlichen Sinn als Rhetorik-Traktate bezeichnet werden. Sie sind vielmehr entsprechend der Unterscheidung zwischen Borromeos *Instructiones* über Kirchenbau und -ausstattung und den eher ästhetisch orientierten Kunsttraktaten eines Palladio oder Zuccaro differenziert zu betrachten.⁴⁹⁸ Sie zeigen den sich im

---

⁴⁹⁴ Eine Zusammenstellung der Traktate liefert JAMES J. MURPHY: Renaissance Rhetoric: A short-title catalogue, New York, London 1981; vgl. außerdem DERS. (Hrsg.): Renaissance Eloquence: Studies in the theory and practice of Renaissance rhetoric, Berkeley, Los Angeles, London 1983.

⁴⁹⁵ Vgl. zu allen drei Autoren MCGINNESS 1982, JOHN W. O'MALLEY: Content and rhetorical forms in sixteenth-century treatises on preaching, in: Renaissance Eloquence 1983, S. 238-252, und MOUCHEL 1999, S. 433ff.; zu Paleotti vgl. PRODI 1959/1967, Bd. 2, S. 75ff. Paleotti hatte eine erste Schrift schon im Jahre 1569 herausgegeben. Seine 1578 erschienenen Anweisungen an die Prediger richteten sich vorwiegend an den Vorschriften Borromeos aus. Diese waren zwar offiziell erst 1583 im Buchhandel, aber durch den persönlichen Kontakt zwischen Paleotti und Borromeo jenem schon frühzeitig zugänglich; vgl. PRODI 1959/1967, Bd. 2, S. 80. Außer Acht gelassen werden muss hier das Werk Baltasar Graciáns, das einer eigenen Untersuchung bezüglich der Bild-Wort-Thematik sicherlich Wert ist; vgl. dazu den Sammelband von NICHOLAS SPADACCINI, JENARO TALENS (Hrsg.): Rhetoric and politics. Baltasar Gracián and the New World Order, Minneapolis, London 1997.

⁴⁹⁶ Borromeos Vorschriften lassen sich nicht auf dieses erst ein Jahr vor seinem Tod erschienene Werk beschränken. So wurden bereits auf dem ersten Provinzialkonzil (1565), dem dritten (1573) und dem fünften (1579) Dekrete über die Predigt erlassen und die wichtigsten Grundlinien für die „Instructiones" festgelegt. Die benutzte Ausgabe entspricht den schon auf der Provinzialsynode veröffentlichten Dekreten; vgl. MOLS 1957, S. 728ff.; vgl. außerdem JOHN W. O'MALLEY: Saint Charles Borromeo and the Praecipuum Episcoporum Munus: His place in the history of preaching, in: San Carlo Borromeo 1988, S. 139-157; JOSEPH M. CONNORS: Saint Charles Borromeo in the Homiletic Tradition, in: American Ecclesiastical Review, Jg. 138, 1958, S. 9-23; ANGELO NOVELLI: S. Carlo Borromeo, oratore sacro, in: La Scuola Cattolica, Jg. 38, 1910, S. 108-136; BALTHASAR FISCHER: Predigtgrundsätze des hl. Carl Borromäus, in: Trierer theologische Zeitschrift, Jg. 61, 1952, S. 213-221; FUMAROLI 1980, S. 141ff.

⁴⁹⁷ Vgl. JAMES A. HARDEN: St. Robert Bellarmine, Preacher, in: Homiletic and Pastoral Review, Jg. 47, 1946/1947, S. 186-192, und BERNARD MARGERIE: Saint Robert Bellarmin, prédicateur modèle et théologien de la fonction de la prédication dans l'économie du salut, in: Divinitas, Jg. 17, 1973, S. 74-88. Neben seinem Traktat darf nicht das erste Buch der Kontroversen über die „Reparatione Gratiae" außer Acht gelassen werden, das sich mit der Rede im Allgemeinen beschäftigt; vgl. insbesondere Bellarmino, Bd. 6, Lib. I, Cap. 1, S. 391f.: „Definito orationis breviter explicatur".

⁴⁹⁸ Auch wenn Mols Borromeos Instruktionen nur als eine Art Rezeptbuch bezeichnet, sind insbesondere die Unterscheidungen bzw. Klassifizierungen der Zuschauer – wie im Folgenden zu zeigen ist – eine Weiterentwicklung der traditionellen Traktate; MOLS 1957, S. 733: „Bien sur, il s'agit plus d'un livre de recettes que d'un traité philosophique et psychologique. Tel quel cependant, il a rendu d'éminents services". Als Summe aus seinen theoretischen Schriften zur Predigt und seinen Predigten kommt O'Malley zu einem fast entgegengesetzten Urteil: „Nonetheless,

ausgehenden 16. Jahrhundert verstärkenden Drang zum Konsens in der Frage nach angemessenen Vermittlungsformen. Trotz aller Neuerungen verstehen sich die drei Traktatisten als traditionell. Um die Kontinuität der christlichen Predigt nachzuweisen, betonen sie ihre Zugehörigkeit zu einer Reihe von vorbildlichen Predigern, die mit den Propheten beginnt und bis zu Augustinus und den mittelalterlichen Scholastikern reicht.[499] Anhand der Konzeption des Modellpredigers und der Modellpredigt versuchen die drei Autoren, die symbolische „ecclesia militans" zu definieren. Borromeo fordert in seinen Predigten keine rein doktrinäre oder exegetische terminologische Zergliederung, sondern die ständige Intention, zu überzeugen und zugleich exemplarische Verhaltensweisen vorzustellen.[500] Einen zentralen Punkt in allen Traktaten nimmt die Betonung der besonderen Würde der Predigt im Rahmen des kirchlichen Lebens ein. Der Klerus sollte an seine herausgehobene Aufgabe und besondere Verantwortung erinnert werden.[501]

In der Definition des Zieles bzw. des Zweckes der Predigt stimmen die drei Autoren überein: Mit der sakralen Rede sollte Gott geehrt und sollten die Seelen gerettet werden, d.h., die Gläubigen sollten in den für sie nützlichen Dingen unterwiesen werden, um sie dazu zu bewegen, tugendhaft zu leben und die Laster zu fliehen.[502] Paleottis „Instruzzione" ist entsprechend den vier Begriffen des Franziskus von Assisi strukturiert: Laster und Tugenden; Strafe und Belohnung. Nach McGinness gehen alle Traktate über die Predigt aus den 1570/80er Jahren von der Prämisse aus, dass die christliche Gesellschaft sündhaft sei und dass, um die Sünde zu bekämpfen, die Ordnung wiederhergestellt werden müsse.[503] Den Laien sollte von den Predigern eine „summa" oder eine Topographie des katholischen Glaubens näher gebracht werden. Insbesondere Paleotti und Borromeo verfolgen mit Härte jedes Zeichen von Missbrauch und Verfall der von ihnen erhobenen christlichen Werte. Neuankömmlinge sollten daher als erstes untersuchen, wo in der Gemeinde solche Missbräuche und Verfallserscheinungen auftreten.[504] Im Unterschied zur scholastischen Predigt, die den Zuhörer im Wesentlichen belehren wollte, legten die *Instructiones* des 16. Jahrhunderts ihre

---

there is no doubt that Charles Borromeo enjoys a place in this critical period in the history of preaching that no other single figure – Catholic or Protestant – enjoys. For the reasons I have adduced, his place is unique and pivotal"; O'MALLEY 1988, S. 150.

[499] Vgl. Borromeo 1583, S. 25; zur Rezeption vgl. O'MALLEY 1983, S. 248ff.
[500] Vgl. ALBERIGO 1995, S. 41.
[501] Vgl. MCGINNESS 1982, S. 200.
[502] Vgl. Bellarmino 1593, S. 655: „Finis christiani concionatoris esse debet docere fideliter quae populum oporteat vel deceat scire ex doctrina divina, et simul movere ad virtutes consequendas et vitia fugenda".
[503] Vgl. MCGINNESS 1982, S. 210f.
[504] Vgl. Borromeo 1583, S. 51, und Paleotti 1578, S. 35: Ma perché sono altri particolari peccati, ché sogliono essere più proprii, e frequenti di quegli, che lavorano et forsi non cosí conosciuti da predicatori; però perché molta utilità riesce nel saperli, riprendere opportunamente, cercheranno d'informarsi prima sopra di essi da' Curati de luoghi".

Betonung auf das ebenfalls der antiken Rhetorik entnommene Überzeugen.[505] Die Predigt sollte die Laien mit einem Minimum an Glaubenslehrsätzen vertraut machen: Dazu gehören die wichtigsten Gebete wie das Vaterunser und das Credo, die zehn Gebote und die Sakramente.[506] Die täglich aus dem Evangelium zu lesende Stelle sollte von den Predigern erklärt werden, um die Menschen für die Liebe zu Gott, für die Nächstenliebe, für die Einrichtungen des christlichen Lebens sowie für die Arbeit und die Pflicht zur Frömmigkeit zu begeistern.[507] Die Priester sollten als Grundlage für ihre Predigten an der lateinischen Version der Vulgata festhalten und sich auf die Kirchenväter berufen.[508] In der Exegese sollte die Predigt zuerst den Literalsinn der biblischen Schriften erklären und ohne Abstimmung mit dem Bischof sollten keine neue Ideen eingeführt werden.[509] Unklare Stellen sollten in Zweifelsfällen lieber umgangen werden. Die Diskussion von protestantischen Vorstellungen wird strikt verboten, sogar die Erwähnung der protestantischen Personen – außer, um sie zu schmähen – wird untersagt.[510] Entsprechend den detaillierten ikonographischen Vorstellungen Paleottis entwickelt Borromeo einen ähnlichen Verbotskatalog für die Predigt: Lächerliche Dinge, Frivolitäten, unbekannte Allegorien, die nicht durch tradierte kirchliche Schriften approbiert sind, die Verwendung von apokryphen Werken, Legenden, Diskussionen von theologischen Streitfragen wie der umstrittenen Konzeption der „Maria Immaculata" und eschatologische Spekulationen sollten vermieden, Topoi aus der antik-heidnischen Tradition nur sparsam eingesetzt werden.[511] Zudem bestand ein wesentliches Ziel darin, die Predigten von den akademischen Übungen der Scholastik zu befreien und auf die Feinheiten der

---

[505] Das „persuadere" wurde in noch viel stärkerem Maße in den Traktaten eines Botero, Valerio oder Granada betont, vgl. McGINNESS 1982, S. 241ff., und FUMAROLI 1980, S. 148ff. Zur scholastischen Predigt vgl. auch MURPHY 1974, S. 269ff.

[506] Vgl. Borromeo 1583, S. 40. Borromeo legt im Vergleich mit Paleotti und Bellarmino mehr Wert auf die Vermittlung des Verständnisses für die Sakramente; vgl. MOLS 1957, S. 733f. Außerdem verweisen alle drei Autoren auf die Verwendung des von Pius V. herausgegebenen „Catechismus Romanus"; vgl. Bellarmino 1593, S. 656.

[507] Vgl. Borromeo 1583, S. 28f. Die Einführung der Erläuterung des Evangeliums bedeutet einen Bruch mit der bisher üblichen Praxis, auch wenn es einige Prediger gab, die deswegen einen internationalen Ruf besaßen; vgl. O'MALLEY 1979, S. 55ff.

[508] Vgl. Borromeo 1583, S. 30.

[509] Bellarmino 1593, S. 655: „Ad docendum, qui est unus ex finibus concionatoris, non satis est de singulis Evangelii vocibus aliquid dicere vel ex singulis conceptus, ut vocant, quosdam elicere, ut quidam faciunt, qui non verbum Dei, sed verba sua praedicant; sed necesse est verum germanum et litteralem sensum eruere, et inde dogmata fidei confirmare vel praecepta vivendi tradere, ac breviter id docere, quod Spiritus Sanctus per ea verba doceri voluit"; vgl. auch Borromeo 1583, S. 30.

[510] Ebd.: „Ne haereticorum nomina, portenta illa quidem et monstra, in vulgus dicat"; vgl. auch Paleotti 1578, S. 34.

[511] Vgl. Borromeo 1583, S. 30f.

Rhetorik zugunsten einer einfachen, verständlichen Sprache zu verzichten.[512] So sollten die Predigten keine Form des Streites, der Schwülstigkeit, der Prahlerei oder des Protzens enthalten. Außerdem sollten Diskussionen, die die politische oder soziale Ordnung gefährden könnten, unterdrückt werden. Spezielle Warnungen betreffen die Diskurse über erlassene Gesetze oder eigenmächtige Proklamationen von Ablässen.[513] Zudem sollte die Kanzel nicht für persönliche Schimpftiraden oder Verleumdungen missbraucht werden, insbesondere nicht gegen konkurrierende Orden.[514] Im Allgemeinen sollte über ernsthafte Dinge nur dann gesprochen werden, wenn diese vorher umsichtig bewertet worden seien. Die Denunziation der Laster eines Gemeindegliedes in einer öffentlichen Predigt sollte nur erfolgen, wenn der Prediger sich zuvor als vorsichtig, gebildet und gläubig erwiesen hat. Ohne diese Grenze der Glaubwürdigkeit könnte er als „wahnsinniger Extremist" angesehen werden.[515]

Borromeo spezifiziert den anzustrebenden Inhalt einer Predigt in Bezug auf die zu bekämpfenden Laster: Blasphemie, Flüche, Omen, Hexerei, Zaubersprüche, Entweihung von Feiertagen, unziemliches Betreten von Kirchen, unpassende Gespräche an heiligen Orten – besonders wenn die Messe gefeiert wird –, Geiz, Hurerei, Ehebruch, Trunksucht und alle anderen fleischlichen Sünden.[516] Die Aufgabe der Predigt ist für ihn, die verkommenen Sitten der Gläubigen, die Grundlage der Sünde, durch Vorwürfe auszurotten.[517] Die Beispiele für sündiges Verhalten werden in allen Einzelheiten genauestens ausgeführt. Für Borromeo scheint die Predigt als Kontrolle der so genannten privaten Vergnügungen einen besonderen Stellenwert einzunehmen: Dazu gehören die Warnung vor Überschreitungen bei Tanz, Hochzeitsfesten, Spielen, der weiblichen Lust an Kleidung und Schmuck und der männlichen Trunksucht. Er betont hierbei den Konnex zwischen individueller Sünde und gesellschaftlicher Unordnung: Eigensinnige Individuen erwarten Qualen in der Hölle, sündige Gesellschaften furchtbare Kalamitäten in diesem Leben.[518] Katastrophen erwarten die Teile der christlichen Gesellschaft, die sich nicht den disziplinierenden Maßnahmen der Kirche unterwerfen und sich nicht entsprechend den Bestimmungen der kurialen Hierarchie verhalten.[519] Noch extremer ist die Haltung Paleottis, der mit den Predig-

---

[512] Zur weit verbreiteten Kritik an der scholastische Homiletik vgl. O'MALLEY 1979, S. 32ff. Dies ähnelt der Ablehnung der zeitgenössischen Kunst in der Michelangelo-Nachfolge, die wegen ihres hermetischen Charakters kritisiert wurde; vgl. auch die obigen Ausführungen.
[513] Vgl. Borromeo 1583, S. 3ff.
[514] Vgl. ebd., S. 32.
[515] Vgl. ebd., S. 33f.
[516] Vgl. ebd., S. 34ff.
[517] Ebd., S. 36: „Officium Concionatoris in perpetuo reprehendis, tollendisque pravis consuetudinibus, unde peccandi seminaria extant".
[518] Vgl. ebd.
[519] MCGINNESS 1982, S. 215: „(...) that did not reform according to the ancient discipline of the Church and conform to the dictates of the hierarchy".

ten die soziale Ordnung wiederherstellen will. Jede Sünde oder Unordnung bedeutet für ihn eine „rituelle Verunreinigung" der gesamten Stadt bzw. Diözese; jede individuelle Übertretung hat für ihn allgemein gesellschaftliche Konsequenzen.[520] Vor allem Paleotti legt in seinen Anweisungen für die Prediger, die Ausführungen von Strafe und Gnade betreffend, im Gegensatz zu Borromeo und Bellarmino, Wert auf konkrete Beschreibungen von Unglück, wie es die Menschheit heimsuchen kann: Hagelstürme, Fluten, Feuer, der Verlust von Eigentum, Tod. Die Prediger sollen erklären, dass diese Vorfälle von Gott kämen und nicht wirklich böse seien, sie eine positive Auswirkung auf die einzelnen Gläubigen hätten, da sie diese vor Eitelkeit schützten. Strafe und Gnade seien, fast wie eine einfache mathematische Formel, auch von den einfachsten Menschen zu verstehen.[521] Die Laien sollten von den Predigern an ihren Gehorsam gegenüber dem Bischof erinnert werden. Zusätzlich sollten jene die besondere Stellung der sakralen Rhetorik in jeder Predigt deutlich werden lassen und somit die Zuhörer ermahnen, ihren Befehlen, Instruktionen und Regeln zu folgen.[522]

Stellung und Funktion des Predigers

Prediger sollten insgesamt als Modell für die Reform als solche fungieren.[523] Deshalb waren sie insbesondere den persönlichen Tugenden verpflichtet, die von Theologen wie Borromeo, Paleotti und Bellarmino als essentieller Bestandteil eines Reformpriesters angesehen wurden: Gehorsam, Unterordnung und Eifer. Der niedere Klerus wurde als Vermittler der Offenbarung Christi angesehen.[524] Nicht autorisierten Personen sollte aufgrund der besonderen Dignität

---

[520] Vgl. Paleotti 1578, S. 36f. Zur rituellen Inszenierung der Stadt und deren Bedeutung im theologischen und individuellen Selbstverständnis liegen für Bologna noch keine Studien vor, doch lassen sich ähnliche Strukturen vermuten, wie sie Borromeo für Mailand und insbesondere Papst Sixtus V. für Rom durchgesetzt hatten; für Mailand vgl. ADELE BURATTI MAZZOTTA: L'azione pastorale dei Borromeo a Milano e la nuova sistemazione urbanistica della città, in: La città rituale. La città de lo stato di Milano nell'età del Borromeo, hrsg. von ADELE BURATTI, GARO COPPOLA, GIULIO CRESPI u. a., Mailand 1982, S. 9-55; Giovanni Battista Sannazzaro: La città dipinta, in: ebd., S. 57-103. Zu Rom vgl. RENÉ SCHIFFMANN: Roma felix. Aspekte der städtebaulichen Gestaltung Roms unter Papst Sixtus V., Frankfurt/Main 1985; HELGE GAMRATH: Roma sancta Renovata, Rom 1987; GIORGIO SIMONCINI: Roma restaurata. Rinnovamento urbano al tempo di Sisto V, Florenz 1990, und Sisto Quinto, hrsg. von MARCELLO FAGIOLO, MARIA LUISA MADONNA, 2 Bde., Bd. 1: Roma e il Lazio al tempo di Sisto V; Bd. 2: Le Marche al tempo di Sisto V, Rom 1992.

[521] Vgl. Paleotti 1578, S. 39.

[522] Vgl. Borromeo 1583, S. 41f.

[523] Allgemein zur Rolle des Predigers die Arbeit von Magaß, die sich aber eher auf den protestantischen Bereich bezieht, vgl. Walter MAGAß: Der Prediger und die Rhetorik, in: Rhetorik, Bd. 5, Rhetorik und Theologie, S. 13-26; DIETER BREUER: Der Prediger als Erfolgsautor. Zur Funktion der Predigt im 17. Jahrhundert, in: Vestigia Bibliae, Jg. 3, 1981, S. 31-48.

[524] Vgl. MCGINNESS 1982, S. 201, und O'MALLEY 1988, S. 142.

dieser Aufgabe das Predigen untersagt werden. Entsprechend den Tridentiner Vorgaben sollte die Erlaubnis zentral vom Bischof erteilt werden, um sowohl den Prediger als auch den Inhalt der Predigten besser kontrollieren zu können.[525] Das exemplarische Leben des Predigers unterliegt einer strengen Kontrolle. So zählen die Autoren eine Liste der geforderten Eigenschaften auf: vorzügliche Kenntnis der göttlichen Dinge, Verachtung für irdische Angelegenheiten, Gottesfurcht, ein vorbildlicher Eifer, Seelen zu überzeugen, Duldsamkeit, Demut, Gelassenheit, Barmherzigkeit, Geduld, Ehrfurcht und Devotion. Diese Eigenschaften weisen die besondere devotionale Haltung des Predigers nach und lassen seine persönliche Lebensführung selbst als Symbol des Glaubens erscheinen.[526] Paleotti rückt den eifrigen Prediger der „ecclesia militans" in die Nähe der Märtyrer, die freiwillig für ihren Glauben sterben: das Ideal eines „zelante concionatore". Die Autoren erinnern den Klerus vielfach daran, dass dieser Eifer nicht auf der Kanzel enden darf.

Entsprechend den Tugenden werden auch die Laster behandelt. Das für den Prediger gefährlichste Laster besteht im Stolz und nicht in der Häresie. Ihre intellektuellen Fähigkeiten und ihre Fremdsprachenkenntnisse sollten die Prediger nicht überbewerten. Ebenso gehören Konkurrenzneid und versteckte Eifersucht auf Prediger, die mehr Zuhörer anziehen, zu den Lastern, die eher die Mängel der heidnischen Rhetoriker bezeichnen.[527] Dieser Vorwurf entspricht der Kritik Paleottis an jenen Künstlern, die nur aus Gewinn- und Ruhmessucht profane Aufträge annehmen. So erscheint der Stolz als eines der schlimmsten Laster, das den gefährdeten Prediger in die Nähe der Protestanten rückt. Die Redner sollten ihr Leben nach den eigenen, in den Predigten aufgestellten Normen ausrichten[528] und sich auch entsprechend selbst überwachen. Die minutiösesten Ausführungen dazu stammen von Borromeo: Jeder Prediger sollte ihm zufolge auf seinen Gang und seine Haltung achten und die Neigung des Kopfes und seinen Blick kontrollieren. Sprache, Kleidung, Ess- und Trinkgewohnheiten sind geregelt. Geschenke, Gehälter und Almosen müssten den hierarchisch übergeordneten Autoritäten ausgehändigt werden.[529] Jegliche körperliche und geistige Haltung und Handlung müsste mit der inneren Spiritualität in Übereinstimmung gebracht werden. Sinne und Gefühle werden diszipliniert; alles wird der Aufsicht des Bischofs unterstellt.[530] Das exemplarische Leben des sich selbst diszip-

---

[525] Vgl. Borromeo 1583, S. 1-12.
[526] Paleotti 1578, S. 33: „in somma avertisca, che tutti i suoi atti quanto si può diano segno di divotione (...) che la vita sua corresponda alla professione che fa, e che ciò, che dice con parole, lo esprima con fatti".
[527] Vgl. Borromeo 1583, S. 18: „Superbiam, fastidium, atque arrogantiam valde cavebit".
[528] Ebd., S. 14: „ut verbis perpetuo aequalem, paremque vitam agat".
[529] Vgl. ebd., S. 14-19.
[530] Vgl. MCGINNESS 1982, S. 207 und JOHN BOSSY: The Counter-Reformation and the people of catholic Europe, in: Past and Present, Jg. 47, 1970, S. 51-70, hier S. 59. Dieses Ziel, die Menschen bis in jedes Detail zu disziplinieren, gehört zu einem weiteren Feld, das in den Ausbil-

linierenden Predigers kündete in rationaler Induktion von der Ordnung im Leben – Ordnung als sichtbarer Nachweis für die Präsenz Gottes. Nur über diese Ordnung konnte der einzelne Gläubige – ob intellektuell, spirituell oder moralisch – zu Gott gelangen. Um diese Vorstellungen verwirklichen zu können, mussten die Prediger einem gründlichen Erziehungsprogramm unterworfen werden. Dazu gehörten sowohl das Studium der humanistischen als auch der biblischen und patristischen Literatur. Die intellektuellen Anforderungen an die Kandidaten der Predigerseminare wuchsen in den Jahren nach Abschluss des Tridentinums immens an. Insbesondere die Jesuiten und Borromeo in seiner Erzdiözese Mailand spielten hierbei eine Vorreiterrolle. Borromeo erwartet in den *Instructiones* von den Predigern Wissen in der apostolischen und kirchlichen Tradition, den patristischen Schriften und Homilien, bzw. deren spiritueller Interpretation, den kirchlichen Riten und Ritualen, der Kirchengeschichte, dem kanonischen Recht, den wesentlichen Konzilsdekreten, der mystischen Theologie sowie Methoden und Praxis der Seelsorge;[531] außerdem Kenntnisse der biblischen Sprachen Griechisch und Hebräisch, weil diese für eine tiefere Kenntnis der Schrift wichtig seien.[532] Darüber hinaus sollten die Prediger ein spezielles Einfühlungsvermögen und eine besondere Kunstfertigkeit entwickeln.[533] Die Predigten sollten wohl überlegt vorbereitet werden; die Prediger müssten daher die Topoi der kirchlichen Rhetorik kennen, um Fehler auf der Kanzel zu vermeiden. Anfänger sollten sich von erfahrenen Rednern unterweisen lassen. Als besondere Vorbilder fungierten Gregor der Große, Johannes Chrysostomos und Paulus.[534] Zur Vertiefung sollten alle Kleriker und insbesondere Prediger fromme Bücher lesen, aber auf die Lektüre antik-heidnischer Werke verzichten; außerdem sollten sie in ihrem Haus sakrale Bilder aufhängen; hingegen werden obszöne Darstellungen auch in privaten Räumen der Kleriker verdammt.[535]

Bevor die Prediger ihre erste Predigt zu halten hatten, sollten sie diese auswendig lernen und sie vor erfahrenen Personen einüben.[536] Im letzten Kapitel des Traktates von Borromeo wird deutlich, wie spezifisch seine Vorstellungen von

---

dungsprogrammen für junge Geistliche am deutlichsten wird. So verblieb den Seminaristen am Englischen Kolleg in Rom nicht eine Minute für eigene Vergnügungen oder Freizeit.

[531] Vgl. Borromeo 1583, S. 19ff.
[532] Ebd., S. 8: „Illud denique non parum expedit, si Concionator etiam Graece et Hebraice nosse studebit: nam harum linguarum peritia cum ad alia multa utilis est, tum maxime et ad eliciendos ex eadem Scriptura plures Catholicos sensus, et ad explicandas illas sacrarum Litterarum voces, ac dictiones, quae magnam vim, magnamque emphasim habent".
[533] Vgl. Paleotti 1578, S. 34; Borromeo 1583, S. 9.
[534] Vgl. ebd., S. 10.
[535] Vgl. ebd., S. 44ff.; damit gelten für Kleriker strengere Regeln als für Laien, denn diesen war nach Paleottis *Discorso* das Anbringen von Bildern mit antik-heidnischem Motiv – wenn auch nicht als obszön bezeichnet – erlaubt.
[536] Vgl. Borromeo 1583, S. 54f.

der Selbstkontrolle des Predigers sind, die eine Maßregelung bis in die kleinsten körperlichen Regungen verlangt.[537]

Die Stimme sollte weder zu theatralisch noch zu weich klingen; zu große Pausen oder zu schnelles, unverständliches Reden sollten unterbleiben; außerdem sklavisches Nachahmen des Vortragsstiles eines anderen, auf die Kanzel schlagen bzw. überhaupt wilde Bewegungen. Das Auftreten musste der christlichen Bescheidenheit und Ernsthaftigkeit entsprechen.[538] So unterscheidet er auch im Gebrauch der Stimme zwischen den verschiedenen Teilen der Predigt, des „exordium", der „narratio", der „cohortatio" und der „conquestio" oder dem „epilogus". Abschließend werden Formen der Mimik und Gestik genannt, deren Übertreibung der Prediger unbedingt vermeiden sollte.[539] Prediger, die sich nicht an Vorschriften halten, müssten die strengsten Strafen, wie es Borromeo auch den Künstlern androht, erwarten und in Fällen der Häresie der Inquisition überstellt werden.[540]

Anhand der Predigtvorschriften zeigt sich insbesondere bei Borromeo, wie instrumental er die Rolle der Predigt verstand, um die gesellschaftlichen Rollen von Klerus und Laien festzulegen.[541] Das strikte Diktat der katholischen Kirche gegen Ende des 16. Jahrhunderts, das das gesamte Leben eines jeden Einzelnen betraf, sollte immer stärker verinnerlicht werden und verlangte einen größer werdenden Gehorsam von den Laien. Vom Klerus – und erstmalig auch vom niederen – wurde entsprechend noch stärkere Selbstkontrolle verlangt. Die Instruktionen ließen den einzelnen Predigern inhaltlich wenig Spielraum: Nach dem Tridentinum wurden die Missbräuche bekämpft und mit beinahe enzyklo-

---

[537] Auch die nonverbale Kultur wird in der frühen Neuzeit mit rhetorischen Kategorien erfasst. Kapp weist nach, dass diese Verlagerung des Akzents von der Metaphysik zur Rhetorik ein rationales Prinzip ins Spiel bringt, „das der gezielten Erzeugung von nonverbalen Informationen Vorschub leistet und zu einer Verfeinerung der Ausdrucksmittel wie überhaupt zu einer Potenzierung der nonverbalen Kommunikationsformen beiträgt". Dazu gehören die Entwicklung des neuzeitlichen Illusionstheaters, Darstellungstechniken und Bildprogramme in Architektur und bildender Kunst sowie der Zivilisierungsschub; VOLKER KAPP: Die Sprache der Zeichen und Bilder. Rhetorik und nonverbale Kommunikation in der frühen Neuzeit, in: Die Sprache der Zeichen und Bilder. Rhetorik und nonverbale Kommunikation in der frühen Neuzeit, hrsg. von DEMS., Marburg 1990, S. 7-10, hier S. 9; vgl. außerdem DERS.: Die Lehre von der actio als Schlüssel zum Verständnis der Kultur der frühen Neuzeit, in: ebd., S. 40-64, hier S. 53ff., und der historische Überblick von DILWYN KNOX: Late medieval and renaissance ideas on gesture, in: ebd., S. 11-39.

[538] Vgl. Borromeo 1583, S. 58ff.: „De voce, et corporis motu".

[539] Darunter fallen: das Hochziehen und Senken der Augenbrauen, das Runzeln der Stirn, das Berühren der Nase, das Sich-auf-die-Lippen-Beißen, das Kinn-auf-die-Brust-Pressen, das Heben und Senken der Schultern, das Den-Arm-in-die-Luft-Werfen wie ein Gladiator, anstößige Gesten mit dem Finger, das Sich-auf-die-Schenkel-Klopfen, das Aufstampfen mit den Füßen, das Husten und Spucken, außer wenn es unbedingt notwendig ist, das Mehr-durch-die-Nase-als-durch-den-Mund-Atmen und extremes Keuchen.

[540] Vgl. ebd., S. 52.

[541] Vgl. ebd., S. 41, und MCGINNESS 1982, S. 221.

pädischer Gründlichkeit konkrete Maßnahmen ergriffen, wobei die durch die Konzilsbeschlüsse gestärkte Position des Bischofs förderlich war. Gleichzeitig festigten jene disziplinarischen, zentralisierten Maßnahmen wiederum dessen Stellung.[542]

Affekterregung und -disziplinierung durch das Wort

Alle drei Autoren legten den Hauptaspekt ihrer Argumentation auf die „persuasione". Dies entspricht den Zielen der klassischen Rhetorik. McGinness bezeichnet diese „perusasione" des christlichen Predigers als eloquente Kriegsführung.[543] Den Zuhörern sollte entsprechend ihren mentalen Vorgaben der Inhalt der Bibel näher gebracht werden.[544] Das Publikum wird gemäß seiner sozialen Stellung bzw. seiner geistigen und emotionalen Fähigkeiten – wie ausführlich in Paleottis *Discorso* dargelegt – klassifiziert. Es geht Borromeo in seinen Predigtvorschriften, wie Paleotti in seinem *Discorso*, um die Konstituierung einer „res publica christiana".[545]

Trotz aller Kritik an der scholastischen Praxis, die zu sehr den Geist habe ansprechen wollen, wird der intellektuelle Diskurs jedoch nicht aus der Predigt verbannt.[546] Hierbei betonen Borromeo und Paleotti eher die emotionale Seite, Bellarmino hingegen ein wenig stärker die intellektuelle.[547] Die Zuhörer sollten

---

[542] Vgl. MCGINNESS 1982, S. 227; zur gestärkten Rolle des Bischofs durch die Konzilsdekrete vgl. die entsprechenden Ausführungen zum Tridentinum.

[543] MCGINNESS 1982, S. 201: „(...) war with his eloquence for the sake of God's kingdom". Vgl. auch ebd., S. 240ff.; dort aber im Zusammenhang mit den Traktaten von Botero und Valerio. Vgl. zum Zusammenhang von Rhetorik und den Exerzitien des Ignatius am Beispiel Corneilles auch MARC FUMAROLI: Héros et Orateurs. Rhétorique et dramaturgie cornéliennes, Genf 1990, S. 115ff. S. Borromeo 1583, S. 11: „ut auditorum scilicet animos commoveat, ad commovendum, persuadeat"; vgl. auch Bellarmino 1593, S. 656. Vgl. auch Borromeo 1583, S. 11: „ut auditorum scilicet animos commoveat, ad commovendum, persuadeat"; vgl. ebd., S. 656.

[544] Vgl. Paleotti 1578, S. 34; Borromeo 1583, S. 9.

[545] „(...) que nul orateur humaniste, pas meme les Chanceliers de la République florentine, n'eut l'autorité, ni l'audience directe d'un Charles Borromée, héritier et imitateur d'Ambroise sur le siège archiépiscopal de Milan. A son exemple, les évêques 'réformés', dont les mandements et les sermons, relayés par la parole d'innombrables prédicateurs, réguliers ou séculiers, touchent toutes les classes de la société, reconstituent peu à peu une société catholique, et enracinent dans les consciences, dans les habitudes, una doxa inspirée du Canon de Trente"; FUMAROLI 1980, S. 141.

[546] Vgl. auch PAUL F. GRENDLER: Critics of the Italian world (1530-1560), Anton Francesco Doni, Nicolò Franco and Ortensio Lando, Wisconsin 1969; hier S. 110ff.

[547] Bellarmino 1593, S. 655: „Ad movendum ad studium virtutum, qui est alter finis concionatoris, non satis est irasci in peccatores et vociferari; inanes enim clamores terrent aliquando simpliciores, sed ridentur a sapientioribus, et certe in neutris solidum fructum operantur. Itaque necesse est solidis rationibus, quae ducuntur a testimoniis divinis, a causis et effectibus rerum de quibus agitur, et potissimum ab exemplis et appositis similibus convincere primum mentem auditorum, ut fateri cogantur ita esse vivendum ut concionator dicit".

emotional angesprochen werden.[548] Das bedeutet, dass die Prediger, wenn sie über Laster und Tugenden sprechen, nicht allgemein darüber referieren, sondern sich spezifisch äußern sollten, damit den Gläubigen in instruktiven Worten beispielhaft vor Augen geführt werde, vor welchen Sünden sie fliehen sollten.[549] Darüber hinaus sollten die Gefühle der Zuhörer in den Ausführungen über Strafe und Gnade bewegt werden, um wahre Schuldgefühle zu erzeugen; dies bezieht sich auf den Tod, das Jüngste Gericht, die letzte Beichte, die man kurz vor seinem Tod ablegen müsse, die Strenge des letzten Gerichtes, die furchtbaren Strafen für die Verdammten und die Ewigkeit der Verdammnis.[550] Dementsprechend sollten die Gläubigen bestärkt werden. Abschließend rät Paleotti den Predigern und den Laien zur Ausübung der spirituellen Meditationen, um den Geist und die Emotionen der Gläubigen zu erreichen.[551] Die Vorgabe, eine einfache Ausdrucksweise zu verwenden, sollte die Prediger in einen direkteren Kontakt mit dem Publikum bringen.[552]

Vor allem Paleotti hebt in seinem Traktat die Relevanz der „idioti" als Adressaten der Predigt hervor, welche die Mehrheit der Bevölkerung ausmachen. Die Prediger sollten sich vornehmlich um die Bauern kümmern, weil diese für Sünden besonders empfänglich seien. Die Predigt sollte ihnen helfen, ihre soziale Situation zu akzeptieren und als gottgewollt hinzunehmen; gleichzeitig erteilt Paleotti den Predigern zehn Ratschläge, um die Armen zu trösten und ihnen im positiven Sinne eine besondere Aufmerksamkeit zukommen zu lassen.[553] Eine spezielle Beachtung finden bei ihm die Familienväter, da diese im Zusammenhang mit disziplinierenden Maßnahmen eine Mittlerrolle zwischen den Predigern und den einzelnen Individuen einnähmen: Die Familienväter sollten auf die Einhaltung der Gebete bei den Mahlzeiten und bei der Arbeit achten und kontrollieren, dass die einzelnen Familienmitglieder täglich die Messe besuchen.[554] Der Vater entspreche auf der familiären Ebene der Rolle des Erzbischofs in seiner Diözese.

Das Bedürfnis der kirchlichen Autoritäten des ausgehenden 16. Jahrhunderts, die Gefühle der Menschen symbolisch sowie realiter zu kontrollieren, wird

---

[548] Vgl. MCGINNESS 1982, S. 211.
[549] Vgl. Borromeo 1583, S. 33ff.
[550] Vgl. Paleotti 1578, S. 40.
[551] Ebd.: „meditatione spirituali delli giorni della settimana molto accomodate per instruire la mente, et muovere l'affetto delle Persone".
[552] Vgl. MCGINNESS 1982, S. 222.
[553] Vgl. Paleotti 1578, S. 36f.; zur sozialen Tätigkeit Paleottis vgl. PRODI 1959/1967, Bd. 2, S. 215ff.
[554] Vgl. Paleotti 1578, S. 39f.: „Delli padri di famiglia, et del governo et divotione in casa". Vgl. in diesem Zusammenhang die besonders seit Alberti existierende Tradition und die für das 17. Jahrhundert wichtig werdende Konzeption des „ganzen Hauses" – auch wenn sie inzwischen umstritten ist; vgl. OTTO BRUNNER: Adeliges Landleben und europäischer Geist, Salzburg 1949, und DERS.: Neue Wege der Sozialgeschichte, Göttingen 1956.

besonders deutlich in der leidenschaftlichen Anweisung an die Prediger, die Zuhörer zur Selbstkasteiung und -geißelung zu bewegen.[555] Diese Vorschriften beweisen, dass für die katholischen Theologen der posttridentinischen Zeit in der zentralen Frage der Predigt Konformität eines der essentiellen Anliegen in der Abwehr des Protestantismus darstellte. Die konfessionell katholische, in den öffentlichen Predigten verkündigte Gesellschaft sollte hierarchisch strukturiert sein. Dazu gehörte jene rigorose Kontrolle des Inhalts der Predigten und der Aktivitäten des Predigers, um die Integrität der Person und den Modellcharakter der Disziplin zu bewahren und gleichzeitig mit einer expliziten antihäretischen Botschaft den Protestantismus zurückzudrängen. McGinness betont drei innovative Aspekte der Traktate: Erstens wurde nie zuvor die Aufgabe und die Person des Predigers derartig komplex und systematisch behandelt; zweitens vertraten die Autoren in Abgrenzung zu den protestantischen Positionen eine extrem militante Auffassung des „Modellpredigers"; und drittens können diese Traktate als Entwurf oder als Ideal für eine modern geordnete katholische Welt interpretiert werden, in der die architektonische Vision einer wachsamen, aggressiven und hierarchischen Kirche demonstriert werden sollte. Diese Traktate sind im Zusammenhang mit dem Projekt der katholischen Kirche, die gesamte Gesellschaft zu reformieren, zu verstehen.[556]

Exkurs: Wissenschaftskonzeption als Disziplinierung

Inwieweit das bildhafte Denken aber nicht nur die theologischen Texte inspiriert und beeinflusst hat, zeigen die Autoren Antonio Possevino (1533-1611), italienischer Jesuit und ebenfalls einer der Hauptorganisatoren der katholischen Reform, mit seinem Hauptwerk *Bibliotheca selecta* und Athanasius Kircher (1602-1680) mit seinen universalwissenschaftlichen Studien. Beiden Autoren gemeinsam ist ihr Streben nach einer universalen Wissenschaftsauffassung. Legt Possevino den Schwerpunkt auf die Entwicklung einer den heutigen Geisteswissenschaften nahe stehenden Sammlung und Systematik, sind Kirchers Bemühungen im Wesentlichen den Naturwissenschaften gewidmet.[557]

---

[555] Vgl. Borromeo 1583, S. 45. In diesem Zusammenhang muss die besondere Vorbildrolle der Märtyrer hervorgehoben werden.

[556] MCGINNESS 1982, S. 199f.; vgl. auch DERS.: The rhetoric of praise and the New Rome of the Counter-Reformation, in: Rome in the Renaissance. The city and the myth, hrsg. von PAUL A. RAMSEY, Binghampton N.Y. 1982, S. 355-369.

[557] Dies ist wiederum im Sinne des universalwissenschaftlichen Ansatzes zu verstehen, der nicht mit dem System der Wissenschaften des 19. Jahrhunderts oder heutiger Zeit zu verwechseln ist. Allgemein zur Wissenschaftsauffassung der Jesuiten vgl. UGO BALDINI: Saggi sulla cultura della Compagnia di Gesù, Padua 2000, insbesondere S. 49ff.; RIVKA FELDHAY: The cultural field of Jesuit science, in: O'MALLEY (Hrsg.) 1999, S. 107-130; MICHAEL JOHN GORMAN: From 'The Eyes of All' to 'Useful Quarries in philosophy and good literature': Consuming Jesuit Science,

Possevino reiste durch Europa, um als Prediger gegen die Häresie und als Politiker für die Verwirklichung seiner jesuitisch geprägten Reformen zu wirken.[558] Er leitete unter anderem die Verhandlungen zur Etablierung des Jesuiten-Ordens in Frankreich und gründete in Ost- und Nordeuropa mehrere Seminare im päpstlichen Auftrag. So war er nach seiner Amtszeit als Rektor der Jesuitenkollegien in Avignon und Lyon Sekretär der Societatis Jesu, päpstlicher Legat in Schweden, Russland und Polen, Apostolischer Nuntius und Vikar für den skandinavischen Norden und Superintendent der päpstlichen Seminargründungen. Mit fast 60 Jahren verfasste Possevino die „Bibliotheca Selecta". Entsprechend Bellarminos *Controverisae* kann sie als Summe seines Kampfes für den „richtigen katholischen" Glauben angesehen werden: Mit diesem Werk wollte er die Bücher in ihrem Verhältnis zur katholischen Lehrtraditon sichten und bewerten.[559]

1600-1665, in: ebd., S. 170-189; außerdem LUCE GIARD (Hrsg.): Les Jésuites à la Renaissance. Système éducatif et production du savoir, Paris 1995, darin insbesondere GIAN PAOLO BRIZZI: Les jésuites et l'école en Italie (XVIe-XVIIIe siècles), S. 35-54, und STEVEN J. HARRIS: Les chaires de mathématiques, S. 239-262. Zum Zusammenhang zwischen jesuitischer rhetorischer und wissenschaftlicher Schulung vgl. auch BAFFETTI 1997, S. 15ff.

[558] Ebenso wie bei den anderen wichtigen Theologen ist auch die Literatur zu Possevino umfangreich, wobei eine Gesamtdarstellung fehlt. Zur älteren Literatur vgl. GEORG FELL: Einleitung zu den Pädagogischen Schriften von Antonio Possevin S.J., in: Der Jesuiten Perpiñá, Bonifacius und Possevin Ausgewählte Pädagogische Schriften, hrsg. von FRANZ XAVER KUNZ, Freiburg 1901, S. 275-399. Neueren Datums ist die Arbeit von JOHN PATRICK DONNELY: Antonio Possevino and Jesuits of Jewish Ancestry, in: Archivum historicum Societatis Iesu, Jg. 55, 1986, S. 3-31.Und HELMUT ZEDELMAIER: Bibliotheca Universalis und Bibliotheca Selecta. Das Problem der Ordnung des gelehrten Wissens in der frühen Neuzeit, Köln, Weimar u.a. 1992. Zu seiner Reise- und Legatentätigkeit vor allem in Nord- und Osteuropa vgl. STANISLAS POLCIN: Une tentative union au XVIe siècle: la mission religieuse de Père Antoine Possevin S.J. en Moscovie, Rom 1957. OSKAR GARSTEIN: Rome and the Counter-Reformation in Scandinavia, 2 Bde., Oslo 1963-1980. WALTER DELIUS: Antonio Possevino S.J. und Ivan Groznyi. Ein Beitrag zur Geschichte der kirchlichen Union und der Gegenreformation des 16. Jahrhunderts, Stuttgart 1962; vgl. außerdem RICHARD WEHNER: Jesuiten im Norden. Zur Geschichte des Ordens in Schweden I, 1574-1879, Paderborn 1974, insbesondere S. 15ff.; MARIO SCADUTO: La missione del nunzio. Due memoriali di Possevino ambasciatore, 1581, 1582, in: Archivum historicum Societatis Iesu, Jg. 49, 1980, S. 135-160.

[559] Vgl. zu den Schriften Possevinos CLAUDE SOMMERVOGEL (Hrsg.): Bibliothèque des ecrivains de la Compagnie de Jésus, 12 Bde., Bd. VI (1895), Sp. 1061-1093; Bd. IX (1900), Sp. 781f., Bd. XII (1911), Sp. 262-264, 714f., 1197f. In der Sekundärliteratur vor allem ZEDELMAIER 1992, S. 125ff., und außerdem STANISLAS POLCIN: Antoine Possevin, J. de Vendeville et Thomas de Jésus et les origines de la Propagande, in: Analecta Ordinis S. Basilii Magni Jg. 6, 1967, S. 577-595 ; S. P. RAMBALDI: Educazione evangelica e catechista: da Erasmo al gesuita Antonio Possevino, in: Ragione e 'civilitas'. Figure del vivere accocciato nella cultura del '500 europeo, hrsg. von DAVIDE BIGALLI, Mailand 1986, S. 73-92. GREGORIO PIAIA: Aristotelismo, 'herisia' e giurisdizionalismo nella polemica del P. Antonio Possevino contro lo Studio di Padova, in: Quaderni per la Storia dell'Università di Padova, Jg. 6, 1973, S. 125-145; TADEUSZ BIEŃKOWSKI: 'Bibliotheca selecta de ratione studiorum' Possevina, jako teoretyczny fundament kultury kontrreformacji, in Wiek XVIII – Kontrreformacja-Barok. Prace z historii kultury, Breslau 1970, S. 291-307; ALBANO BIONDI: La Bibliotheca selecta di Antonio Possevino. Un progetto di egemonia cultura-

Entsprechend den Einschätzungen zu Bellarmino wird sein Werk ebenfalls als „bibliographic catechism of the Counter-Reformation"[560] oder als „Encyclopedia of the Counter-Reformation"[561] bezeichnet. Ihm geht es in seinem Werk – wie in seinem politischen Wirken darum, die „christiana res publica" vor dem „Schmutz der Häresien" zu bewahren. Die „pietas", die „salus" der Gläubigen müsse angesichts der Vielzahl von Büchern gerettet werden.[562] Deshalb reiche es auch nicht, ein Raster anzulegen, das auf das verborgene Wissen verweist, sondern es müsse ein in religiös-eschatologischer Hinsicht sicherer Weg durch die Bibliothek gebahnt werden. Sollte die „Ratio studiorum" von 1599 das jesuitische Studiensystem kodifizieren, entsprach sie auch den theologischen Anforderungen Bellarminos. Im Untertitel verspricht das Werk eine methodische Unterweisung in den verschiedenen Wissensgebieten, einen geregelten Weg durch die Bibliothek: Ziel ist das (rationale) Streben nach Effizienz der Wissensaneignung und dem gestuften Aufbau der gelehrten Studien.

Einem einleitendem Kapitel folgen zehn Bücher der Theologie, die die folgenden weltlichen Wissenschaften um fast das Doppelte an Umfang übertreffen. Das Buch über die Poesie widmet sich den bildenden Künsten mit Ausnahme der Architektur, die im Kapitel über die Mathematik abgehandelt wird. Der Grund hierfür liegt nicht allein in den der Dichtung und Malerei gemeinsamen „cautiones ad pietatem", sondern ebenso die Poetik des Horaz.[563] Entscheidend für Possevino wie für Bellarmino ist die hierarchische Gliederung: Das theologische Wissen geht dem profanen voran, weil erst dieses die sicheren Kriterien für dessen Beurteilung vermittelt. Das Wissen, welches seine Relevanz für die Ausbildung der „pietas" erhält, wird nun entsprechend zusammengefasst, ge- und bewertet und abschließend verknüpft, damit eine sukzessive und kontrollierte Aneignung gewährleistet wird.[564] Insbesondere die Auseinandersetzung mit den protestantischen Positionen des „ad fontes" und deren Infragestellung

---

le, in: La 'Ratio studiorum'. Modelli culturali e pratiche educative dei Gesuiti in Italia tra Cinque e Seicento, hrsg. von GIAN PAOLO BRIZZI, Rom 1981, S. 43-75; PAUL RICHARD BLUM: Die geschmückte Judith. Die Finalisierung der Wissenschaften bei Antonio Possevino S.J., in: Nouvelles de la république der lettres, Jg. 1, 1983. S. 113-126. Zu seinen die bildenden Künste betreffenden Texte vgl. TESSARI 1983, S. 247-261; JOHN F. MOFFIT: A Christianization of pagan Antiquity, in: Paragone, Jg. 35, 1984, S. 44-60, JOHN PATRICK DONNELLY: Antonio Possevino, S.J. as a Counter-Reformation critic of the arts, in: Journal of the Rocky Mountains Medieval and Renaissance Association, Jg. 3, 1982, S. 153-164; HECHT 1997, S. 25ff., und im Zuge seiner Ausführungen zu den Auswirkungen der theologischen Bilderlehre S. 275ff.; außerdem VON ZUR MÜHLEN 1997, S. 161-170, und APPUHN-RADTKE 2000, S. 18-35. zum Verhältnis Possevinos zu Bellarmino vgl. GOODMAN 2000, S. 156f.
[560] ROMEO DE MAIO, Michelangelo e la Controriforma, Bari 1978, S. 257.
[561] PIETRO PITTI: L'architetto Bartolomeo Ammanati e i Gesuiti, in: Archivum Histroicum Societatis Iesu, Jg. 12, 1943, S. 9.
[562] Vgl. Anotonio Possevino: Bibliotheca selecta, Rom 1593, S. 1f.
[563] Vgl. BLUM 1983, S. 119f.
[564] Vgl. ZEDELMAIER 1992, S. 147.

kirchlicher Überlieferung forderte die posttridentinischen Theologen zur Legitimation ihrer eigenen Geschichte heraus. Neben den bereits erwähnten Autoren ist in diesem Zusammenhang vor allem das Werk Cesare Baronios zu nennen, dessen erster Band seiner *Annales Ecclesiatici* 1588 erschien.[565] Die kirchliche Überlieferung wurde zum Ort einer kritischen Auseinandersetzung, die sich um die methodische Absicherung ihrer Aussagen und Gesichtspunkte auf der Grundlage überlieferter Quellen bemühen musste und damit in Ansätzen die Quellenkritik zum 'objektiven' Maßstab der konfessionellen Auseinandersetzung erhob.[566]

Wissen ergibt sich platonisch für Possevino als Nachvollzug und Erinnerung göttlicher Offenbarung.[567] Er bedient sich der skeptischen Argumente der Renaissance-Philosophen,[568] aber strategisch: Auf das antik-heidnische Wissen soll nicht verzichtet werden, sondern es soll zielgerichtet angewandt und funktional auf die Bedürfnisse und Zwecke posttridentinischer Bildung und Wissenschaft ausgerichtet werden. Possevino begreift das gelehrte Wissen als historischen Überlieferungszusammenhang, als reale Wissenschaftsgeschichte, die sich analog christlicher Geschichtsdeutung in einen sicheren – heilsgeschichtlichen – und unsicheren – profan-heidnischen – Überlieferungsstrang aufspaltet. Gefahren drohen dem menschlichen Streben nach Wissen vor allem durch die mangelhafte Kenntnis der 'wahren', posttridentinisch verfassten, katholischen Religion.[569] Das Hauptproblem dabei stellt für ihn die individuelle Auswahl der entsprechenden einzelnen Fähigkeiten dar. Neben der Beurteilung, Kontrolle und Auswahl des Wissens spielt die Wissensvermittlung an den einzelnen Gläubigen und damit das Subjekt der Wissensaneignung eine entscheidende Rolle. Auch hierbei folgt Possevino den grundsätzlichen Prinzipien der posttridentinischen Theologen: Seine Haltung ist geprägt von der Sicht des Predigers bzw. des Missionars, der an die individuelle Verantwortung des Menschen appelliert. Wie der Prediger – und der Künstler – auf die unterschiedlichen Dispositionen und Bedingungen der zu unterweisenden Gläubigen Rücksicht zu nehmen hat, so geht ebenfalls die Theorie der Wissensvermittlung von unterschiedlich veran-

---

[565] Vgl. dazu ZEN 1985, S. 289-328, DERS. 1994, sowie den Sammelband Baronio Storico e la Controriforma 1982.

[566] Vgl. in dem Zusammenhang die Editionen der Bollandisten und Mauriner z.B.: KLAUS HAUSBERGER: Das kritische hagiographische Werk der Bollandisten, in: Historische Kritik in der Theologie. Beiträge zu ihrer Geschichte, hrsg. von GEORG SCHWAIGER, Göttingen 1980, S. 210-244.

[567] Vgl. zur Rezeption Marsilio Ficinos auch Zedelmaier 1992, S. 189ff., und zur Übernahme der Ideen des spanischen Jesuiten Luis de Molina im Zusammenhang mit dem Ratio Studiorum vor allem sein Werk aus dem Jahr 1588: *Liberi arbitrii cum gratiae donis concordia*.

[568] Darunter auch die Ideen Giovanno Picos, die dieser unter dem Einfluss Savonarolas entwickelt hatte.

[569] Vgl. Possevino 1593, I, S. 20.

lagten „ingenia" aus.⁵⁷⁰ Der Arbeit in einer – auch virtuell zu verstehenden – Bibliothek, zu der genauso die Produkte der bildenden Kunst gehören, muss das Erlangen einer Urteilskompetenz des einzelnen Gläubigen vorausgehen, weil das Urteil sich nicht als Ergebnis einer sich selbst überlassenen Lektüre herausbilden dürfe. Wahrheit liegt entsprechend den posttridentinischen Auffassungen schon als religiöse Gewissheit vor. Als konkreter Ort geht von der Bibliothek als Sammlung von Büchern und Bildern, als Ort der „curiositas", eine Gefahr aus. Der einzelne Gläubige dürfe nie den religiösen Zweck aus den Augen verlieren – für den eben Bücher und Bilder nur Instrumente und Mittel seien. Deshalb seien dem Einzelnen sichere Kriterien zu vermitteln – und zwar entsprechend seiner besonderen Voraussetzungen. Der didaktisch argumentierende Possevino will Rücksicht auf die verschiedenen Vermögen und Fähigkeiten des einzelnen Menschen legen.⁵⁷¹

Unter diesen Rahmenbedingungen müssen auch Possevinos Äußerungen zu den Bildern interpretiert werden. In Anlehnung an die *Ars Poetica* des Horaz behandelt er Poesie und bildende Kunst in einem Kapitel.⁵⁷² Insofern sei auch das Ziel beider „utilitas et iucunditas".⁵⁷³ Entsprechend seiner grundlegenden Ausführungen über den Zweck des Wissenserwerbs und in Parallele zu Paleotti, dessen *Discorso* er insbesondere empfiehlt,⁵⁷⁴ müsse auch der Maler wie der Dichter nicht nur Meister seines Faches sein, sondern über ein enzyklopädisches Wissen verfügen. Dazu gehören die Arithmetik, die Geometrie und die Optik, um die entsprechenden perspektivischen Darstellungen „korrekt" abzubilden. Für die Wiedergabe und die gleichzeitige Erregung menschlicher Emotionen müsse er Philosophie, insbesondere Moralphilosophie studiert haben. Und um die menschliche Anatomie zu verstehen, solle der Maler vor allem Galen studieren.⁵⁷⁵ Nicht nur müsse er die historisch-biblischen Szenen in ihrer „realen" Komplexität wiedergeben, sondern darüber hinaus auch phantastische Szenen abbilden. Hierbei warnt er aber die Maler davor, „falsche" Wunderszenen zu zeichnen; statt dessen sollten sie sich auf die posttridentinisch approbierte Überlieferung verlassen. Ebenso wie Paleotti geht es Possevino um die akkurate

---

[570] Vgl. ebd. S. 21-24, und Liber IV-V, S. 303-419, über die didaktischen Methoden; bzw. Libri X-XI, S. 587-664 am Beispiel der kontroverstheologischen Auseinandersetzung mit der japanischen Religion die Prinzipien der missionarischen Katechese. Vgl. auch beispielhaft dazu ALESSANDRO VALIGNANO: The Jesuits and the culture in the East, in: O'MALLEY (Hrsg.) 1999, S. 336-351, NICOLAUS STANDAERT: Jesuit corporate culture as shaped by the Chinese, in: ebd., S. 352-363, und QIONG ZHANG: Translation as cultural reform: Jesuit scholastic psychology int the transformation of the Confucian discourse on human nature, in: ebd., S. 364-379.

[571] Vgl. ZEDELMAIER 1992, S. 195ff.

[572] Vgl. Antonio Possevino: Bibliotheca selecta, Venedig 1603, S. 539ff.

[573] Ebd. und DONNELLY 1982, S. 155.

[574] Vgl. Possevino 1603, S 542.

[575] Vgl. ebd., S. 540. Im Wesentlichen beruft sich Possevino hierbei auf Plinius den Älteren; weitere Quellen stellen aber auch Alberti, Armenini und Dürer dar.

Wiedergabe biblischer Szenen, die den einzelnen Gläubigen emotional bewegen sollte. Sein Desinteresse an genaueren ikonographischen Vorschriften, welches Donnely verwundert, erscheint nur konsequent, da es sich um einen Gesamtentwurf handelt, bei dem es dem Autor eher um die grundsätzlichen Fragen des Wissenserwerbes und der Wissensvermittlung geht.[576] Als Modell für die Darstellung von Emotionen schlägt er die Laokoon-Statue vor. Hierbei diente der Laokoon oft als Vorbild für die Darstellung des gemarterten Petrus, bzw. aller christlichen Märtyrer.[577] Die Gruppe galt als „exemplum doloris". Hierbei sollte nicht nur die pagan-antike Geschichte christianisiert werden, sondern eine paneuropäische katholische Kultur, die weit über die europäischen Grenzen hinaus modellhaften Charakter entwickelte, entworfen werden.[578] Abbildungen von Martyrien sollten entsprechend lebensnah und blutig sein. Die höchste Kunst bestehe darin, das Martyrium im Märtyrer, Tränen im Weinen, Trauer im Leiden und Glorie und Freude in der Erhöhung darzustellen und insofern das Herz des Betrachters zu bewegen. Dies sei der eigentliche Kern der Kunst.[579] Wie wichtig ihm die Darstellung der Passion Christi und der Martyrien war, lässt sich daran ablesen, dass er ein Kapitel einzig diesem Thema widmete. Hierbei müsse der Maler psychologisch das Leiden nachvollziehen und für sich selbst erleben, damit er die Sinne seiner zukünftigen Betrachter überwältigen könne.[580] Um das „Mit-Fühlen" zu erleichtern, schlägt Possevino als Lektüre die Meditationen von Luis de Granada über die Passion vor. Als besonders vorbildliche Päpste rühmt Possevino neben Gregor dem Großen (590-604) insbesondere Pius V. (1566-1572) und Sixtus V. (1585-1590), die die antik-heidnischen Statuen verbannt bzw. christianisiert hätten.[581] Possevino schöpfte hierbei aber nicht nur aus einem theoretischen Wissen. Er besaß darüber hinaus ein hohes Ansehen als Kunstkenner, so dass er mehrfach unter anderem vom bayerischen und vom mantuanischen Herzog als Agent für religiöse Kunst beauftragt wurde.[582] Darüber hinaus war er an der Gründung verschiedener Jesuitenkollegien beteiligt. Diese Tätigkeit fand ihren Niederschlag in seinem Architektur-Kapitel, wobei er

---

[576] Vgl. DONNELLY 1982, S. 157.

[577] John F. M. MOFFIT: A christianization of pagan antiquity, in: Paragone, Jg. 35, 1984, S. 44-60, hier S. 50.

[578] Ebd., S. 52. Dieser Interpretation folgten auch die prominentesten spanischen Autoren: Vicente Carducho, Hofmaler Philipps IV., in seinem 1633 veröffentlichten Traktat *Diálogos de la Pintura*; Francisco Pacheco, *Censor de Pinturas in Sevilla Arte de la Pintura* von 1638 und das 1715 veröffentlichte El Museo Pictórico y Escala Óptica von Antonio Palomino.

[579] Possevino 1603, S. 545.

[580] Vgl. ebd., S. 546f.

[581] Vgl. ebd., S. 547f. Bei seiner Ablehnung von Nackt-Darstellungen bezieht er sich sowohl auf die Protestanten als auch auf die Missionen in Südamerika und Asien. Erstere könnten diese Darstellungen als Vorwand gegen die posttridentinisch-katholische Kirche benutzen; für letztere sei es unverständlich, dass ihre „Götzenbilder" aus den Tempeln vertrieben worden seien, sie dagegen in Europa immer stärker die Tempel füllten.

[582] Vgl. DONNELLY 1982, S. 160.

sich weniger für die Ästhetik im Speziellen interessiert, sondern sich vielmehr den urbanistischen Prinzipien zuwendet. Der Ort innerhalb einer Stadt müsse so gewählt werden, dass er sowohl attraktiv für die Gläubigen sei, und hier vor allem die Nobilität als Multiplikatoren des „wahren" Glaubens, als auch geeignet in Bezug auf Boden, Wettereinflüsse und Wasser.[583] Einen besonderen Stellenwert nehmen in seinem Traktat die Embleme ein, verbinden sie doch in vortrefflicher Weise Wort und Bild. Gerade hierin zeigt sich die für das posttridentinische Denken typische Aufmerksamkeit für das Bildhafte im Wort und das Zeichenhafte im Bild. Possevino betont, dass fast sämtliche dekorativen Wort-Bild-Verbindungen als Emblem aufgefasst werden könnten; selbst diejenigen auf Vasen und Kleidern. Ebenfalls in diese Reihe ordnet er Münzen, militärische Standarten, Flaggen und Hieroglyphen ein. In seiner spezifischen Definition orientiert er sich an den zeitgenössischen Vorgaben wie von Alciatus, ohne im modernen Sinn genau zwischen Emblem und Imprese zu unterscheiden.[584] Ein Emblem enthalte drei Elemente: eine kurze Inschrift (meist ein Aphorismus), ein Bild und ein Gedicht zur Erklärung. Die Bedeutung, d.h. vor allem ihre moralische Valenz, solle sich nicht sofort offenbaren, sondern sich erst durch ein erlerntes Wissen und Reflektion erschließen.[585]

Von besonderer Bedeutung für die Weiterentwicklung des posttridentinischen neuen Bilddenkens waren die erkenntnistheoretischen Konsequenzen von Athanasius Kircher. Kircher, 1602 in Fulda geboren, wurde nach Studien in Fulda und Mainz, 1617/18 in den Jesuitenorden aufgenommen. Als Professor für Ethik, Mathematik und orientalische Sprachen in Würzburg wurde er 1631 durch die vorrückenden schwedischen Truppen vertrieben. Nach einem Aufenthalt in Frankreich und Wien ging er 1633 nach Rom, wo er mit kurzen Unterbrechungen bis zu seinem Tode 1680 blieb. Kircher nutzte die wissenschaftliche Dominanz seines Ordens mit seiner finanziellen Ausstattung vor allem als Anlaufstelle für die in den Missionen eingesetzten Jesuiten.[586]

---

[583] Vgl. Possevino 1603, II. S. 288-291.
[584] Vgl. DONNELLY 1982, S. 161. Einen neueren Überblick vermittelt der Sammelband von PETER M. DALY, G. RICHARD DIMLER, RITA HAUB (Hrsg.): Emblematik und Kunst der Jesuiten in Bayern, Turnhout 2000; hierin insbesondere der Überblicksbeitrag von PETER M. DALY: A survey of emblematic publications of the Jesuits of the upper german province to the year 1800, S. 45-68, sowie KAREN PINKUS: Picturing silence. Emblem, language, Counter-Reformation materiality, Ann Arbor 1996, S. 37ff.
[585] Vgl. Possevino 1603, S. 551.
[586] Vgl. THOMAS LEINKAUF: Mundus combinatus. Studien zu Struktur der barocken Universalwissenschaften am Beispiel Athanasius Kirchers SJ (1602-16809, Berlin 1993, S. 21ff. Neben der zahlreichen Literatur sei hier vor allem die neueste Publikation genannt: EUGENIO LO SARDO (Hrsg.): Athanasius Kircher. Il museo del mondo, Rom 2001, hier vor allem auch der Beitrag von UMBERTO ECO: Kircher tra steganografia e poliografia, S. 209-213. Außerdem JOSCELYN GODWIN: Athanasius Kircher. Ein Mann der Renaissance und die Suche nach dem verlorenen Wissen, Berlin 1994 sowie RENATO CIALDEA: Riflessioni sul Museo Kircheriano, in: MARISTELLA CASCIATO, MARIA GRAZIA IANNIELLO, MARIA VITALE (Hrsg.): Enciclopedismo in

Entscheidend für den Zusammenhang der Bildtheorie ist die Weiterentwicklung der Theorie der „visibilitas" auch für andere theologisch-wissenschaftliche Zusammenhänge neben der Repräsentation der „wahren Kirche". Dazu gehören Kirchers Sprachforschungen und seine philosophischen Überlegungen zur Erkenntnistheorie. Sein Konzept einer neu zu konstituierenden Universalsprache ist einzuordnen in seine universalwissenschaftlichen Bestrebungen und die posttridentinische Bild- und Zeichenauffassung. Er führt die Sprache zurück auf die Paradigmen von Hieroglyphik und kabbalistischer Wortmystik. Wie bereits bei den posttridentinischen Bildtheoretikern spielt die Funktionalisierung der Tradition zur Legitimierung eine wesentliche Rolle. Erst dadurch könne die menschliche Vernunft an der göttlichen Weisheit auch innerweltlich partizipieren.[587] Universalwissenschaft wurde von Kircher als „Kombinatorik" verstanden. Sie galt als eine lehrbare und vor allem schnell erlernbare Kunst, „ars". Grundlage bildeten letztlich theologische, also absolut gesicherter „Element-Einheiten". Mit Hilfe dieser Kunst sollten die sich immer stärker herausbildende Fragmentierung und die Interdependenzen einen eindeutigen Verweiszusammenhang erhalten. Dieser Verweiszusammenhang entsprach Bellarminos Kriterien von Klarheit, Ordnung und Hierarchie. In Kirchers symbolischem Verständnis der Sprache zeigt sich deutlich die Verknüpfung von Wort- und Bildauffassung in der posttridentinischen Argumentation. Die Struktur der Welt wird von ihm vor allem als sprachlich definiert, als göttliche „manifestatio per verbum". Symbolhaft kann der Mensch aber erst in der Reflektion darüber sich in der Welt bewegen.[588] Im Rahmen dieser Überlegungen wird Erkenntnis gleichgesetzt mit dem „Aufstieg" zu göttlicher Weisheit.[589] Schlusspunkt dieses „ascensus" ist der Besitz, „possessio", bzw. der Genuss, „fruito", des Sich-Zeigens Gottes in der schauenden Seele. Die individuelle Betrachtung bzw. Schau des innersten Sachgehaltes und Wesens der Dinge kann diese unmittelbar erfassen. Rezipiert wird hier die Überlegenheit des Bildes über die Schrift, wie sie Paleotti ausgeführt hatte.

In Bezug auf die Stellung des Menschen greift Kircher auf einen aus der Antike synthetisierten Gedanken zurück: Der Mensch als Welt-Verarbeitender und als Welt-Betrachter kann als spiegelbildlicher „Mikrokosmos" verstanden werden.[590] Entsprechend den von Bellarmino geäußerten Überlegungen entwickelt

---

Roma Barocca. Athanasius Kircher e il Museo del Collegio Romano tra Wunderkammer e museo scientifico, Venedig 1986, S. 355-359.

[587] Vgl. LEINKAUF 1993, S. 266f.

[588] Vgl. Athanasius Kircher: Oedipus Aegyptiacus, Bd. 2, Rom 1653, S. 1ff., und ders.: Turris babel, Amsterdam 1679, S. 21ff und S. 149ff.

[589] Vgl. LEINKAUF 1993, S. 276f., und Athanasius Kircher: Ars magna sciendi, VII, Amsterdam 1669, S. 323.

[590] Vgl. LEINKAUF 1993, S. 383f.; zur Idee des Mikrokosmos vgl. auch ANDREAS GROTE (Hrsg.): Macrocosmos in Micrcosmos: die Welt in der Stube. Zur Geschichte des Sammelns 1450 bis

Kircher eine anthropologisch-politische Theorie.[591] Der Mensch sei hierarchisch eingebunden in die Ordnungen des Universums und der Natur. Das Universum als Ganzes habe sein Zentrum im Menschen und der Mensch wiederum sein Zentrum in Gott. Damit sei die Erde nichts anderes als ein ausgedehnter, erweiterter 'Körper' des Menschen. Dieses Eingebundensein in die Hierarchie des Seins bedeutet damit auch eine strukturelle Vorgabe, die der Mensch aktiv – und zwar in der „wahren Kirche" – aufnehmen müsse. Kircher interessiert hierbei vor allem die kombinatorische Wissensform: Sie sei das entscheidende innerweltliche „Bild" des göttlichen Wortes selbst. In Übernahme der auf dem Tridentinum erneuerten Prototypenlehre wird also die Gesamtordnung im Menschen abgebildet. Als Mikrokosmos stellt der Mensch faktisch die Welt in sich dar.[592] Ausgangspunkt für das Erkenntnisproblem bei Kircher ist der traditionelle Gedanke, dass der Mensch „Abbild" Gottes sei. Sowohl in der Vorstellung des Mikrokosmos als auch in einer zeichenhaft verstandenen Sprache drückt sich symbolhaft das Handeln Gottes aus. Insofern ist auch jedes politische Handeln Abbild des göttlichen Wirkens. Politik ist somit bildhafter Ausdruck Gottes. Die Würde des Menschen zeigt sich in der Rückbindung der Welt an ihr Sinnzentrum Gott. Jene Rückbindung stellt sich innerweltlich als Abbildung der Form göttlichen Wirkens dar. In diesem Zusammenhang wird die Bedeutung des Konzeptes der „visibilitas" für die politischen Theorien deutlich. Die „dignitas hominis" erhält bei Kircher eine entsprechende politische Repräsentation. Erst die praktische Realisierung bedeute die „Abbildung" des göttlichen Wirkens. Der Mensch könne sich als Einzelner mit den anderen Menschen zu einem komplexen Ganzen verbinden, das somit sein artifizieller, nicht naturhafter „Körper" werde. Dieses Ganze sei der Staat, die „res publica", das politische Gemeinwesen.[593] Kirchers menschlicher Staat repräsentiert daher in expliziter Form den monarchischen und theologischen Grundzug des Seins oder Universums selbst. Auch hier verbinden sich Überlegungen zur Fragmentierung bzw. Individualisierung mit denen zu einer vereinheitlichten Ordnung, die sich in der „vera ecclesia" visualisieren. Die größtmögliche Harmonie des Staates wird erreicht, wenn die größtmögliche Varietät der singulären und individuellen Momente in der Einheit zusammengefasst werden könne.[594] Kircher entwickelte die Idee, dass das Politische eine abbildliche Synthese aus der theologisch-priesterlichen und säkular-imperialen Dignität des Menschen darstelle. Es ist daher kein Zufall, dass Kircher seine Universalwissenschaft immer wieder und

---

1800, Opladen 1994 und GERHARD E. SOLLBACH: Die mittelalterliche Lehre vom Mikrokosmos und Makrokosmos, Hamburg 1995.

[591] Vgl. LEINKAUF 1993, S. 390f.

[592] Vgl. Athanasius Kircher: Ars magna lucis et umbrae, Amsterdam 1671, 1. Aufl. Rom 1646, S. 71ff. und S. 79ff.

[593] Vgl. Athanasius Kircher: Oedipus Aegyptiacus, Bd. 1, Rom 1652, S. 113f. und 131ff.

[594] Vgl. Athanasius Kircher: Principis Christiani archetypon, Amsterdam 1669, S. 59.

ausschließlich in den Dienst dieser beiden Pole innerweltlicher monarchischer Repräsentation des Göttlichen gestellt hat: in den Dienst des römischen Papstes und des habsburgischen Kaisers.[595]

Besondere Aufmerksamkeit im Rahmen der Bildtheorie verdient die Verbindung von wissenschafts-, erkenntnistheoretischen und theologischen Überlegungen, die sich in den posttridentinischen Ideen zur Optik niederschlagen. Einen großen Einfluss besaß Kirchers 1646 erschienene *Ars magna lucis et umbrae*, das als ein physikalisches Lehrbuch, als „Optik", verfasst wurde. Im Zentrum seiner Überlegungen steht die Lehre, dass es unterschiedliche Formen der Ausbreitung des Lichtes (lux) gebe: In einem Diagramm, das „deus", „angelus", „homo" und „animal" in hierarchischer Ordnung aufführt, werden diesen „mens", „intellectus", „ratio" und „sensus" sowie „lux" (Licht), „lumen" (Hellsein), „umbrae" (Schatten) und „tenebrae" (Dunkelheit), außerdem eine entsprechende Hierarchie der Wolkenformen zugewiesen[596]. „Lux" aber sei in Gott und sei Gott selbst. „Lumen" sei die erste Ausbreitung von „lux" und dessen direktes Strahlen; „umbra" ist Beugung und Brechung des „lumen". Auch ist damit gemeint, dass das unendliche Licht „lux" „intellectus", „ratio" und „sensus" nicht in gleichem Maße, in gleicher Gestalt und gleicher Erscheinung zugänglich sei[597]. Diese Hierarchie entspricht der parallelen Konzeption der gestuften Rezeption Paleottis und Ottonellis. Verbunden werden hier wahrnehmungstheoretische Konzepte mit Fragen der Erkenntnis, der bildenden Kunst und der zeitgenössischen Naturwissenschaft.[598] Kircher entwickelt die Überlegung, dass die menschliche Seele das Vermögen besitze, aus der Dunkelheit zu Gott aufzusteigen – und zwar mit den Mitteln der Kontemplation über die sinnlich wahrnehmbaren Dinge. Dies wird anhand einer Lichtmetapher verdeutlicht: Die Seligen und jene, die durch Kontemplation mit Gott verbunden sind, trifft der Licht-

---

[595] Vgl. LEINKAUF 1993, S. 397. Zur Rolle der Jesuiten in der praktischen Politk vgl. stellvertretend ROBERT BIRELEY: Maximilian von Bayern, Adam Contzen S.J. und die Gegenreformation in Deutschland 1624-1635, Göttingen 1975 und DERS.: Les jésuites et la conduite de l'Etat baroque, in: GIARD (Hrsg.) 1996, S. 229-242, und JEAN-FRANCOIS COURTINE: Théologie morale et conception du politique chez Suarez, in: ebd., S. 261-278.

[596] Vgl. Athanasius Kircher: Ars magna lucis et umbrae, Rom 1646, S. 924. Vgl. grundlegend zur optischen Theorie des Mittelalters und der frühen Neuzeit DAVID C. LINDBERG: Theories of vision from Al-Kindi to Kepler, Chicago, London 1976; MARTIN KEMP: The science of art. Optical themes in western art from Brunelleschi to Seurat, New Haven, London 1990, und GUDRUN SCHLEUSENER-EICHHOLZ: Das Auge im Mittelalter, 2 Bde., München 1985, zu den erkenntnistheoretischen Metaphern vor allem Bd. 2, S. 953ff.

[597] Vgl. ebd., S. 924f.; vgl. auch BERND WOLFGANG LINDEMANN: Bilder vom Himmel. Studien zur Deckenmalerei des 17. und 18. Jahrhunderts, Worms 1994, S. 115.

[598] Zur Bedeutung des Lichts in der sakralen Deckenmalerei vgl. URSULA SPINDLER-NIROS: Farbigkeit in bayerischen Kirchenräumen des 18. Jahrhunderts, Frankfurt/Main 1981, und allgemein WOLFGANG SCHÖNE: Über das Licht in der Malerei, Berlin 1954.

strahl direkt, die Gläubigen auf dem Weg der Reflexion.[599] Einen direkten ersten Niederschlag finden diese meines Erachtens sowohl neuplatonischen als auch aristotelischen[600] Ideen in der Emblemtheorie des Kölner Jesuiten Jacob Masen[601]: Seien die irdischen Bilder auch unvollkommen, so vergegenwärtigen sie doch Gott und die überirdischen Dinge[602]. Sowohl die Überlegungen Paleottis zur Wirkungsästhetik als auch diejenigen zur Repräsentation der „wahren sichtbaren Kirche" Bellarminos haben hier ihren Niederschlag gefunden.

7. Das Modell des „Neuen Sehens" der posttridentinischen Kirche

Die kulturelle Funktion des Bildes und deren Entwicklung stehen im Mittelpunkt der kunsthistorischen und ästhetischen Untersuchungen, die für das 16. Jahrhundert eine Zäsur sowohl für die Interpretation des Bildes als auch des Blickes konstatieren. Die interdisziplinär-kulturwissenschaftlichen Fragestellungen von Belting und Burke müssen für die Frage des „Neuen Sehens", der Umwertung des sakralen Bildes, berücksichtigt werden.[603] Belting versucht, eine Geschichte des Bildes vor dem Zeitalter der Kunst zu schreiben. Er versteht unter „Bild" insbesondere Kultbilder, die noch nicht von Vorstellungen eines Kunstwerks beeinflusst sind, wie sie in der Renaissance geprägt wurden.[604] Die Bilderfrage stand nicht erst im Tridentinum im Blickfeld der Theologen. Bereits früher hatten sie erkannt, dass materielle Bilder eine Macht besitzen, über die sie keinen Einfluss besitzen. Deshalb lieferten die Theologen in Bilderfragen – so Belting – nur die Theorie einer schon bestehenden Praxis nach. Ihre Zulassung konnten sie dann an Bedingungen knüpfen, die garantierten, dass sie den Überblick behielten – oder zumindest dies versuchten. „Wenn sie die Bilder er-

---

[599] Vgl. KIRCHER, S. 933 und LINDEMANN 1994, S. 116
[600] Zu dieser Problematik vgl. LINDEMANN 1994, S. 118, und BREDEKAMP 1992, S. 75ff.
[601] Vgl. Jacobus Masenius: Speculum imaginum veritatis occultae, Exhibens Symbola, Emblemata, Hieroglyphica, Aenigmata, Omni, tam materiae, quam formae varietate, exemplis simul, ac praeceptis illustratum, Köln 1650; vgl. auch LINDEMANN 1994, S. 118ff., und BAUER 1986, vor allem S. 319ff., zum „Speculum" S. 461ff.
[602] Vgl. Masenius 1650, S. 18f.; vgl. in diesem Zusammenhang die Exerzitien des Ignatius; vgl. dazu HENKEL 1995, MICHAEL SIEVERNICH, GÜNTER SWITEK (Hrsg.): Ignatianisch: Eigenart und Methode der Gesellschaft Jesu, Freiburg 1990, und PIERRE ANTOINE FABRE: Ignace de Loyola. Le lieu de l'image. Le problème de la composiiton de lieu dans les pratiques spirituelles et artistiques jésuites de la seconde moitié du XVIe siècle, Paris 1992, S. 47ff., sowie Ignatius von Loyola: Geistliche Übungen, übersetzt von Peter Knauer, Würzburg 1999.
[603] Vgl. BURKE 1987, S. 11-21 und S. 186-200, sowie HANS BELTING: Bild und Kult. Eine Geschichte des Bildes vor dem Zeitalter der Kunst, München 1990, insbesondere S. 11-27 und S. 510-545.
[604] Vgl. ebd., S. 9. So spricht er später von der „Krise des alten Bildes am Beginn der Neuzeit"; ebd., S. 511.

klärt und den Zugang zu ihnen reguliert hatten, waren die Theologen zuversichtlich, die Dinge wieder in der Hand zu haben".[605] Denn Bilder sind seiner Meinung nach für öffentliche Kundgebungen von Loyalität geschaffen worden oder für deren Verweigerung, die man an ihnen vertretungsweise praktizierte. Belting degradiert die theologischen Traktate allein auf ihren reaktiven Gehalt: Unberücksichtigt bleibt dabei das interdependente Verhältnis zwischen den die inneren und äußeren Bilder normierenden Vorschriften und der künstlerischen Produktion, der Konnex von der Entwicklung gesellschaftlicher Leitmodelle im Zusammenhang mit der Konfessionalisierung und sozialen und mentalen Transformationsprozessen. Mit der Renaissance hatten sich nicht nur vielfältige geistige Umbrüche vollzogen und mit der Reformation tiefe soziale, politische und theologische Gräben aufgetan, sondern in der frühen Neuzeit scheint sich das Verhältnis zwischen Kunst und Bild generell zu polarisieren.[606] Nach Belting versuchten die katholischen Theologen den Reformatoren und ihrem Bildersturm in zweifacher Weise zu begegnen. Sie konnten den Bildkult durch das reformierte, seiner anstößigen Merkmale beraubte Bild sublimieren, das „in künstlerischem Gewande und mit einem spekulativen Sinngehalt theologische Gedanken anregte. Oder sie konnten den Kult durch den reliquienhaften Gebrauch von Wunderbildern, die schon durch ihr Alter überzeugten, erst recht forcieren. In dem einen Fall überließ man der Kunst die Vermittlung einer sublimierten Bildidee, die sich auch die Theologen zu eigen" gemacht hatten.[607] In dem anderen Fall wurde die Fremdartigkeit alter Bilder beschworen, welche sie aus dem neuen Kunstgeschmack herausheben sollte. Der Bildkult galt nun dem Bild aus einer anderen Ära. Besonders die Orden betrieben in nachtridentinischer Zeit eine kämpferische Bilderpolitik, in der berühmte Kultbilder bewusst in den Dienst einer Glaubenspropaganda gestellt wurden. Dies soll im folgenden Kapitel näher untersucht werden. Der Kult galt solchen Bildern, die „vor dem Zeitalter der Kunst" entstanden waren. Die „moderne" Kunst hatte die Aufgabe, diese durch Rahmengemälde, Altäre oder gar eigene Kapellen, wie sie Borromeo forderte, aufzuwerten. Dieser neue Kurs wird auf einer viel breiteren Ebene von Burke beschrieben. Burke sieht den gesamten Prozess, der hier nur für den Umgang der katholischen Reformer mit der Bilderfrage exemplarisch untersucht wurde, als Prozess der Ablehnung von Ritualen, der von den protestantischen Reformatoren initiiert wurde. Zwar wurden – so Burke – viele rituelle Akte auf dem Tridentinum bestätigt, doch gibt es „Belege für eine zunehmend kritische Haltung innerhalb der katholischen Kirche gegenüber einigen traditionell zugunsten des kirchlichen Rituals ins Feld geführten Behauptungen. (...) Man

---

[605] Ebd., S. 11.
[606] Ebd., S. 538.
[607] Ebd. Zum Thema der Neuinszenierung von alten Kultbildern vgl. auch die Ausführungen im folgenden Kapitel.

glaubte zunehmend weniger an die materielle Wirksamkeit des Rituals".[608] Im Weiteren beschreibt Burke den Prozess der „Entritualisierung" der westlichen Gesellschaft in der frühen Neuzeit, ohne, wie dies Belting versucht, auf einen dualistischen Charakter hinzuweisen und damit die Wirksamkeit der veränderten Rituale der katholischen Kirche im so genannten „Barockkatholizismus" zu erklären. Dabei wurden ganze Städte, wie Mailand unter den Borromeerbischöfen oder wie Rom, das als „sacrum theatrum" von den Päpsten in ein neues urbanistisches Konzept überführt wurde, in eine rituelle Inszenierung eingebunden. Diese Inszenierungen bleiben bei Burke unberücksichtigt und er bleibt somit eine Interpretation der für die Volksfrömmigkeit wesentlichen Aspekte der Bilderverehrung schuldig.

Einen anderen Ansatz verfolgt Schuck-Wersig. In ihrer Arbeit über den kulturellen Stellenwert des Bildes versucht Schuck-Wersig die Bilderfrage in einer „integrativen Zusammenschau" aus der bisherigen Beschränkung der einzelnen Wissenschaftsdisziplinen zu lösen.[609] Mit Berücksichtigung der Analysen des Soziologen Elias, des Ethnologen Geertz und vor allem des Kunsthistorikers Warburg soll das Kunstwerk in dem Maße, wie es kontextualisiert wird und seine ästhetische Autonomie verliert, zum anthropologischen Dokument avancieren.[610] Wie Belting verweist sie auf die Schwierigkeiten, sich dem Phänomen „Bild" wissenschaftlich zu nähern: „Wir sind so sehr von der 'Ära der Kunst' geprägt, dass wir uns von der 'Ära des Bildes' nur schlecht einen Begriff machen können".[611] Ohne sich auf Paleotti zu beziehen, gelangt sie in überraschender Übereinstimmung zu ähnlichen Ergebnissen, bzw. bestätigt die bereits von jenem vertretenen Prämissen: Das Bild gehöre zu den anthropologischen Grundkonstanten des Menschen. „Der Mensch hat (...) eine angeborene Affinität zu visuellen Ereignissen, also auch zum Bild, ist es doch ebenfalls ein Objekt visueller Wahrnehmung, immer Attribut des menschlichen Lebens und dabei derart selbstverständlich, daß es insbesondere in seiner Wirkung und seinem historischen Stellenwert fast völlig übersehen wurde".[612] Darüber hinaus seien Bilder universal und gehörten in fast allen Kulturen zum essentiellen Bestandteil des Lebens: Sie sollten beschwören und beherrschen; sie seien Instrumente der Repräsentation und Selbstdarstellung; und sie befriedigten die Sehnsucht nach Schönheit, das Streben nach Lustgewinn und Sinnlichkeit. Das Bild sei somit Kulturträger und habe eine kulturelle Funktion.[613] Diese typologische Analyse

---

[608] BURKE 1987, S. 193.
[609] Vgl. SCHUCK-WERSIG 1993, S. 22ff. Sie bezieht darüber hinaus die Neurophysiologie für die anthropologische Analyse und die Informatik in ihre Untersuchung mit ein.
[610] Vgl. WERNER HOFMANN: Die Menschenrechte des Auges, in: Die Menschenrechte des Auges. Über Aby Warburg, hrsg. von WERNER HOFMANN, GEORG SYAMKEN, MARTIN WARNKE, Frankfurt/Main 1980, S. 85-111, hier S. 88f.
[611] Vgl. SCHUCK-WERSIG 1993, S. 26; zu BELTING s. oben.
[612] Ebd., S. 49 und S. 61.
[613] Vgl. ebd., S. 67.

der kulturellen Funktion des Bildes stellt kein völlig neues methodisches Instrumentarium zur Verfügung. Jedoch ermöglicht sie, den Stellenwert der posttridentinischen Bildtheorie und Bilderpolitik genauer bestimmen zu können.[614]

Im Zusammenhang mit der Bedeutung des magischen Bildzaubers wird hier auch die frühchristliche Auseinandersetzung zwischen den Anhängern der Bilderverehrung ausgesprochen. Ausgangslage bildete die Vorstellung, dass das Abbild die gleichen Fähigkeiten besitze wie das Abgebildete. Das entsprach der Haltung der Anhänger des Bildersturms, die die Macht des Bildes brechen wollten.[615] Auf die für die späteren Diskussionen wichtig werdende Polarisierung von „Bild" versus „Wort" weist bereits Hofmann hin.[616] Hierbei werden – wie auch in der Beschäftigung mit den Bilderstürmen während der Reformation – die Verfechter des Wortes, welche aus gebildeten Kreisen stammten, als innovatorische Kräfte, die Ikonodulen hingegen als konservativ bezeichnet. Aus machtpolitischen Gründen hätten die magischen, sinnlichen und Phantasie fördernden Potenziale des Bildes unterdrückt werden sollen, weil sie eine Gefahr darstellten.[617] Die Ikonoklasten seien dabei dem Bild ebenso verbunden gewesen wie die Ikonodulen, glaubten doch beide Gruppen an dessen Macht. Gerade die katholischen Theologen des ausgehenden 16. Jahrhunderts passen jedoch, wie in den vorigen Kapiteln belegt, nicht in das dichotomische Schema von „konservativ" und „innovativ". So versuchten sie, ein magisches Bildverständnis zu bewahren, indem sie durch eine theologisch-dogmatische, nicht immer kongruente Argumentation[618] die Bilderverehrung für das „einfache Volk" klassifi-

---

[614] In ihrer Interpretation der protestantischen und der katholischen Bildauffassung geht sie jedoch über die tradierten, dichotomischen Urteile nicht hinaus; vgl. die folgenden Ausführungen. Aus den Determinanten im System Mensch und Außenwelt, Welt, Wissen, Selbst und Sinne entwickelt sie die kulturellen Bildfunktionen: Magie, Orientierung, Identifikation bzw. Projektion, Wissensrepräsentation und Sinnlichkeit; vgl. ebd., S. 70ff. und S. 108ff.

[615] Vgl. ebd., S. 74ff.

[616] Vgl. WERNER HOFMANN (Hrsg.): Luther und die Folgen für die Kunst. Katalog der Ausstellung in der Hamburger Kunsthalle, München 1983, S. 42.

[617] Vgl. MARGOT BERGHAUS: Zur Theorie der Bildrezeption, in: Publizistik, Jg. 12, 1986, H. 3-4, S. 278-295, hier S. 286.

[618] Ein selektiver Umgang mit der Tradition kann für die Bildtraktate Borromeos, Paleottis und Bellarminos, auch als Pragmatismus bezeichnet werden. Unter diesem Pragmatismus soll hier eine Analysetechnik verstanden werden, die sich auf die Welt der Natur und des Menschen bezieht und die durch ein Streben nach größtmöglicher Praktikabilität und Effizienz geprägt ist. Dieses Konzept und seine Anwendung bzw. die Zuschreibung dieser Effizienz für die frühe Neuzeit stammt von Bentley, der darin den Beginn des modernen Denkens und der modernen Gesellschaft sieht; vgl. JERRY H. BENTLEY: Renaissance culture and western pragmatism in early Modern Times, in: Humanity and Divinity in Renaissance and Reformation, hrsg. von JOHN W. O'MALLEY, THOMAS M. IZBICKI, GERALD CHRISTIANSON, Leiden, New York, u.a. 1993, S. 35-52, hier S. 37. Dieser Pragmatismus hat bei allen drei Theoretikern aber nicht nur formalen Charakter, sondern durchzieht die gesamte inhaltliche Konzeption der Bildtheorie und, darauf aufbauend, auch der Bilderpolitik. Zur Anwendung diese Konzeptes vgl. COYNE 1990, S.571ff. und WOLFGANG REINHARD: Fundamentalistische Revolution und kollektive Identität, in: Die

zierten und hierarchisierten. Gleichzeitig waren sie sich des „a-sozialen", „anarchischen" Potenzials – wie Schuck-Wersig es bezeichnet – durchaus bewusst und wollten dieses instrumentalisieren.[619] Können Paleotti, Bellarmino und Borromeo also in ihren Zielen als „fundamentalistisch" und „konservativ" bezeichnet werden, so sind sie in ihren pragmatischen Vorschlägen und Methoden „modern".[620] Offizielle Bilder hatten die Aufgabe, das kollektive Bewusstsein zu konstituieren bzw. zu stärken – sei es durch eine ethisch-moralische Handlungsanleitung oder als religiöse bzw. politische Botschaft. Bilder fungierten hierbei als Wegweiser durch das Regelwerk der Normen, der öffentlichen Ordnung und sozialen Integration.[621] Dabei galt der normative Katalog Borromeos, Paleottis

---

fundamentalistische Revolution. Partikularistische Bewegungen der Gegenwart und ihr Umgang mit der Geschichte, hrsg. von DEMS., Freiburg 1995, S. 9-48, hier S. 16.

[619] Die von Schuck-Wersig und Burke vertretene Ansicht der absoluten Verdrängung des magischen Bildpotenzials lässt sich insbesondere für den katholischen Bereich nicht feststellen. Im Gegensatz zu der – auch von Warnke vertretenen – Auffassung, dass die Kirche jeglicher Konfession letztlich den Glauben an die magische Kraft des Bildes bannen wollte, versuchten jene katholischen Theoretiker, trotz aller Gefahren dessen Macht zu nutzen, bzw. ihn zu fördern, zu normieren und zu instrumentalisieren; vgl. WARNKE 1973, S. 7ff. Zur magischen Vorstellung und zum Begriff der Repräsentation vgl. CARLO GINZBURG: Représentation: le mot, l'idée, la chose, in: Annales Jg. 46, 1991, S. 1219-1234, hier S.1220ff.

[620] „Reestablishing a firm Church control on sacred art on one hand, while on the other opposing a humanistic culture which at the time threatened to become independent of Church control"; SCAVIZZI 1992, S. 138.

[621] Vgl. SCHUCK-WERSIG 1993, S. 84ff. Aufgrund seines kulturellen Stellenwertes unterliegt das Bild einem Veränderungsprozess. Schuck-Wersig unterscheidet, in Modifizierung des Ansatzes von Habermas, parallel zu den Bildfunktionen fünf Weltsegmente: Der Magie wird die transzendentale Welt als Suche nach Geborgenheit zugeordnet; der Orientierung die soziale Welt, die sich in Ethik, Normen, Macht, Ordnung und Politik manifestiert; dem Wissen die objektive Welt mit Technik und Arbeit; der Identifikation bzw. Projektion die subjektive Welt, die von Individualität und Kreativität geprägt ist, und die Sinnlichkeit dem Kernkomplex der Affekte. Vgl. SCHUCK-WERSIG 1993, S. 112ff., und JÜRGEN HABERMAS: Theorie des kommunikativen Handelns, 2 Bde., Frankfurt/Main 1981, hier Bd. 1, S. 324ff. In Anlehnung an Weber folgert Schuck-Wersig, dass die Entwicklung des Abendlandes bestimmten Rationalisierungsformen unterlag, so dass auch die Bilder als dessen Bestandteil diesen Prozessen ausgesetzt gewesen sein mussten. Eine der entscheidenden Zäsuren der kulturellen Funktion des Bildes und des visuellen Denkens konstatiert sie für die Zeit der Reformation. Vgl. dazu den eher wissenschaftsgeschichtlich ausgerichteten Ansatz bei BARBARA DUDEN, IVAN ILLICH: Die skopische Vergangenheit Europas und die Ethik der Opsis, in: Historische Anthropologie, Jg. 3, 1995, S. 203-221. Der Begriff des „Ich" wird zur Voraussetzung aller Diskurse des 16. und 17. Jahrhunderts: Man reflektiert nicht nur das Handeln selbst, sondern die Prämissen des Handelns; nicht nur bestimmte Wahrnehmungen, sondern den Prozess des Wahrnehmens. Gerade in diesen beiden Bereichen haben alle drei Theoretiker einen aktiven Beitrag geleistet, auch wenn es sich insbesondere bei den Predigttraktaten eher um normative Schriften handelt. So stellt Schröder für Calvin und Montaigne fest, dass Selbstbeobachtung, Selbstsuche und Selbstkontrolle in einem „historischen Bedingungsverhältnis" zueinander stünden; vgl. GERHART SCHRÖDER: Logos und List. Zur Entwicklung der Ästhetik in der frühen Neuzeit, Königstein 1985, S. 231ff. Vielleicht kann dies nicht so pointiert für die katholischen Theologen gesagt werden, bei ihnen steht jedoch die Selbstkontrolle und -

und Bellarminos sowohl für die Auftraggeber und die Künstler als auch für die jeweiligen in Gruppen eingeteilten Rezipienten.

Mit dem Prozess der Individualisierung und Fragmentierung der Gesellschaft im Laufe des 15. bis 17. Jahrhunderts wuchs dem Bild eine neue kulturelle Funktion zu:[622] Das Individuum wollte sich nun nicht mehr nur als Bestandteil des Kollektivs, sondern auch als eigenständige Person im Bild widergespiegelt sehen: „Das Bild soll nun auch individuelle, wenn man so will, private Projektionen liefern (...). Zielt die Orientierungsfunktion auf Bereiche der Sozialität, so spricht das identifikatorische Potential des Bildes Formen der Selbsterfahrung an. In seiner Identifikationsfunktion dient es dem Betrachter als 'Spiegelbild' seiner selbst und ist Teil seiner Welt".[623] Auch dieses neuen Potenzials scheinen sich die posttridentinischen Theologen bewusst gewesen zu sein: Mit der von Paleotti den normativen Regeln seiner katholischen Dogmatik angepassten Rezeptionsästhetik werden nicht mehr nur kollektive Bedürfnisse berücksichtigt, sondern die Affekte jedes Einzelnen der „idioti" geraten in das Blickfeld der Theologen; jedoch nur insoweit, dass sowohl das Publikum als auch das neue Bildpotenzial besser kontrolliert werden konnten.[624] Dies spiegelt sich auch in der besonderen Berücksichtigung des Porträts bei Paleotti wider, in der zwischen privaten und öffentlichen Porträts unterschieden wird.[625]

In den Zusammenhang der Affektenlehre bzw. -kontrolle bei Paleotti lässt sich auch die Analyse des sinnlichen Aspektes der Bilder einordnen. Imdahl erklärt, dass Bilder das Sehen bis hin zum Lustgewinn und zur Schmerzempfindung beschäftigen könnten.[626] Diese „Fähigkeit" des Bildes, es könnte sogar die „labilen Sinne verletzen", wird bei Paleotti eingesetzt, um die Gläubigen zum „wahren Glauben" zu bewegen.[627] Die posttridentinischen Theologen erscheinen im Sinne der nichtintendierten Wirkungen weitaus moderner als die Protestanten. Im Vergleich der Auffassungen Luthers und Karlstadts im Zusammenhang mit dem Wittenberger Bilderstreit im Jahre 1521/22 weist Berns nach, dass

---

beobachtung des Künstlers wie des Predigers ebenso im Vordergrund, nur dass sie beide auf einer pragmatischen Ebene der Kontrolle des höheren Klerus unterworfen.

[622] Für Schröder konstituiert sich in dem Maß der Bereich der Subjektivität, in dem der moderne Begriff des Subjekts etabliert wird: Ein neuer Begriff der Erkenntnis, der Bereich des Ästhetischen, bildet sich heraus; vgl. SCHRÖDER 1985, S. 17. Zur Bedeutung der Renaissance-Ästhetik vgl. ebd., S. 21f.

[623] Ebd., S. 90.

[624] Zum Begriff des Spiegelbildes und seiner besonderen Implikationen im 16. Jahrhundert vgl. MICHALSKI 1988, S. 460ff.

[625] Vgl. dazu im Zusammenhang mit Bernini ZOLLIKOFER 1994, S. 105ff., und allgemein SCHUCK-WERSIG 1993, S. 93ff.

[626] Vgl. MAX IMDAHL (Hrsg.): Arbeiter diskutieren moderne Kunst. Seminare im Bayerwerk Leverkusen, Berlin 1982, S. 136.

[627] Paleotti 1582, Lib. I, Cap. 26, S. 230: „Essendo donque la imaginativa nostra così atta a ricevere tali impressioni, non è dubbio non ci essere istrumento più forte o più efficace a ciò delle imagini fatte al vivo, che quasi violentano i sensi incauti".

Karlstadt kein Bilderstürmer, sondern ein Bilderfürchter war. Dieser habe vor den Bildern Angst gehabt, weshalb die Bilderzerstörung im Sinne Karlstadts als Selbstbefreiung der Gemeinde interpretiert werden müsse.[628] Luther hingegen untersagte die eigenmächtige Bilderbeseitigung ohne Absprache mit der Obrigkeit. Er bekämpfte die Bilder als „Modi der Äußerlichkeit"[629] im Zusammenhang mit Ritus, Ablass, Wallfahrt und Heiligenverehrung. Paleotti und Bellarmino jedoch verteidigten die Bilderverehrung gerade wegen ihrer Materialisierung, ohne sie ihres transzendenten Gehaltes zu berauben. Diese Materialisierung kann als Visualisierung sowohl im Modus der inneren als auch der äußeren Bilder interpretiert werden. Die Bilder verstehen sich als der transitorische Weg des Glaubens. Kritisierte Luther den Missbrauch, polemisierte auch Bellarmino gegen den falschen Gebrauch, gestand den Bildern aber weitaus größere Potenziale und Qualitäten zu. Im Unterschied zu Karlstadt wollte Luther die Bilder nicht mit Axt und Feuer bekämpfen, sondern mit dem Wort. Die posttridentinischen Theologen benutzten beide Instrumentarien – Bild und Wort. Die Bilderfrage berührt das Verhältnis von Äußerlichkeit und Innerlichkeit. Luthers Kritik richtete sich gegen innere Bilder und nur vermittelt gegen äußere; also nur gegen „idola" bzw. „simulacra mentis", die den wahren Glauben verhinderten. Die Bildbeseitigung im Herzen sollte durch das „Wort", durch Bibellektüre und Predigt erfolgen. Dieser „innere Bildersturm" wird von Berns als eine Vorform des „brainstorming" und der „Gehirnwäsche" bezeichnet, denn, wenn Bilder durch das Wort beseitigt werden könnten, müssten sie auch durch Worte evozierbar sein:[630] „Denn ihm [Luther] gelten die äußeren Bilder, die Bilder in den Augen, gegenüber den inneren Bildern nur als Bilder zweiten Ranges. Theologische, glaubensstützende Legitimität erhalten sie allein durch die Rückbindung an innere Bilder, deren Wahrheitsqualität wiederum allein durch Rückbindung an das Wort, durch das sie evoziert wurden, gegeben ist. Kraft solcher doppelten Rückbindung ist die Gefahr einer Verselbständigung äußerer Bilder beherrschbar".[631] Berns kommt deshalb auch zu dem Schluss, dass Luther in seinen

---

[628] Vgl. JÖRG JOCHEN BERNS: Die Macht der äußeren und der inneren Bilder. Momente des innerprotestantischen Bilderstreits während der Reformation, in: Begrifflichkeit und Bildlichkeit der Reformation, hrsg. von ITALO MICHELE BATTAFARANO, Bern, Frankfurt/Main 1992, S. 9-38, hier S. 18f. Zur Weiterentwicklung dieser Ideen vgl. auch DERS.: Film vor dem Film. Bewegende und bewegliche Bilder als Mittel der Imaginationssteuerung in Mittelalter und Früher Neuzeit, Marburg 2000, insbesondere S. 116ff., und S. 134ff. Vgl. außerdem VALERIO MARCHETTI: Controllo e disciplinamento dell'immaginazione religiosa nella Chiesa evangelica tedesca, in: Disciplina dell'anima, disciplina del corpo e disciplina della società tra medioevo ed età moderna, hrsg. von PAOLO PRODI, Bologna 1994, S. 295-356. Für den katholischen Bereich liegen meines Wissens keine vergleichbaren Studien vor. Zu Karlstadt vgl. auch MICHALSKI 1993, S. 43ff.

[629] BERNS 1992, S. 19.

[630] Vgl. dazu auch die Lutherschrift aus dem Jahre 1525: Wider die himmlischen Propheten, von den Bildern und Sakrament, in: Martin Luther: Werke, Weimarer Ausgabe, Bd. 18, S. 37-214, insbesondere S. 65ff.; außerdem MICHALSKI 1993, S. 10ff.

[631] BERNS 1992, S. 21.

psychologischen, d.h. seinen wahrnehmungsphysiologischen Konsequenzen weitaus radikaler als Karlstadt gewesen sei.[632] Für die katholischen Traktate aus den 70er und 80er Jahren des 16. Jahrhunderts können diese Ergebnisse extrapoliert werden.[633] Danach versuchten insbesondere Paleotti und Bellarmino nicht nur, die äußeren Bilder und den Künstler als Produzenten derselben zu disziplinieren. Bei der Disziplinierung der Affekte des Publikums wird der Künstler in seiner Vorbildrolle für die „res publica christiana" besonders strengen Normen – in Anlehnung an die Konzeption der Selbstdisziplin von Gebärden und Emotionen für Prediger – unterworfen. Darüber hinaus glaubten sie auch, die inneren Bilder kontrollieren zu müssen. Dabei waren sie sich über die „Macht" der Bilder im klaren und führten die bischöfliche Aufsichtspflicht als Kontrollinstanz ein. Die katholischen Theologen waren sich der Unüberprüfbarkeit der nicht kollektiv wahrnehmbaren, inneren Bilder bewusst und versuchten eher über bildliche Propaganda,[634] diese zu beeinflussen. Insofern können die katholischen

---

[632] Zu weiteren Perspektiven in diesem Zusammenhang vgl. ebd, S. 34ff.

[633] Meines Wissens gibt es keine Untersuchungen speziell zur Frage der Disziplinierung der inneren und äußeren Bilder, außer den grundlegenden Arbeiten zu Ignatius von Loyolas Exerzitien; vgl. wenn auch aus theologischer Perspektive ANNEGRET HENKEL: Geistliche Erfahrung und Geistliche Übungen bei Ignatius von Loyola und Martin Luther, Frankfurt/Main, Berlin u.a. 1995; zur Bilderfrage S. 287f. Vgl. auch PIERRE-ANTOINE FABRE: Les „Exercices spitituels" sont-ils illustrables?, in: GIARD (Hrsg.) 1996, S. 197-212. Allgemein zur Bedeutung der Exerzitien vgl. auch TERENCE O'REILLY: From Ignatius Loyola to John of the Cross. Spirituality and literature in sixteenth-century Spain, Aldershot, Brookfield 1995, und MARJORIE O'ROURKE BOYLE: Loyola's Acts. The Rhetoric of the Self, Berkley, Los Angeles u.a. 1997. Zu den Exerzitien außerdem ADRIEN DEMOUSTIER: L'originalité des „Exercices spirituels", in: GIARD 1996, S. 23-36. Zum Einfluss der Exerzitien auf die Liturgie vgl. auch PEDRO ROMANO ROCHA: Os Jesuítas e a Liturgia, in: broteira 129, 1989, S. 174-192, und JOHN N. SCHUMACHER: Ignatian Spirituality and the Liturgy, in: Woodstock Letters 87, 1958, S. 14-35, und HEINRICH PFEIFFER: La radice spirituale dell'attività teatrale della Compagnia di Gesù negli „Esercizi Spirituali" di Sant Iganzio, in: FEDERICO DOGLIO, MARIA CHIABÒ (Hrsg.): I Gesuiti e i Primordi del Teatro barocco in Europa, Rom 1995, S. 31-38. Vgl. dazu Ignatius von Loyola: Gründungstexte der Gesellschaft Jesu, übersetzt von PETER KNAUER, 2 Bde., Köln 1998, z.B. Bd. 2, S. 882, die Regeln für das innere Verhalten sowie SIEVERNICH, 1990.

[634] So wurde der Begriff der Propaganda auch von katholischer Seite bei der Gründung der „Sacra Congregatio christiano nomini propagando" im Jahre 1622 durch Papst Gregor XV. geprägt. Insbesondere die Jesuiten haben die Relevanz propagandistischer Methoden für den Aufbau eines dauerhaften Images genutzt. Hierzu zählen unter anderem auch der massenhafte Einsatz von Druckerzeugnissen. Vgl. dazu auch in Auseinandersetzung mit der protestantischen Propaganda ALEXANDER HEINZEL: Propaganda im Zeitalter der Reformation. Persuasive Kommunikation im 16. Jahrhundert, St. Augustin 1998, zusammenfassend S. 214ff. Darüber hinaus zur jesuitischen Programmatik auch die Ausführungen im folgenden Kapitel. Zur Geschichte der Propaganda vgl. HAROLD D. LASSWELL: Propaganda, in: Propaganda, hrsg. von ROBERT JACKALL, New York, London 1995, S. 13-25; OLIVER THOMSON: Mass Persuasion in History. An Historical Analysis of the Development of Propaganda Techniques, New York 1977, insbesondere S. 11ff. und 75ff. zur Typologie bzw. zur Propaganda während der Reformationszeit. Zur Auseinandersetzung um die Rolle der Kunst in der Propaganda, vgl. PAUL VEYNE: Propagande expression roi, image idole oracle, in: L'Homme, Jg. 30, 1990, Nr. 114, S. 7-26, und DERS.: Conduites

Theoretiker als Bilderfürchter bezeichnet werden, die gleichzeitig auch den schon von Luther propagierten „inneren Bildersturm" durchführten. Darüber hinaus versuchten sie über die theologische Rückbindung an das Wort, d.h. die Predigt, die nach denselben Regeln normiert wurde, das Bild zu legitimieren. Bellarmino versuchte mit Hilfe der bildenden Kunst, die für ihn essentiellen Kriterien von Hierarchie, Ordnung und Disziplin, nicht nur zu vermitteln und durchzusetzen, sondern sie auch als materialisierten, bildhaften Ausdruck der „wahren" Kirche den Gläubigen vor Augen zu führen. Berns Vermutung, dass die Fürsten politische Erben des mittelalterlichen Bilderkultes geworden seien, muss in dieser Hinsicht für die katholische Seite modifiziert werden. Durch die von Reinhard konstatierte Verbindung von Kirche und Obrigkeit und infolge der neuartigen Konzeption der Heiligen- und Bilderverehrung verstärkten sich Entwicklungen, die schließlich zwar die Fürsten als Erben erscheinen lassen, die aber gleichzeitig weiterhin nur über kirchliche Sanktion legitimiert werden konnten – so etwa in der „pietas austriaca" der Habsburger, die im folgenden Kapitel untersucht werden soll.[635]

Für Belting und Hofmann beeinflusst die protestantische Lehre die Stellung des Bildes in der westlichen Kultur des Abendlandes wesentlich.[636] Das sakrale Bild gerate in eine Krise[637] und verliere seine allgemeine und öffentliche Funkti-

---

sans croyance et œuvres d'art sans spectateurs, in: Diogène, 1988, Nr. 143, S. 3-22. Veyne versucht unter der Prämisse, dass Propaganda eine Form der Rhetorik darstelle, nachzuweisen, dass die von ihm untersuchten „öffentlichen" Kunstwerke - allen voran die Trajanssäule - nicht aufgrund ihrer Propagandaabsicht den Rezipienten überzeugen wollten, sondern aufgrund ihres Ausdrucks, „expression", den Betrachter von der Macht des Herrschers in ritueller Form überwältige. Deshalb seien einzelne Reliefs der Trajanssäule für den Betrachter auch nicht erreichbar und damit unlesbar.

[635] Allgemein zum Begriff der Repräsentation vgl. GINZBURG 1991, S. 1219-1234. Ginzburg leitet die herrscherliche Repräsentation aus der Eucharistie ab. Zur Habsburger Tradition vgl. vor allem GERHARDT KAPNER: Barocker Heiligenkult in Wien und seine Träger, München 1978, und ANNA CORETH: Pietas austriaca, Wien 1959. Zur Rolle der Kunst im Rahmen der Propaganda vgl. KARL VOCELKA: Die politische Propaganda Kaiser Rudolfs II. (1576-1612), Wien 1981, insbesondere S. 63ff.

[636] Vgl. HOFMANN 1983, S. 48; vgl. auch DERS.: Malerei in der Nachfolge Christi. Die Geburt der Moderne aus dem Geist der Religion, Hamburg 1993, und BERNS 1992, S. 12ff. Zur Bewertung dieser Entwicklung aus theologischer Sicht, die sich im Wesentlichen um eine Standortbestimmung der heutigen katholischen Theologie zur modernen Kunst bemüht, vgl. GÜNTER ROMBOLD: Die verweisende Kraft der Bilder. Die römisch-katholische Tradition, in: Bild und Bildlosigkeit. Beiträge zum interreligiösen Dialog, hrsg. von HANS-MARTIN BARTH, CHRISTOPH ELSAS, Hamburg 1994, S. 62-74, und JOSEF NOLTE: Unterscheidung der Bilder, in: Theologische Quartalschrift, Jg. 175, 1995, S. 294-305.

[637] Diese politische und theologische Krise wird für das 16. Jahrhundert konstatiert. Sie ging einher mit Umbrüchen im Bereich der Ästhetik und der Mystik. So kann behauptet werden, dass für die manieristische Ästhetik wie für die Reflexion im 16. Jahrhundert allgemein und gerade in der Frage des Subjektbegriffes der Begriff des Ganzen brüchig wird. Der Begriff selbst wird zwar beibehalten, die Form, in der dies geschieht, ist aber durch einen Verlust gekennzeichnet. „In dem Maß, in dem das empirisch-analytische Denken sich durchsetzt, werden zwei Formen unter-

on. Das Kultbild werde zum Kunstwerk der Neuzeit. „Der objektive Bildbegriff, der nicht an der Vorstellung von Kunst hing, war dem modernen Bewußtsein nicht mehr adäquat (...). Künstlerische und unkünstlerische Bilder traten nun nebeneinander und wandten sich an Leute mit verschiedener Bildung".[638] Zugleich sei das magische Bildpotenzial zurückgedrängt bzw. auf andere Ebenen wie beispielsweise das Zeremoniell transponiert worden. Der Unterschied zwischen protestantischer und katholischer Bildauffassung wird als dichotomisch beschrieben: Die Reformation habe der Religion die Bildlichkeit genommen und dafür die Lehrhaftigkeit des gesprochenen und geschriebenen Wortes gegeben,[639] während im Bereich der katholischen Kirche das religiöse Bild Sinne und Empfindungen fesseln, also überwältigen sollte.[640] Gerade der Nachweis der parallelen Konzeption einer genuin katholischen Predigtlehre und der Bilderlehre beweist das interdependente Verhältnis von Bild und Wort in der posttridentinischen Auffassung. Darüber hinaus sollten beide entsprechend dem Rezipientenkreis nicht nur die Affekte ansprechen, sondern ebenfalls belehren. Für die Protestanten wird die Sorge konstatiert, dass die Art und Weise, wie ein Bild rezipiert wurde, stets ein Faktor der Unsicherheit sei. Deshalb ließe sich zwar durch Anwendung bestimmter formaler und inhaltlicher Elemente auch die Richtung der Bildrezeption vorgeben, dennoch bliebe in der Beziehung zwischen Bild und Betrachter immer ein Quantum Ungewissheit, ein nicht rationalisierbarer Rest.[641] Wenn also die wahre Erkenntnis Disziplin voraussetze, die man auf der Stufe der sinnlichen Wahrnehmung nicht erreichen könne, so be-

---

schieden, das Ganze zu denken; die philosophische Spekulation greift auf die Opposition von diskursivem und intuitivem Denken zurück, die insbesondere der Neuplatonismus aufgestellt hatte"; vgl. SCHRÖDER 1985, S. 224; vgl. außerdem CHRISTINE POLETTO: Art et pouvoirs à l'Age baroque. Crise mystique et crise esthétique aux XVIe et XVIIe siècles, Paris 1990, hier S. 19ff.

[638] BELTING 1990, S. 511.
[639] Vgl. auch SCHRÖDER 1985, S. 61. Schröder untersucht ästhetische Schriften des 16. und 17. Jahrhunderts, wobei der Schwerpunkt seiner Analyse auf der Rezeption der aristotelischen Rhetorik, Poetik und Ästhetik im literarischen und weniger im Bereich der bildenden Kunst liegt.
[640] So SCHUCK-WERSIG 1993, S. 138, und STIRM 1977, S. 124.
[641] Vgl. SCHUCK-WERSIG 1993, S. 140 und S. 168 und HOFMANN 1983, S. 47 und S. 54. Auch Prinz beschreibt das katholische Verständnis, insbesondere in der Frage der Volksfrömmigkeit, die eng mit der Bilderverehrung zusammenhängt, als ein postmodernes Modernitäts- und Fortschrittsverständnis, „das nachdrücklich für eine in spezifischer Weise verstandene Lebenswelt, also für Geborgenheit, ganzheitliche Erfahrungen usf. eintritt und das von seinen Verfechtern mit gelegentlichen Hinweisen auf anthropologische Orientierungsbedürfnisse des Menschen gestützt wird"; vgl. PRINZ 1992, S. 16f. Zudem könnten die posttridentinischen Theologen den Weg vorgezeichnet haben, der für die Ästhetik der „Intensität" von Bedeutung ist: den Zusammenhang von Kunst und Affekt durch die Auflösung der Unterscheidung zwischen sinnlicher und reiner ästhetischer Lust wiederherzustellen; vgl. für die moderne und postmoderne Ästhetik Christoph Menke: Der ästhetische Blick: Affekt und Gewalt, Lust und Katharsis, in: Auge und Affekt. Wahrnehmung und Interaktion, hrsg. von GERTRUD KOCH, Frankfurt/Main 1995, S. 230-246, und GERTRUD KOCH: Nähe und Distanz: Face-to-face-Kommunikation in der Moderne, in: ebd., S. 272-291.

deute dies, dass sinnliche Wahrnehmung gleichgesetzt werde mit Leidenschaft und Zügellosigkeit, dass sie unkontrollierbar sei und sich rationalem Kalkül verschließe. Aus dieser Sicht sei das Bild als Objekt sinnlicher Wahrnehmung für den von rationalistischen Denktraditionen geprägten wissenschaftlichen Erkenntnisprozess ungeeignet, denn seine Rezeption erfolge eher ungeordnet, ungezügelt und insofern anarchisch.[642] Auch bei Paleotti gehört das Sehen zur untersten Stufe der sinnlichen Wahrnehmung, jedoch nicht in jener ablehnenden Totalität wie bei den protestantischen Gegnern. Immerhin sollten Bildern nicht nur den „idioti" gefallen, auch wenn sie für diese eingeführt worden waren. Auch die „spirituali" und die Intellektuellen könnten durch Bilder Erkenntnis erlangen. Gleichzeitig misstrauten auch Paleotti, Bellarmino und Borromeo dem „anarchischen" Potenzial der Bilder. Wie bereits erwähnt, wurde die Nutzung aber nicht untersagt, sondern einer intensiveren Kontrolle unterworfen.[643] Der in den katholischen Traktaten aufgezeigte Beitrag zur Moderne besteht in der Nutzung eben dieses nicht vollständig rationalisierbaren Restes. Die ästhetische Theorie des 16. und 17. Jahrhunderts ist für Schröder der erste geschichtliche Versuch, diese Qualitäten, die die Kunst festhält, auf den Begriff zu bringen: Einmaligkeit, Intensität, Anschauung, Offenheit der Relation. Literatur und bildende Kunst werden deshalb von ihm in dem Bereich zwischen Rationalität und Irrationalität angesiedelt. Kunst sei deshalb nicht nur als Widerspiegelung der objektiven Strukturen auf einer anderen Ebene, sondern als Arbeit an den Strukturen zu verstehen.[644] Resümierend bleibt also festzuhalten, dass bereits die posttridentinischen Theoretiker versucht haben, das Verhältnis von individueller, ästhetischer Gestalt und gesellschaftlichen Strukturen im Sinne ihrer Konzepte genauer zu erfassen und zu beeinflussen.[645] Auch im Sinne von Reinhards

---

[642] Vgl. SCHUCK-WERSIG 1993, S. 133, und ERNESTO GRASSI: Die Macht der Phantasie. Zur Geschichte abendländischen Denkens, Königstein 1979, S. 37ff.

[643] Die Kunst, wie sie sich als besonderer Bereich der frühen Neuzeit herausbildet, ist nicht nur Widerspiegelung des gesellschaftlichen Seins; sie ist teilweise dem Realitätsprinzip entzogen. Die Kunst erscheint nicht als komplementärer Diskurs zur Moderne, sondern als Gegendiskurs. Für Schröder entwickelt sich die Moderne als schrittweise Neustrukturierung. Das Modell der Strategie markiere hierbei die Phase, in der die traditionellen Strukturen zerstört würden. Die Vernunft bekäme die Form der List: Strategisches Denken und Handeln sei dadurch gekennzeichnet, dass es keine normativen Einschränkungen des Handlungsspielraumes gebe, wenn sie nicht selbst zu Mitteln der Strategie würden. Das strategische Denken operiere mit der Differenz von Sein und Schein, „simulatio" und „dissimulatio"; vgl. SCHRÖDER 1985, S. 233.

[644] Vgl. SCHRÖDER 1985, S. 35f.

[645] Die schöne Sprache wird vom Gebrauch der Sprache als Instrument der Kommunikation abgegrenzt, aber auch von dem der Sprache als Instrument der Macht, wie sie in der realpolitischen Theorie des 16. und 17. Jahrhunderts und in der Praxis des modernen Staates erscheint. Die Rhetorik wird zur Ästhetik. Die Ästhetik erweist sich als Weiterdenken der antiken Sophistik; SCHRÖDER 1985, S. 149. Schröder unterscheidet zwischen der manieristischen und der klassizistischen Ästhetik, also der Wende von der „admiratio" zur klassizistischen Mimesisästhetik, die beide in einem systematischen Zusammenhang zueinander stehen, „insofern sie die Möglichkeiten des Verhältnisses von Zeichen und Bezeichneten durchspielen"; vgl. ebd., S. 153. Unter den

Auffassung der katholischen Konfessionalisierung als konservativer Reform kann in diesen Traktaten eine Vorgeschichte der modernen Propaganda gelesen werden, die versucht, in totaler Einflussnahme alle Sinne des Rezipienten anzusprechen. Die Bilderfrage spielte für die posttridentinischen Theologen eine große Rolle, weil Literatur, Kunst und Wissenschaft zu dem Ort wurden, an dem der Konflikt zwischen Altem und Neuem am radikalsten zur Sprache gebracht wurde. Paleotti wollte in seiner Beschäftigung mit der Bilderfrage nicht mittels Malerei oder Predigt kollektive Gemeinschaften erreichen, sondern die sich langsam individualisierende Gesellschaft sollte eine kollektive, konfessionell geprägte Identität erhalten, die sich sowohl in Bildern, Predigten und einer Universalwissenschaft ihr „Image" suchte.

---

frühneuzeitlichen Ästhetikkonzepten, den formalen Experimenten des Manierismus, wie den mimetischen des Klassizismus versteht Schröder Formen einer Reflexion, die die „Rückseite des Teppichs des Rationalismus bloßlegt, dies weder im Sinn purer Negation noch der Komplementarität, sondern des Aufspürens seiner Voraussetzungen und seines Vorgehens"; ebd., S. 303.

III. Visualisierung als Instrument zur Rekatholisierung: Herrschafts- und künstlerische Praxis in Wort und Bild

Die Analyse theoretischer Traktate, nicht zuletzt solcher, die politische und kunsttheoretische Programmatiken enthalten, wirft die Frage nach ihrer praktischen Umsetzung auf. Ob beispielsweise die Bologneser Künstler der 80er und 90er Jahre des 16. Jahrhunderts diesen Vorschriften gefolgt sind, könnte anhand der konkreten ikonographischen Anweisungen Paleottis überprüft werden, die aber nicht im Zentrum dieser Arbeit stehen. In der weiteren Analyse soll hingegen der „Modernisierungsschub", der von den Traktaten ausging, unter folgender Fragestellung in den Blick genommen werden: In welcher Form werden Disziplinierungsinstrumente im Bild-Medium auf der Basis der von den posttridentinischen Autoren formulierten Ideen weiterentwickelt? Visualisierung spielt dabei nicht nur im Medium des Wortes eine Rolle, sowohl als Reflektion über das Verhältnis von Wort und Bild als auch im Sinne einer Visualisierung im Wort schlechthin, sondern auch im Medium des Bildes selbst wird Visualisierung reflektiert.[646] Im Folgenden soll es in diesem Zusammenhang aber nicht um den ästhetischen Diskurs gehen, sondern es sollen nur einige Schlaglichter auf die politische Dimension dieser neuen Instrumente zur Disziplinierung der Gläubigen geworfen werden. In einem ersten Schritt sollen die zentral in Rom entwickelten Modelle vorgestellt werden. In der Cappella Paolina wird das Thema der Inszenierung alter Kultbilder für die posttridentinische Bilderverehrung thematisiert. Der Vorbildcharakter als Rhetorisierung spielt für den Freskenzyklus in S. Stefano Rotondo eine Rolle. Die Bedeutung der Affekterregung und damit die Anwendung der wirkungsästhetischen Ideen Paleottis soll an der Capella Cornaro in S. Maria della Vittoria exemplifiziert werden. Die Frage, inwieweit die räumliche Bewegung und die emotionale Bewegtheit im Zusammenhang mit einer Disziplinierung stehen, soll die Analyse der urbanistischen Planungen im ausgehenden 16. Jahrhundert, der Platzgestaltung vor S. Pietro und der Ausstattung von S. Ignazio bilden.

In einem zweiten Schritt sollen die Adaptionen und Modifikationen dieser Modelle in der Peripherie untersucht werden. Schlesien unter den Habsburgern geriet als eines der letzten Territorien in Ostmitteleuropa in den Fokus einer Rekatholisierungspolitik. Die Bedeutung des Visualisierungskonzeptes mit

---

[646] Vgl. unter anderem VICTOR I. STOICHITA: Das selbstbewusste Bild. Vom Ursprung der Metamalerei, München 1998. Ähnliche Ansätze verfolgend für die Zeit der Renaissance vgl. auch KLAUS KRÜGER: Das Bild als Schleier des Unsichtbaren. Ästhetische Illusion in der Kunst der frühen Neuzeit in Italien, München 2001.

seinen wirkungsästhetischen Aspekten soll beispielhaft für die Habsburger Herrrschaftspraxis sowie die jesuitischen Bildprogramme in Breslau und Glatz untersucht werden.

1. Modelle der Disziplinierung in Rom

Als letzte universale mittelalterliche Macht versuchte das Papsttum seine Residenz entsprechend seiner Herrschaftsvorstellungen auszugestalten. Mit dem Verlust der realen Machtposition seit der Mitte des 16. Jahrhunderts vollzog sich ein Wandel zur Repräsentation des geistigen Anspruches auf Weltgeltung. Die katholische Christenheit sollte ihr sichtbares Zentrum erhalten. Das theoretische Konzept der „ecclesia triumphans" bedurfte einer angemessenen Repräsentation.[647] Trotz des mangelnden politischen Einflusses erlangte Rom den Status einer Hauptstadt der Künste und Wissenschaften. War es zwar nur das Zentrum des katholischen Teiles der „res publica christiana", so beanspruchte es das universale Zentrum einer „res publica letteraria" zu sein. Insbesondere unter dem Pontifikat Urban VIII., eines Jesuitenschülers, und Alexander VII. (1655-1667) wurde Rom umgestaltet in das „sacrum theatrum".[648] Im Folgenden sollen exemplarisch einige der in Rom entwickelten Instrumente zur Disziplinierung der Gläubigen erläutert werden.[649] Hierbei sollen die Diskurse im Zuge der Visualisierung benannt werden, die für die posttridentinischen Autoren relevant waren und die die Künstler in Rom weiterentwickelt haben.

---

[647] Die Bedeutung Roms in der europäischen Vorstellung ist ausführlich besprochen worden von RICHARD KRAUTHEIMER: The Rome of Alexander VII, 1655-1667, Princeton 1985, sowie DERS.: Three Christian capitals: topography and politics, Berkeley 1983. Ausführliche Literatur zu diesem grundsätzlichen Problem des so genannten Hochbarock kann an dieser Stelle nicht genannt werden. Vgl. hier stellvertretend die neueren Publikationen zu Gian Lorenzo Bernini: MARIA GRAZIA BERNARDINI, MAURIZIO FAGIOLO DELL'ARCO (Hrsg.): Gian Lorenzo Bernini. Regista del Barocco, Mailand 1999 und Effigies & Ecstasie. Roman baroque sculpture and design in the age of Bernini, hrsg. von AIDAN WESTON-LEWIS, Edinburgh 1998.

[648] Vgl. MARC FUMAROLI: Rome et Paris – Capitales de la République européenne des Lettres, mit einem Vorwort von VOLKER KAPP, Hamburg 1999. Fumaroli spricht sogar von einer zweiten „Hoch-Renaissance" unter dem Barberini Papst, vgl. S. 13f.; 49ff. und S. 135ff.

[649] Angesichts einer mehrere Bibliotheken von Weltgeltung füllenden Literatur erscheint es vermessen, auch nur angemessen Kunst und Politik des ausgehenden 16. und 17. Jahrhunderts darstellen zu wollen. Mir liegt vor allem daran, an wenigen, ausgewählten Beispielen die weitere Entwicklung des Visualisierungskonzeptes nachzeichnen zu können.

a) Neuinszenierung alter Kultbilder: Bilderverehrung in der Cappella Paolina in S. Maria Maggiore

Einen wesentlichen Stellenwert bei der Disziplinierung nahm die Neuinszenierung alter Kultbilder ein. Nicht nur eine 'unkontrollierte' Volksfrömmigkeit sollte kanalisiert werden, sondern hier konnten die neuen ästhetischen Modelle erprobt werden, und die Künstler konnten nachweisen, inwieweit sie die theologischen Vorgaben internalisiert und entsprechend weiterentwickelt hatten. Bei der Vielzahl der Objekte[650] soll an dieser Stelle beispielhaft die Neuinszenierung der Ikone in der Cappella Paolina behandelt werden (Abb. 1). Dieses traditionsreiche Kultbild stellt die angeblich von Lukas gemalte Madonna dar.[651] In verschiedenen Drucken abgebildet, spielte sie insbesondere bei der weltweiten Missionstätigkeit der Jesuiten eine wichtige Rolle;[652] unter anderem auch im Ordenskolleg in Ingolstadt; der Stadt, in welcher die analysierten Traktate – zumindest in der lateinischen Version – erschienen sind.[653] Die Ikone selbst wurde prachtvoll unter Paul V. (1605-1621) in die eigens für sie errichtete Cappella Paolina übertragen. Die Ausstattung der Kapelle steht in engem Zusammenhang mit der Ikone, die ihren geistigen Mittelpunkt bildet und als so genannte „Regina von S. Maria Maggiore zum universalkirchlichen Symbol erhoben" wurde.[654] Die Kapelle fungiert als Papstgrabstätte und Ikonenschrein. Sie

---

[650] Bei der Vielzahl der Neuinszenierungen sei hier stellvertretend nur ein weiteres prominentes Beispiel genannt: die vorzüglich untersuchte Neuinszenierung des Kultbildes in S. Maria in Vallicella von Rubens. Vgl. dazu WARNKE 1968, S. 61ff., VON ZUR MÜHLEN 1990, S. 23ff.; DIES.: S. Maria in Vallicella. Zur Geschichte des Hauptaltars, in: Römisches Jahrbuch der Bibliotheca Hertziana Jg. 31, 1996, S. 247-272; DIES.: Bild und Vision. Peter Paul Rubens und der „Pinsel Gottes", Frankfurt/Main 1998; jüngst mit neuen Erkenntnissen KAREN BUTTLAR: Rubens' Gemälde für S. Maria in Vallicella in Rom: Kritischer Forschungsbericht, unveröffentlichte Magisterarbeit, Hamburg 2001. Einen Überblick über die Neuen Orden als Auftraggeber in Rom vgl. auch BERT TREFFERS: Kunst und Wirkstätte des Heiligen: Neue Orden, neue Heilige, neue Altarbilder, in: BEVERLY LOUISE BROWN (Hrsg.): Die Geburt des Barock, Stuttgart 2001, S. 338-371, im selben Band ebenso DIES.: Die Geburt des Barock: Die Malerei in Rom 1592-1623, S. 14-41.

[651] Vgl. dazu GERHARD WOLF: Salus Populi Romani. Die Geschichte römischer Kultbilder im Mittelalter, Weinheim 1990, insbesondere S. 24ff.

[652] Hierbei sollen diese Traktate nicht direkt auf die Interpretation angewandt werden, sondern die Untersuchungen daraufhin befragt werden, ob mit einer Rückbindung an die theologischen Diskurse des späten 16. Jahrhunderts mit ihren aus heutiger Sicht sozialdisziplinarischen, wirkungs- und rezeptionsästhetischen Implikationen nicht einzelne Details in deren Interpretation revisionsbedürftig sind. Vgl. GERHARD WOLF: Regina Coeli, Facies Lunae, „et in terra pax", in: Römisches Jahrbuch der Bibliotheca Hertziana, Jg. 27/28, 1991/1992, S. 283-336.

[653] Vgl. BELTING 1990, S. 539, und WOLF 1990, S. 171.

[654] WOLF 1991/1992, S. 303; vgl. außerdem CORBO 1967, S. 301-313; MARIA DORATI: Gli scultori della Cappella Paolina in Santa Maria Maggiore, in: Commentari, Jg. 18, 1967, S. 231-260; ALEXANDRA HERZ: The Sixtine and Pauline Tombs in Sta. Maria Maggiore. An iconographical study, Ann Arbor 1974; DIES.: The Sixtine and Pauline Tombs, in: Storia dell'Arte, Bd. 41-43, 1981, S. 241-262; KLAUS SCHWAGER: Die architektonische Erneuerung von Santa Maria Mag-

wurde mit höchstem künstlerischen und materiellen Aufwand unter Verwendung kostbarster Materialien ausgestattet. Das ikonographische Programm lässt sich geradezu enzyklopädisch lesen. Es soll das Idealbild einer hierarchisch organisierten christlichen Ökumene vorstellen, in deren Zentrum das Papsttum steht. Neben Hierarchie können Ordnung und Proportionalität als strukturelle Kriterien der Gesamtinszenierung gelten, entsprechend den Forderungen Bellarminos für die katholische Kirche. Der dogmatische, insbesondere der trinitarische, bildertheologische und mariologische Gehalt versucht vor allem, durch die Übersetzung in die frühchristliche Zeit zu überzeugen; es handelt sich um die selektive Verwendung der Tradition als strukturierendes Prinzip der posttridentinischen Kunst in Nachfolge Borromeos, Paleottis und Bellarminos.

Vergoldete Bronzeengel tragen die von einer Taube – die den heiligen Geist repräsentiert – beschirmte Lukas-Ikone vor einem Lapislazuli-Grund (Abb. 2). Das Altarbild hat sich gleichsam materialisiert. „Die Stuckdekoration und Marmorinkrustationen artikulieren den Raum und fungieren als Vermittlungsinstanz, als eine Art ‚Interface'".[655] Hierbei wird das Gnadenbild eine auf Dauer gestellte „assumptio".[656] Durch eine Analyse der Realisierung im Raum, des „Zusammenwirkens" der verschiedenen Kunstgattungen, wird das Programm insgesamt lesbar: das Bild der wieder erstarkten, bewehrten „res publica christiana" in den Grenzen des Imperium Romanum.[657] Akzente werden im Sinne einer sich auf dem Wege zur „ecclesia triumphans" befindlichen „ecclesia militans" vor allem auf das Missionsprogramm gelegt. Das schließt 'natürlich' den antihäretischen Kampf gegen die Protestanten im Allgemeinen und die Ikonoklasten im Besonderen und den Kampf für die Dogmen über die Jungfrauenschaft und die leibliche Himmelfahrt Marias mit ein. Die Kunst hat hier dem alten Bild eine „neue Aura verliehen und zugleich eine Bühne geschaffen, auf der es mit dem Anspruch des außerirdischen Originals eine kaum mehr steigerungsfähige Wirkung" erreicht.[658] An diesem Beispiel wird der Verzicht auf

---

giore unter Paul V., in: Römisches Jahrbuch für Kunstgeschichte, Jg. 20, 1983, S. 243-312 und STEVEN F. OSTROW: Art and spirituality in Counter-Reformation Rome. The Sistine and the Pauline Chapels in S. Maria Maggiore, Cambridge 1996, insbesondere S. 118ff.

[655] WOLF 1997, S. 786.
[656] Vgl. OSTROW 1996, S. 159ff.
[657] WOLF 1990, S. 12ff.
[658] BELTING 1990, S. 541. Die Frage, inwieweit die Darstellung der Mondsichel die astronomischen – umstrittenen – Theorien rezipiert, und ob „Cigolis Mondsichel als ikonisches Signum innovativer Künste, die das alte Kultbild von S. Maria Maggiore inszenieren", den wenige Jahre nach ihrer Vollendung ausgebrochenen Konflikt zwischen Galilei und der Kirche – insbesondere mit Bellarmino – nicht bedroht hat, lässt sich nicht beantworten. „Im übrigen korrespondiert die latente Autonomisierung der Künste (auch im Kirchenraum und auch in der Rezeption eines Publikums mit stark klerikalen Anteil) mit einer fortschreitenden Fiktionalisierung päpstlicher Machtansprüche; im Laufe des 17. Jahrhunderts wird Rom durch die Päpste mehr oder weniger bewußt in ein 'sacro teatro' verwandelt, das diese Ansprüche ins Bild setzen sollte", WOLF 1997,

einen bestimmten Kultanspruch und die Aufgabe der katholischen Reformbestrebungen, einen neuen Kurs zu steuern, deutlich.

b) Vorbild und Rhetorisierung: Märtyrerzyklus in S. Stefano Rotondo

Entscheidend für die Visualisierung der Märtyrer im konfessionellen Zeitalter um 1600 ist die Umwertung und Umwidmung des Verständnisses und dementsprechend des Märtyrerbildes im Zusammenhang mit den konfessionellen Auseinandersetzungen und Kriegen für die Zeit nach dem Trienter Konzil 1564. Insbesondere in Rom wird die frühchristliche Tradition in Abgrenzung zum lutherischen sola-scriptura-Prinzip entwickelt und gefördert. Hauptaugenmerk lag nicht nur auf der Renovierung frühchristlicher Kirchen – vor allem zum Jubeljahr 1600, sondern auf der gegenüber den Protestanten verteidigten Heiligenverehrung. Alle drei genannten Punkte finden sich in der erneuerten Märtyrerverehrung wieder. Eine besondere Bedeutung erhielten diese Themen für die Mission der Jesuiten, deren mitteleuropäische Novizen in Rom ausgebildet wurden. Die Kirche S. Stefano Rotondo – ein frühchristlicher Bau aus dem 5./6. Jahrhundert auf dem Monte Celio in Rom – war dem ersten Märtyrer in der Nachfolge Christi, dem heiligen Stefan, geweiht und diente dem neu gegründeten Orden der Jesuiten als Kollegskirche für das Germano-Hungaricum. Die Mission wurde vom Orden, aber auch von der gesamten posttridentinischen Kirche als Krieg gegen die Häretiker interpretiert.

Bei dem Freskenzyklus in S. Stefano Rotondo handelt es sich um dreißig, wie insbesondere die Reiseführer des 19. Jahrhunderts betonen, „blutrünstige" Fresken von Märtyrern auf der Außenwand des Ambulatoriums (Abb. 3).[659] Die

---

S. 794f. Gerade aber das Verhältnis der sich autonomisierenden Sphären erscheint mir hier von Bedeutung, da sich das interdependente Verhältnis nicht ohne Brüche lösen lässt. Zu fragen bleibt außerdem, ob hierbei nicht die Entwicklung der modernen Kunst bzw. die Autonomie des Künstlers dieses teleologische Ziel scheinbar vorgibt, und nicht, inwieweit grundlegendere gesellschaftliche und politische Konzepte wesentlicher für die „Autonomisierung" waren.

[659] Vgl. LEIF MONSSEN: Rex Gloriose Martyrum: A contribution to Jesuit iconography, in: Art Bulletin, Jg. 63, 1981, S. 130-137 und DERS.: Triumphus and Trophaea Sacra: Notes on the iconography and spirituality of the Triumphant Martyr, in: Konsthistorik Tidskrift, Jg. 51, 1982, S. 10-20 und DERS.: The Martyrdom Cycle in Santo Stefano Rotondo, in: Acta ad Archaeologiam et Artium Historiam Pertinentia, Jg. 2 N.S., 1982, S. 175-317, und Jg. 3 N.S., 1983, S. 11-106, ferner DERS.: St. Stephen's Balustrade in Santo Stefano Rotondo, in: Jg. 3 N.S., 1983, S. 107-182. Zur spätantiken und mittelalterlichen Baugeschichte: HUGO BRANDENBURG: Die Kirche S. Stefano Rotondo in Rom. Bautypologie und Architektursymbolik in der spätantiken und frühchristlichen Architektur. Berlin, New York 1998. Die neuste Darstellung nach der Renovierung stellt der Sammelband von HUGO BRANDENBURG, JÓZSEF PÁL (Hrsg.): Santo Stefano Rotondo in Roma: archeologia, storia dell'arte, restauro, Wiesbaden 2000, dar, darin vor allem LYDIA SALVINUCCI INSOLERA: Gli affreschi del ciclo die martiri commissionati al Pomarancio in rap-

Fresken werden eingerahmt von Pilastern und Halbsäulen und gekrönt von einem schmucklosen Giebel, durch den ein Rundfenster Licht in den Umgang fallen lässt. Ausgeführt wurden sie zu Beginn der 80er Jahre des 16. Jahrhunderts von Niccolò Circignani (genannt Il Pomarancio) und Matteo di Siena unter Mitwirkung von Antonio Tempesta. Fast kompendienartig zeigen sie in einem chronologischen Ablauf die Martyrien über einen Zeitraum von 400 Jahren (Abb. 4). Die Struktur, d.h. das Bild-Text-Verhältnis, orientiert sich an den üblichen emblematischen Vorbildern. Im Bild selbst sind die verschiedenen Szenen, die zeitgleich im Fresko gezeigt werden, mit einem Buchstaben versehen. Die lateinischen und italienischen Inschriften, den einzelnen Szenen mittels eines Buchstaben zugeordnet, verorten die Handlung und ordnen sie zeitlich ein. Sie vermögen ebenfalls einen Konnex zwischen den Bildern und der liturgischen Praxis herzustellen. Dieser Konnex lässt sich vor allem über die Verbindung zur posttridentinischen, ignatianischen Bildauffassung herstellen. Entwickelten die katholischen Theologen in Abgrenzung zur protestantischen Ablehnung der Bilder eine neue Form der Bildtheologie, der Visualisierung, die auf ihren anthropologischen, sozialen und politischen Theorien fußte, scheinen in diesem Beispiel die didaktisch-mnemotechnischen Aspekte aus den Exerzitien wesentlich zu sein – und hier vor allem die Komposition des Ortes. Darunter fasst Ignatius die mentale Rekonstruktion des bildlichen Aspektes einer Szene als wesentliche Voraussetzung für die Meditation und ihren spirituellen Inhalt.

Bei der Darstellung der Märtyrer erschien es vor allem wichtig, den Märtyrer als Sieger oder gar als Triumphator zu zeigen. Jeder Student des Jesuitenkollegs sollte sich mit den ersten christlichen Märtyrern identifizieren und bereit sein, in der Missionstätigkeit, im Krieg gegen die Häretiker, notfalls sein eigenes Leben zu opfern. Unterstützt wurde die bildliche Repräsentation durch literarische und liturgische Texte wie dem römischen Breviarium,[660] die in diesem Zusammenhang geschrieben bzw. rezitiert wurden. Der Begriff „Trophaea sacra" z.B. definiert die religiöse Valenz: ein Diskurs über die Bedeutung des frühchristlichen Märtyrers für den aktuellen jesuitischen Kämpfer, der sich materiell in den Relikten und Reliquien – als Trophäen veräußert – niederschlägt und sich visualisiert in der Repräsentation der Siege und Triumphe über Leiden, Folter und Tod.[661] Noch deutlicher wird dies angesichts der symbolischen Inbesitznahme der Fresken bei den Prozessionen. Im Märtyrerzyklus von S. Stefano Rotondo überwindet der Betrachter eher eine zeitliche denn eine räumliche Distanz. Nicht verschiedene Motive werden durch die Prozession zusammengeführt, sondern ein Motiv wird chronologisch entwickelt. Als das dynamische Moment

---

porto alla situazione religiosa ad artistica della seconda metà del Cinquecento, S. 129-137 und POLETTO 1989, S. 92ff.

[660] Vgl. KIRSTIN NOREEN: Ecclesiae militantis triumphit: Jesuit iconography and the Counter-Reformation, in: sixteenth century, Jg. 24, 1998, S. 689-715; hier S. 690.

[661] Vgl. MONSSEN 1982, S. 11f.

erscheint nicht mehr die Prozession als solche, sondern der Betrachter selbst, der Zielpunkt der „Märtyrerentwicklung". Die einzelnen Bildfelder folgen keinem narrativen Schema. Die einzig vorherrschende Erzählung ist die Meta-Narration der „ecclesia militans" auf dem Weg zur „ecclesia triumphans". Als eigenständiger Träger der Narration wird der einzelne Gläubige mit einbezogen. Er stellt das handelnde Subjekt dar und soll die Erzählung, nachdem er emotional und spirituell bewegt wurde, nun in die gelebte Tat umsetzen. Das zeigt sich auch darin, dass sich das letzte Fresko nach dem liturgischen Ritus direkt neben der Tür zum Kolleg befindet. Die Fresken werden zu einer fixierten memorialen Dekoration, um die Entwicklung der siegreichen katholischen Kirche zu visualisieren. Oder wie Richard Krautheimer schreibt: Diese Prozessionen zeigen, wie die römischen Märtyrer über ihre paganen Mörder triumphiert und Rom selbst in eine christliche, d.h. römisch-katholische Stadt verwandelt hätten.[662] Die Fiktionalisierung des personalisierten Märtyrers bedarf eines benennbaren Ortes, damit er für den zukünftigen potenziellen Nachfolger emotional erfahrbar werden kann. Die Jesuiten widmeten eine der wichtigsten frühchristlichen Bauten um und errichteten der antiken „ecclesia militans" ein Denkmal; diese diente der zeitgenössischen „kämpfenden Kirche" als neues religiöses und universales Zentrum der Mission. Gleichzeitig wurden damit die Bilder selbst, gegen die die Protestanten kämpften, gerechtfertigt und geschützt. Durch sie wurden die Torturen der Märtyrer visualisiert. Der Kampf für die Bilder wurde so durch die Bilder und durch die jesuitische Meditation über dieselben, die wiederum zum Kampf aufrufen sollten, geführt. Die Jesuiten entwickelten aus der Allegorie ihre Exempla, die Episode, im Zentralraum.[663] Erst in der emotionalen Motivierung des Rezipienten finden alle Visualisierungen und Fiktionalisierungen ihr Ziel. Nicht mehr der „große Held" ist zu „großen Taten" aufgerufen – sondern das „entrechtete Opfer", der sich opfernde Märtyrer erhält bilddefinitorische

---

[662] RICHARD KRAUTHEIMER: A Christian Triumph in 1597, in: Essays in the history of art. Essays presented to Rudolf Wittkower, London 1967, S. 174-178, hier S. 178.
[663] Zur Möglichkeit eines weiter reichenden Vergleiches: Insbesondere die Nationalsozialisten kopieren für ihre Inszenierungen größtenteils katholische Riten. Hierbei lässt sich meines Erachtens nicht nur von einer allgemeinen Rezeption ausgehen, sondern konkret die posttridentinischen Bilder- und Märtyrerverehrungen stehen im Zentrum ihrer Vereinnahmung. Die Überhöhung des eigentlich profanen Nationalhelden zum sakralen Märtyrer mit der Kopie seiner posttridentinisch-katholischen Symbolik ist von Peter Reichel als der „schöne Schein" bezeichnet worden. Reichel betont – in Hinblick darauf, dass diese Feiern und Inszenierungen bis zum Ende des Zweiten Weltkrieges durchgeführt wurden – dass die Nationalsozialisten, indem sie ihre Vorstellungen vom 'Leben' an apokalyptische oder besser eschatologische Visionen knüpften, dieses nur noch „pathetisch entwerten konnten". Die Nationalsozialisten übersteigerten ihre sakrale wie nationale Episode ins Hybrid-Allegorische. Vgl. PETER REICHEL: Der schöne Schein des Dritten Reiches: Faszination und Gewalt des Faschismus, München 1991. Es bleibt hierbei weiter zu fragen, inwieweit neben diesen konkreten Bezügen eine spezifische posttridentinische bildtheologische Konzeption auch eine politische Theologie z.B. eines Carl Schmitt beeinflusst haben könnte.

Macht für die „kämpfende Kirche". Gleichzeitig werden in Rom – dem Ort der Martyrien – nun dem Novizen und dem Pilger die Martyrien und Bildwunder direkt vor Ort als „Schau-Platz" vor Augen geführt. Dies bot auch die Möglichkeit einer umfassenden Rhetorisierung des Sakralraumes.[664] Die römischen Märtyrerfresken haben die Bewegung im Innenraum gezeigt; gleichzeitig sind die dynamischen Momente veräußerlicht bis hin zur versuchten emotionalen 'Gleichschaltung' im Zuge der Integration des Rezipienten.

c) Affekterregung und Individualisierung: Cappella Cornaro in S. Maria della Vittoria

Die Erregung der Affekte bzw. deren Disziplinierung wurde zum zentralen Thema der weiteren künstlerischen Praxis. In der Cappella Cornaro bildet nicht die Neuinszenierung eines alten Kultbildes, sondern Gian Lorenzo Berninis (1598-1680) Statue der Heiligen Theresa das Zentrum (Abb. 5).[665] Dargestellt wird die Ekstase der spanischen Mystikerin, deren Kanonisationsfeier im Jahre 1622 zugleich die Inaugurationsfeier der „authentischen Bilder" der Heiligen gewesen war.[666] Der venezianische Kardinal Federico Cornaro hatte eine Kapelle in der den Unbeschuhten Karmelitern überlassenen Kirche S. Maria della Vittoria gestiftet.[667] Er bestimmte sie als Familiengrablege und beauftragte Bernini mit der Ausführung.[668] Außerdem war Cornaro Mitglied der Kardinals-

---

[664] Vgl. WOLF 1997, S. 787f.

[665] Vgl. RUDOLF PREIMESBERGER: Berninis Cappella Cornaro. Eine Bild-Wort-Synthese des siebzehnten Jahrhunderts?, in: Zeitschrift für Kunstgeschichte, Jg. 49, 1986, S. 190-219 und GERHART SCHRÖDER: Das freche Feuer der Moderne und das Heilige. Zu Berninis Cappella Cornaro, in: Antikenrezeption im Hochbarock 1989, S. 193-204, jüngst auch MAURIZIO FAGIOLO DELL'ARCO: Bernini „regista" del Barocco, in: Gian Lorenzo Bernini. Regista del Barocco 1999, S. 17-36, hier S. 28ff. Zum religiösen Hintergrund CHRISTOPHER F. BLACK: 'Exceeding every expression of words': Bernini's Rome and the Religious Background, in: Effigies & Ecstasie 1998, S. 11-22.

[666] Vgl. allgemein MICHEL FLORISOONE: Esthétique et mystique d'après Sainte Thérèse et Saint Jean de la Croix, Seuil 1956, und POLETTO 1989, S. 28ff.; zur Verbindung mit der Bedeutung der Martyrien S. 92ff.

[667] Die Stiftung wurde anlässlich der siegreichen Schlacht am Weißen Berg des katholischen Kaisers gegen die aufständischen Protestanten in Böhmen im Jahre 1620 verfügt. Eine Schlacht bzw. deren Folgen für den gesamten ostmitteleuropäischen Raum tief greifende Umwälzungen zur Folge hatte, die nun unter die direkte Herrschaft der Habsburger gerieten.

[668] Zur unzureichend dokumentierten Planungsgeschichte ausführlich IRVING LAVIN: Bernini and the unity of the visual arts, New York, London 1980, S. 92ff.; zur Chronologie vgl. S. 203ff. und PREIMESBERGER 1986, S. 198ff. Vgl. außerdem die grundlegenden Arbeiten von RUDOLF WITTKOWER: Gian Lorenzo Bernini. The Sculptor of the Roman Baroque, London 1955; HANS KAUFFMANN: Giovanni Lorenzo Bernini. Die figürlichen Kompositionen, Berlin 1970, und TORGIL MAGNUSON: Rome in the Age of Bernini, 2 Bde., Stockholm 1982/1986, und ROBERT T. PETERSSON: The art of ecstasy: Teresa, Bernini, and Crashaw, London 1970.

kongregation „De propaganda fide" und somit dem Institut S. Maria della Vittoria verbunden.[669]

Nicht nur der mittels der Ikonographie zur „imitatio" aufgeforderte Zuschauer wird hier angesprochen, sondern an einem speziellen Punkt erscheint die Perspektive korrekt (Abb. 6): „The receding lines of the architecture become horizontal to establish a plane parallel to the altar wall. From here, and only from here, the niches conjoin the realm of the decreased to the realm of the altar, and the chapel as a whole 'make sense', both optically and conceptually."[670] Frühere Statuen Berninis sind nicht auf eine Rundum-Ansichtigkeit[671] hin konzipiert worden, hier wird aber eine Bewegung des Betrachters insofern angenommen, als er sich der Kapelle nähern muss, um die ideale Betrachterposition einnehmen zu können. Damit wird visualisiert, dass der Gläubige an der Vision teilhaben und sich der Interpretation der Kirche anschließen soll, die entsprechend den posttridentinischen Vorgaben die Bilder erst in ihrer Komplexität erklären kann. Hierbei wird der Weg zum idealen Betrachterstandpunkt – unterhalb des Kreuzes der Hauptkuppel – die approbierte Interpretation der Kongregation.

In seiner die Interpretation Lavins modifizierenden Analyse der Statue im Kontext der Kapelleninszenierung gelangt Preimesberger zu dem Schluss, dass Bernini nicht der üblichen statuarischen Darstellungsweise folgt, sondern demonstrativ das Medium der Statue überschreitet und die Heilige nach der Art der Malerei in der für sie charakteristischen Geschichte der „Transverberation" darstellt.[672] Mit dieser Technik wollte Bernini das Erstaunen der Betrachter aufgrund der bildhauerischen Innovation hervorrufen. Die Heilige ist der Ohnmacht nahe und passiv dahingesunken; der Engel, im Kontrapost stehend, dem Schema der „figura serpentinata" folgend, hält in seiner rechten Hand einen Pfeil.[673] So stellt Bernini den widersprüchlichen Zustand eines „affetto misto" dar, der dem Stilideal der „argutia" verpflichtet ist. Die Heilige krümmt sich der Physiognomie gemäß.[674] Unter Berücksichtigung der mystischen Tradition des Liebestodes bedeutet ihr todesähnlicher Schlaf ihr künftiges Sterben: „Transverberation und Tod der Heiligen im selben Bild".[675]

---

[669] Vgl. MICHAEL J. CALL: Boxing Teresa. The Counter-Reformation and Bernini's Cornaro Chapel, in: Woman's Art Journal, Jg.18, 1997, S. 34-39, hier S. 35.
[670] LAVIN 1980, S. 100.
[671] Vgl. CALL 1997, S. 38, und vor allem WITTKOWER 1981, S. 5ff. jüngst zu einzelnen Statuen ANNA COLIVA, SEBASTIAN SCHÜTZE (Hrsg.): Bernini Scultore. La nascita del Barocco in Casa Borghese, Rom 1998.
[672] Vgl. PREIMESBERGER 1986, S. 202.
[673] Zur Bedeutung der Vorbilder Leonardos und Michelangelos für die Komposition Berninis und ihre erotischen Implikationen vgl. ebd., S. 204f. und S. 207. Hierbei bleibt offen, inwieweit das decorum als zu „erotisch" kritisiert wird und welche moralischen Gründe angeführt werden.
[674] Vgl. LAVIN 1980, S. 108ff.
[675] PREIMESBERGER 1986, S. 206.

Bernini zielt auf die Verletzung des „decorums", um die Gefühle der Betrachter zu erregen. Nach Preimesberger wird hier fast ein funktionales, auf Affektausdruck und -erregung abzielendes Darstellungskonzept und somit eine Aporie des religiösen Bildes deutlich.[676] Die Skulptur ist aber nur in der Komplexität der Gesamtinszenierung zu verstehen.[677] Dazu gehört die Lichtregie Berninis, nach der Tageslicht von oben auf die Gruppe fällt, das sich in materiellen goldenen Strahlen um sie herum zum göttlichen Licht verdichtet. Die von Bernini präsentierte Fiktion besteht darüber hinaus aus der Komposition von unten und oben, Altargruppe und Fresko, sowie den betrachtenden, in Devotion verharrenden Statuen von Mitgliedern der Cornaro-Famile in den seitlichen Logen (Abb. 7).[678] Auch hier wird die Disziplinierung selbst zum Thema: Indem der Kapellenraum keine Fortsetzung des Kirchenraumes darstellt, sondern mit dem Vatikan verbunden wird, in der über die Kanonisierung entschieden wurde, wird die Kontrollinstanz selbst visualisiert.[679]

---

[676] Diese Form des Affektausdrucks lobt extra Bellori für die Malerei bei Giovanni Lanfranco: Dieser konnte die Gefühle, die „affetti", dergestalt ausdrücken und sie infolgedessen auch beim Betrachter messen. Das mache die "Modernität" eines Künstlers aus; vgl. Giovan Pietro Bellori: Le vite de' pittori, scultori, e architetti moderni, Rom 1672, hrsg. von Evelina Borea, Turin 1976. Interessanterweise spielt das Wort „stupendo" in der zeitgenössischen Literatur und Kunstkritik eine große Rolle und ist sinngemäß dem Begriff des Sublimen nahe, vgl. TREFFERS 2001, S. 370. Zur Bedeutung Lanfrancos vgl. LUIGI FICACCI: Lanfranco e la nascita del 'Barocco', in: COLIVA 1998, S. 331-388.

[677] Im Zusammenhang mit der Problematik der Gesamtkonzeption versucht Deleuze, den „Barock" als Alternative zu einer "systematischen Vernunft" zu interpretieren: Die Malerei trete aus ihrem Rahmen heraus und realisiere sich in der Skulptur des Marmors; die Bildhauerei steigere sich in der Architektur, diese finde in der Fassade einen Rahmen, der sich selbst vom Inneren löse und sich mit der Umwelt ins Verhältnis setze, GILLES DELEUZE: Die Falte: Leibniz und der Barock, Frankfurt/Main 1995, S. 201f.. Zu dem zwar häufig verwendeten, aber erst im 19. Jahrhundert geprägten Begriff des "Gesamtkunstwerkes" vgl. BERND EULER-ROLLE: Kritisches zum Begriff des „Gesamtkunstwerkes" in Theorie und Praxis, in: Kunsthistorisches Jahrbuch Graz, Jg. 25, 1993, S. 365-374. Euler-Rolle unterstützt Lavins Interpretation der Cappella Cornaro, wenn er den Ordnungscharakter des „bel composto" betont: „Die Komposition ist bestimmt von der Verhältnismäßigkeit der Teile zueinander, zum Ganzen des Bildwerks und schließlich zu jenem Raum, in dem sie auf den Betrachter wirken soll"; ebd., S. 371.

[678] Sowohl Preimesberger als auch Lavin lehnen die Interpretation als Theaterlogen ab. Preimesberger bezeichnet sie als perspektivisch dargestellte Innenräume; vgl. PREIMESBERGER 1986, S. 210, und LAVIN 1980, S. 146ff. Dagegen zieht jüngst Weil nicht nur die so genannten Logen für seine Interpretation im Zusammenhang mit Mysterienspielen heran, sondern die Gesamtinszenierung; vgl. MARK S. WEIL: The Relationship of the Cornaro Chapel to Mystery Plays and Italian Court Theatre, in: "All the world's a stage...". Art and Pageantry in the Renaissance and Baroque, Bd. 2: Theatrical Spectacle and Spectacular Theatre, hrsg. von BARBARA WISCH, SUSAN SCOTT MUNSHOWER, Pennsylvania 1990, S. 459-469.

[679] "(...) the architectural features displayed in the background of the cardinals' boxes are not found in the church. Such coffered barrel vaulting, columns with composite capitals, and aisle niches are, however, prominent features in two other important design projects completed by Bernini: St. Peter's Basilica and the great staircase of the Vatican palace. By placing the Cornaros in spaces connected with the Vatican, Bernini symbolically links them with the very locus of power

Zentral für Preimesberger ist aber das Spruchband mit der Inschrift „Nisi coelum creassem, ob te solam crearem" (Abb. 8).[680] Dieses Motto überschreibt die gesamte Kapelle. Die hier deutlich werdende Bild-Wort-Verbindung ist aber keine einfache Signifikation, sondern eine komplexe Korrelation, die im Zusammenhang mit der zeitgenössischen Emblem- und Impresentheorie interpretiert werden muss. Offensichtlich ist der Spruch „falsch", wie Preimesberger nachweist. Er gehört nicht zur Transverberation, sondern entstammt einer Christusvision der Heiligen. Durch dieses Hinzufügen des „falschen" Bildes der Transverberation „soll aus der ingeniösen Verbindung des ursprünglich Getrennten und Entfernten der dritte, neue und überraschende Sinn herbeigezwungen werden, den Wort und Bild für sich genommen nicht haben".[681] Durch Verbindung mit dem Deckenfresko, welches den göttlichen Himmel darstellt, kann durch metaphorisches Lesen und mit Blick auf die Marmorgruppe der Sinn enthüllt werden: Die sichtbare mystische Herzverwundung der Heiligen sei der Himmel, den Gott allein für sie geschaffen habe. Dieses Wortspiel bildet den Kern der „bildlich-literären" Aussage: Der Spruch ist nicht mehr der ursprüngliche Spruch, das Bild nicht mehr das ursprüngliche Bild. „Die Marmorgruppe ist also nicht historisch-narrativ, sondern metaphorisch [zu deuten]. Die durchdringende spiritualisierende Kraft und wahrhaft bestimmende Rolle des Wortes wird hier erkennbar. Es deutet nicht nur, sondern es verändert das Bild".[682] Preimesberger unterscheidet in der Frage, wer diese komplizierte Gesamtkonzeption Berninis überhaupt lesen konnte, zwischen drei von diesem intendierten Rezipientengruppen: die Lateinunkundigen, die auf die rein bildliche Aussage bzw. die Vermittlung durch die Prediger angewiesen waren; die lateinkundigen, aber nicht in theologischen Themen unterrichteten Betrachter sowie die geistlich Gebildeten, die im Spruch und im Bild den kühnen allusiven „concetto" erkennen konnten. Hierbei wird deutlich, wie weit die rezeptionsästhetischen Vorstellungen Paleottis bereits von Bernini rezipiert worden sind. Die normativen Vor-

---

in the Roman Church; they thus become extensions of papal authority and icons of the inquisition", CALL 1997, S. 37f. Zur neuen Architektur"sprache" Berninis vgl. auch TOD A. MARDER: Il nuovo linguaggio architettonico di Gian Lorenzo Bernini, in: BERNARDINI (Hrsg.) 1999, S. 127-136.

[680] „Hätte ich den Himmel nicht geschaffen, allein um Deinetwillen würde ich ihn erschaffen".

[681] PREIMESBERGER 1986, S. 214.

[682] Ebd., S. 217. Vgl. im Zusammenhang mit dieser zentralen Stelle über die Verbindung von Wort und Bild in der barocken Kunst außerdem RUDOLF PREIMESBERGER: Zu Berninis Borghese-Skulpturen, in: Antikenrezeption im Hochbarock 1989, S. 109-128, und DERS.: Alessandro Algardis Statue des heiligen Philippus Neri. Zum Thema Wort und Bild im römischen Barock, in: Kunsthistorisches Jahrbuch Graz, Jg. 25, 1993, S. 153-162. Hier weist Preimesberger nach, dass in der Statue Algardis versucht werde, katholische Tradition darzustellen, indem die körperliche „imago solitaria" des Heiligen mit dem spiritualisierenden Wort verbunden wird; vgl. ebd., S. 158. Vgl. außerdem DERS.: Themes from Art Theory in the Early Works of Bernini, in: Gianlorenzo Bernini: New aspects of his art and thought, hrsg. von IRVING LAVIN, Pennsylvania 1985, S. 1-24.

schriften, dass die sakrale Kunst jeden einzelnen Betrachter zur Devotion bringen und entsprechend seiner intellektuellen und seelischen Fähigkeiten ansprechen sollte, sind hier ebenso erfüllt wie die Vorstellung von einer Konzeption der Wort-Bild-Verbindung gemäß katholisch-posttridentinischer Auffassung. In diesem Beispiel wird nicht nur die Predigt zur von vornherein intendierten Erklärung herangezogen, sondern die Kapelle selbst erläutert den dritten, verborgenen Sinn. Dies entspricht ebenfalls der Analysetechnik, wie sie Paleotti für das Bild vorschlägt, dass nämlich der dritte, verborgene Sinn nicht mehr das Ursprüngliche meint und nur dieser letztere zu den „höheren Dingen" führt.

Lavin bezeichnet die Kapelle als Metapher der göttlichen Schöpfung und verbindet ihre Deutung mit der Auffassung vom Künstler als „alter Deus", die nach Preimesberger eine neue Betonung des „Ingeniums sowie sich steigernder Emanzipation des ingeniösen Vermögens" beinhaltet.[683] Auch in der Konzeption des Künstlers scheint Bernini die Forderungen der posttridentinischen Theologen erfüllt zu haben, da seine Vorstellungen des „ingeniösen Künstlers" nicht die essentiellen Normen des katholisch-konfessionellen Gesellschaftsmodells verletzen, sondern stützen.[684] Darüber hinaus verwirklicht Bernini die posttridentinischen Vorgaben für das „Neue Sehen".[685] „Sinngebung, Bedeutungszuwachs des Bildes sind das Ziel. In einer Weise, die geschichtlich mit der nachreformatorisch bestätigten Rolle des Bildes im kirchlichen Zusammenhang zu tun hat, begegnet [uns] hier also ein durch Körperlichkeit wie durch Schriftlichkeit mit neuer Intensität sprechendes Bild".[686] Außer Acht gelassen wurde hierbei von Preimesberger und Lavin die genuin katholische Bewertung des Sehens. Radikal setzt Bernini die Forderungen Bellarminos nach einer sichtbaren Kirche um, welche die Betrachter, eingeteilt in verschiedene Rezipientengruppen, jeweils angemessen anspricht. In diesem Zusammenhang erscheint es mehr als plausibel, dass Cornaro zur Kongregation „De propaganda fide" gehörte und somit zu der Institution, die sich der verschiedensten Instrumentarien zur Konfessionalisierung der Gesellschaft bediente: als eines der wichtigsten in Rom, der 'Zentrale' der bildenden Kunst, und eines ihrer herausragendsten Vertreter, Berninis.

---

[683] PREIMESBERGER 1986, S. 219, und LAVIN 1980, S.143ff.

[684] Dies steht im Gegensatz zur Interpretation Felds, der in seiner Untersuchung von Berninis Hochaltar-Baldachin der traditionellen Interpretation folgt und die kunsttheoretischen Traktate Borromeos, Paleottis und Bellarminos allein nach ihrem Literalsinn analysiert, weshalb er daher keine Verbindung zwischen der Konzeption Berninis und den posttridentinischen Traktaten erkennen kann; vgl. HELMUT FELD: Mutmaßungen zur religiösen Bildaussage in Manierismus und Barock: Tintoretto – El Greco – Bernini, Tübingen 1992, S. 59.

[685] Die von Schuck-Wersig analysierten wirksamen „anarchischen" Potenziale des Bildes – und vielleicht auch deren Instrumentalisierung – können hier nicht ausgelotet werden.

[686] So Preimesberger zur Statue Algardis; das Gesagte gilt übertragen auch für die Darstellung Berninis; s. PREIMESBERGER 1993, S. 159.

Schröder analysiert die Strukturprinzipien der Cappella Cornaro unter philosophisch-ästhetischen Aspekten. So bezieht er sich auf die zentrale Bedeutung der oben erwähnten Inschrift, um die Krise des Bildes nachzuweisen, derer Bernini sich bewusst gewesen sein muss. „Ein entscheidendes Moment in der Struktur der Cornaro-Kapelle ist die Reflexivität des Akts des Sehens und der Herstellung des Bildes".[687] Ein Konnex sei auch durch das Thema der subjektiven Religiosität hergestellt gewesen, da die Mystik der Heiligen Theresa „stets ein Problem für die Orthodoxie" gewesen ist.[688] Gerade an diesem Beispiel lässt sich die zentrale These nachweisen, dass sich die von den posttridentinischen Theologen aufgestellten Strukturprinzipien der Disziplinierung des sakralen Bildes und des Künstlers erst eine Generation später verwirklichen ließen; d.h., dass die Werke des so genannten Hochbarocks unter Berücksichtigung der von Paleotti intendierten Affektenlehre und Bildanalyse neu bewertet werden müssen. Einen weiteren Hinweis auf die Berechtigung dieser Hypothese stellt das sich im Altarbild zuspitzende Strukturprinzip der Kapelle dar: Der Pfeil des Engels wäre das „Bild der sakralen 'acutezza'" in Analogie zum mystischen Augenblick. Damit wird die Gesamtkonzeption der Kapelle nicht äußerlich sichtbar, sondern findet erst im Betrachter statt.[689] Dies wiederum kommt der Anwendung der rezeptionsästhetischen Prinzipien Paleottis nahe. Mit dieser Kapelle sollten die einzelnen Rezipienten, in den Worten Paleottis „proporzionatamente",[690] angesprochen werden. Die wesentlichen und insofern zu kontrollierenden Bereiche des subjektiven Erkennens stellen die inneren Bilder dar. Diese können aber nur dann überwacht werden, wenn die äußeren Bilder normiert, und diese wiederum von dem sich selbst disziplinierenden Künstler ausgeführt werden.[691] Es zeigt sich deutlich, inwieweit Bernini, den Jesuiten und ihrem General Oliva verpflichtet, die posttridentinischen Vorgaben internalisiert und weiterentwickelt hat: nicht in einer epigonalen, sklavischen Nachahmung oder dem strikten Befolgen ikonographischer Vorgaben, sondern in einer Strategie, die Affekte des einzelnen Gläubigen zu erregen, um sie zur Nachahmung des Geschehens individuell anzuregen und sich dabei gleichzeitig den hierarchi-

---

[687] SCHRÖDER 1989, S. 202.
[688] Ebd.
[689] Vgl. ebd., S. 203.
[690] Paleotti 1582, Lib. II, Cap. 51, S. 493f.
[691] In diese Richtung weisen auch die Hinweise Schröders, ohne dabei auf Paleotti oder die historischen Paradigmen von Konfessionalisierung oder Sozialdisziplinierung zu verweisen: „Ihre [die von Bernini angewandte Wirkungsästhetik] Funktion [hat sie] in der Herstellung emotionaler Beteiligung des Betrachters. Das gehört zu den Strategien der Gegenreformation und ist vielleicht die wichtigste Technik, den prinzipiell abstrakten Gehalt der christlichen Religion einer großen Menge zu vermitteln, derer die katholische Kirche sich nicht mehr sicher sein kann. Die Manipulation der Emotionalität durch Bilder ist der entscheidende Beitrag der Jesuiten zur Entstehung der Massenmedien, so etwas wie deren inauguraler Akt. Er ist aber andererseits nur die Kehrseite der Episteme der frühen Neuzeit, deren Strukturen auch die Strategien der Gegenreformation bestimmen"; SCHRÖDER 1989, S. 200.

schen Ordnungen zu unterwerfen. In entscheidender Weise definiert Bernini hier ein neues Verhältnis von Wort und Bild, das sich wiederum erst in einer gestuften Interpretation und durch eine Bewegung im „äußeren" wie im „inneren" Raum für die „inneren" und „äußeren" Bilder erschließt.

d) Fragmentierung und Bewegung: Urbanistik, Kolonnaden von S. Pietro und S. Ignazio

Urbanistik: Obelisken als „Merkzeichen" der „Roma felix"

Unter Sixtus V. (1585-1590) entfaltet sich eine stadtplanerische Aktivität, die in ihren Ausmaßen sich mit den Umgestaltungen der Antike messen wollte. Das Motto Sixtus' V. für seine urbanistischen Pläne war „Roma felix" (das glückliche Rom) – welches überzeitliche Bedeutung verlangte. Neben seiner Anspielung auf seinen Namen Felice Peretti bekommt es aber programmatische Züge: „Roma felix" ist die glückliche Stadt, wie sie in allen Aspekten ihres Daseins Sixtus V. als ahistorisches, ewiges Ideal vor Augen steht.[692] Der Papst erlebt die „Roma felix" als eine Schau, bei der vor dem geistigen Auge eine Bilderfolge abläuft, die die Stadt in ihrer zukünftigen, von Sixtus V. angestrebten Vollkommenheit und Einheit in geistig-religiöser wie auch wirtschaftlicher und sozialer Hinsicht umfassend zeigt. Grundlage dieser Schau ist eine gegenreformatorische (nach dem Abschluss des Trienter Konzils 1563/64) „renovatio Romae", um der Hauptstadt der – katholischen – Christenheit in den antiprotestantischen Bestrebungen zu einem neu gefestigten, glücklichen Leben zu verhelfen. Dieses höchste Ziel soll unter anderem eben auch im Stadtbau angestrebt werden, indem die formale Gestalt der Stadt zeichenhaft die „Roma felix" und den mit ihr verbundenen Ewigkeitsanspruch darzustellen hat. Ausgangspunkt seiner „visionären" Baupolitik waren hierbei die Visionsgeschichten der Rettung Roms durch Franz von Assisi. Hatte der Ordensgründer von Gott den Auftrag erhalten, die bedrohte Lateransbasilika als Sinnbild für die gesamte Christenheit zu retten, interpretierte Sixtus V. dies nun konkret, diesem metaphorisch dargestellten Auftrag realiter Folge zu leisten, die Kirche und im Besonderen deren Hauptstadt Rom zu bewahren und neu aufzubauen. Als eine der ersten Amtshandlungen seines Pontifikats ließ er die baufälligen mittelalterlichen Residenzgebäude abbrechen und begann mit der Neuerrichtung des Lateranpalastes. Zusätzlich ließ er die zwei antiken Kaisersäulen, die Marc-Aurels- und die Trajanssäule nun Petrus und Paulus weihen. Hiermit wird die pagane Antike durch das Christentum nicht nur überwunden, sondern symbolisch überhöht – die Päpste treten die Nachfolge des römischen Imperiums an; dies entspricht auch der mittelalterlichen Tradition. Neu ist hingegen die spezifische

---

[692] Vgl. SCHIFFMANN 1985, S. 181ff.

'Erfindung' einer Tradition über die Zwischenschaltung der frühchristlichen Epoche und damit die Konstruktion eines historisch begründeten Ewigkeitsanspruches. Auch weitere Postulate der posttridentinischen Bewegung förderte Sixtus V.: die Romwallfahrt und das innerrömische Pilgerwesen – zwei Punkte, die im Zusammenhang mit der Aufrichtung der antiken Obelisken eine wesentliche Rolle spielen. Das gegenreformatorische Streben konzentrierte sich insbesondere in der Schau Roms als ewige Hauptstadt der Christenheit, die in ihren kirchlichen Einrichtungen und dem religiösen Leben gleichnishaft die Einheit und Vollkommenheit des christlich-katholischen Universums abbildet – auch wenn es noch nicht das theatrum sacrum darstellt, welches erst von Bernini ungefähr fünfzig Jahre später verwirklicht werden sollte.

Im Folgenden sollen die parallel begonnen Bauprojekte zur Verwirklichung dieses Ideals der „Roma felix" skizziert werden:[693] Der bereits erwähnte Neubau des Lateranpalastes und die Errichtung der Acqua Felice wurden unmittelbar nach der Besitznahme des Lateran in Angriff genommen. Im August 1585 begann der Papst mit dem Ausbau der Via Felice, in deren Mitte sich seine ausgesprochene Lieblingskirche S. Maria Maggiore und in der Nähe sein Privatpalast erheben. Im Rahmen der Fertigstellung wurden die umgebenden Viertel abgerissen – und somit die Kirche „freigelegt"; sternförmig angeordnete Straßen führten zur zentralen Marienkirche, wie in der mystischen Interpretation der Wege auf dem Bordini-Plan von 1588 ersichtlich wird (Abb. 9). Als einer der Hauptpunkte seines urbanistischen Konzeptes kann die Verbesserung und Vereinheitlichung des gesamten Straßensystems und der Versammlungsplätze bezeichnet werden. Im praktischen Gebrauch diente dies vor allem der Förderung des Gottesdienstbesuches und der Wallfahrt sowie der Stadtvergrößerung – unter anderem durch die Restauration der Wege zwischen den sieben Hauptkirchen. Von ihnen ausgehend wurden neue Straßenzüge sternförmig in gerader Linie gezogen, wie Sixtus V. auch auf einer Vedute im Salone Sistino der Bibliotheca Vaticana darstellen ließ (Abb.10). Diese Linien waren sogleich die kürzesten Verbindungen wie auch visuelle Fluchtpunkte – darüber hinaus auch virtuelle Linien: Beispielhaft sei nur erwähnt, dass unter Sixtus V. der Prozessionszug von S. Pietro und dem Vatikanspalast (dem politischen Zentrum des Papsttums) über das Kapitol (dem politisch-säkularen Zentrum Roms seit Antike und Mittelalter) hin zum Lateran (der ersten Kirche der Christenheit – und somit dem geistigen Zentrum) führte. Somit wurde hier eine rituelle Inbesitznahme der Stadt Rom durch das Papsttum zelebriert, die in seiner urbanistischen Umgestaltung ihre bauliche Umsetzung erfuhr. Verbunden wurden damit aber auch das pagan-antike, das frühchristliche und das mittelalterliche Rom. Auch hier fungiert die Stadt – oder besser Fragmente ihrer Orte wie ihrer zeitlichen

---

[693] Ebd., S. 186ff.

Präsenz – als einzelne Bilder, als Versatzstücke, die nun zu einem größeren, willentlich zusammengesetzten Bild verschmolzen werden sollen.

Als wichtigster Programmpunkt des urbanistischen Projekts ist jedoch die Aufstellung der antiken Obelisken zu nennen.[694] Die vier sixtinischen Obelisken, der vatikanische und diejenigen hinter S. Maria Maggiore, beim Lateran und auf der Piazza del Popolo, waren die ersten großen Obelisken, die nach einer 130-jährigen Phase der Planungen und Utopien errichtet wurden (Abb. 11). Sixtus V. selbst sah die spektakulären Aktionen als eines seiner größten Verdienste an. Die Hauptaufgabe der Obelisken bestand darin, praktisch und metaphorisch als Wegweiser für die Wallfahrer zu dienen: Sie sollten den Gläubigen Orientierung geben. Insbesondere die ägyptischen Denkmäler – bereits in der Antike als „antik" geltend – untermauerten den Ewigkeitsanspruch des päpstlichen Rom: Deren „Urweisheit", aufgrund des hieratischen Charakters der Hieroglyphen, wurde bereits übertragen auf das antike Rom, um nun im Zuge der kämpferischen „ecclesia militans" zu neuer imperial-katholischer Größe zu gelangen.

Die sixtinische Platzierung der vier ersten Obelisken lässt sich auf kein einheitliches Standortprogramm zurückführen. Wie die Geschichte der Standortfindung zeigt, entwickelte sich die Idee eines umfassenden, konkreten Dispositionskonzepts erst im Laufe des Pontifikates des Papstes. Nach der Errichtung der ersten drei Obelisken lassen sich bei der Standortbestimmung des vierten die konkurrierenden Konzepte gut nachzeichnen. Der augustäische Obelisk vom Circus Maximus sollte nach Auffassung der Anhänger einer primär religiösen Begründung zuerst vor der vierten Patriarchalkirche S. Paolo fuori le mura aufgerichtet werden – entsprechend den drei Vorgängern. Schließlich findet der Obelisk aber seinen endgültigen Platz in der Nähe der städtebaulich wichtigeren Porta del Popolo[695] am Ausgangspunkt der größten päpstlichen Straßenschöpfung, der Via Felice, die sowohl für das Pilgerwesen und die innerrömische Wallfahrt eine außerordentliche Rolle spielte. Zeitgenössische Gutachten beleuchten verstärkt die städtebaulichen Aspekte: Gelobt wird vor allem die optische Wirkung des Zufließens der Via Flaminia und der vier Straßen innerhalb der Stadtmauer auf den Obelisken hin als städtebauliche Schöpfung, wobei zu erwähnen ist, dass die vierte Straße hierbei Projekt blieb.[696] Darüber hinaus bekommen neben den stadtgestalterischen Überlegungen auch antiquarische Erkenntnisse zum Tragen, mit der Neuverwendung der Obelisken die antiken baulichen Züge zu rezipieren. Dies steht in einem scheinbaren Gegensatz zum gegenreformatorischen kunstpolitischen Programm. Jedoch durch die Zwischenschaltung einer eigenen, genuin frühchristlichen Epoche, werden die Erkennt-

---

[694] Ebd., S. 190f. und S. 151ff.
[695] Ebd., S. 169ff.
[696] Vgl. Domenico Fontana: Della trasportatione dell'obelisco vaticano e delle fabbriche di nostro signore Papa Sisto V. fatte dal Cavalier D. Fontana architetto di Sua Santità, Libro Primo, Rom 1590, Libro Secondo, Neapel 1603, hier 1590, 65v.

nisse der paganen Antike auch für die eigentlich der Antikenrezeption ablehnend gegenüberstehenden Gegenreformatoren tradierbar. Gleichzeitig weisen sie nach, dass die zeitgenössische Entwicklung des päpstlichen Rom ihr bei weitem überlegen ist.

In der Literatur wird von der These ausgegangen, dass die religiösen Motive dieser Programmpunkte immer mehr den stadtgestalterischen Beweggründen wichen, bzw. dass diese am Ende des Pontifikats unter dem Einfluss der Antiquare gänzlich aus dem päpstlichen Gesichtsfeld verschwanden. Tatsächlich überlagern sich alle drei Beweggründe – die religiös-gegenreformatorischen, die antiquarischen und die stadtplanerischen und sind nur als diskursiver Prozess zu verstehen. Alle drei sind zurückzuführen auf ein neues Bildverständnis, das sich auch in der Stadtplanung ausdrückt und eng verknüpft ist mit einem neuen Zeit- und Historizitätsverständnis der eigenen zeitgenössischen Epoche. Bellarmino versuchte gerade mit Hilfe der bildenden Kunst die für ihn essentiellen Kriterien von Hierarchie, Ordnung und Disziplin nicht nur zu verdeutlichen und durchzusetzen, sondern sie auch als materialisierten, bildhaften Ausdruck der „wahren" Kirche den Gläubigen vor Augen zu führen. Zeitgleich wollte Sixtus V. ein urbanistisches Konzept umzusetzen, in dem die Stadt Rom als Bild fungierte: „Roma felix" als utopisches Bild einer „ecclesia triumphans". Die Obelisken fungieren als Wegweiser und dienen zur Orientierung und Klassifizierung – entsprechend den Vorgaben Bellarminos. Eine Rolle, die derjenigen Roms für die Welt entspricht. Mit diesen Vorstellungen wurde der Mythos der „ewigen Stadt" verknüpft. Im Zusammenhang mit der Verteidigung der Bilder wurde wesentlich auch auf ihre Tradition im frühchristlichen Rom verwiesen. Zeitgleich beschäftigten sich die Theologen mit den frühchristlichen Artefakten und begründeten das noch heute bestehende Fach der christlichen Archäologie. Da sie nicht mehr von einer einheitlichen Kirche ausgehen konnten, mussten sie ihre katholische Konfession gegenüber den Angriffen der Protestanten abgrenzen und verteidigen. War das Hauptargument Luthers „sola scriptura", beriefen sich die katholischen Theologen auf die vor allem römisch-frühchristliche Tradition. Damit wurde ein neues Geschichtsverständnis der Kirche auf Grundlage der Renaissancehistoriker Macchiavelli und Guicciardini etabliert, welches die Kirche selbst einem historischen Wandlungsprozess in der Theorie unterwarf und sie somit „verzeitlichte". Sixtus V. diszipliniert den Gläubigen mit Hilfe der Obelisken und seinem weiteren urbanistischen Konzept. Die Bilder appellieren an die Affekte, an die Emotionen. Die Nutzung dieses „anarchischen Potenzials" wurde also nicht untersagt, sondern einer intensiveren Kontrolle unterworfen.[697] Der neben den katholischen Traktaten auch in der Stadtplanung aufgezeigte Beitrag zur Moderne besteht in der Nutzung eben dieses nicht vollständig rationalisierbaren Restes.[698] Für die Urbanistik um 1600 bedeutete dies: Der

---

[697] Vgl. zum Problem der „simulatio" und „dissimulatio" SCHRÖDER 1985, S. 233.
[698] Vgl ebd., S. 153, und im Zusammenhang mit ästhetischen Überlegungen ebd., S. 303.

Stadtraum wird aufgebrochen in unterschiedliche perspektivisch gestalteten Räume, die nur noch in der Bewegung, die liturgisch vorgegeben ist, erfahrbar sein soll, ohne dass dabei die Hierarchie und Ordnung, die idealiter weiter über die bevorzugten Blickachsen und Merkzeichen besteht, aufgegeben würde. Entsprechend Bellarminos Prämissen können die unterschiedlichsten „Themen" – „vera ecclesia", „ecclesia triumphans" mit ihrer Ordnung, Hierarchie und Disziplin klar und deutlich visualisiert werden. Genauso wird auch die Stadt „Roma felix" nun als ewiges Bild geprägt. Ikonographische und illusionistische Inventionen zur Affekterregung im Dienst einer päpstlich-gegenreformatorischen Politik setzen ein symbolisches Denkmal.[699]

Das Religiöse verliert scheinbar an Bedeutung, um sich in neuer Form zu theatralisieren; Ewigkeit wird konstruiert nach dem Verlust derselben; Ruinen werden geschaffen, um Ruinen wieder aufzurichten; eine städtische und konfessionelle Einheit und Klarheit wird trotz aller gegenteiligen politischen Realitäten propagiert, die in der Stadtplanung ihren zeichenhaften Ausdruck findet. Ewigkeit wird erst als Mythos konstruierbar, wenn die Endlichkeit, d.h. die Welt als Fragmente sowohl zeitlich als auch räumlich erfahren werden. Die frühmoderne Erfahrung stand in diesem Sinne dem Erhabenen näher. Sie suchte ihrer Melancholie aus dem Verlust einer Einheit in einem neuen Raum- und Zeitbewusstsein im städtischen Kontext Ausdruck zu verleihen.[700]

Kolonnaden von S. Pietro: Bewegung und Affekterregung

Knapp 40 Jahre später steht ein anderes urbanistisches Projekt im Zentrum des römischen Interesses. Hatte Sixtus V. einen Obelisken bereits auf dem Platz vor S. Pietro errichten lassen, stand nun im Zuge der Fertigstellung auch dieser Platz vor einer gewaltigen Veränderung (Abb. 12).[701] Bernini, der bereits 1629 zum leitenden Architekten unter Urban VIII. wurde, konnte nach etlichen Rück-

---

[699] Vgl. zur zeichenhaften Deutung von urbanistischen Konzepten auch DELEUZE 1995, S. 201.

[700] In diesem Sinne fasziniert den heutigen postmodernen Betrachter der ewigen Stadt Rom das Fragmentarische, welches doch auch als Einheit erfahren wird – und er erlebt eine „Roma felix"; auch wenn es ein anderes, weniger pilgerhaftes Glückserlebnis ist als das, an welches Sixtus V. sicherlich 1590 dachte.

[701] Noch vermessener als bei den schon vorher behandelten Beispielen erscheint es, verkürzt auf die Planung dieses Platzes einzugehen. Eingebunden in die zahlreichen Pläne zum Neubau von S. Pietro ist die Literatur schier unüberschaubar. Es kann deshalb nur darum gehen, skizzenhaft die Fortentwicklung der zuvor aufgezeigten Linien eines posttridentinischen Diskurses über Visualisierung im Zusammenhang mit Urbanistik und liturgischer Praxis gehen. Vgl. grundlegend für die Platzgestaltung CHRISTOPH THOENES: Studien zur Geschichte des Petersplatzes, in: Zeitschrift für Kunstgeschichte, Jg. 26, 1963, S. 97-145. Zur Ikonographie der Statuen vgl. VALENTINO MARTINELLI (Hrsg.): Le statue berniane del Colonnato di San Pietro, Rom 1987, insbesondere darin ROSELLA CARLONI: Ipotesi die programma iconografico, S. 39-55 ferner KONSTANZE RUDERT: Lorenzo Mattinelli in seiner Dresdner Zeit (1738-48), Phil. Diss. Dresden 1994, insbesondere S. 77-107.

schlägen unter Innozenz X. dann von 1656 bis 1667 die Kolonnaden mit der gesamten Platzgestaltung vollenden.[702]

Die von ihm errichteten zwei ausgreifenden Kolonnadenarme – ein dritter blieb unausgeführt – hatten architektonisch den Sinn auf dem abschüssigen Gelände das Portal von S. Pietro scheinbar zu überhöhen.[703] Ikonographisch kann der Platz im Rahmen der päpstlichen Umgestaltung Rom zum „theatrum sacrum" bei gleichzeitigem realen Machtverlust analysiert werden:[704] „Da die Kirche St. Peter gleichsam die Mutter aller anderen ist, mußte sie einen Säulengang haben, der auf das Genaueste zeigen sollte, daß er mit offenen Armen wie eine Mutter die Katholiken empfing, um sie in ihrem Glauben zu bestärken, und die Häretiker, um sie in der Kirche wiederzuvereinen, sowie die Ungläubigen, um sie zum wahren Glauben zu erleuchten."[705] Diese Demonstration der „ecclesia triumphans" erfüllt nahezu perfekt die Vorstellungen Bellarminos von einer sichtbaren Kirche: Der Platz war so nicht nur architektonisch, sondern auch spirituell und politisch Teil der „sichtbaren Kirche"; der Sixtinische Obelisk – einst Zentrum einer pagan-antiken Arena – stand nun im Zentrum der posttridentinischen katholischen Kirche und repräsentierte in der Gesamtinszenierung von Platz und Kirche den „lapis angularis" des „mystischen Körpers" der Kirche und damit auch des kosmologischen Zentrums eines universalen Anspruches (Abb. 13).[706] Wesentlich wichtiger als allein diese Ebene erscheint im Zusammenhang mit den posttridentinischen Vorstellungen eine entsprechend den Rezipienten gestufte „Lesbarkeit", die sich erst in einer Gesamtinszenierung bzw. in der liturgischen Praxis als Bewegung des Gläubigen manifestiert. Bredekamp sieht eine entsprechende Planung in dem nicht ausgeführten dritten Arm, der eine abschirmende wie öffnende Raum- und Blickführung zur Folge gehabt hätte: „Bernini hatte die Doppelstrategie im Auge, den Petersplatz sowohl abzuschirmen wie auch zu einem transitorischen Scharnier zu machen, von dem aus eine via recta zur Urbs vermittelt hätte (...). Durch die Versperrung der Mittelachse hätte der 'dritte Flügel' den seitlichen Zugang zum Platz und damit auch die gedankliche Fortsetzung des Borgo Nuovo im nördlichen Korridor verstärkt,

---

[702] Für die genaue Planung vgl. TOD A. MARDER: Bernini's Scala Regia at the Vatican Palace, Cambridge 1997, S. 82ff.

[703] Vgl. THOENES 1963, S. 123ff., der sich auf P. Fréart de Chantelou: Tagebuch des Herrn von Chantelou über die Reise des Cavaliere Bernini nach Frankreich, übersetzt von Hans Rose, München 1919, S. 36, bezieht. Vgl. außerdem HORST BREDEKAMP: Sankt Peter in Rom und das Prinzip der produktiven Zerstörung. Bau und Abbau von Bramante bis Bernini, Berlin 2000, S. 116f., und FAGIOLO DELL'ARCO 1999, S. 30f. Vgl. auch zu den verschieden Planungen: Projects for St. Peter and its Piazza, in: Effigies & Ecstasies, S. 103-117 (Katalogteil).

[704] Oder: "Il Colonnato è Theatrum Ecclesiae", so MARCELLO FAGIOLO: Arche-tipologiea della piazza di S. Pietro, in: Immagini del Barocco. Bernini e la cultura del Seicento 1982, S. 117-132, hier S. 128.

[705] Zitiert nach BREDEKAMP 2000, S. 117; vgl. auch Chantelou 1919, S. 36 und S. 49.

[706] Vgl. ANDREAS HAUS: Piazza S. Pietro – Concetto e forma, in: Gian Lorenzo Bernini Architetto 1983, S. 291-315, hier S. 297.

um den Vorplatz, die Fassade und die Kuppel aus einer 'schrägen', wirkungsvolle gespannten Perspektive zu öffnen."[707] Der Obelisk – bereits unter Sixtus V. als Symbol Christi angesehen – wird bei der Gesamtkonzeption zum Zentrum eines Festapparates mit den Skulpturen der Heiligen auf den Kolonnaden als anbetender Chor.[708] Fokus des Gläubigen, der in einer Prozession den Platz überschreitet, ist das Grab Petri. Präfiguriert dieses aus der ephemeren Architektur übernommene[709] Vorbild das „Empyreum",[710] so ist dieses Heil aber allein auf dem Fundament der katholisch-posttridentinisch verfassten Kirche zu erlangen, dessen Zentrum sich im Vatikan befindet. Unabhängig von der von Bredekamp bedauerten Zerstörung des „Ereignischarakters", zeigt die von Alexander VII. veränderte Prozession „Corpus Domini" erst die Bedeutung der Neuinszenierung des Platzes als „via trionfale". Im Sinne des Transitorischen werden die Betrachter nur in eine Richtung bewegt, auf das Grab Petri mit seinen Heiligtümern, dem Zentrum der katholischen Kirche. Aber um die Gläubigen emotional zu „bewegen", entwickelt Bernini neue ästhetische Konzepte, die die klassische Zentralperspektive aufsprengen; von jedem Punkt des Platzes aus ergeben sich jeweils ebenfalls perspektivisch „korrekte" Blickachsen; damit wird der eindeutige Blick untergraben, fragmentiert. Erst in der Bewegung des einzelnen Gläubigen wird die theatralische, performative Aussage der Visualisierung eines Heilsversprechens deutlich, dass sich an den Einzelnen entsprechend seiner geistigen und emotionalen Vorgaben richtet und das aber nur in der korporativen, kollektiven Gemeinschaft der hierarchisch organisierten katholischen Kirche möglich ist. Zielrichtung dieser gegen die Protestanten gerichteten Prozession ist genau diese Form der Visualisierung: „in codesti spettacoli meravigliosi della fede possiamo ravvisare le più alte proteste contro l'iconoclastia luterana e calvinista".[711] Auch hierbei versteht es Bernini wiederum, die posttridentinischen Vorgaben weiterzuentwickeln, indem er nicht eine „sprechende" Architektur[712] schafft, die allein den Demonstrationscharakter der „ecclesia triumphans" betont, sondern eine kommunikative, die vermittelt zwischen den korporativen Erfordernissen und den individuellen, doch bereits disziplinierten Heilserwartungen. Diese Verbindung von korporativen und individuellen Aspekten spiegelt sich auch darin wider, dass jede der einzelnen Skulpturen ikonographisch ge-

---

[707] BREDEKAMP 2000, S. 119.
[708] Vgl. HAUS 1984, S. 300.
[709] Vgl. dazu vor allem JOSEPH IMORDE: Präsenz und Realpräsenz: oder die Kunst den Leib Christi auszustellen; (das vierundzwanzigstündige Gebet von den Anfängen bis in das Pontifikat Innocenz X., Emsdetten, Berlin 1997, S. 34ff. und S. 116ff.
[710] Darunter wird der Teil des Himmels verstanden, in dem Gott residiert, vgl. LINDEMANN 1994, S. 47ff.
[711] So Piero Misciatelli im Zusammenhang mit dem Anno Santo 1675, zitiert nach HAUS 1984, S. 300. In diesem Zusammenhang stehend, kann auch der Einzug Königin Christinas von Schweden anlässlich ihrer Konversion interpretiert werden.
[712] Vgl. HAUS 1984, S. 314

deutet werden kann, und diese zusammen bilden als „collegium sacrum" das „theatrum sacrum" der Heiligen (Abb. 14). Darüber hinaus kann im Zusammenhang mit der von Ottonelli gelobten Fähigkeit des Künstlers des „inganno" die Lösung Berninis insofern interpretiert werden, als der ansteigende Platz beim Betreten aufgrund der perspektivischen Verzerrung nicht eindeutig identifiziert werden kann, ob sein Grundriss auf einem Oval oder einem Kreis basieren. Die Theologie der „visibilitas" führt zur nichtintendierten Individualisierung des Blickes, obwohl das intendierte Ziel die Schaffung und Vorführung einer einheitlichen, hierarchisierten katholischen „res publica christiana" war.

Ausstattung von S. Ignazio: Perspektive und Affekterregung

Die Weiterentwicklung dieser Ideen und ihre Übertragung in den Innenraum finden in der Kunst des Jesuiten-Architekten Andrea Pozzos (1642-1709) ihre deutlichste Ausprägung.[713] Dabei kann im Folgenden die Ausstattung von S. Ignazio durch Pozzo nur skizzenhaft besprochen werden. Als zweitwichtigstem Bau der Jesuiten in Rom neben Il Gesù kommt ihm hinsichtlich seiner Ausstattung auch über Italien hinaus eine exemplarische Bedeutung zu. In seinem 1693 bzw. 1703 erschienenen Traktat über die Perspektive liegt Pozzos Hauptinteresse darin, die Möglichkeiten auszuloten mittels der Perspektivkunst optische Illusionen zu erzeugen.[714] Dabei bemisst Pozzo selbst den Wert seines Werkes im Hinblick auf dessen „chiarezza" und „ordine".[715] Beide Begriffe waren wiederum grundlegend für die theologischen Ausführungen Bellarminos in Bezug auf die Visualisierung der Kirche. Seine universalwissenschaftlichen Ansätze[716] hingegen beziehen sich auf die vielfältigen Theorien Kirchers und sind insofern auch mit deren erkenntnistheoretischen Konsequenzen konnotiert. Reflektiert wird dies wiederum in seiner Ausgestaltung des Innenraumes für S. Ignazio.[717]

---

[713] Vgl. ALBERTA BATTISTI (Hrsg.): Andrea Pozzo, Mailand, Trient 1996; VITTORIO DE FEO, VALENTINO MARTINELLI (Hrsg.): Andrea Pozzo, Mailand 1996. Grundlegend sicherlich immer noch BERNHARD KERBER: Andrea Pozzo, Berlin, New York 1971. Einen neuen Ansatz verfolgt FELIX BURDA-STENGEL: Andrea Pozzo und die Videokunst. Neue Überlegungen zum barocken Illusionismus, Berlin 2001, auf den sich im Folgenden meine Ausführungen im Wesentlichen beziehen.

[714] Vgl. Andrea Pozzo: Prospettiva de Pittori de Architetti D'Andrea Pozzo dell Compagnia di Giesù. Parte Prima. In cui s'igneva il modo più sbrigato di mettere in prospettiva tutti i disegni d'Architettura, Rom 1693; Parte Seconda, Rom 1700.

[715] WERNER OECHSLIN: Pozzo e il suo Trattato, in: Battisti (Hrsg.) 1996, S. 189-206, hier S. 196.

[716] Vgl. ebd., S. 199

[717] Die Arbeiten fanden in drei Phasen statt: Die Scheinkuppel wurde 1685 ausgemalt, der Chorbereich 1687/88 und das Langhaus 1691-1694; vgl. dazu MARINA CARTA: Biografia, in: DE FEO (Hrsg.) 1996, S. 245-247, hier S. 246. Über die Arbeitsweise berichtet BURDA-STENGEL 2001, S. 87ff.

Das ikonographische Programm erläutert Pozzo selbst,[718] dessen Kernsatz lautet: „Ignem veni mittere in terram, et quid volo nici ut accendatur".[719] In einer gemalten Scheinarchitektur öffnet sich der Himmel, in dessen Zentrum die Trinität steht, umgeben von Heiligen und Engeln, an dessen Spitze wiederum der Ordensgründer Ignatius steht (Abb. 15). In Bezug auf das Lukas-Zitat wird das auch von Kircher behandelte Thema der Erkenntnis und des Lichtes dargestellt:[720] Alles himmlische Licht gehe von Christus aus und treffe Ignatius im Herzen. Dort wird es fünffach aufgespalten. Vier Strahlen treffen die allegorisch dargestellten Kontinente, die sich deswegen von den Häresien befreien konnten. Angeführt werden die Heiligen jeweils von einem Jesuiten. Der fünfte Strahl trifft einen von einem Engel gehaltenen Spiegel mit dem Monogram „IHS". Erwähnt sei hier nur die ikonographische Bedeutung, dass dieses Fresko sich sowohl auf die Exerzitien des Ignatius bezieht und die zeitgenössische Erkenntnistheorie und Optik reflektiert als auch das Missionswerk der Jesuiten im Sinne der triumphierenden Kirche als Demonstrationsstil vorführt. Ebenfalls werden die wirkungsästhetischen Ideen Paleottis rezipiert. Wesentlich bei diesem Werk erscheint aber die ebenfalls in der Scheinkuppel zur Geltung kommende Gesamtinszenierung, die eine Weiterentwicklung der Affekterregung des Betrachters durch ihre illusionistische Ausmalung entsprechend seiner später niedergeschriebenen Perspektivvorstellungen darstellt. Ausgehend von einem idealen Betrachterstandpunkt hat Pozzo die Ausmalung der Langhausdecke konzipiert (Abb.16). Nur von diesem lässt sich die gemalte von der echten Architektur unterscheiden. Ansonsten scheint die Architektur zu „kippen", wobei unterschiedliche Stadien auszumachen sind: „Es ist dieses Unscharfwerden des Grenzverlaufs zwischen Realität und Fiktion, welches im Betrachter ein Gefühl der Unsicherheit darüber, was echt und was falsch ist, hervorruft und damit wesentlich zur Illusionserzeugung beiträgt."[721] Für Burda-Stengel bedarf es bei der Betrachtung des bewegten Gläubigen, der erst in seiner Bewegung durch den Raum die Gesamtinszenierung rezipieren könne. Er unterscheidet bei seiner Interpretation, Lione Pascoli folgend,[722] zwischen dem „äußeren" (Augen des Körpers) und dem „inneren" Blick (Augen des Geistes). Beim Durchschreiten des Betrachters wird das Deckenfresko gleich einer Anamorphose entschlüsselt.[723] Nur auf dem idealen Standpunkt unter der Figur des Christus kann das

---

[718] In einem Brief an den Fürsten Anton Florian von Liechtenstein, abgedruckt in PETER WILBERG-VIGNAU: Andrea Pozzos Deckenfresko in S. Ignazio, München 1970, S. 45f.
[719] Lukas 12, 49: 2Ich bin gekommen, Feuer auf die Erde zu werfen, und wie wünschte ich, dass es schon entfacht wäre".
[720] Vgl. das vorige Kapitel. Zu den Fresken vgl. auch CLAUDIA STRINATI: Gli affreschi della chiesa di San'Ignazio a Roma, in: DE FEO (Hrsg.)1996, S. 66-93.
[721] BURDA-STENGEL 2001, S. 97
[722] Vgl. Lione Pascoli: Vite de' pittori, scultori ed architetto moderni, Rom 1736, Faksimile-Ausgabe, Rom 1933, über Pozzo S. 246-275, hier S. 256ff.
[723] Vgl. BURDA-STENGEL 2001, S. 101.

Bild 'richtig' gelesen werden. Auf diesem Punkt verschmilzt der reale mit dem fiktiven Raum, so dass innerer und äußerer Blick auch dort übereinstimmen. Wie Burda-Stengel zu Recht feststellt, übernimmt der Betrachter an dieser Stelle die jesuitisch-posttridentinische Perspektive: „(...) aus dem Blickwinkel der Jesuiten gesehen, ist das Gebäude der Welt sinnvoll und korrekt. Weicht man von diesem Blickwinkel ab, dann gerät die Architektur ins Wanken, bis das Weltgebäude schließlich zusammenbricht."[724] Überdies betont Burda-Stengel, dass ein „gewisser Individualismus" existiere, da nur jeweils eine Person diesen Standpunkt einnehmen könne. Meines Erachtens reflektiert genau diese Position die bereits bei Paleotti geäußerte Haltung, dass die Affekte des Einzelnen seinen Vorgaben entsprechend erreicht werden sollen. Hierbei werden aber die korporativen, kollektiven Grundlagen einer sichtbaren Kirche, die sich durch Ordnung, Klarheit und Hierarchie auszeichnet, nicht außer Acht gelassen, sondern ebenfalls visualisiert. Erst diese Visualisierung ermöglicht die Akzeptanz der Disziplinierung, da sie den individuellen wie auch den korporativen Bedürfnissen gerecht wird.

2. Adaptionen und Modifikationen des Visualisierungskonzepts im habsburgischen Schlesien

Wurden in Rom nicht nur die einflussreichsten Traktate für die Neuformierung der katholischen Kirche verfasst, so wurden die Themen über das Verhältnis von Individuum und Gemeinschaft, das vom Verhältnis von Wort und Bild, die Fragen nach der Stellung der Bilderverehrung und der ihr zugrunde liegenden Bildtheorie und die Theologie einer „visibilitas" nicht nur im theologisch-literarischen Medium, sondern auch im künstlerisch-visuellen weiterentwickelt. Bildete Rom hierbei so etwas wie das experimentelle Modell, so stellte sich die Frage nach der „Brauchbarkeit" aber erst in ihrer „praktischen" Anwendung in der weltweiten Mission. Das Ausmaß der weit gespannten Möglichkeiten zeigt sich im Herrschaftsbereich der Habsburger. Hier stellt sich die Frage nach dem Kulturtransfer: Welche Aspekte wurden übernommen, und welche wurden modifiziert, und inwieweit führte dies zu einem qualitativen Sprung?[725] Das Haupt-

---

[724] Ebd., S. 103. Nach Gottes Prinzipien folgen auch die mathematischen Regeln der Perspektivtheorie, die dann eben "richtig" von dem Jesuiten Pozzo angewandt worden sind. Welchen Stellenwert der Blick für Pozzo hierbei hat, wird deutlich, wenn er feststellt, dass im „Augpunkt" der Ruhm Gottes sei; zitiert nach BURDA-STENGEL 2001, S. 105.

[725] Das vornehmlich in Frankreich entwickelte und vor allem auf die Geschichte des 19. und 20. Jahrhunderts des transatlantischen Systems bezogene Konzept des Kulturtransfers, scheint meines Erachtens auch für das 16./17. Jahrhundert und auch innerhalb Europas anwendbar. Vgl. MATTHIAS MIDDELL (Hrsg.): Kulturtransfer und Vergleich, Leipzig 2000; DERS.: Kulturtransfer

augenmerk des Kulturtransfers, nach Middell, richtet sich hierbei auf die Aneignung fremder Kulturgüter und Kulturtechniken sowie die Benutzung der Fremdheit als Argument, um die eigene Kultur unter Veränderungsdruck zu setzen.[726] Hierbei geht es um die Symmetrien und Asymmetrien von Transferbeziehungen. Zu beachten ist, dass es nicht um individuelle Aneignungsvorgänge zwischen Künstlern aus dem Habsburger Raum und ihren italienischen Vorbildern geht, sondern es soll der „Bezug auf die jeweilige kulturelle Sinngemeinschaft"[727] hergestellt werden. Deshalb wird es im Folgenden sowohl um die Frage der Umsetzung der posttridentinischen Ideen einer Theologie der „visibilitas" als auch um die konkreten sozialen und politischen Verhältnisse gehen. Erst so lässt sich der Gebrauch der Ideen beschreiben, „die den kulturellen Ausdrucksmöglichkeiten der jeweiligen Gemeinschaft inkorporiert wurden, und neben den Ideen geraten die kulturellen Artefakte in den Blick, die auf andere Weise ebenfalls als Transfergüter angesehen werden können, indem sie einen Platz in der Welt der Bedeutungen und Symbole bekommen, die die Grammatik einer Zivilisation (...) ausmachen."[728] Als wesentlich für den Transfer der Ideen erweisen sich die Jesuiten:[729] Posttridentinisch-jesuitische Vorstellungen verbinden sich mit einer habsburgischen Frömmigkeitspraxis der „pietas austriaca" als Visualisierung von Herrschaft.[730] Das ästhetische und politische Modell des

---

und Archiv, in: Archiv und Gedächtnis. Studien zur interkulturellen Überlieferung, hrsg. von MICHEL ESPAGNE, KATHARINA MIDDELL, MATTHIAS MIDDELL, Leipzig 2000, S. 7-35, insbesondere S. 7ff. Eine erste deutsche Studie war zuvor die Arbeit von MICHEL ESPAGNE und MATHIAS MIDDELL: Von der Elbe bis an die Seine. Kulturtransfer zwischen Sachsen und Frankreich im 18. und 19. Jahrhundert, Leipzig 1993, dar; ein erster Literaturbericht bei JOHANNES PAULMANN: Vergleich und interkultureller Transfer. Zwei Forschungsansätze zur europäischen Geschichte des 18. bis 20. Jahrhunderts, in: Historische Zeitschrift, Jg. 267, 1998, S. 649-685.

[726] Vgl. MIDDELL 2000, S.13.
[727] Ebd. S. 17.
[728] Ebd. S. 18.
[729] Vgl. dazu als jüngstes Beispiel THOMAS DACOSTA KAUFMANN: East and West: Jesuit art and artists in central Europe, and central european art in the Americas, in: O'MALLEY (Hrsg.) 1999, S. 274-304. DaCosta Kaufmann gibt einen Überblick über die weitreichenden Beziehungen und Transferleistungen der Jesuiten. Zum Kulturtransfer der römischen Modelle nach Deutschland vgl. die schon im Titel aufscheinende programmatische Auffassung: Rom in Bayern. Kunst und Spiritualität der ersten Jesuiten. Ausstellungskatalog hrsg. von REINHOLD BAUMSTARK, München 1997, zur politische Bedeutung vor allem den Beitrag von HUBERT GLASER: „nadie sin fructo": Die bayerischen Herzöge und die Jesuiten im 16. Jahrhundert, ebd., S. 55-82 und zur Rezeption der römischen Vorbilder JOHANNES TERHALLE: „„...ha della Grandezza de padri Gesuiti": Die Architektur der Jesuiten um 1600 und St. Michael in München, ebd., S. 83-146. Grundsätzlich zur Kunst der Jesuiten im deutschprachigen Gebiet die umfassende Arbeit von Smith, zu den Jesuitenkirchen in Neuburg, Düsseldorf und Landshut vgl. JEFFREY CHIPPS SMITH: Sensous worship. Jesuits and the art of the early catholic reformation in Germany, Princeton, Oxford 2002, S. 143-164, zur Münchner Kirche DERS. 2002, S. 57-102 und zur Kölner Kirche DERS. 2002, S. 165-188.
[730] Zur Bedeutung der Jesuiten im Rahmen der Monokonfessionalisierungspolitik der Habsburger vgl. HERZIG 2000, S. 95ff.; DERS.: Die Jesuiten im feudalen Nexus. Der Aufstand der Ordensun-

„sacrum theatrum" in Rom wird in die habsburgischen Territorien transferiert, um durch die Etablierung eines „Barockkatholizismus" die Akzeptanz der Habsburger Herrschaft zu sichern und zu festigen.[731]

Kapner schreibt für das 18. Jahrhundert: „So gesehen ist, was man an religiösen Inhalten aufgegeben hat, als gleichsam religiöser Akt wieder zurückgekehrt."[732] Das bedeutet auch, dass in der Zeit vom 16. bis 18. Jahrhundert nach der „Installierung des Künstlers als Genie" und dessen implementer, internalisierter Disziplinierung das Religiöse profaniert wurde; es musste überprüfbar, messbar werden.[733] Parallel dazu wurde das Ästhetische in dem Maße, wie es Grundlage des Politischen wurde, verschleiert. Evans schreibt über die Bedeutung der Kunst zwar: "It emerged the Habsburg cultural imperium as it developed through the seventeenth century in the wages I have already described. They made an important contribution [...] not only to the Monarchy's intellectual consolidation within, but its differentiation from rivals abroad. That dual sole was confirmed in the sphere of activity where the rising Habsburg lands achieved their most outstanding and distinctive memorial in Baroque art."[734] Evans räumt ein, dass eine ausführliche Besprechung der Kunst nicht möglich sei, doch kommt er zu typischen Schlussfolgerungen über deren Bedeutung im Zusammenhang mit den politischen, gesellschaftlichen und kulturellen Bestrebungen der Habsburger. So sei es kein Zufall, dass die Ideale der mitteleuropäischen Gegenreformation ihre weitgehende Umsetzung in der Kunst erfuhren.[735] Oder zugespitzt: Nur in der Kunst konnte sich das Programm kohärent wieder-

---

tertanen in der Grafschaft Glatz im ausgehenden 17. Jahrhundert, in: Prague Papers on History of International Relations, Prag 1999, S. 41-62; DERS.: Die Entstehung der Barocklandschaft in der Grafschaft Glatz, in: Jahrbuch der Schlesischen Friedrichs-Wilhelms-Universität zu Breslau, Jg. 38/39, 1997/98, S. 385-403, und DERS.: Reformatorische Bewegungen und Konfessionalisierung. Die habsburgische Rekatholisierungspolitik in der Grafschaft Glatz, Hamburg 1996, S. 101ff. und S. 131f. Vgl. außerdem JOHANNES WRBA: Die Österreichische Provinz der Gesellschaft Jesu im 16. und 17. Jahrhundert – in der Zeit des Barock, in: Verdrängter Humanismus – Verzögerte Aufklärung, Bd. 1, 2. Teilband 1997, S. 277-322, und LADISLAV PROKUPEK: Die Jesuiten in Böhmen, in: ebd., S. 323-380.

[731] Vgl. beispielhaft für die Architektur HELLMUT LORENZ: Bernini e l'architettura barocca austriaca, in: Gian Lorenzo Bernini Architetto e l'architettura europea 1984, S. 641-660. Insbesondere eine besondere Frontstellung zu den Protestanten führte auch nach der Konversion August des Starken in Dresden zu einer spezifischen Rezeption der römischen Modelle: eine eindrucksvolle Interpretation der Dresdner Hofkirche als Adaption und Weiterentwicklung des theatrum sacrum der römischen Peterskirche vgl. KONSTANZE RUDERT: Lorenzo Mattinelli in seiner Dresdner Zeit (1738-48), Phil. Diss. Dresden 1994, S. 77ff und COSTANZA CARAFFA: Offene Fragen zu Gaetano Chiaveri, in: Sachsen und Polen zwischen 1697 und 1765, Schriftenreihe des Vereins für sächsische Landesgeschichte, Bd. 4/5, Dresden 1998, S. 419-444, vor allem S. 425ff.

[732] GERHARDT KAPNER: Die Kunst in Geschichte und Gesellschaft, Wien 1991, S. 118.

[733] Dazu allgemein vgl. ALFRED W. CROSBY: The measure of reality. Quantification and western society, 1250-1600, Cambridge 1997; zur Visualisierung S. 129ff.

[734] ROBERT J. EVANS: The making of the Habsburg Monarchy 1550-1700, Oxford 1979, S. 442.

[735] Vgl. ebd., S. 443.

finden – wenn das Grundkonzept nicht selbst ein ästhetisches war. In der Kunst sei die Synthese aus klassischer, pagan-antiker und christlicher Tradition gelungen, und die Brücke zwischen Eliten und Volkskunst geschlagen worden; lokale Besonderheiten und „Familienähnlichkeiten" seien kombiniert worden. Das Religiöse und das Säkulare fungieren jeweils als Komplementäre. Die Kunst selbst sei zum Wunder geworden. Der Glanz der barocken Kunst sei aber nur die eine Hälfte der Wahrheit. Die andere sei Unsicherheit und Krise; dementsprechend Illusion und Allusion – Trompe l'œil und Allegorie bzw. Symbol. "The style has a nervous power which derives precisely from the essential fragility of its socio-political base in Central Europe."[736] Diese Bemerkungen zielen zwar auch auf den Kern der folgenden Überlegungen, vernebeln aber die wesentlichen Aspekte: Welche Transformationsprozesse lassen sich für die politische und die ästhetische Sphäre festmachen? Und in welchem Wechselverhältnis stehen diese Prozesse zueinander?

a) Visualisierung von Herrschaft: „pietas austriaca"

Der Barock wird als europäisches Phänomen angesehen,[737] welches aber globale Konsequenzen hatte und Auswirkungen besaß. Diese Epoche soll hier aber nicht als limitiert verstanden, d.h. durch ein fixes Datum begrenzt, sondern durch Ideen, „willkürliche Inventionen" und den so genannten Zeitgeist beschrieben werden.[738] Maravall datiert diese Epoche für den Zeitraum zwischen 1600 und 1680, wobei er die letzten Jahrzehnte des 16. Jahrhunderts noch einbezieht. Seinen Fokus legt er dabei auf Spanien. Dieselbe Datierung ließe sich sicherlich auch für Italien und Frankreich übernehmen. Für die mittel- und osteuropäischen Länder und insbesondere die vom Hause Habsburg beherrschten Territorien, lässt sich der Zeitraum bis weit in das 18. Jahrhundert hinein fortschreiben. Erklärungen hierfür und auch für die Verzögerung in der Rezeption des römischen Barock, wie etwa die Auswirkungen des Dreißigjährigen Krieges oder auch die spezifische Herrschaftsauffassung der Habsburger, gibt es viele. In diesem Zusammenhang soll es vornehmlich um die Kultur prägenden Aspekte

---

[736] Ebd.
[737] Vgl. MARAVALL 1986, S. 3.
[738] Vgl. ebd., S. 6: "That is to say it is not that baroque painting, baroque economy, and the baroque art of war have similarities among themselves (...). Instead, given that they develop the same situation, as a result of the same conditions, responding to the same vital necessities, undergoing an undeniable modifying influence on the part of the other factors, each factor thus ends up being altered, dependent on the epoch as a complex to which all the observed changes must be referred. In these terms, it is possible to attribute determining characteristics of the epoch – in this case, its baroque character – to the ideology, painting, the warring arts, physics, economy, politics and so on. (...) So the baroque is a concept of epoch that in principle extends to all the manifestations making up this epoch's culture."

der Habsburger Machtausübung gehen, wobei diese konkret anhand des Territoriums Schlesien, den habsburgischen Nebenlanden exemplifiziert werden sollen. Zwar war bereits unter Kaiser Karl V. (1519-1556) die Einheit von Staat und Religion integraler Bestandteil Habsburger Politik, jedoch wurde erst im Zuge des ausgehenden 16. Jahrhunderts und des beginnenden 17. Jahrhunderts diese Einheit zur Doktrin erklärt.[739] Dies gilt insbesondere für die Zeit der sich verschärfenden Spannungen im Vorfeld des Dreißigjährigen Krieges und insbesondere nach 1618 unter Kaiser Ferdinand II. (1619-1637). So begründete er seine Rekatholisierungsmaßnahmen weniger durch das „ius reformandi", sondern vor allem durch die Zielsetzung des Fürsten die Ketzerei „auszurotten". Hierbei verstand er sich als „princeps absolutus", der stellvertretend für die Casa d'Austria seinen Auftrag zur Religionseinheit als göttlichen Auftrag ausführte.[740] Der Staat verfolgte hart alle Regelverletzungen. Im Zuge der sich neu formierenden katholischen Kirche konnten nicht nur sich bekennende Protestanten verfolgt werden, sondern alle, die sich nicht an die neuen – katholisch interpretierten, überprüfbaren – Regeln von regelmäßigen Kirchenbesuchen, Fastentagen, Katechismen hielten. Hierbei zeigt sich, dass es immer auch um die Überprüfbarkeit ging, d.h. also um die Sichtbarmachung des „rechten Glaubens". Dabei wird ein Dilemma deutlich, welches sowohl die gesamte Konfessionalisierungsproblematik als auch die entsprechenden Herrscher bzw. die herrschenden Diskurse beschäftigte – nämlich der Frage: Inwieweit stimmen die äußeren Formen mit den ihnen zugrunde liegenden Glaubenssätzen überein? Oder: Welche Kontrollmechanismen und -instanzen müssen eingeführt werden, um äußere und innere Bilder abzugleichen?

In welche politischen und erkenntnistheoretischen Dilemmata die katholische Kirche in Person ihrer Theologen und der frühmoderne Staat in Person der Habsburger Herrscher hierbei gestürzt wurden, aber auch welche kongenialen Lösungen sie entwickelten und welche nichtintendierten Folgen sie in Gang setzten, soll im Folgenden ausgeführt werden. Als erstes Beispiel dient die im Zuge der Monokonfessionalisierungspolitik in Kooperation mit den katholischen Theologen entwickelte Staatskirchenfrömmigkeit. Präziser ausgedrückt: Eine Frömmigkeit, die mit ihrem hierarchisch gegliederten Vorbildcharakter

---

[739] Vgl. HERZIG 2000, S. 19f.
[740] Ähnliches lässt sich auch für die spanische Linie feststellen, insbesondere für die überseeischen Besitzungen; vgl. MARAVALL 1972, Bd. 1, S. 215ff.; zu den Inszenierungen dieser Bestrebungen hier nur beispielhaft FRANCISCO JAVIER PIZARRO GÓMEZ: Arte y espectáculo en los viajes de Felipe II, Madrid 1999; AGUSTIN GONZALES ENCISO, ROBERTO J. LÓPEZ (Hrsg.): Imagen del rey, imagen de los reinos. Las ceremonias públicas en la España moderna (1500-1814), Pamplona 1999; ANTONIO FEROS: Kingship and favoritism in the Spain of Philip III, 1598-1621, Cambridge 2000; RICHARD C. TREXLER: Church and community 1200-1600. Studies in the history of Florence and New Spain, Rom 1987.

einer typisch gegenreformatorischen Glaubens- und Sexualmoral[741] nach „unten" transportiert werden sollte. Die offensichtliche Ausübung religiöser Riten prägte das äußere Bild eines innerstaatlich durchgeführten Reformprogramms – aber eben nicht nur als dessen Abbild, sondern als Beitrag zur Internalisierung desselben. Entsprechend der Aufteilung der habsburgischen Welt heißt sie „pietas austriaca" für die mittel- und osteuropäischen Territorien.[742] Dazu gehört unter anderem die kaiserliche, für das Volk verbindliche Marienverehrung. Maria war nicht nur die Schutzpatronin des Hauses Habsburg, sondern auch die kämpfende Streiterin für die katholische Kirche, wie sich beispielsweise bei der entscheidenden Schlacht am Weißen Berg 1620 zeigt. Erinnert sei darüber hinaus an die entsprechende Stiftung der Kirche S. Maria della Vittoria, und die Lukas-Ikone mit dem Bild der Maria, die als gedrucktes Flugblatt für die weltweite Mission der Jesuiten ihren Einsatz fand.[743] Hierbei konnte auf eine lange Bildtradition zurückgegriffen werden. Maria konnte nun mit dem Apokalyptischen Weib identifiziert werden, welche den Babylonischen Drachen, hier die Protestanten, zertritt. Gleichzeitig konnte sie als Leitfigur einer rigiden Sexual- und Glaubensmoral dienen.[744] Bildhaften Ausdruck fand diese Verehrung in der jährlichen Wallfahrt des Kaisers nach Maria Zell. Nicht zuletzt setzten solche bildhaften Akte der Wiedervereinigung der sich trennenden Sphären von Staat und Kirche in der „pietas austriaca" Synergieeffekte frei, die die Habsburger nutzen konnten.

Der Begriff der „pietas austriaca" taucht zuerst in der barocken Panegyrik auf und wird von den Zeitgenossen zunächst dynastisch verstanden. „pietas austriaca" oder Austriae war die Frömmigkeit als Herrschertugend der Casa d'Austria deutscher und spanischer Linie. Die besondere Bedeutung erhält der Begriff durch die Überzeugung, dass dem Hause Österreich von Gott eine bestimmte

---

[741] Vgl. MARTIN LÜDKE (Hrsg.): Verkehrte Welten: Barock, Moral und schlechte Sitten, Hamburg 1992; in Auseinandersetzung mit den Entwicklungen in Amerika RICHARD C. TREXLER: Sex and conquest. Gendered violence, political order, and the european conquest of the Americas, Ithaca 1995, und die grundsätzlichen soziologischen und theologischen Fragen beleuchtend REGINA AMMICHT QUINN: Körper – Religion – Sexualität. Theologische Reflexionen zur Ethik der Geschlechter, Mainz 2000, sowie KURT LÜTHI: Christliche Sexualethik. Traditionen, Optionen, Alternativen, Wien u.a. 2001.

[742] Vgl. HERZIG 2000, S. 23. Vgl. auch CORETH 1959, S. 9ff., und KAPNER 1978, S. 22ff.

[743] Vgl. CLAUDIA OPITZ, HEDWIG RÖCKELEIN, GABRIELA SIGNORI, GUY P. MARCHAL (Hrsg.): Maria in der Welt. Marienverehrung im Kontext der Sozialgeschichte. 10.-18. Jahrhundert, Zürich 1993.

[744] Zur Bedeutung der Marienverehrung im Spätmittelalter vgl. HEDWIG RÖCKELEIN: Maria, Abbild oder Vorbild? Zur Sozialgeschichte mittelalterlicher Marienverehrung, Tübingen 1990; GABRIELA SIGNORI: Maria zwischen Kathedrale, Kloster und Welt, Sigmaringen 1995. Zur frühneuzeitlichen Verehrung vgl. LUDWIG HÜTTL: Marianische Wallfahrten im süddeutschösterreichischen Raum, Köln, Wien 1985; die Wallfahrten in einen Kontext der Volksfrömmigkeit analysierend vgl. WERNER FREITAG: Volks- und Elitenfrömmigkeit in der frühen Neuzeit. Marienwallfahrten im Fürstbistum Münster, Paderborn 1991.

Mission für das Reich und die Kirche zugefallen sei.[745] Argumentiert wird mit dem historischen Vorbild des Rudolf von Habsburg.[746] Entscheidend hierbei ist, dass es sich nicht nur um die katholische Frömmigkeit des einzelnen Herrschers handelte, sondern um eine die gesamte Gesellschaft prägende Verbindung von Frömmigkeit und staatlicher Ordnung. Diese suchte sich ihren bildhaften Ausdruck, bzw. deren Bild in seinen Ausprägungen wie etwa Wallfahrten, Bittprozessionen, Betstöcke, Kirchen mit ihren Ausstattungen und einer metaphorisch angereicherten Sprache auf politische, soziale und mentale Normen zurückwirkt. „Diese Form der Pietas Austriaca entwickelte sich allmählich und stand zur Zeit des Barock und der siegreichen Gegenreformation, also im 17. Jahrhundert [– auch noch im beginnenden 18. Jahrhundert, Anm. J. B. –] in ihrer vollen Entfaltung. Zugleich mit ihrer bewußten Pflege wurde sie durch Zurückprojizierung auf die eigene Vergangenheit des Geschlechtes unterbaut und genährt."[747] Rekatholisierung lässt sich dementsprechend auch als kultureller Wandlungsprozess verstehen und diente vor allem den Interessen der Habsburger und der neuen Orden, wie z.B. den Jesuiten und den Kapuzinern. Diese Orden bildeten die direkte Brücke zwischen der Dynastie und der Bevölkerung; insbesondere die Jesuiten waren als Beichtväter und Hofprediger in habsburgischen Diensten.[748]

Als ein Beispiel für die „pietas austriaca" kann der Fürstenspiegel von Ferdinand II. gelten. In dessen Werk *Princeps in compendio*, zuerst 1632 gedruckt, wird das grundlegende Verhältnis zwischen Gott und dem Fürsten geregelt. Im Wesentlichen sei der Herrscher nicht nur berufen, sondern erfahre ständig durch Gott Beistand und werde z.B. zu einer gerechten Gesetzgebung inspiriert.[749] Als wichtigste konkrete Folgerungen sollte der Gottesdienst gefördert und sollten alle Häresien verhindert werden. Religionsverschiedenheit wurde als Krankheit angesehen, die das Gedeihen des Staates, die Einheit und den Frieden störe.[750] Auch in diesem Zusammenhang gelingt es den Jesuiten am besten, der Fröm-

---

[745] Vgl. CORETH 1959, S. 6

[746] Auffallend ist die parallel dazu geführte historische Argumentation gegen die Protestanten in Böhmen 1618 durch Ferdinand II. mit Rückgriff auf das Negativbeispiel des "Konkurrenten" Sigismund aus dem Hause Luxemburg.

[747] CORETH 1959, S. 7.

[748] Vgl. das Beispiel Lamormainis, vgl. dazu ROBERT BIRELEY: Religion and Politics in the Age of the Counterreformation. Emperor Ferdinand II., William Lamormaini, S.J., and the Formation of Imperial Policy, North Carolina 1981.

[749] Vgl. Princeps in compendio, hoc est puncta aliquot compendiosa, quae circa Gubernationem Reipublicae observanda videntur, Wien 1668, neu herausgeben von OSWALD REDLICH, in: Monats-Blätter für Landeskunde von Niederösterreich, Jg. 3, 1906/07, S. 105-124.

[750] Zum Einfluss des Hofpredigers Karls V. Antonio de Guevara und der spanischen Literatur wie z.B. Gracián vgl. CORETH 1959, S. 11. Vgl. außerdem die Schrift des Beichtvaters von Ferdinand II. Wilhelm Lamormaini: Ferdinandi II. Romanorum Imperatoris virtutes, Wien 1638; deutsche Ausgabe übersetzt von Johann Jacob Curtius: Tugenden Kayser Ferdinandi II., Wien 1638; vgl. dazu auch BIRELEY 1981, S. 127ff.

migkeit bildhaften Ausdruck zu verleihen. Diese Frömmigkeit sollte nicht kontemplativ sein, sondern extrovertiert sich in Szene setzen und überwältigen und damit beispielgebend sein. Entsprechend nannte der Jesuit Nikolaus Avancini die Kaiserfeier des Jahres 1659 „pietas victrix".[751] Eine weitere Manifestation der „pietas austriaca" ist die Trinitäts-Verehrung, die sich beispielsweise in den Pestsäulen Leopolds I. (1657-1705) von 1679 widerspiegeln.[752] Nach Schönleben basierte die Größe der Habsburger Herrschaft auf drei Säulen: dem katholischen Glaubenseifer des Hauses Österreich, der Verehrung der Eucharistie und der Verehrung Marias als Immaculata.[753] Im Wesentlichen ist die „pietas austriaca" als eine „pietas eucharistica"[754] und eine „pietas mariana" zu verstehen, denen eine ausgeklügelte Anzahl von speziellen Heiligen wie der heilige Joseph oder Nepomuk beigeordnet wurden.[755] Entscheidend hierbei ist, dass alle drei Glaubensbekundungen insbesondere von den Protestanten angegriffen worden waren. Dementsprechend waren es auch die Jesuiten, die genau diese Verehrung propagierten. So gab es bei den Jesuiten eine besondere Verehrung der Eucharistie,[756] Fronleichnamsprozessionen, die entsprechenden Bruderschaften, das Quarantore-Gebet und Sakramentspiele nach spanischem Vorbild. Die besondere Kraft des Hauses Habsburg zeige sich, „weil es auf dem übernatürlichen Glauben aufgebaut ist und ständig aus der Kraftquelle der Pietas Eucharistica schöpft (...). Von früher Kindheit an war das eucharistische Brot die stärkende Nahrung des Hauses, die es zur Weltregierung befähigte".[757] Wiederum legitimierten die Jesuiten die Besonderheit dieser Verbindung, an der sie eigene Interessen und Anteil hatten, mit einer historischen Argumentation: Der Gedanke der Eucharistie wird verknüpft mit dem Gedenken an den Vorbildcharakter Rudolfs, des Stammvaters der Dynastie.[758] Vergangenheit wird beschworen, um die Gegenwart in den Mittelpunkt zu rücken: Was bei Rudolf, dem Gründer der

---

[751] So die Schrift von Nikolaus Avancini: Pietas victrix sive Flavius Constantantinus Magnus, de Maxentio Tyranno Victor: acta Viennae Ludis Caesareis, Aug. Rom. Imp. Leopoldo a studiosa iuventute Casarei et Academici Collegii Soc. Jesu mense Feb. anno 1659, Wien 1659; vgl. auch CORETH 1959, S. 14.

[752] Vgl. KAPNER S. 73ff.

[753] Johann Ludwig Schönleben (Diego Tafuri): Dissertatio polemica de prima origine aug. Domus Habsburgico-Austriacae, Ljubiljana 1682, S. 167.

[754] Zur Rolle der Eucharistie-Verehrung insbesondere bei den Jesuiten vgl. IMORDE 1997, S. 34ff.

[755] Vgl. dazu die Josephs-Verehrung bei BARBARA MIKUDA-HÜTTEL: Vom 'Hausmann' zum Hausheiligen des Wiener Hofes. Zur Ikonographie des hl. Joseph im 17. und 18. Jahrhundert, Marburg 1997, S. 127ff. Zur Instrumentalisierung der Nepomuk-Verehrung als böhmischer, katholischer Gegenheiliger zu Jan Hus vgl. auch Johannes Nepomuk, Ausstellungskatalog, hrsg. vom Adalbert-Stifter-Verein unter Mitarbeit von FRANZ MATSCHE, Passau 1971.

[756] Vgl. IMORDE 1997, S. 24ff. Dies bezieht sich vor allem auf die von den Protestanten angegriffene Transsubstantiationslehre von der Realpräsenz Christi im Sakrament.

[757] Zitiert nach CORETH 1959, S. 18; vgl. Didaco da Lequile: De Rebus Austriacis, Innsbruck 1660, mit dem beigebundenen Teil Colossus Angelicus sive Austriae Sobolis admiranda moles Apocalypsea Religione constans, Oeniponti 1655, S. 182.

[758] Vgl. CORETH 1959, S. 21.

Familie, für die Welt ein Wunder gewesen sei, das trage sich bei Leopold fast jährlich zu, so der Jesuit Avancini.[759] Wesentlich ist dabei die öffentliche Zurschaustellung, die Visualisierung. In einer sich etablierenden Trennung von Privatheit und öffentlichem Raum[760] wird die private Frömmigkeitsdarbietung zum äußeren Bild, das die inneren Bilder, also – und damit – die Frömmigkeit nachweisen soll. Gleichzeitig sollen damit neue Bilder und neue Frömmigkeit erzeugt werden. Als Beispiel kann der öffentliche Kommunionsempfang von Kaiser und Hof bei feierlichen Anlässen, bei Wallfahrten oder insbesondere bei von Ferdinand III. (1637-1657) und Leopold I. (1657-1705) abgelegten Gelöbnissen dienen.[761] Kommuniziert wurde der Topos der Bescheidenheit, der Einfachheit des Kaisers im Zusammenhang mit der Sakramentsprozession zu Fronleichnam. Es war gleichzeitig ein Akt der Huldigung, des Bekenntnisses und der Feier, des Triumphs der katholischen Kirche. Trotz dieser inszenierten Schlichtheit wurde der Kaiser allegorisch durch die Sonne dargestellt, die ansonsten als Symbol Gottes galt.[762]

Auch in Schlesien gehörte diese Herrschaftsauffassung zu den kulturellen Rahmenbedingungen oder Konstituenten einer habsburgischen Rekatholisierungspolitik. Parallel dazu wandten die Habsburger ihre Vorstellungen zur Monokonfessionalisierung auf politischem, militärischem, sozialem und kulturellem Gebiet an. Die besondere Situation Schlesiens, nicht direkt zum Reich zu gehören, lag unter anderem begründet in seiner rechtlichen Situation. Böhmen und seine Nebenländer waren zwar Bestandteil des Reiches, einziger Reichsstand war aber der böhmische König.[763] Eine bedingungslose Durchsetzung der Rekatholisierung erschien, anders als in den österreichischen Territorien, nicht möglich. Insbesondere standen dem konfessionelle Schutzzusagen wie der Dresdner Akkord (1621), der Prager Frieden (1635) und der Westfälische Frieden (1648) entgegen.[764] Im Zuge dieser Politik versuchten die Habsburger die

---

[759] Gemeint ist Erzherzog Leopold Wilhelm, Nikolaus Avancini: Leopoldi Guilielmi archiducis Austriae principis pace et bello inclyti virtutes, Antwerpen 1665, S. 33

[760] Vgl. TREXLER 1987, und DERS. 1997.

[761] Vgl. CORETH 1959, S. 24: Dazu gehörte unter anderem stundenlanges Beten und Knien. Entscheidend ist hierbei die Kommunikation dieses Sachverhaltes z.B. in den Predigten und Schriften Abraham a Sancta Claras. Vgl. FRANZ LOIDL: Menschen im Barock. Abraham a Sancta Clara über das religiös-sittliche Leben in Österreich in der Zeit von 1670 bis 1710, Wien 1938; FRANZ M. EYBL: Abraham a Sancta Clara. Vom Prediger zum Schriftsteller, Tübingen 1992; JEAN SCHILLINGER: Abraham a Sancta Clara: pastorale et discours politique dans l'Autriche du XVIIe siècle, Bern und andere 1993.

[762] Vgl. CORETH 1959, S. 29f.

[763] Vgl. MATHIAS WEBER: Das Verhältnis Schlesiens zum Alten Reich in der Frühen Neuzeit, Köln, Weimar, Wien 1992.

[764] Vgl. ARNO HERZIG: Schlesien und die Grafschaft Glatz im Zeitalter des Konfessionalismus, in: Jahrbuch für Schlesische Kirchengeschichte, Jg. 75, 1996, S. 1-22, und NORBERT CONRADS: Schlesiens frühe Neuzeit (1469-1740), in: Deutsche Geschichte im Osten Europas: Schlesien, hrsg. von DEMS., Berlin 1994, S. 178-345, S. 258ff.; sowie FRANZ MACHILEK: Schlesien, in: Die

städtischen Eliten auszutauschen und sie setzten für die kontinuierliche Mission unter anderem die neuen Reformorden und hier vor allem die Jesuiten ein. Wurde politisch vor allem auf Zwangsmaßnahmen gesetzt, übernahmen die Jesuiten die Rolle der Mission mittels ihrer Pädagogik und Frömmigkeitspraxis, bei der sie einen Schwerpunkt auf die städtischen Eliten und die Adeligen auf dem Lande legten.[765]

Hatten die Jesuiten zuerst Schwierigkeiten, in Schlesien Fuß zu fassen, gelang es ihnen aufgrund ihrer engen Verbindung zum Habsburger Kaiserhaus, nach der Schlacht am Weißen Berge bzw. in der Zeit nach 1620 in den Fürstentümern und der Grafschaft Glatz ihre Position zu festigen.[766] Nachdem in Glatz bereits 1597 ein Jesuitenkonvikt mit Gymnasium eröffnet worden war, welches aber im Verlauf der kriegerischen Auseinandersetzungen auf Druck der mehrheitlich protestantischen Bevölkerung wieder aufgegeben werden musste, spannten die Jesuiten ein weit reichendes Netz von Niederlassungen über Schlesien. Koordiniert wurde es zunächst von Rom und Wien bzw. der Ordensprovinz Prag, zu der Schlesien bis zur Eroberung durch Preußen gehörte.[767] In Glatz galten die Jesuiten als besondere Garanten der Habsburger Rekatholisierungpo-

---

Territorien des Reichs im Zeitalter der Reformation und Konfessionalisierung: , Bd. 2, hrsg. von ANTON SCHINDLING, WALTER ZIEGLER, Münster 1993, S. 102-138. Zur Einordnung in die Konfessionalisierungsdebatte vgl. WINFRIED EBERHARD: Voraussetzungen und strukturelle Grundlagen der Konfessionalisierung in Ostmitteleuropa, in: Konfessionalisierung in Ostmitteleuropa: Wirkungen des religiösen Wandels im 16. und 17. Jahrhundert in Staat, Gesellschaft und Kultur, hrsg. von JOACHIM BAHLCKE, ARNO STROHMEYER, Stuttgart 1999, S. 89-104, insbesondere S. 96ff. Beispielhaft für die Situation in Breslau vgl. LUDWIG PETRY: Breslau und seine ersten Oberherrn aus dem Hause Habsburg 1526-1635. Ein Beitrag zur politischen Geschichte der Stadt, St. Katharinen 2000; und in Innerösterreich vgl. REGINA PÖRTNER: Gegenreformation und ständischer Legalismus in Innerösterreich, 1564-1628, in: Zeitschrift für Historische Forschung, Jg. 27, 2000, S. 499-542.

[765] Vgl. beispielhaft JÖRG DEVENTER: Die politische Führungsschicht der Stadt Schweidnitz in der Zeit der Gegenreformation, in: Jahrbuch für Schlesische Kirchengeschichte Jg. 67, 1997/1998, S. 27-50 und DERS.: Gegenreformation in Schlesien: die habsburgische Rekatholisierungspolitik in Schlesien in Glogau und Schweidnitz 1526-1707, Köln u.a. 2003.

[766] Vgl. CONRADS 1994, S. 115ff, S. 305ff. und 437ff. S. außerdem JOACHIM BAHLCKE: Die Geschichte der schlesischen Territorien von den Anfängen bis zum Ausbruch des ersten Weltkrieges, in: Schlesien und die Schlesier, hrsg. von DEMS., München 1996, S. 14-155, hier S. 49ff. Als parallele Studie zur Rolle der Jesuiten im Rahmen der Konfessionalisierung vgl. JÜRGEN STILLIG: Jesuiten, Ketzer und Konvertiten in Niedersachsen, Hildesheim 1993, und GERNOT HEIß: Die Bedeutung und die Rolle der Jesuiten im Verlauf der innerösterreichischen Gegenreformation, in: Katholische Reform und Gegenreformation in Innerösterreich 1564-1628, Klagenfurt 1994, S. 63-76.

[767] Vgl. auch PROKUPEK 1997, S. 326ff.; zum Besitz der Jesuiten auch JAN WOSCH: Terytoralny rozwój wasnoeci ziemskiej zakonu jezuitów na Śląskuod XVI do XVIII wieku, in: Studia Śląsku Jg. 34, 1978, S. 11-50, zu Breslau S. 22ff.; sowie WINFRIED KÖNIG (Hrsg.): Erbe und Auftrag der schlesischen Kirche. 1000 Jahre Bistum Breslau, Dülmen 2000.

litik, und wurden deshalb bereits 1623 wieder in ihre alten Rechte eingesetzt.[768] Im Rahmen der Strafmaßnahmen nach der Schlacht am Weißen Berg zogen die Habsburger die protestantischen Kirchen weitgehend ein, die die Jesuiten in den größeren Orten übernahmen: so beispielsweise 1625 in Glogau, 1629 in Schweidnitz und Hirschberg und 1689 in Liegnitz, die Entwicklung abschließend, nach dem Tod des letzten protestantischen Piastenfürsten. In der bedeutendsten und größten Stadt Schlesiens, in Breslau, das mehrheitlich wie auch das bereits erwähnte Glatz von Protestanten bewohnt wurde, stießen die Jesuiten auf erhebliche Widerstände. Sie konnten sich aber der Unterstützung der staatlichen Behörden sicher sein: So hatten sie in dem einflussreichen Politiker Heinrich Hartmann, der sie in Breslau einführte, einen Freund und Unterstützer und sowohl in Kaiser Ferdinand III. als auch in seinem Nachfolger Kaiser Leopold besondere Förderer. Bereits 1638 wurde eine Missionsstation mit einem Gymnasium[769] gegründet und 1639 zur Residenz, 1646 zum Kollegium aufgewertet. 1651 lebten in Breslau 20 Jesuiten, welche die Gründung eines festen Konviktes als eines ihrer wichtigsten Ziele ansahen. Noch zu Lebzeiten Kaiser Ferdinands III. kursierte das Gerücht, dass den Jesuiten das kaiserliche Schloss übergeben werden sollte, wogegen sich sowohl der Stadtrat als auch beispielsweise die Franziskaner aussprachen.[770] Die Tätigkeit der Jesuiten in dieser Zeit umfasste den Unterricht an der immer bedeutender werdenden Schule, den Einsatz als Beichtväter und Prediger sowie die Ausrichtung von Prozessionen.[771] Das jesuitische Erziehungsideal verbreiteten sie auch mit Hilfe von Dramen und Flugblättern. Darüber hinaus gründeten die Jesuiten Marianische Kongregationen, die zur Förderung – und damit auch zur Disziplinierung – von Tugend und Frömmigkeit dienten.[772] Als Bindeglied zwischen Orden und Laien kommt ih-

---

[768] Vgl. HERZIG 1996, S. 131f. vgl. auch JÓZEF DLUGOSZ: Kolegium jezuickie w Kłodzku na tle innych uczelni tego zakonu na Śląsku, in: Michał Klahr starszy i jego środowisko kulturowe, hrsg. von JAN WRABEC, Breslau 1995, S. 253-262. Zur Bedeutung der Jesuiten vgl. auch JÓZEF MANDZIUK: Historia Kościoła katholickiego na Śląsku czasy reformacji protestackiej reformy katolikiej i kontrreformacji 1520-1742, Warschau 1995, insbesondere S. 136ff.

[769] Dieses wurde 1642 auf sechs Klassen erweitert und hatte rasch Zulauf, Conrads 1994, S. 305. Vgl. grundlegend CARSTEN RABE: Alma Mater Leopoldina: Kolleg und Universität der Jesuiten in Breslau 1638-1811, Köln, Weimar u.a. 999, S. 68ff. Interessanterweise hatte sich auch der Beichtvater des Kaisers Lamormaini eingeschaltet, um die vorläufige Sicherung des Unterhaltes für fünf oder sechs Jesuiten in der Stadt zu gewährleisten; vgl. RABE 1999, S. 72.

[770] Vgl. ZDZISLAW LEC: Jezuici we Wrocławiu (1581-1776), Breslau 1995, S. 29f., und DERS.: Apostolstwo Slowa jako jedna z form duszpasterstwa jezuitów we Wrocławiu w latach 1581-1595 i 1638-1776, in: Jezuicka ars educandi, hrsg. von LUDWIK GRZEBIEN, Jerzy Paszenda und Stanislaw Witkowski, Krakau 1995, S. 131-140. Parallel hierzu die Geschichte der Jesuiten in Polen vgl. STANISLAW OBIREK: Jezuici w Rzeczypospolitej Obojga Narodów w latach 1564-1668, Krakau 1996, vor allem S. 51ff.

[771] Vgl. DUHR 1907-1928, hier Bd. II, S. 372, und RABE 1999, S. 98

[772] Vgl. die Litterae annuae im Archiwum Państwowe Miasta Wrocławia i Wjewództwa Wrocławskiego (Staatliches Archiv der Stadt und der Woiwodschaft Breslau, Rep. 135, B 73, fol. 14. Zur

nen eine besondere Mittlerfunktion zu.⁷⁷³ Trotz erheblichen protestantischen Widerstandes⁷⁷⁴ erließ Kaiser Leopold am 11. November 1658 eine Verfügung, in der er der schlesischen Kammer empfahl, das Schloss bis März 1659 zu räumen und es den Jesuiten zu überlassen. Am 14. Juni 1670 unterschrieb er die Urkunde, mit der das Gebäude endgültig in den Besitz der Jesuiten überging.⁷⁷⁵ Trotz erheblicher Widerstände konnte sich der Orden etablieren und seine politische und soziale Position ausbauen, zu deren symbolischer Demonstration im Jahre 1689 mit dem Bau einer eigenen Kirche in Breslau begonnen wurde.⁷⁷⁶ Parallel hierzu verliefen die äußerst schwierigen Verhandlungen zur Gründung einer Jesuitenuniversität in Breslau.⁷⁷⁷ Gegen das Vorhaben des Rektors des Kollegs, Friedrich Wolff, sprachen sich sowohl der Stadtrat, die Zünfte und die Bruderschaften aus. Die Jesuiten konnten sich grundsätzlich durchsetzen, obwohl die Universität nicht die Privilegien für alle Fakultäten erhielt. Schließlich konnte am 15. November 1702, dem Namenstag des Kaisers, die Universität eröffnet werden. Die Rechte der „Leopoldina" wurden auch von seinem Nachfolger Kaiser Joseph I. (1705-1711) bestätigt und erweitert.⁷⁷⁸

Bedeutung dieser Kongregationen vgl. auch DAVID M. LUEBKE: Naive monarchism and Marian veneration in early modern Germany, in: Past & Present Nr. 154, 1997, S. 71-106.

⁷⁷³ Berühmte Mitglieder solcher Sodalitäten waren unter anderem Kaiser Ferdinand II., Herzog Maximilian von Bayern sowie Torquato Tasso oder auch Peter Paul Rubens, vgl. RABE 1999, S. 100.

⁷⁷⁴ Vgl. ebd., S. 73ff.

⁷⁷⁵ Vgl. LEC 1995, S. 31.

⁷⁷⁶ Vgl. ebd., S. 32; außerdem LUDWIG BURGEMEISTER: Die Jesuitenkunst in Breslau, Breslau 1901, S. 13ff.; GÜNTHER GRUNDMANN: Die Kunstdenkmäler der Provinz Niederschlesien, Bd. 1: Die Stadt Breslau, Dritter Teil, Breslau 1934, S. 55ff.; BERNHARD PATZAK: Die Jesuitenbauten in Breslau und ihre Architekten, Straßburg 1918, S. 2ff.; HELMUT BODE: Die Kirchenbauten der Jesuiten in Schlesien, Halle 1935, S. 21ff., KONSTANTY KALINOWSKI: Barock in Schlesien. Geschichte, Eigenart und heutige Erscheinung, München 1990, S. 93f; grundsätzlich zur Bautätigkeit der Jesuiten im deutschsprachigen Raum vgl. HIPP 1979, Bd. 1, S. 809ff., zu Beispielen in Köln und Molsheim mit einer detaillierten Analayse vgl. ebd., S. 859ff.

⁷⁷⁷ Zum Universitätsplan von 1677 vgl. RABE 1999, S. 111ff.

⁷⁷⁸ Vgl. RABE 1999, S. 139ff., zum Unterricht an der Universität S. 201ff., und DERS.: Die Gründung der Jesuitenuniversität in Breslau. Ein Quellenbeleg aus dem Jahr 1677, in: Historisches Jahrbuch der Görresgesellschaft, Jg. 117, 1997, S. 181-187. Zur Finanzierung vgl. DERS. 1999, S. 179ff.; zur Baugeschichte ebd., S. 184ff. Allgemein zu den kulturellen Rahmenbedingungen sei hier nur beispielhaft genannt: MIROSŁAWA CZARNECKA (Hrsg.): Zur Literatur und Kultur Schlesiens in der Frühen Neuzeit aus interdisziplinärer Sicht, Breslau 1998.

b) Visualisierung als Instrument einer Rekatholisierungspolitk in Glatz und Breslau

Jesuitenkirche in Glatz: Ausgangspunkt der jesuitischen Maßnahme

Als erstes Territorium der schlesischen Nebenlande geriet die Grafschaft Glatz 1622 in Folge der Schlacht am Weißen Berg wieder unter die Herrschaft der katholischen Habsburger. Die Jesuiten erhielten als Entschädigung für die Zerstörung ihres Kollegs die Johanniterkommende mit der dortigen Pfarrkirche.[779] Der erste Bau des Jesuitenkollegs wird nur unzureichend von Aelurius beschrieben mit „herrlichen Stub[en ... und] lang[em]gewölbten Gang".[780] Erst im Verlauf der ökonomischen Konsolidierung nach dem Ende des Dreißigjährigen Krieges erhielten die Glatzer Jesuiten 1654 die Erlaubnis aus Rom zu einem Um- bzw. Neubau der Glatzer Ordensniederlassung. Glatz, das zur böhmischen Provinz gehörte und damit dem Kolleg in Prag unterstand, verpflichtete dieselben Architekten, die bereits in Prag tätig waren: den Italiener Carlo Lurago und seine Bauleute und Stukkateure. Für die Fertigstellung sollte der „kaiserliche Baumeister" Lurago vom Rektor des Kollegs Mario Mariano 3.500 Gulden erhalten.[781] Seit den 60er Jahren des 17. Jahrhunderts wurde auch mit Umbauarbeiten für die Pfarr- und mittlerweile auch Kollegskirche begonnen. Hier wirkten vor allem die ebenfalls aus Italien kommenden Baumeister und Stukkateure Franceso Canavale, Andrea Carova und Geronimo Faltone.[782]

Die Kirche, ursprünglich ein Bau aus dem 12. Jahrhundert, erweitert 1261 unter Ottokar II., wurde im Wesentlichen begründet durch den Prager Erzbischof Arnestus von Pardubitz. Seine vornehmlich gotische Innengestaltung erfolgte im 15. Jahrhundert. Die siebenjochige, dreischiffige Basilika mit dem nach fünf Seiten des Achtecks abschließenden Chor erhält ihre lichte und weite Raumwirkung durch das große Fenster über dem Haupteingang. Die entscheidende Umgestaltung – Barockisierung – erfuhr sie nach 1685 im Auftrag der Jesuiten mit der Erhöhung der Seitenschiffe und der Schaffung von Emporen,

---

[779] Vgl. HERZIG 1997/98, S. 385f., ders. 1996, S. 144f., und Joseph Kögler: Die Chroniken der Grafschaft Glatz, Bd. 2: Die Pfarrei und Stadtchroniken von Glatz – Habelschwerdt – Reinerz mit den dazugehörigen Dörfern, neu bearbeitet von DIETER POHL, Modautal 1993, S. 23f. und S. 54f.

[780] HERZIG 1996, S. 102, so dass eine Analyse dieses Baues hier nicht erfolgen kann. Zur Baugeschichte des Kollegs auch ERICH KRUTTGE, PAUL PROHASE, WILHELM SCHULTE: Festschrift zur Feier des dreihundertjährigen Bestehens des Königlichen Katholischen Gymnasiums in Glatz 1597-1897, Glatz 1897; vgl. insbesondere für die Zeit der Arbeiten Tauschs Litterae Annuae, Archiwum Prow. Malopolskiej, Rkp. Nr. 2553, S. 281ff.,S. 291ff. und S. 305ff.

[781] Vgl. AMELIE DURASS: Die Architektenfamile Lurago. Ein Beitrag zur Kunstgeschichte Böhmens. Phil. Diss. Köln, Prag o.J. [1933], S. 38ff.

[782] Vgl. DURASS 1933, S. 39, KALINOWSKI 1990, S. 100; vgl. auch HIPP 1979, Bd. 1, S. 836f. Einige nicht gekennzeichnete Zeichnungen aus dem Jesuitenarchiv in Krakau scheinen sich auf die Dekoration der Kirche in Glatz zu beziehen: Archiwum Prow. Malopolskiej, Rkp. Nr. 5016, S. 26-28; letztere zeigt die Inszenierung der Madonna im Hochaltar.

die sich zum Mittelschiff mit Rundbögen öffneten (Abb. 17). Die Konstruktion wurde dagegen nicht angetastet, sondern die Rippengewölbe wurden mit Ornamenten aus Stuck überzogen und mit Figuren geschmückt. Die gotischen Bögen sind weiterhin zu erkennen, werden aber überformt – somit stellten sich die Jesuiten in eine städtische Tradition von Glatz, der sie architektonisch Ausdruck verliehen (Abb. 18). Nicht allein erhielten sie die Stadtpfarrkirche vom Kaiser, sie implementierten auch den zeitgenössischen Stil und bewahrten gleichzeitig lokale Traditionen bzw. konstruierten eine Kontinuität.[783] Ikonographisch wie stilistisch drückt sich diese Konstruktion in einer spezifischen Verwendung der gotischen Elemente aus. Über die Vermittlung der böhmischen Jesuiten hielt nun der römische Barock-Stil als Demonstrationsstil der siegreichen katholischen Habsburger und der ihnen verbundenen Jesuiten Einzug.[784] Zu einer rigiden Rekatholisierungspolitik der herrschenden Habsburger[785] gehörte ein ästhetisches Programm der Überwältigung der Gläubigen, wie es die posttridentischen Theologen entwickelt hatten und das sich in diesem Demonstrationsstil widerspiegelte: Die „ecclesia militans" veränderte ihre Repräsentation zur „ecclesia triumphans". So ist das Triumphale hier nur in Ansätzen ausgebildet, zeigt aber schon dessen wesentliche Züge. Dazu gehörte auch eine Bildsprache, die den einzelnen Gläubigen ansprach, ihn emotional berührte, um ihn so zur „allein selig machenden" katholischen Religion zu bewegen. Heilserfahrung und Heilssicherheit sollten ästhetisch vermittelt werden und gleichzeitig überprüfbar sein, entsprechend den bildtheologischen und wirkungsästhetischen Vorstellungen Bellarminos und Paleottis.[786] Wesentlicher Kern der barocken Umgestaltung war die Neuinszenierung eines wundertätigen Marienbildes. Ein lokales Gnadenbild wurde nun auf dem Hochaltar neu in Szene gesetzt. Aus Anlass und zur Begründung der „translatio" verfasste der Glatzer Jesuit und Rektor Johannes Miller 1690 sein Werk *Historia Beatissimae Virginis Glacensis*. Welchen Stellenwert dieses Bild hat, wird bereits auf den ersten Seiten deutlich: „Und in Wahrheit zu bekennen / hat die Graffschaft keinen grösseren Gnaden-Schatz / als in der Glatzer Pfarrkirch / so wol von wegen des uralten Wunderthätigen Marien-Bildes".[787] Die dahinter stehende Geschichte bezieht sich auf eine Vision des jungen Arnestus, dem ersten aus Glatz stammenden Prager Erzbischof, die dieser vor der Madonna in Lebensgröße aus dem 14. Jahrhundert gehabt

---

[783] Vielleicht kann hier sogar von einer annektierten Tradition gesprochen werden. Zur Erinnerungskultur bzw. zur Konstruktion von Identität vgl. SUSANNE RAU: Städtische Geschichtsschreibung und Erinnerungskultur im Zeitalter der Reformation und Konfessionalisierung in Bremen, Breslau, Hamburg und Köln, Hamburg, München 2002.
[784] Zur Bedeutung der Prachtentfaltung vgl. HIPP 1979, Bd. 1, S. 843ff.
[785] Vgl. HERZIG 1996, S. 1-22.
[786] Vgl. HERZIG 1997/98, S. 386
[787] Vgl. Johannes Miller: Historia Beatissimae Virginis Glacensis, Glatz 1690. S. 3ff.

haben soll.[788] Die symbolischen Bedeutung wurde realiter Ausdruck verliehen, indem die Madonna im Zuge dieser ersten Umgestaltung 1669 in den hölzernen Hochaltar transferiert wurde.[789]

Über die Herkunft berichtet Miller, dass „unser Gnaden-Bild zu Glatz sey in dem H. Land aus Cederholz geschnitzet"[790] und dass es „niemal[s] verfaulet"[791]. Neben seinem damit allein schon verehrungswürdigen Alter lobt er auch die ästhetischen Qualitäten:

„Unser Gnaden-Bild aber ist keines gemeinen Kopffes / und Hand Arbeit / sondern wird von wegen der Proportion, und Schöne / von allen Künstlern für ein Kunst- und Meisterstück gehalten."[792] Die Heiligkeit selbst spiegelt sich für Miller in der künstlerischen Schönheit wider: „Die meisten / welche es genau betrachtet / sagen aus / daß sie noch kein Bild U. L. Frauen / und des JESU Kindleins / gesehen / so diesem in der Schöne und Proportion, und zugleich in der Majestät gleich wäre."[793]

Entscheidend ist hierbei auch die liturgische Praxis, die sich wie in anderen Territorien auch immer stärker „romanisierte".[794] Welchen Zuspruch das Glatzer

---

[788] Vgl. PATZAK 1918, S. 2ff. Vgl. auch Millers Schilderung, Miller 1690, S. 51ff.; die eigentliche Beschreibung des Wunders S. 57ff. Einen besonderen Hinweis ist es Miller wert, dass durch die Vision Arnestus "in dem heiligen Catholischen befestiget" sei, ebd., S. 71.

[789] Vgl. Miller 1690, S. 46: „Unser wunderthätiges von Ceder geschnitztes Bild U. L. Frauen stehet in der Pfarrkirch zu Glatz / mitten auf dem grossen Altar / als eine Himmels- und Engels-Königin / zwischen lauter Wolken / und Engeln etwas tief hineinwarts gerucket". „A. 1669 ist das neue grosse Altar / in dessen Mitte / als das Herz / unser Gnaden-Bild stehet / aufgerichtet worden / dazu vielfältige Wolthäter aus dem Ihrigen etwas zu Ehren U. L. Frauen beygeschossen", ebd., S. 193.

[790] Miller 1690, S. 37.

[791] Ebd., S. 39.

[792] Ebd., S. 40f.

[793] Ebd., S. 47. Welche Bedeutung die Erregung der Sinne für die Jesuiten konkret hatte – über die Verehrung de Gnadenbildes hinaus –, zeigt ein handschriftliches Manuskript mit dem Titel „schola affectivus", in dem es um die Bedeutung der unterschiedlichen Sinne für den Glauben geht, vgl. Archiwum Prow. Malopolskiej, Rkp. Nr. 3349.

[794] Vgl. dazu stellvertretend ALBERT GERHARDS, ANDREAS ODENTHAL (Hrsg.): Kölnische Liturgie und ihre Geschichte. Studien zur interdisziplinären Erforschung des Gottesdienstes im Erzbistum Köln, Münster 2000, darin beispielhaft JÜRGEN BÄRSCH: Die Feier von Allerseelen in der Kölner Kirche. Gottesdienst und volksfrommes Brauchtum in Zeugnissen der Kölner Diözesanliturgie, S. 243-272, und Andreas Odenthal: Gottesdienst zwischen römischem Vorbild und diözesaner Ausprägung. Stationen Kölnischer Liturgieentwicklung im Spiegel der Forschung, ebd. S. 29-45; von einer die ganze Diözese verpflichtenden Liturgie kann seit 1614/25 gesprochen werden – und zwar mit den offiziellen Ausgaben des Rituals (1614), des Breviers (1618) und des Messbuchs (1625/26), hier S. 36. Theoretisch weiter reflektierend ANDREAS ODENTHAL: Theologische und psychoanalytische Überlegungen zu einer praktisch-theologischen Theorie des Gottesdienstes als Symbolgeschehen, Stuttgart 2002. Zur Beichtpraxis vgl. W. DAVID MYERS: "Poor, sinning folk". Confession and conscience in Counter-Reformation Germany, Ithaca, London 1996, S. 105ff.

Bild erhielt, auch bei den unteren Schichten, sowie die liturgische Praxis erläutert Miller folgendermaßen:

"Viel hundert schöne Andachten seyn zeithero von so viel tausend Liebhabern MARIAE, Sie zu verehren / erdacht / und erfunden worden / finden sich auch von Tag zu Tag deren noch mehr / und mehr; Unter denen dem gemeinem Volk die bekannteste diese seyn / alle nemlichen alle Samstag / wie auch alle heilige Abend vor den Feyertagen U. L. Frauen mit fasten / oder wenigstens mit Abbruch zuzubringen / die Feyertag aber selbsten / ihr zu Lieb zu beichten / und communiciren / den Rosenkrantz / die Litaney / und die Tagzeiten / andächtig beten / endlich in allen Nöhten / Anliegen / glück- und unglückseligen Zufällen / zu ihr als zu der Sünder Zuflucht / und Hülfe der Christen die Zuversicht nehmen / welche Andachten allen frommen Seelen gemein seyn."[795]

Wesentlicher Aspekt ist hierbei auch die Demonstration der äußeren Zeichen, um die Zugehörigkeit zur katholischen Religion nachzuweisen.[796] In Bezug auf die Relevanz für die Ungebildeten, die „idioti" im Sinne Paleottis heißt es bei Matthaeus Tympe:

"Ja sie helfen viel dazu, daß alle Dinge, darin viel gelegen, bei dem gemeinen Manne und Jungen Volk ein Ansehen haben und in den Herzen stark eingedrückt werden (...). Über die Zeremonien begreift das gemeine Volk die schweren Geheimnisse unserer Religion, weil die Leut dadurch aufmerkig und nachdenkig werden, was man in der Predigt höret / das kann man leichtlich wieder aus dem Sinn lassen / was wir aber sehen und was man mit

---

[795] Miller 1690, S. 243. Konstruiert wird die Verehrung außerdem über die Tradition und die persönlichen Verehrung des Arnestus, vgl. ebd., S. 80ff.; zur Geschichte der Verehrung vgl. ebd., S. 87ff. Ausführlicher äußert sich eine Quelle aus den westlichen Reichsgebieten aus dem Jahre 1609: Matthaeus Tympe: Der Ceremonien Warumb / Das ist Lautere und klare Ursachen und außlegungen der fürnemsten Ceremonien (...), Münster 1609. Dort heißt es: „Auf dass wir damit bezeugen unseren Glauben / als da wir in unseren Processionen und Bittgängen dem Hl. Kreuz und dem hochw. Sacrament des Fronleichnams Christi nachfolgen / wann wir das Rosenkränzlein tragen etc. bezeugen wir mit diesen auswendigen [= äußeren] Zeichen, dass wir katholische Christen sein. (...) Also verleuret mit der Zeit auch der seinen Glauben / welcher die Ceremonien / die zu mehrerer Stärkung und Erhaltung des Glaubens verachtet sein / liederlich in Wind schlägt und verachtet", s. ebd., S. 1. Weiter heißt es, indem mittels einer metaphorischen Sprache die bildhaften Zeremonien gerechtfertigt werden, ebd., S. 4: „Dann die Ceremonien haben große Kraft / unsere und unser nächsten Herzen zum Lob / Ehr / und Preis Gottes / zur Andacht etc. zu bewegen. Ja wie die Kriegsleut durch den Schall der Posaunen zum Krieg aufgereizt werden und wie der, der so da anziehet, dass ein König von seinem Adel etc. königlich und fürstliche geehret wird / zu dessen Ehr und Bewunderung angezogen wird: also werden wir durch das schöne Geläut der Glocken, das liebliche Gesäng und den Zierart der Kirchen, die Andacht, herrliche Kleidung, Sitten und Ernsthaftigkeit der Priester und Kirchdiener zu Gottes Lieb und Lob wunderbarlich angereizt".

[796] Die Zeit von 1540 bis 1620 wird von Miller als die Zeit der Ketzer bezeichnet, in der den Marienbildern nicht die entsprechende Verehrung entgegengebracht wurde, Miller 1690, S. 95 und S. 166ff.; zur Begebenheit einer wundertätigen Rettung des Marienbildes , ebd. S. 106.

äusserlichen Gebräuchen mit uns handelt / das gehet uns tief ins Gemüt / bewegt uns mehr / und lässt ein stärker Gedächtnis in unseren Gemütern. Es sind viele schwache und unvollkommene Menschen in den Kirchen, deren Andacht mit Hilfe der äusserlichen Zeremonien muß geholfen werden. Denn wie die Vollkommenen / als Geistliche / mehr mit dem Verstand als mit den äusserlichen Sinnen / also werden die Unvollkommenen als fleischliche / mehr mit den äusserlichen Sinnen als mit dem Verstande geführet. Daher dann die Schwachen die Würdigkeit der hl. Dinge nicht nach der selben Natur, sondern mehr nach der äußerlichen Gestalt, die mit den Sinnen vernommen wird, mitteilen. Darunter auf dass ihre Gemüter desto besser bewegt werden, ist alle Zurüstung und Herrlichkeit der Göttl. Dinge noch von nöten, auf dass sie dieselbige nach der Würdigkeit ehren. Diesen Unvollkommenen ist gut, daß sie die Kirchen und hl. Stätten oft besuchen und den göttl. Ämter beiwohnen. Denn die hl. Ceremonien, die liebliche und wohllautende Stimme der Kirchen, der Glanz und Geschmuck der Altäre (welche Gräber sind des hl. Gottes), die schöne äußerliche Sitten der Priester, die Zierde der hl. Kleider, auch die Exempel derer, so in der Kirche zum Beten zusammen kommen und dergl. Dinge erwecken nit allein der Unvollkommenen geringe und als erstorbene, sondern mehren auch der vollkommenen Andacht."[797]

Die Bedeutung des Bildes erschließt sich aber nicht aus der Verehrung allein, vielmehr fungiert sie als Symbol für die Konversion zum katholischen Glauben. Sie wird zum Garant für die Rekatholisierung der Bevölkerung in der Grafschaft.[798] Zu diesem Zweck reorganisierten die Jesuiten nach 1687 auch die Prozessionen und Wallfahrten.[799]

Die beiden Seitenaltäre waren entsprechend dem römischen Vorbild Ignatius und Franz Xaver, den beiden ersten Ordensheiligen, geweiht. Auch hier wird eine römisch-jesuitisch geprägte Ikonographie übernommen, die von Künstlern ausgeführt wurde, die sich an den Stilvorgaben des römischen Barock orientierten.[800] Die architektonische Umgestaltung mit ihrer Lichtführung, die ihren Fo-

---

[797] Tympe 1605, S. 4.
[798] Miller schildert verschiedene Wunder, die zur Konversion geführt haben, z.B. verschiedene „Bekehrungen" von „Uncatholischen" aus dem Jahr 1604, Miller 1690, S. 109ff.
[799] Vgl. ebd., S. 224. Wichtig erscheint es Miller vor allem den neuen, von den Habsburgern geförderten katholischen Adel in diese Wallfahrten einzubinden, z. B. den Grafen von Herberstein, vgl. ebd., S. 228.
[800] Zur Geschichte der Adaption römischer Vorbilder vgl. beispielhaft BERNHARD PATZAK: Die Elisabethkapelle des Breslauer Domes, Breslau 1922; HELLMUT LORENZ: Johann Bernhard Fischer von Erlach, Zürich 1992; DERS.: Domenico Martinelli und die österreichische Barockarchitektur, Wien 1991; DERS. (Hrsg.): Barock, Geschichte der bildenden Kunst in Österreich, Bd. 4, München 1999; sowie FRANZ MATSCHE: Die Kunst im Dienst der Staatsidee Kaiser Karls VI., Berlin 1981.

kus auf dem Hochaltar hatte, lässt vermuten, dass bereits 1685 an einen prunkvolleren Ersatz gedacht war.

In einem zweiten Schritt errichtete der Schüler von Andrea del Pozzo – ebenfalls Jesuiten-Architekt und Maler – Christoph Tausch (1673-1731) einen prachtvollen Hochaltar im letzten Joch des dreieckigen Presbyteriums, der den hölzernen ersetzte (Abb. 19).[801] Kühn greift seine architektonische und plastische Gestaltung die Ideen der Raumgestaltung auf und lässt die Madonna in einem "ascensus" oder „assumptio" visuell aufstreben – entsprechend dem Patrozinium der Kirche, Himmelfahrt Mariens. Die baukünstlerischen Formen des barocken Altars entsprechen den vertikalen Proportionen und der dreieckigen räumlichen Abgrenzung des gotischen Chores. Die gotischen Fenster wurden in den diagonalen Partien der Wände in der ganzen Höhe ausgenutzt. Der Raum und das Licht wurden zur wesentlichen Komponente des Werkes. Vier Kompositsäulen auf hohem, reich verziertem Postament rahmen den Altar ein und grenzen ihn zum Innenraum ab. Sie stützen das Balkenwerk, das in der Mitte durch zwei charakteristische Volutenkonsolen verstärkt wurde. Ein prachtvoller Baldachin überdacht und schützt die Madonna. Die Figuren Johannes des Täufers mit einem Spruchband, das auf den „Gefangenen der Liebe" im Tabernakel hinweist – „Ecce agnus Dei" – und Josef mit der Lilie als Zeichen der Immaculata zeigen in einem deutlichen Verweisgestus auf die Gnadenmadonna. Sie stehen auf Interkolumnien. Anbetende Cherubim und Putten umgeben die Madonna. Über dem Balkenwerk erhebt sich eine Attikazone mit drei Okuli.

Architektonisch wird dieser Bereich mit dem Presbyterium verbunden und so optisch verschweißt. Ähnlich verfährt Tausch mit den Säulen und den entsprechend kanellierten Pilastern. Das natürliche Licht modelliert den Altar auf drei Ebenen. In der Höhe der Attika knien am Rande des Balkenwerks zwei Engel in anbetender Haltung und verweisen ebenfalls auf die Madonna. In der Bekrönung wurden unter den Putten und den Wolken der segnende Gott samt Taube dargestellt. In der obersten Zone wird von zwei Engeln das Kreuz präsentiert,

---

[801] Der Vertrag mit dem Baumeister Adam Franck wurde am 8. März 1727 unterschrieben; der Vertrag mit dem Maler und Vergolder Johan Kasper Wilcke aus Breslau wurde am 5. Juni 1729 geschlossen. Die Erwähnung Tauschs in diesem letzten Vertrag, nach dessen Hinweisen die Arbeiten ausgeführt werden sollten, spricht dafür, dass Tausch auch Autor des gesamten Werkes ist. Vgl. auch PATZAK 1918, S. 227ff.; HENRYK DZIURLA: Christophorus Tausch uczeń Andrei Pozzo, Breslau 1991, S. 138ff.; DERS.: Christophorus Tausch, allievo di Andrea Pozzo, in: Battisti (Hrsg.) 1996, S. 409-430, für die römischen Vorbilder und zu seinem Aufenthalt in Rom 1720 insbesondere S. 413; außerdem RICHARD BÖSEL: Le opere Viennesi e i loro riflessi nell'Europa centro-orientale, in: DE FEO (Hrsg.) 1996, S. 204-229, insbesondere S. 215ff. und S. 225ff. Zu den protestantischen Altären allgemein in Schlesien vgl. JAN HARASIMOWICZ: Typi i programy śląskich ołtarzy wieku reformacji, in: Roczniki sztuki śląskiej Jg. 12, 1979, S. 7-27. Zur Auswahl der Künstler durch die Jesuiten bzw. Ordensmitglieder als Künstler allgemein SMITH 2002, S. 189-197.

d.h., die Trinität wird zu einem weiteren ikonographischen Thema des Hochaltars. Zu beiden Seiten halten zwei Putti Kartuschen mit den Aufschriften „Salve regina" und „Sub Tuum". Auf dem Antependium ist eine von einem Putto gehaltene Kartusche zu sehen, mit einem Vers aus dem Hohen Lied.[802] Zu beiden Seiten des vergoldeten Tabernakels befinden sich Schreine mit Reliquien der Heiligen Olympius und Vinzentius, um die römische Verbindung mit dem lokalen Kult zu symbolisieren.[803] Die kleinere Madonna bildet den zentralen Fluchtpunkt der so suggerierten Perspektive und damit den Fokus der gesamten Inszenierung.[804] In einer Weiterentwicklung der Pozzoschen Perspektive gibt Tausch jedoch einen einzigen festen, idealen Betrachterstandpunkt[805] auf und verzichtet ansatzweise zugunsten einer stärkeren individuellen Affekterregung auf dessen singuläre, ideale Perspektive.

Ähnlich wie die römischen Vorbilder wird hier ein der Volksfrömmigkeit entstammendes Kultobjekt nun in eine posttridentinisch abgesicherte Verehrungspraxis eingebunden. Schon Miller schrieb 1690 in ausdrücklicher Übereinstimmung mit den Trienter Beschlüssen und seinen posttridentinischen Vorläufern: „Den Bischoffen aber stehet es Pflicht halber zu / zu unterscheiden / ob ein Bild U. L. Frauen für wunderthätig zu erkennen sey / und darfür öffentlich zu erklären oder nicht."[806] Ästhetisch präsentiert sich der Altar als direkte Interpretation der Pozzoschen Idee, die wiederum eine Weiterentwicklung der hochbarocken Inszenierungen darstellt.[807] Ikonographisch wird hier aber nicht römisch-jesuitisch argumentiert. Entsprechend der Habsburger-Ideologie der „pietas austriaca" tritt hier die Figur des Joseph hinzu. Seine eigentlich im Tridentinum nicht verankerte Rolle im Kanon der Heiligen hatte bei den Habsburgern und entsprechend in den Darstellungen in Österreich, Böhmen und Schlesien verschiedene Funktion zu erfüllen. So galt Joseph insbesondere unter Ferdinand III. als Garant eines katholischen Friedens. Er unterstellte während einer äußerst rigiden Rekatholisierungspolitik das Königreich Böhmen und Schlesien dem Patronat des Heiligen Joseph mit dem Titel „conservator(is) pacis".[808]

Seinen „Aufstieg" erfuhr der Heilige neben Maria nach der Schlacht am Weißen Berg.[809] Nicht nur gestaltete Bernini für die Kirche S. Maria della Vittoria in Rom die Cornaro-Kapelle, sondern auch die Schlacht selbst wurde für die Habsburger zum Symbol ihrer siegreichen monokonfessionellen Politik und

---

[802] Hohes Lied 6, 10: „Wer ist, die da erscheint wie das Morgenrot, wie der Mond so schön, strahlend rein wie die Sonne, prächtig wie Himmelsbilder?"
[803] Sie wurden 1634 bzw. 1658 von Rom transferiert, vgl. Miller 1690, S. 140ff.
[804] Für eine detailliertere Interpretation vgl. weiter unten im Zusammenhang mit dem ebenfalls von Tausch errichteten Altar in der Namen-Jesu-Kirche in Breslau.
[805] Vgl. DZIURLA 1996, S. 410.
[806] Miller 1690, S. 64.
[807] Vgl. zu Pozzo die Ausführungen weiter oben.
[808] Vgl. MIKUDA-HÜTTEL 1997, S. 53.
[809] Vgl. ebd., S. 57ff.

einer Frömmigkeitspraxis der „pietas austriaca", die in den Heiligen Maria und Joseph ihre symbolischen Träger fand. Diese symbolische Bedeutung der Schlacht für die siegreiche Herrschaftsauffassung der Habsburger entspricht der Funktion des Tridentinums für die Neuorientierung der katholischen Kirche von der „ecclesia militans" zur „ecclesia triumphans". Unter Leopold I. avancierte der heilige Joseph sogar zum Standespatron der regierenden Habsburger Dynastie. Darüber hinaus erfüllte er zusätzlich eine in der Volksfrömmigkeit verankerte Funktion als Sterbepatron. Dies gilt insbesondere für die zahlreichen Josephs- und Jesu-Maria-Joseph-Bruderschaften, für die Josephs-Darstellungen oft als Andachtsgegenstand dienten.[810] In dieser ebenfalls von Leopold I. propagierten Rolle wurde er zum Beschützer in allen Notzeiten. Als kaiserlicher Schutzheiliger legitimierte er das Gottesgnadentum und die Rolle der Habsburger als Herrscher. Er konnte als Reformheiliger für die innerkirchliche Erneuerung wie für die katholische Mission stehen, wie sie insbesondere im teilweise protestantischen Schlesien noch zu Beginn des 18. Jahrhunderts notwendig erschienen. Insbesondere die Vorzüge, „in allen Anliegen zuständig zu sein", die schon die Heilige Theresa beschrieben hatte, prädestinierten ihn vor allen anderen Kulten der „pietas austriaca" zum „Staatsheiligen".[811]

Universitätskirche in Breslau: Zentrum einer jesuitischen Bilderpolitik

War Glatz der erste Ort, in den schlesischen Territorien, der sich im Zuge der Rekatholisierung politisch und ästhetisch dem römisch-habsburgischen Einfluss öffnen musste, so stellte Breslau das Zentrum dieses Transformationsprozesses dar. Zu den prächtigsten Baudenkmälern des Barocks nicht nur in Schlesien gehört die Breslauer Kirche, die zu Ehren des Namens Jesu und der Ordenspatrone, Ignatius von Loyola und Franz Xaver, errichtet wurde (Abb. 20). Nachdem die Erlaubnis 1688 erteilt worden war, wurden die Baupläne, deren Autorschaft bis heute umstritten ist, zur Begutachtung nach Rom geschickt.[812] Zu Beginn des Jahres 1689 ließen die Jesuiten den südöstlichen Teil der ehemals kaiserlichen Burg abreißen: Am 16. Juli wurde die Grundsteinlegung durch Bischof Franz Ludwig, Pfalzgraf von Neuburg, vollzogen.[813] Nach Vollendung

---

[810] Vgl. ebd., S. 77ff.
[811] Vgl. ebd., S. 178.
[812] Vgl. BODE, S. 22. Die Autorschaft bleibt auch weiterhin umstritten, obwohl Zygmunt Antkowiak behauptet, es sei Theodor Moretti gewesen; vgl. ZYGMUNT ANTKOWIAK: Kościoły Wrocławia, Breslau 1991, S. 163. Zur Rolle der Kunst allgemein MANDZIUK 1995, S. 192ff. Vgl. auch RYSZARD NATUSIEWICZ: Kóścioł Uniwerstytecki ksioeczy Jezuitów we Wrocławiu, Breslau 1995.
[813] Vgl. GRUNDMANN 1934, S. 55 und Rabe 1999, S. 195; zum katholischen Mäzenatentum allgemein in Schlesien Jan Harasimowicz: Funkcje katolickiego mecenatu artystycznego na Śląsku w dobie reformacji i „odnowy trydenckiej" kosciola, in: Śląski kwartalnik historiyczny

des Außenbaues wurde am 30. Juli 1692, dem Feiertag des Heiligen Ignatius, die Kirche feierlich eingeweiht. Einen besonders anschaulichen Eindruck hinsichtlich der Vorstellungen und Ziele des Jesuitenordens in Breslau vermag eine kurze Analyse der Predigt „des geistlichen Baumeisters S. Ignatius von Loyola" zu vermitteln, die anlässlich der Einweihung gehalten wurde: In auffälliger Weise wurden mehrfach die immensen Kosten des Baues betont, um damit die Gläubigen zu weiteren Spenden aufzurufen. Darüber hinaus wurde insbesondere auf die Funktion des Baues im Rahmen der jesuitischen Missionstätigkeit im protestantischen Breslau verwiesen.[814] In diesem Zusammenhang wird das Wirken des Ignatius mit den antihäretischen Tätigkeiten der spätantiken und mittelalterlichen Heiligen parallelisiert. So entsprechen Pelagius und die Albigenser Luther, Zwingli bzw. Calvin und dementsprechend Ignatius' Tätigkeit und Lehren denen des Augustinus und Franziskus. In besonderer Weise wird die Bedeutung des sichtbaren Kirchenbaues für die Festigung des Glaubens herausgehoben:

„Es bewegt diese höchste Majestät Gottes auch dahin, daß Sie gerade in den von Stein und Holtz erbauten und seinem Namen geheiligten Kirchen auff eine besondere Weis zu wohnen (...). Wir freuen uns (...) da wir sehen, daß diejenigen Gottes-Häuser, so durch die Babylonische Gefängnuß, ich will sagen durch das verwirrte Luthertum seynd ruiniret, unsern Catholischen gewaltsamer Weise abgenommen worden nunmehro nach und nach Gottlob wieder renoviertem den Catholischen wieder eingeräumet zum wahren Gottesdienst wieder eingeweiht werden".[815]

Sobótka, Jg. 41, 1986, S. 561-581. Zu weiteren Bauten der Jesuiten vgl. auch GEORG KLIMPEL: Kollegienbauten der Jesuiten in Schlesien, Breslau 1924.

[814] Vgl. die gedruckte erste Predigt „Des geistlichen Baumeisters S. Ignatius von Loyola und der von Ihm gestifteten Gesellschaft Jesu in der durch das Luthertum eingerissenen Kirchen Gottes kostbarer Bau; Am Fest des gedachten heiligen Patriarchen in der von gedachter löblichen Societät Zu Ehren den Allerheiligsten Namen Jesu Auff der Kayserlichen Burg in Breslau Neu aufgebauten Kirche", Schweidnitz 1698; zu der Betonung der Kosten s. beispielsweise ebd., S. 10: II Bauen bringt Lust, nur daß viel kost".

[815] Ebd., S. 6. Dass die Angriffe der Protestanten der Bilderverehrung galten und dass diese sich vor allem gegen die theologischen Urheber wie hier Bellarmino richteten wird deutlich in einer Quelle, die anlässlich der ersten Rekatholisierungsmaßnahmen in den 20er Jahren des 17. Jahrhunderts erschienen ist: „Zu dem schreibt Bellarminus öffentlich lib. 2 de Eccl. triumph. c. 21 Die Bilder Christi und der Heiligen sol man verehren nicht allein zufälliger weise und umb etwas anders willen / sondern auch für und in sich selber / also daß in ihnen selbsten die Verehrung beruhe / wie sie für und in sich betrachtet werden / und nicht allein wie sie an statt des abgebildeten dinges sind. Es sey aber deme / wie ihm wolle / wann sie schon meynen / daß sie nicht eben das Bild / sondern in dem Bilde Christum und die Heiligen verehren; Jedoch so ist eben diß ein heydnische / aberglaubisches und abgötzisches Werk. Denn beydes die Heyden und die Abgöttischen Juden in der Wüsten / so Thumm und Aberwitz nicht gewesen / daß sie genennet hetten / daß die Bilder / so sie selbsten gemacht weren / der wahre Gott / Schöpfer Himmels und der Erden / weil sie wol wusten / auch aus dem Liecht der Natur, daß das jenige / was von einem Menschen gemacht und gearbeitet worden / nicht könne Gott der Schöpfer seyn", Treuherzige War-

Die der ignatianischen Spiritualität eigene Art und Weise, die Visualität zu betonen, wird als Grundlage dieser Jesuitenkirche und ihrer Aufgabe angesehen.

"Ich lade sie ein zu diesem geistlichen Bau S. Ignatii als Bau-Schauer / Sie schauen an mit den Augen ihres Gemüths und (...) im Allerheiligsten Namen Jesu".[816]

Zum Schluss der Predigt wird selbstbewusst auf die Rolle der Jesuiten innerhalb der katholischen Kirche wiederum mit einer der bildenden Kunst entlehnten Metapher hingewiesen:

"So machens die Jesuiter, die Steine so man nach ihnen geworfen, haben sie zusammen gesamelt und ein Haus daraus gebaut. (...) S. Ignatius ist ein geistlicher vortrefflicher Baumeister nebst seiner ausserbaulichen Gesellschaft in der Kirchen Gottes".[817] Die Innenausstattung zog sich aber noch über weitere Jahre hin. So lautet die Inschrift über dem Hauptportal: „Ecclesiae Hujus lapis fundamentalis Positus Anno 1689, 16. Julij. Anno 1698, 30. Julij Benedicta Ecclesia Divina, Solemniter Inchoata 31. Julij. Pictura absoluta Anno 1706."

Nach dem römischen Vorbild der jesuitischen Mutterkirche Il Gesù wurde auch die Kirche zum Namen Jesu in Breslau ausgeführt: als einschiffig zu interpretierende Hallenkirche mit Kapellen und Emporen, deren Grundriss – ohne Querschiff – ein regelmäßiges Rechteck darstellt.[818] Der Innenraum wird beherrscht vom Langhaus, das von einem Tonnengewölbe mit 14 Metern Spannweite überwölbt wird. Der Hauptraum, der nicht mehr von Fenstern durchbrochen ist – das Licht gelangt über die Kapellen und Emporen hinein ins Innere –, wird in eine diffuse, die malerische und skulpturale Ausstattung betonende Lichtinszenierung gesetzt. Der Blick des Besuchers wird hierdurch auf die wichtigsten Stätten der Kirche, dem Chor und dem Hochaltar, gelenkt. Akzentuiert wird diese Richtungssteuerung durch eine geringe Verengung des Hauptschiffes am Übergang zum Chor. Dieser Triumphbogen wurde zudem mit Figurengruppen der jesuitischen Ordenspatrone Ignatius und Franz Xaver geschmückt. Damit korrespondierend, waren die unteren Nischen miteinander verbunden und zu

---

nungs=Schrift / Daß man die Päpstiche Lehre meyden / und bey der Lutherischen standhafftig bleiben sol / An die Evangelische Christen / so in Böheimb und andern Örtern bedrenget werden / aus Christlichem Mitleiden verfasset / und in öffentlichen Druck gegeben / Durch Die Doctorn und Professorn der Theologischen Facultet zu Wittenberg, Wittenberg 1625, S. 179.

[816] Die Predigt „des geistlichen Baumeisters S. Ignatius", S. 3.

[817] Ebd., S. 12. Die Bedeutung des Blickes bzw. des Bildes wird auch in einer Predigt aus Prag in S. Nicolai vom 9. April 1730, die in Glatz verbreitet wurde, deutlich, in der die Bildhaftigkeit als Beispielcharakter besonders hervorgehoben wird, vgl. Archiwum Prow. Malopolskiej, Rkp. Nr. 2554, S. 105ff.

[818] Die innere Gesamtbreite der Kirche beträgt 23,60 m, die Länge 50,55 m und die Scheitelhöhe des Langhauses 23,60 m; vgl. dazu Grundmann 1934, S. 58; zur geistesgeschichtlichen Einordnung innerhalb des schlesischen Kirchenbaues vgl. JAN WRABEC: Koscioły na Śląsku w 18 wieku, Breslau 1986, S. 138ff.

größeren Raumeinheiten, nämlich der Ignatius- bzw. Franz-Xaver-Kapelle, zusammengefasst.

Beherrscht wird die Decke des Langhauses und des Presbyteriums durch die Freskomalereien Johann Michael Rottmayrs (1654-1730), die dieser wahrscheinlich nach Verhandlungen mit den Jesuiten im Anschluss an die Konsekration des Baues in den Jahren zwischen 1703 und 1706 ausführte (Abb. 21).[819] Im Zentrum der Malerei steht die Darstellung eines Abstraktums, die Anbetung bzw. der Triumph des Namens Jesu. Dargestellt wird also ein theologisches Symbol im Sinne der Schriftauslegung durch die barocke Homiletik. Das christliche Monogramm „IHS", gleichzeitig Signum des Jesuitenordens, wird von Rottmayr isoliert und dramatisiert (Abb. 22). Die künstlerische Schwierigkeit, den unsichtbaren Namen Jesu in Bildern zu visualisieren, beschäftigte nicht nur die Jesuiten, auch wenn diese Idee in ihnen ihre eifrigsten Verfechter fand, sondern bereits im 16. Jahrhundert wurde die Bruderschaft „Nome di Dio" insbesondere von Carlo Borromeo und Gabriele Paleotti gefördert.[820] Das aus sich heraus leuchtende Monogramm, umgeben von einem Strahlenkranz, wird auf einem Triumphwagen von den Kardinaltugenden in die Bildmitte gefahren. Theologischer Ausgangspunkt ist das biblische „Argument" in der Fassung des Philipperbriefes: „In nomine Jesu omne genu flecatur, coelestium, terrestrium et infernorum" – „Damit alle im Himmel, auf der Erde und unter der Erde ihre Knie beugen vor dem Namen Jesu".[821] Rottmayr entwickelt hier die tizianische Idee des „trionfo de la fede" sowie Rubens' Triumphwagen der Eucharistie in der Antwerpener Jesuitenkirche oder den Triumphwagen des katholischen Glaubens weiter (Abb. 23),[822] indem er das Thema einerseits formal und inhaltlich abstrakter fasst und andererseits auf den Jesuitenorden selbst bezieht. Direkter Vorläufer für die Malereien ist aber das Deckenfresko Baciccios über dem

---

[819] Zur Diskussion um die genaue Datierung vgl. BODE 1935, S. 9ff.; BURGEMEISTER 1901, S. 16ff., HANS TINTELNOT: Barocke Freskomaler in Schlesien, in: Wiener Jahrbuch für Kunstgeschichte Jg. 16, 1954, S. 173-198, hier S. 180ff.; EDUARD M. MASER: Disegni inediti di Johann Michael Rottmayr. Monumenta Bergomensia XXX, Presentazione von Hans Aurenhammer, Bergamo 1971; DERS.: Rottmayrs Entwürfe für die Jesuitenkirche in Breslau, in: Mitteilungen der Österreichischen Galerie in Wien 1973, S. 5-17, und zuletzt ERICH HUBALA: Johann Michael Rottmayr, Wien, München 1981, S. 39ff.

[820] Vgl. CHRISTINE GÖTTLER : „Nomen mirificum". Rubens' „Beschneidung Jesu" für den Hochaltar der Jesuitenkirche in Genua, in: Aspekte der Gegenreformation 1997, S. 796-844, S. 825

[821] Philipperbrief 2, 10.

[822] Vgl. TINTELNOT 1954, S. 180. Zur allgemeinen Situation in Antwerpen zur Zeit der spanischen Habsburger, die in vielerlei Hinsicht vergleichbar mit der Situation in Schlesien unter den österreichischen Habsburgern ist, zu der aber eine interkulturelle Studie bislang fehlt, vgl. CHRISTINE GÖTTLER: Rubens' „Teresa von Avila als Fürbitterin für die Armen Seelen": Ein Altarbild als Ordenpropaganda und persönliches Epitaph, in: Die Malerei Antwerpens – Gattungen, Meister, Wirkungen. Studien zur flämischen Kunst des 16. und 17. Jahrhunderts, hrsg. von EKKEHARD MAI, KARL SCHÜTZ, HANS VLIEGHE, Köln 1994, S. 59-72; außerdem DIES.: Die Kunst des Fegefeuers nach der Reformation. Kirchliche Schenkungen, Ablaß und Almosen in Antwerpen und Bologna um 1600, Mainz 1996, insbesondere S. 127ff.

Langhaus von Il Gesù in Rom, das 1677 bis 1679 entstand (Abb. 24).[823] Wie in der Breslauer Malerei steht im Zentrum der Komposition das Monogramm des Namens Jesu. Um dieses werden Anbetende aller Stände gruppiert. Im unteren Teil stürzen die personifizierten Laster, wie „Simonia", „Superbia", „Avaritia und „Haeresia", in den Abgrund. Die vier Kardinaltugenden „Temperantia", „Iustitia", „Prudentia" und „Fortitudo" sind bei dem römischen Fresko hingegen als Statuen ausgeführt. Die sechzehn die Fenster flankierenden Stuckfiguren im Langhaus stellen diejenigen Länder dar, in denen die Jesuiten als Missionare tätig waren. In der Kuppel wird das Thema der „Duplex intercessio" thematisiert, d.h., Christus und Maria treten beide vor Gott, um ihn durch ihre Heilswerke gnädig zu stimmen. An deren Seite, ebenfalls fürbittend dargestellt, werden vor allem Heilige des Jesuitenordens gerückt, entsprechend auch dem Langhausfresko Pozzos in S. Ignazio. Im römischen Vorläuferfresko wird das Thema der Anbetung des Namens Jesu und die Fürbitte in verschiedenen Szenen getrennt voneinander dargestellt. Von Rottmayr dagegen wird es im Langhausfresko zusammengefasst: Er „entwickelt ein Programm, das nicht nur ideologisch, sondern auch optisch den gesamten Kirchenraum zu beherrschen vermochte".[824] Aufgenommen wird die bereits von Bellarmino geführte Diskussion über die Darstellbarkeit Gottes in die bildliche Argumentation, wenn Rottmayr die Verehrung Jesu als Anbetung eines abstrakten Symbols, nämlich seines Namens, darstellt, die sich aber in einem realen Raum vollzieht. Unterhalb des Monogramms erscheint Maria, auf Wolken thronend, in sowohl anbetender als auch fürbittender Haltung (Abb. 25). Zu ihr in „angemessenem" Abstand treten die Apostel, Heilige und als besonders verehrungswürdig angesehene Fürsten und Päpste. Die in zwei Ränge unterteilten Heiligen schweben ungefähr symmetrisch untereinander: zuerst die Apostel mit Maria, Joseph und Paulus; darunter die Heiligen und die heilig gesprochenen Missionare des Jesuitenordens. Angeführt werden diese von Ignatius zwischen Francisco de Borgia und Stanislaus Kostka (Abb. 26). Rechts steht der Missionar und zweite Ordenspatron Franz Xaver, entsprechend den römisch-jesuitischen Vorgaben, mit zwei Vertre-

---

[823] Vorbild für den Grundriss und für die Architektur war ebenfalls die Mutterkirche in Rom; vgl. THOMAS POENSGEN: Die Gestaltung der im Barock ausgemalten Langhausgewölbe der Kirchen in Rom und im übrigen Italien, Phil. Diss. Hamburg 1965, S. 23ff. und S. 93ff.; und ROBERT ENGGASS: Baciccio. The painting of Baciccio. Giovanni Battista Gaulli 1639-1704, Pennsylvania 1964 und STEFAN KUMMER: Anfänge und Ausbreitung der Stuckdekoration im römischen Kirchenraum (1500-1600), Tübingen 1987, S. 185-227, zur Beteiligung von Pietro da Cortona vgl. EVONNE LEVY: The Institutional Memory of the Roman Gesù. Plans for Renovation in the 1670s by Carlo Fontana, Pietro da Cortona and Luca Berettini, in: Römisches Jahrbuch der Bibliotheca Hertziana, Bd. 38, 2003, S. 73-426.; außerdem HOWARD HIBBARD: Ut pictura sermones: The first painted decorations of the Gesù, in: Baroque Art: The Jesuit Contribution, hrsg. von RUDOLF WITTKOWER, IRMA B. JAFFE, New York 1972, S. 29-50. Zur Beschreibung und Ikonographie der Breslauer Kirche vgl. insbesondere CHRISTIAN KUNDMANN: Promtuarium Rerum Naturalium et Artificialium Vratislaviense, Breslau 1726, S. 18ff.
[824] TINTELNOT 1954, S.181.

tern der japanischen Märtyrer, welche die asiatische Mission repräsentierten. Haltung und Gestik der Heiligen Ignatius und Franz Xaver können – stellvertretend für das Ganze – symbolisch aufgefasst werden: „Der eine weist auf den Triumph des Namens Jesu hin, der andere auf die Passion Jesu in carne, des inkarnierten Gottessohnes".[825] Das entgegengesetzte Blickfeld, das noch stärker von dem den gesamten Himmelsraum überstrahlenden göttlichen Licht ausgefüllt ist, wird beherrscht von der Figur des Erzengels Michael (Abb. 27). Unter ihm befinden sich Vertreter der verschiedenen Jesuitenmissionen, die sich auf die allegorischen Darstellungen der sich darunter befindenden Erdteile Afrika und Amerika beziehen können. Die sich anschließende reale irdische Sphäre thematisiert die Anbetung der gesamten Menschheit, in jener Allegorie der vier Kontinente – Asien, Europa, Afrika und Amerika – und personifiziert durch deren hervorragendsten Vertreter, wie sie auch bereits von Pozzo in S. Ignazio thematisiert wurde.[826] Ein zusätzliches, aufschlussreiches Detail innerhalb der Gruppe der Jesuiten bildet die Verteidigung der Bilderverehrung am Beispiel eines Marienbildes. Ausgezeichnet mit einem Palmzweig, dem Symbol der Märtyrer, erscheinen somit die Jesuiten als deren maßgeblichen Verteidiger (Abb. 28).

Der inhaltliche Übergang von der himmlischen in die irdische Zone wird auch formal thematisiert – dort, wo die Wandarchitektur in die Deckenwölbung übergeht. Große Kartuschen verspannen Balkon und Gesimse; die als bewegt dargestellten Wolken verschleifen optisch die verschiedenen Zonen der Illusionsräume.[827] Eine illusionistisch gemalte Brüstung oberhalb des gemalten Kranzgesimses umzieht das gesamte Langhaus. Als zeitgenössische Vertreter Europas treten Papst Clemens XI., Kaiser Leopold I., der deutsche König Joseph I., der damals noch als spanischer Thronprätendent fungierende Karl (der spätere Kaiser Karl VI.), die deutschen Kurfürsten und der Breslauer Fürstbischof Franz Ludwig von Pfalz-Neuburg auf (Abb. 29). In den Seitenkapellen werden weitere lokale Bezüge deutlich, wie etwa in der Hedwigskapelle. Die Vertreter der anderen Erdteile, mit der Betonung Asiens als Geburtsstätte Jesu, werden in direkter Verehrung oder nach erfolgter, mehr oder minder erzwungener Missionierung bzw. in staunendem Betrachten vorgeführt.[828] Welchen Stellenwert die Mission hatte, lässt sich an den in der Mission in Südamerika tätigen Jesuiten aus den mitteleuropäischen Territorien ablesen.[829] Hier wird nicht wie in S. Ste-

---

[825] HUBALA 1981, S. 42.
[826] Vgl. KALINOWSKI 1990, S. 81f.
[827] Vgl. TINTELNOT 1954, S. 180.
[828] So die Episode, die zwischen Europa und Asien angesiedelt ist: Ein bewaffneter Europäer zwingt einen so genannten „Wilden" zu Boden und weist mit seiner linken Hand triumphierend auf das Monogramm Christi, während links vorn zwei weitere bereits „Bekehrte" ins Gebet versunken sind.
[829] Vgl. ANTON HUONDER: Deutsche Jesuitenmissionäre des 17. und 18. Jahrhunderts. Ein Beitrag zur Missionsgeschichte und zur deutschen Biographie, Freiburg 1899; DERS.: Der Europäismus

fano Rotondo das Martyrium in den Mittelpunkt gerückt, sondern die Bekehrung erscheint nun als Triumph des jesuitischen Wirkens.

In Hinblick auf eine vereinheitlichende Gestaltung setzte Rottmayr die Farbe ein: Aus den Ockertönen heraus betont er vor allem die Goldtöne, die „zugleich in [ihrer] Konzentration über dem Triumphwagen, die Tiefe, das Hintergründige des Kolorits" bilden[830] und somit die Darstellung einer Bewegung ermöglichen.[831] Der Farbe werden von Rottmayr zwei Aufgaben zugewiesen: Erstens, die Gesamtkonzeption zu vereinheitlichen und, zweitens, der Bewegung als zentrales Moment einen plastischen Ausdruck zu verleihen.

Wie auch schon im römischen Gesù wird die Zentralachse der abstrakten theologischen, der symbolischen Sinnstiftung zugeordnet. Entsprechend der katholischen Auffassung der Typologie der alttestamentarischen Geschichte wird auf dem Gewölbe des Presbyteriums in einem Rundbild die Verehrung des Namens „Jahve" dargestellt (Abb. 30). Dieser ist ebenfalls mit einem Strahlenkreis umgeben, der aber weniger hell erstrahlt als sein neutestamentarisches Pendant. Angebetet wird der Name Gottes von den Vertretern des so genannten Alten Bundes: unter anderem Abel, Noah, David, Salomon und Elias, deren Opfer als Präfiguration der christlichen Eucharistie galten, die insbesondere gegenüber den Protestanten von den Jesuiten verteidigt wurde. Die abschließende Klammer der Hauptraumfresken bildet die auf der gegenüberliegenden Seite oberhalb der Musikempore sich befindende Darstellung der Lobpreisung Gottes durch einen Engelschor (Abb. 31). Dieser trägt die Kirchenmusik in eine außerirdische Sphäre, um den Namen Gottes zu verherrlichen.

Die Gewölbefresken der Emporen führen dem Gläubigen Szenen aus dem Leben Jesu vor Augen.[832] Inschriften verweisen darauf, dass die Bilder im Zusammenhang mit der Litanei vom Namen Jesu gelesen werden müssen. Somit

---

im Missionsbetrieb, Aachen 1921; sowie in neuerer Zeit JOHANNES MEIER (Hrsg.): „.... usque ad ultimum terrae". Die Jesuiten und die transkontinentale Ausbreitung des Christentums 1540-1743, Göttingen 2000. In nächster Zeit ist zudem eine Publikation des Projektes „Jesuiten zentraleuropäischer Provenienz in Portugiesisch- und Spanisch-Amerika im 17. und 18. Jahrhundert" von Johannes Meier unter Mitarbeit von Fernando Amado Aymoré, Peter Downes und Michael Müller geplant.

[830] HUBALA 1981, S. 43.

[831] Dazu kommt noch die Funktion der Architekturfarbe: Die koloristische Behandlung des nur in unbestimmten Illusionismus gehaltenen Visionsraumes wird entschieden vor die Probleme der rein architektonischen Scheindarstellungen gestellt; vgl. TINTELNOT, 1954, S. 181. Tintelnot betont hierbei den Gegensatz der Fresken Rottmayrs zur Theorie und Praxis der Illusionismusmalerei bei Pozzo, die dieser in seinem 1694 veröffentlichten Werk *Prospektiva* formulierte und mit der Ausmalung der Wiener Jesuitenkirche praktisch umzusetzen versuchte.

[832] Vgl. für eine detaillierte Beschreibung aller Kapellen- und Emporenfresken HUBALA 1981, S. 150ff. Die Kapellen waren, ausgehend vom Hochaltar, folgenden Heiligen geweiht: 1. Ignatius und Franz Xaver; 2. Maria und Joseph; 3. Anna und den Schutzengeln; 4. Franz Borgia und Hedwig; 5. Judas Thaddäus; diese Kapelle hat kein Pendant, da sich auf der gegenüberliegenden Seite die Westvorhalle befindet; 6. Schmerzens-Maria mit Betonung des Fegefeuers und Sebastian.

sind auch diese Teile des Kirchenschiffs in eine Bewegung eingebunden, die sich sowohl auf die Darstellung selbst als auch auf die sie vermittelnde Liturgie bezieht und den einzelnen Gläubigen die verschiedenen theologischen Sinngehalte der Verehrung des Namens Jesu bildhaft vor Augen führt. In diesem Zusammenhang sind vor allem die Marianischen Sodalitäten von Bedeutung, die von den Jesuiten gefördert wurden und mit ihrem Wirken die Verbindung zwischen dem Orden und den Laien herstellten. Die Kapellenfresken, die thematisch auf die einzelnen Heiligen beschränkt sind, waren entsprechend den Prinzipien der jesuitischen Seelsorge konzipiert und zur privaten Devotion bestimmt. Zwar bezieht sich die Anordnung der Kapellen auf das Gesamtprogramm, jedoch sind die einzelnen Programme selbst begrenzt auf ihre Wirkung innerhalb der Kapelle. Entsprechend den römisch-jesuitischen Vorgaben befinden sich die Ignatius- und die Franz Xaver-Kapelle, wie auch in Glatz, in relativer Nähe zum Hochaltar. Die Kapellenprogramme waren durch ihre relative Einfachheit, die keine besondere Vorbereitung erforderlich machte, für die durchschnittlichen Besucher gedacht.[833]

Neben der Schaffung eines einheitlichen Kirchenraumes, der schon in den Fresken Rottmayrs angelegt schien, und mittels architektonischer Verzierungen und einer einheitlichen kolorierten Marmorierung durch Tausch bildet der von diesem geschaffene Hochaltar als wirkungsvolle Komposition den Blick- und Mittelpunkt der Kirche.[834] Nachdem Tausch als späterer Hofkünstler des Breslauer Fürstbischofs Franz Ludwig seine künstlerischen Fähigkeiten durch eine als Festdekoration auf Leinwand gemalte Scheinarchitektur 1722 zu Ehren Franz Xavers nachgewiesen hatte, wurde ihm der Auftrag zur Neugestaltung der Kirche übertragen.[835] Sein Wandaltar mit den Ausmaßen 23,60 x 16,00 Meter nimmt die gesamte Fläche des Chorabschlusses ein und reicht bis zum Scheitel des Gewölbes (Abb. 32). Die gesamte Inszenierung war – wie auch in Glatz – auf den Hochaltar ausgerichtet.[836] Architektonische Elemente wie Pilasterbündel und die Skulpturen bilden den Rahmen einer perspektivischen Kulisse. Insgesamt lassen sich allein für die Gestaltung der Kapitelle eine Dynamisierung und damit eine fortschreitende Bewegung im Vergleich zu den römischen Vorgaben

---

[833] Vgl. KALINOWSKI 1990, S. 82
[834] Vgl. BODE 1935, S. 25. Nach Dziurlas Bewertung hat die Hinzufügung der dynamischen Form an der räumlichen Anordnung mit der Aufrechterhaltung des Zyklus der illusionistischen Malerei die organische Komposition des neu gestalteten Innenraumes nicht gespalten, sondern ergänzt organisch die Vorgaben Rottmayrs; vgl. DZIURLA 1991, S. 113.
[835] Diese Festdekoration selbst ist aber nur schriftlich überliefert, vgl. GRUNDMANN 1934, S. 63f.; BODE 1935, S. 24ff. und DZIURLA 1991, S 14ff.; zu Tauschs Leben vgl. auch PATZAK 1918, S. 188ff. Unter anderem zu den Kosten des Altars vgl. das Einnahmen- und Kostenbuch der Universitätskirche von 1705-1775, Archiwum Prow. Malopolskiej, Rkp. Nr. 1369.
[836] Dazu gehören unter anderem auch die Verengung der Arkaden im Presbyterium und an den Portalen, die zum Altar hin ausgerichtet wurden.

feststellen.[837] Diese Elemente bilden den architektonischen Rahmen für das von Tausch selbst geschaffene Altarbild, welches die Beschneidung und damit Namensgebung Jesu zeigt (Abb. 33). In dem Feld zwischen den Säulen des Altarobergeschosses wird das Monogramm „IHS" in einer Strahlensonne präsentiert, überragt von einer Kartusche, die wiederum den bekannten Vers aus dem Philipperbrief trägt: „IN NOMINE JESU OMNE GENU FLECATUR COELESTIUM". Fortgesetzt wird die Inschrift in zwei Kartuschen unten. Auf der Evangelienseite heißt es „TERRESTRIUM" und auf der Epistelseite „INFERNORUM". Im oberen Geschoss beten die Himmelsbewohner den Namen Jesu an; Putten nehmen diese Anbetung auf und präsentieren das Kreuz. In den Säulennischen rechts und links des Altarbildes befinden sich zwei allegorische Gruppen – wahrscheinlich Darstellungen des wahren Glaubens und der Häresie. Auf der Evangelienseite neigt sich die Figur der „Ecclesia" – erkennbar an den Attributen Buch und Kelch, den Symbolen der Eucharistie, und der insbesondere durch die Jesuiten vermittelten katholischen, biblischen Wahrheit und Weisheit – zu einer knienden Frau herab, die das zur katholischen Kirche zurückkehrende Schlesien symbolisiert.[838] Auf der gegenüberliegenden Seite vertreibt die Allegorie der „Visio Dei" die Häresie von der Erde. Wie bereits die Architektur der Kirche und die Fresken Rottmayrs direkte Bezüge zur römischen Mutterkirche aufwiesen, so zeigen sich auch im Hochaltar Tauschs formale und inhaltliche Bezüge zu den Vorgaben im Gesù. Insbesondere die beiden allegorischen Figurengruppen verweisen auf den Ignatiusaltar seines Lehrers Andrea del Pozzo im Gesù.[839] Dort bekehrt „Ecclesia" einen afrikanischen Fürsten, und die Häresie stürzt über ein Buch Luthers, da der deutsche Reformator als das Gegenbild zum jesuitischen Ignatius galt.[840] Gleichzeitig wird der spezifischen Situation in Schlesien Rechnung getragen: Welt- und Stadtmission der Jesuiten bilden keinen Gegensatz, sondern werden in der jesuitischen Universität praktiziert und entsprechend visualisiert.

Das im Jahr der Konsekration des Altares – also 1725 – vollendete Ölgemälde mit dem Thema der Beschneidung Christi ist wiederum ganz im Sinne eines Illusionismus gehalten (Abb. 34). Der dargestellte Innenraum des Tempels schafft eine Allusion des verlängerten Raumes, der aus Elementen der realen Architektur der Kirche besteht. Die Blicke des Jesuskindes und des Erzpriesters richten sich nach oben, wo der segnende Gott mit Zepter unter den Wolken

---

[837] Vgl. DZIURLA 1996, S. 415.
[838] Vgl. DZIURLA 1991, S. 117f.; ob es sich bei der knienden Figur, vielleicht um die letzte Piastenfürstin Prinzessin Karola handelt, die zum Katholizismus konvertierte, soll hier nicht erörtert werden. Der Kampf gegen die Häresie wird auch mehrfach in den Seitenkapellen thematisiert, so z.B. in der Darstellung des Kampfes des Erzengels Michael gegen Luzifer.
[839] Vgl. KERBER 1971, S. 140ff.; ROBERTA MARIA DAL MAS: L'altare di sant'Ignazio nel Gesù di Roma: cronache del progetto, in: DE FEO (Hrsg.) 1996, S. 144-154 und MAURIZIO GARGANO: L'altare di sant'Ignazio nel Gesù di Roma: committenza e cantiere, in: ebd., S. 156-167.
[840] Vgl. DZIURLA 1991, S. 173.

erscheint. Die Beschneidung Christi ist ein von den posttridentinischen Autoren wie Paleotti neu definiertes, ikonographisches Thema, welches gleichzeitig als Prolog für die Passion gelten könne.[841] Wird etwa bei Rubens der Akt der Beschneidung selbst in den Mittelpunkt gerückt, so scheint hier der Triumph des Christuskindes im Vordergrund zu stehen. Darüber hinaus verweist es auf die Josephs-Verehrung, die im Zusammenhang mit der „pietas austriaca" das Altarbild in eine Verbindung mit den Habsburger Herrschern, den wichtigsten Förderern des Ordens in Schlesien, rückt.[842] Werden hier die Figuren in der Malerei thematisiert, erscheinen sie in Glatz als Skulpturen. Die räumliche Tiefe, und damit die vertikale Bewegung, wird betont durch die veränderten Maßstäbe der gemalten Figuren im Vergleich zu den geschnitzten des Retabels und durch die starken Kontraste innerhalb des Gemäldes. In dem Hochaltar verband Tausch den realen mit dem Illusionsraum des Gemäldes. Die ins Innere gelenkte Kontinuität des Raumes wird aufgenommen bzw. verdrängt, oder anders ausgedrückt: Der Realraum wird mit der Illusion verwoben und fördert so die Bewegtheit, die „Epiphanie".[843] Aber diese „Epiphanie" findet auf der Erde im Realraum der Gläubigen statt, zu der sich die Himmelsbewohner herabbegeben. Diesem Ziel diente der ins System der Rhetorik eingeführte „sermo humilis", der Ausdruck einer religiösen Semantik und Praktik der „humilitas" war und mit der vor allem die „idioti" angesprochen werden sollten. Die gemeinschaftliche Perzeption eines Werkes wird so verbunden mit einem direkten Kontakt, transformiert zur individuellen privaten Andacht, entsprechend der spezifischen Glaubensvermittlung der Jesuiten.[844] Die Kunst wird integriert, ihr somit eine Komplementärstellung verliehen, die der katholischen Theologie und der Glaubensverkündigung diente.[845]

Wollte Tausch in seinem Hochaltar ein „Existieren in freier Räumlichkeit, mit einem freien Himmel im Hintergrund"[846] schaffen und Rottmayr den Innenraum zu einem illusionistischen Himmel öffnen, so berufen sich beide implizit auf die Theorie des Jesuiten Francisco Suárez (1548-1617), der sich in seiner Theologie mit der Einheit des Begriffs „Dasein" auseinandersetzt. Auswirkungen zeitigt diese Theorie auf seine Überlegungen zu den verschiedenen theologischen Dimensionen des Himmels, die wiederum Einfluss auf beide Künstler hatten. Das „Empyreum", als höchster Wohnort Gottes und aller Heiligen, stellt sich nach Auffassung von Suárez im Gegensatz zu den übrigen Teilen des

---

[841] Vgl. dazu ausführlich GÖTTLER 1997, S. 814ff.
[842] Vgl. DZIURLA 1996, S. 410, und die obigen Ausführungen im Zusammenhang mit dem Glatzer Altar. In einer der Seitenkapellen wird Joseph als Sterbepatron verehrt.
[843] Vgl. DZIURLA 1991, S. 327 bzw. S. 41ff.; auch DERS. 1996, S. 425: "Tutto questo favorisce uno straordinario dinamismo, dove struttura ornamentale e figure scolpitemettono significativamente in risalto un peculiare horror vacui".
[844] Vgl. DZIURLA 1991, S. 322 bzw. S. 23f.
[845] Vgl. DZIURLA 1991, S. 330 bzw. S. 48f.
[846] Vgl. DZIURLA 1991, S. 336 bzw. S. 65ff.

Himmels als unbeweglich dar.[847] Wie nach ihm Kircher betont Suárez, dass das „Empyreum" Materie und Form aufweisen müsse. Letztlich jedoch vermag er die Frage nicht zu beantworten, ob Christus sich innerhalb oder oberhalb des „Empyreums" aufhalte.[848] Eine gleichermaßen wichtige Rolle in seinen theologischen Überlegungen sowohl zum Thema der Himmelfahrt Christi als auch seiner Wiederkunft spielt die Existenz von Wolken.[849] Suárez besteht darauf, dass es sich bei der Himmelfahrt um eine wirkliche Wolke gehandelt habe, nicht nur um den Glanz, den der verklärte Leib Christi ausgestrahlt habe.[850] Dazu führt er bei der Erörterung des Jüngsten Gerichts weiter aus, dass auch zu diesem Zeitpunkt wirkliche Wolken entstünden, und zwar in solcher Menge, Anordnung und Gestalt, wie notwendig sei, um Christi Glorie zu vergegenwärtigen. Der Grund für ihre Entstehung bestehe nicht darin, dass diese ihn tragen sollten, sondern dass in ihnen seine Verklärtheit stärker strahle und einem Thron gleiche, auf dem er, wie von Triumphwagen gebracht, niederfahren werde.[851]

Lindemann kommt in seiner Analyse der barocken Himmelsdarstellungen zu dem Ergebnis, dass in vielen Bildern des 16. bis 18. Jahrhunderts – wie auch in Rottmayrs Breslauer Fresko – die Himmelsdarstellungen mit Wolken gefüllt werden; Wolken sind jedoch im „Empyreum" nicht existent, da dieser höchste Teil von jeder Veränderung frei sei. Durch eine derartige Darstellung wird der Ort des Geschehens klar definiert: Als menschlicher Himmel, zu dem Gott und die Heiligen herabsteigen.[852] „Der als Wolkenhimmel inszenierte Descensus der Seligen erweist sich als gemalte Vision, deren verisimilitudine auch darin liegt, daß die Gemeinschaft der Heiligen, an deren Existenz der gläubige Katholik keinen Zweifel hat, im Gewand irdischer Nähe und menschlicher Begreifbarkeit daherkommt".[853]

Die Ausbreitung des Lichtes im Fresko Rottmayrs wie auch die Namen-Jesu-Symbolik verweisen auf Kirchers *Ars magna lucis et umbrae* und Pozzos Fresken in S. Ignazio. Erst durch Mittel der Kontemplation über die visuell wahrnehmbaren Dinge könne die Seele zu Gott aufsteigen. In einer Parallelisierung von Licht und den Wesen der Erde werden mit Hilfe einer lichtmetaphorischen

---

[847] Vgl. Francisco Suárez: Opera omnia. Edito novo, 28 Bde., Paris 1856-1861; hier Bd. 3, 1856, S. 22: "[veritas] (...) omnio certa est, ultra omnes coelos mobiles dari quoddam coelum immobile, nobilius caeteris, et lucidissmum, ac pulcherrimum beatorum domicilium, quod empyreum appellatur"; vgl. dazu auch LINDEMANN 1994, S. 31ff.

[848] Vgl. LINDEMANN 1994, S. 38f. Unbeeindruckt bleibt Suárez von den astronomischen Erkenntnissen seiner Zeit. Vgl. auch W. G. L. RANDLES: Le ciel chez les jésuites espagnols et portugais (1590-1651), in: Giard (Hrsg.) 1995, S. 129-144, hier S. 143.

[849] Vgl. Apostelgeschichte 1,9: „Überdies heißt es, daß eine Wolke ihn ihren Blicken entzog. Aber Wolken können nicht über den Himmel erhoben werden: also fuhr Christus nicht über alle Himmel empor".

[850] Vgl. Suárez 1869, Bd. 19, S. 975f.

[851] Vgl. ebd, S. 1085.

[852] Vgl. LINDEMANN 1994, S. 48.

[853] Ebd., S. 50.

Argumentation erkenntnistheoretische Überlegungen mit den Darstellungen verknüpft: Die Seligen und jene, die durch Kontemplation mit Gott verbunden sind, trifft der Lichtstrahl direkt, die Gläubigen auf dem Weg der Reflektion. Eine Reflektion, die vermittelt und diszipliniert wird in der jesuitischen Universität und den Predigten. Hier verbindet sich die gestufte Rezeption mit einer besonderen jesuitischen Spiritualität, die auf Bellarminos Konzept einer Theologie der „visibilitas" aufbaut.

Ephemere Architekturen und liturgische Praxis

Entwickelten die Programme in Breslau und Glatz die römischen Gedanken weiter und wurden lokale Besonderheiten in der Ikonographie integriert, lässt sich die Gesamtinszenierung der Bilderverehrung erst durch die ephemere Architektur verstehen.[854] Einen wesentlichen Zusammenhang zwischen der Bewegtheit als formaler und inhaltlicher Kategorie für die Interpretationen der Ausstattung der Namen-Jesu-Kirche bilden die Festdekorationen bzw. die ephemere Architektur. Der erste Entwurf für einen neuen Hochaltar stand im Zusammenhang mit den Festaufbauten für das Franz Xaver Fest; ebenso fanden im Laufe eines liturgischen Jahres vielfältige Feiern und Aufführungen im Rahmen einer spezifisch jesuitisch ausgeprägten Theatralik statt.[855] In vielfältiger Weise wurde im Rahmen der jesuitischen Theatralik die große Bedeutung der Visualisierung in den konfessionellen Auseinandersetzungen selbst reflektiert – gerade auf katholischer Seite auch in der didaktischen Vermittlung. Exemplarisch kann dies eine Textstelle eines Märtyrerdramas über den gegenreformatorischen Heiligen Johannes Nepomuk verdeutlichen: „Nachdem die christliche Religion von der Tyranney ihrer Augen beraubet, fallen alle Christlichen Tugenden zu Boden".[856] Neben diesen erzieherischen Theateraufführungen, die eher ausnahmsweise in der Kirche stattfanden, stellen die alljährlich ausgerichteten Feierlichkeiten zum Fest des Ignatius eine wichtige Quelle für

---

[854] Vgl. auch IMORDE 1997, S. 88ff. und S. 110ff.

[855] Vgl. dazu BARBARA BAUER: Multimediales Theater. Ansätze zu einer Poetik der Synästhesie bei den Jesuiten, in: Renaissance-Poetik 1994, S. 197-238, vgl. auch ELIDA MARIA SZAROTA: Die Jesuitendramen im deutschen Sprachgebiet. Eine Periochen-Edition, 4 Bde., München 1979-1987. Vgl. auch die Periochen in der Staatsbibliothek von Breslau; unberücksichtigt müssen hierbei die Schultheateraufführungen des Kollegs bleiben, vgl. dazu JÓZEF BUDZYNSKI: Jezuici w Kłodzku a barokowy teatr szkolny na Śląsku w XVII i XVIII wieku, in: JAN WRABEC (Hrsg.): Michał Klahr starszy i jego środowisko kulturowe, Breslau 1995, S. 263-278. Allgemein zum Performativen bzw. zur Theatralität als Untersuchungskategorie vgl. GERHARD NEUMANN (Hrsg.): Szenographien. Theatralität als Kategorie der Literaturwissenschaft, Freiburg 2000.

[856] Vgl. das Stück aus dem Jahr 1711: „Novus Silentiarius, Harpocrates Sacer D. Joannes Nepomucenus", Staatsbibliothek Wrocław Yn, 219. Vgl. auch PIOTR OSZCANOWSKI: Śląskie castra doloris cesarza Leopolda I. Przyczynek do ikonografii wladcy i gloryfikacyj panuacego, in: O Sztuce Sepulkralnej na Śląsku, hrsg. von BOGUSLAW CZECHOWICZ, ARKADIUSZ DOBRZYNIECKI, Breslau 1997, S. 105-146.

die liturgische und theatralische Praxis der Jesuiten dar. Die Schau-Bühnen, von denen nicht genau überliefert ist, wo sie sich befanden, können als so genannte „Lebende Bilder" aufgefasst werden, die im Wesentlichen emblematisch argumentierten. Es werden „Bildargumente vor Augen gestellet, dahinter ein ausgezierte[s] Bildnis des heiligen Ignatii, welchem vor- und nachgehen in händen brennende kerzen tragende Knaben, wie sie innerlich mit liebe Gottes alle und jeder gebott zu vollbringen entzündet seyn sollen".[857]

Die besondere Verbindung, die das Habsburger Kaiserhaus und die Jesuiten miteinander eingingen, spiegelt sich nicht nur in der Förderung der Baupläne für die Universität und der Namen-Jesu-Kirche und weiteren administrativen Unterstützungen wider, sondern auch in den ästhetischen Folgen, wie sie im Zusammenhang mit den Exequien, die für die jeweils verstorbenen Habsburger Kaiser begangen wurden. Nach Wiener Vorbild entwickelt, spielten Festaufbau und dramatische Bewegtheit eine zentrale Rolle. Brix konnte für die Traueraufbauten in den Wiener Jesuitenkirchen nachweisen, dass die Societas Jesu sich zuerst vom traditionellen Castrum doloris lösen konnte und neue Formen einführte.[858] Besaßen die frühen Totenfeiern der Habsburger einen dynastischen Bezug und versuchten sie, an die antik-römische „consecratio" anzuknüpfen, so setzte seit der Mitte des 17. Jahrhunderts ein Wandel ein: Zwischen der schlichten Aufbahrung direkt nach dem Tod des Kaisers und den später auch an anderen Orten außerhalb der Residenz Wien stattfindenden Exequien mit Castrum doloris wurde deutlich unterschieden. „Ist es das Anliegen der Totenbildnisse, aus religiöser Sicht die physische Überwältigung des Herrschers durch den Tod zu zeigen, so verkünden die Trauerdekorationen auf metaphorischer Ebene gerade den Sieg über die Vergänglichkeit".[859] Eingesetzt wurde diese neue mediale Möglichkeit für die habsburgische Herrschaftsauffassung und das Sendungsbe-

---

[857] Vgl. „Liebreichster Danck und Ehr-Bezeugnis der blühenden in denen Gebotten Gottes unterwiesenen Breßlauer Jugend gegen ihren grossen Vorsprecher und Lehr-Vatter S. Ignatius von Loyola, Stifter der Gesellschaft Jesu mit öffentlicher Bekänntnis und Vorstellung der empfangenen heilsamen Lehren auff sechs Schau-Bühnen in gewöhnlichen Umbgang zu Breßlau", Staatsbibliothek Wrocław Yn 197; die Aufführung fand eine Woche nach dem Feiertag, am 7. August 1707, statt. Aus Glatz ist ein Beispiel aus dem Jahr 1735 erhalten: „Andächtige Vorstellung des Heiligen Grabs in der Pfarr-Kirchen der Gesellschaft Jesu zu Glatz", Archiwum Prow. Malopolskiej, Rkp. Nr. 3318, S. 155-160.

[858] Vgl. MICHAEL BRIX: Trauergerüste für die Habsburger in Wien, in: Wiener Jahrbuch für Kunstgeschichte, Jg. 26, 1973, S. 208-265, hier S. 216; außerdem KONSTANTY KALINOWSKI: Die Glorifizierung des Herrschers und Herrscherhauses in der Kunst Schlesiens im 17. und 18. Jahrhundert, in: Wiener Jahrbuch für Kunstgeschichte, Jg. 28, 1975, S. 106-122; ausführlicher DERS.: Gloryfikacja panuacego i dynastii w sztuce Śląska XVII i XVIII wieku, Warschau, Posen 1973; WERNER OECHSLIN, ANJA BUSCHOW: Festarchitektur. Der Architekt als Inszenierungskünstler, Stuttgart 1984; MAGDALENA HAWLIK-VAN DE WATER: Der Schöne Tod. Zeremonialstrukturen des Wiener Hofes bei Tod und Begräbnis zwischen 1640 und 1740, Wien 1989 sowie LIESELOTTE POPELKA: Castrum doloris oder „Trauriger Schauplatz". Untersuchungen zur Entstehung und Wesen ephemerer Architektur, Wien 1994.

[859] BRIX 1973, S. 220.

wusstsein der „Casa d'Austria". Insbesondere im Kontext der Feiern für den 1705 verstorbenen Kaiser Leopold I. wurde mit dem starren Formenkanon der bisher tradierten Funeralkunst gebrochen. Das von Pozzo errichtete Castrum doloris in der Jesuitenkirche[860] täuschte eine Ergänzung der Kirche um ein Querhaus und eine Vierung vor (Abb. 35): In bruchloser Verschmelzung von realer und idealer Architektur schlägt dieser eine „Brücke zwischen Realität und Illusion".[861] Stehen bei Pozzo die neuen illusionistischen, dynamisierenden Möglichkeiten im Vordergrund, betont das anonyme Trauergerüst der Jesuitenkirche am Hof sehr viel stärker die Verbindung von jesuitisch geprägter Frömmigkeit und Herrschaftsauffassung (Abb. 36): Es verherrlichte die „pietas" als Fundament der habsburgischen Macht; Kaiser Leopold wurde nicht im Triumph seiner Apotheose dargestellt, sondern als demütiger Gläubiger.[862]

Entsprechende Exequien und Traueraufbauten waren aber nicht nur auf die Residenz Wien beschränkt, sondern fanden auch in anderen Teilen des Habsburger Reiches statt.[863] Ein besonderes Beispiel, das sich gerade durch die Betonung der Lichtmetaphorik und der Bewegtheit auszeichnet und darüber hinaus die spezifische Verbindung zwischen den Habsburgern und den Jesuiten vermittelt, stellt das anonyme, leider nur in einer Beschreibung überlieferte Castrum

---

[860] Das von Pozzo errichtete Castrum doloris in der Jesuitenkirche schildert über dem Baldachinhimmel den Kampf der Personifikationen des „Österreichischen Glücks" und der „Beständigen Herrschaft" mit dem Tod um ein „L", Initiale des verstorbenen Kaisers, wobei es zerbricht und ein „I", Initiale seines Nachfolgers Joseph I., übrigbleibt. Dieses wird nun von der „Beständigen Herrschaft" an der Spitze unterhalb der Kaiserkrone angebracht. Das Spruchband dazu erklärt, dass Leopold in Joseph weiterlebe; die Kontinuität der habsburgischen Herrschaft sei durch himmlische Kräfte entschieden. In Übereinstimmung mit der Architektur des Kirchenraumes wurde die gemalte Architektur des Trauergerüstes ausgeführt. In den Litterae Annuae des Ordens wird die immense Größe des Prospektes hervorgehoben, der an die Wände und das Gewölbe gestoßen haben soll; vgl. ebd., S. 236. Vgl. außerdem allgemein VALENTINO MARTINELLI: "Teatri sacri e profani" di Andrea Pozzo nella cultura prospettico-scenografica barocca, in: DE FEO (Hrsg.) 1996, S. 94-113,
[861] BRIX 1973, S. 237.
[862] Ebd., S. 234. Der zentrale Begriff der „mansuetudo" – Sanftmut – wird dreifach unterschieden: Erstens Leopold als Erbe und Vermehrer eines großen Reiches, deshalb werden in der Sockelzone seine Siege thematisiert; zweitens die Fähigkeit, menschliche Herzen für sich einzunehmen, dargestellt in den Tugendfiguren des mittleren Grottengewölbes und, drittens, die Sanftmut, das himmlische Paradies zu erlangen, symbolisiert durch den Ölbaum in der Dachregion, der durch die auf einer Wolke nahenden Göttlichen Sanftmut („divina mansuetudo candida") empfangen wird. „Den Wiener Jesuiten ging es darum, das Entrückungswunder [– wie in Theaterdekorationen –] mit religiösem Akzent möglichst anschaulich zu vergegenwärtigen und so den Gedanken der Einheit von kirchlichem und imperialem Auftrag zu bekräftigen"; ebd., S. 224.
[863] Vgl. für einen Überblick über die schlesischen Trauergerüste für Leopold I. OSZCANOWSKI 1997, insbesondere S. 110ff und S. 144ff. Weitere Beispiele fanden sich für Glatz im Krakauer Archiv: so unter anderem ein Trauergerüst für Ferdinand III., Archiwum Prow. Malopolskiej, Rkp. Nr. 5016, S. 156, und ein weiterer Entwurf ebd., S. 158, und nicht zuzuordnende Entwurfszeichnungen ebd., S. 155 und S. 161, sowie eine handschriftliche Beschreibung des Trauergerüstes für Joseph I., Archiwum Prow. Malopolskiej, Rkp. Nr. 2615, S. 125-127.

doloris aus Anlass des Todes Kaiser Leopolds I. vom 8. Juli 1705 dar.[864] Alle schon bei den Wiener Beispielen herausgehobenen Aspekte finden sich auch im Breslauer Trauergerüst wieder, ohne dabei epigonal zu sein: die dynastische Kontinuität, die sich schon in der Vorrede ausdrückt, welche sich sowohl an den verstorbenen Kaiser Leopold als auch an seinen Nachfolger Joseph wendet; die religiöse Apotheose mit Rückgriff auf die römische Antike; die Betonung der militärisch-politischen Erfolge, verbunden mit der persönlichen Frömmigkeit des Kaisers als Ausdruck der „pietas austriaca". So bildet das Hauptthema des Programms der Wahlspruch des Kaisers „Sol Duplus". Das Hauptgeschoss mit dem kaiserlichen Epitaph betonte sowohl die kaiserliche Würde und Macht Leopolds als auch seine Weisheit als Beschützer der Wissenschaften und Gründer der Breslauer Jesuitenuniversität.[865] Auf Stylobaten wird das Thema des Todes Leopolds und seine Apotheose mittels römisch-antiker und biblischer Textstellen und entsprechender Emblemata verdeutlicht.[866] Im zweiten Geschoss werden die Tugenden des Kaisers – „industria" (Fleiß) und „consilium" (Klugheit) – visualisiert. Vermittels der Lichtmetaphorik wird der Topos des militärisch erfolgreichen Herrschers mit einer spezifisch habsburgisch-katholischen Frömmigkeit, die insbesondere der Eucharistie verpflichtet war, verknüpft.

Thematisierten die beiden ersten Geschosse sowohl eine räumliche Bewegung des „descensus" und des „ascensus" des Kaisers als auch eine zeitliche, die sich auf Vergangenheit und Gegenwart bezog, wurde nun im dritten Geschoss die Zukunft projektiert: Der auf sechs Säulen ruhende Aufbau zeigt den „heute glücklich regierenden" Joseph I. und auf der anderen Seite König Karl III. von

---

[864] Der genaue Titel lautet „Parelium Leopoldium Sive Leopoldus Primus, & Magnus, Augustissimi Nominis Sui Anagrammatissimo, Sol Duplus in Ortu, Duplus in Progressu, Duplus in Occasu (...)", Breslau 1705, unpaginiert.

[865] Sechs Adler als Signum der Macht fliegen über dem Bild Leopolds. Neben den Insignien der Macht befinden sich auf der rechten Seite römische Kaiser und auf der linken Darstellungen der österreichischen Erzherzöge, außerdem Statuen der Genien. Bezogen wird dies im Lemma wieder auf das Thema „Sol duplus": Leopold der Große sei von Anfang an wie eine doppelte Sonne erleuchtet, im doppelten Glanz der Stammväter und auch in kaiserlichem und erzherzöglichem Glanz.

[866] So wie Leopold gestorben war, habe nun die Sonne in der Unterwelt geschienen, und die Erde wurde verdunkelt; aber nach der Überwindung des Todes leuchtet die Sonne auf beide Häuser herab, „Domus Austriaca" und „Domus Ossaria". Direkte Bezüge zur Universität und zur Societas Jesu befinden sich im unteren Bereich des Aufbaues. Neben der Widmung in Form eines Chronographicon an „den unbesiegten und frommen Kaiser Leopold; die verehrungswürdige Gesellschaft Jesu in Burgo Wratislavense" werden der Genius des Kollegs und der Universität in Trauer dargestellt, wiederum mit Bezug auf eine Lichtmetaphorik im Lemma: „Würdigen Trost geben wir durch Licht!" Zwei Statuen werden diesem Ensemble zugeordnet: der Heilige Ignatius von Loyola und Ignatius Caesar. Dies könnte sich auf die doppelte Gründung für das Breslauer Kolleg beziehen: die geistige Gründung durch Ignatius und die weltliche durch Kaiser Leopold. Vgl. im Original „LeopoLDo InVICto pIoqVe CaesarI; soCIetas IesV In Bvrgo WratIsLaVIensI VenerabVnDA ConseCrat". Vgl. den Originaltext „dabimus solatia dignis luctibus"; Statius 1.3. Sylv.

Spanien, womit der spätere Kaiser Karl VI. gemeint ist, der nach dem Tod des letzten spanischen Habsburgers als Thronprätendent galt, so dass – wie im Fresko Rottmayrs – alle drei Habsburger in einem Ensemble vereinigt dargestellt werden. Darüber hinaus war der gesamte Innenraum mit Emblemata und Lemmata geschmückt, die im Durchschreiten erfasst und gelesen werden konnten.

Das Transitorische und das Performative

Über die Verbindung von Architektur, Malerei, Skulptur, ephemeren Bauten und einer liturgischen Praxis lassen sich die Begriffe des Transitorischen, im Hinblick auf die affektiven Wirkungen, und des Performativen für das jesuitisch-posttridentinische Verständnis von Ästhetik und Politik deuten. Beide Begriffe verstehen sich als inhaltliche wie auch als formale Kategorien. Bereits 1922 hat Hans Rose, ein Schüler von Wölfflin, in seiner Arbeit über den Spätbarock die Kategorie des Transitorischen entwickelt, wobei er seinen Ansatz als Beitrag zu einer kunsthistorischen Typologie verstand und nicht als kulturwissenschaftliche Methode, wie sie Warburg zeitgleich formulierte.[867] „Die Entwicklung schreitet nicht von Meister zu Meister, nicht von Werk zu Werk, sondern von System zu System, und die künstlerischen Systeme verknüpfen sich ihrerseits mit den staatlichen und volkswirtschaftlichen Systemen des Zeitalters. Je mehr also der Stoff an individuellem Reiz verliert, desto mehr wird man auf die kunsthistorische Typenbildung hingedrängt".[868] Rose fasst die Kunst nach 1660 unter dem Aspekt des Dekorativen zusammen, das er vom Malerischen abgrenzt. Er versteht unter dem Dekorativen diejenige Kunstgattung, die auf

---

[867] Vgl. dazu HANS ROSE: Spätbarock. Studien zur Geschichte des Profanbaues in den Jahren 1660-1760, München 1922, vor allem S. VI ff. Burda-Stengel verweist auf Wölfflin und Sedlmayr, geht aber nicht auf die Untersuchungen Roses ein, vgl. DERS. 2001, S. 131ff. Außerdem JACOB BURCKHARDT: Gesamtausgabe, 14 Bde., Stuttgart, Berlin, Leipzig 1929-1934; Bd. 3 und 4: Cicerone, 1933; Bd. 5: Die Kultur der Renaissance in Italien, 1930; Bd. 6: Die Kunst der Renaissance in Italien, 1933; HEINRICH WÖLFFLIN: Renaissance und Barock, München 1926; DERS.: Italien und das deutsche Formgefühl, München 1931; DERS.: Gedanken zur Kunstgeschichte, Basel 1941; DERS.: Kunstgeschichtliche Grundbegriffe. Das Problem der Stilentwicklung in der neueren Kunst, München 1943; ABY WARBURG: Italienische Kunst und internationale Astrologie im Palazzo Schifanoia zu Ferrara, Rom 1922; und als Analyse HORST BREDEKAMP, MICHAEL DIERS, CHARLOTTE SCHOELL-GLASS (Hrsg.): Aby Warburg, Weinheim 1991. Zur Diskursanalyse Foucaults vgl. vor allem seine beiden Studien: FOUCAULT 1973, und DERS. 1991. Arbeitet Foucault zwar anhand von Bildern, so bleibt doch seine Diskursanalyse die implizite Berücksichtigung der besonderen medialen und ästhetischen Qualitäten des Bildes schuldig. Zur neueren Methodendiskussion vgl. WOLFGANG HARDTWIG, HANS-ULRICH WEHLER (Hrsg.) Kulturgeschichte heute, Göttingen 1996; darin insbesondere INGRID GILCHER-HOLTEY: Kulturelle und symbolische Praktiken: das Unternehmen Pierre Bourdieu, S. 111-130, sowie PHILIPP SARASIN: Subjekte, Diskurse, Körper. Überlegungen zu einer diskursanalytischen Kulturgeschichte, S. 131-164, und BERND ROECK: Psychohistorie im Zeichen Saturns. Aby Warburgs Denksystem und die moderne Kulturgeschichte, S. 255-283.

[868] ROSE 1922, S. VIIf.

einer Synthese beruht, d.h., sie versucht nicht mehr, den einzelnen Kunstgegenstand formal-einheitlich zu gestalten, sondern die Gegenstände und damit die Künste selbst zu verschmelzen.[869] Deshalb entwickelt sich auch die Rauminszenierung, die Ausgestaltung der Innenräume, in besonderer Weise weiter: Das dekorative Ensemble, dem die Malerei, die Architektur und die Skulptur untergeordnet sind, werden auf den emotionalen Effekt hin angelegt. Wird von Rose bereits der malerische Stil als grundsätzlich bewegt aufgefasst, entwickelt sich für ihn die Bewegung im dekorativen Stil zur „Totalbewegung" weiter: Das dekorative Ensemble „verlangt keine kontemplative, sondern nur transitorische Erfassung. Der Blick wird von Form zu Form, von Gegenstand zu Gegenstand weitergedrängt".[870] Das Transitorische wird zum essentiellen Kern des Kunstwerkes des ausgehenden 17. und beginnenden 18. Jahrhunderts. In Rom hatte unter anderem Pozzo in S. Ignazio eine perspektivische Malerei entwickelt und diese später in einem Traktat niedergelegt. Dieser Illusionismus bedurfte, wie Burda-Stengel nachgewiesen hat, des bewegten Betrachters. Erst in der Bewegung selbst, indem der Illusionismus vorgeführt und im idealen Betrachterstandpunkt aufgehoben wird, kann der einzelne Gläubige die Bedeutung sowohl mit seinen äußeren wie inneren Augen „richtig" im Sinne der jesuitisch-posttridentinischen Kirche erfassen.[871] Die transitorische Einstellung des Betrachters steht in einem interdependenten Verhältnis zum transitorischen Kunstwerk. Bewegtheit wird im und durch das Objekt als auch vermittels und innerhalb des Subjektes entwickelt. Die Innenräume dieser Zeit laden nicht zum Verweilen ein, sondern zum Durchschreiten; sie eignen sich zur transitorischen Erfassung, und umgekehrt ist nur der transitorische Betrachter in der Lage, die Synthese der Formen, Gegenstände und Künste zu einem dekorativen Gesamteindruck zu bringen.[872] Dies gilt insbesondere für die illusionistische Architektur in Breslau, die Deckenmalerei, den auf Bewegung hin errichteten Hochaltar und die ephemeren Festaufbauten, wobei letztere allerdings zeit- und ereignisabhängig waren. Das Transitorische selbst wird zum Thema: Die Fresken stellen den „descensus" des Namens Jesu dar, um damit den Aufstieg der Seele des einzel-

---

[869] „Sobald das malerische Sehen sich erschöpft und das Problem der Anschauungsform gelöst ist, reißt die Dekoration die Vorherrschaft an sich: die Einheit des Malerischen steigert sich zur Einheit des dekorativen Ensembles"; ebd., S. 4.

[870] Ebd., S. 6.

[871] Vgl. BURDA-STENGEL 2001, S. 102ff. Burda-Stengel entwickelt hier im Vergleich mit der zeitgenössischen Videokunst eine neue Sichtweise auf die Barock-Kunst, die den bewegten Betrachter in den Mittelpunkt steht. Zu ähnlichen Ergebnissen bin ich bei der Analyse zu Rottmayr und Tausch gelangt, vgl. JENS M. BAUMGARTEN: Die Gegenreformation in Schlesien und die Kunst der Jesuiten. Das Transitorische und das Performative als Grundbedingung für die Disziplinierung der Gläubigen, in: Jahrbuch für Schlesische Kirchengeschichte, Jg. 76/77, 1997/98, S. 129-164. Die vorliegende Arbeit ist die Weiterentwicklung der dort zuerst geäußerten Ideen. Mir geht es hierbei aber vor allem um die Frage der politischen und gesellschaftlichen Grundlagen und Ursachen bzw. der Konsequenzen eines Ästhetikkonzepts für die politische Sphäre.

[872] Vgl. ROSE 1920, S. 7.

nen Gläubigen zu evozieren. Das Castrum doloris schildert den „ascensus", die Apotheose des verstorbenen Kaisers Leopold I., um die Einheit der Habsburger Dynastie, aber auch die Transformation zu einer einheitlich-katholischen Gesellschaft vorzuführen. Der Blick des Betrachters wird über die Malerei und Architektur des Hochaltares – und zeitweise der ephemeren Bauten – gelenkt, um illusionistisch weitere Räume zu durchschreiten, und durch intellektuelle, geistige und emotionale Lenkung den wahren Glauben über die jesuitische Vermittlung zu erlangen.[873] Doch das Transitorische wird eben auch zum Träger dieser Botschaften: Sind die Fresken des Langhauses meines Erachtens sowohl auf Unter- als auch Schrägsicht konzipiert, verlangen sie somit den sich bewegenden Betrachter für die projektierte Wahrnehmung des Deckengemäldes.[874] Um so mehr entspricht dies der ephemeren Architektur mit ihren Emblemata und Lemmata, die auf den schreitenden Betrachter hin ausgerichtet erscheinen, aber auch der jesuitischen Liturgie, die in den Gottesdiensten die Bewegtheit als Mittel zur Inszenierung einsetzt und in der Feier der Eucharistie, dem Ausdruck des Transitorischen überhaupt, ihren Höhepunkt findet.[875] Die unterschiedlichen Wahrnehmungskategorien werden hierdurch miteinander verbunden, quasi transformiert. Die reale Bewegtheit des Objektes führt zur subjektiv-emotionalen Bewegtheit des Betrachters. „Diese extensive Einheit der Künste bildet ein Universaltheater (...). Die Skulpturen sind darin handelnde Personen, und die Stadt ist das Bühnenbild, wobei die Zuschauer selbst gemalte Bilder und Skulpturen sind. Die Kunst wird ganz und gar zum socius, öffentlicher, von barocken Tänzern bevölkerter sozialer Raum".[876] Wie weitreichend dieser Raum nun ritualisiert, sakralisiert und diszipliniert wird, zeigt sich ebenfalls in der Umwandlung der Grafschaft Glatz in den „Gotteswinkel". Durch die Inbesitznahme des Raumes durch Aufstellen von Wegkreuzen, Kapellen, die zum Teil mit Kopien des Gnadenbildes geschmückt waren, wird das gesamte Territorium entsprechend der Tätigkeit der Jesuiten oder der anderen Reformorden mit einem Netz überspannt, indem der einzelne Gläubige eingebunden und die Volks-

---

[873] Einer tiefer gehenden Analyse würde es an dieser Stelle im Rahmen einer kulturhistorischen Untersuchung über die visuelle Wahrnehmung bedürfen, insbesondere für das 16. und 17. Jahrhundert; vgl. ansatzweise THOMAS KLEINSPEHN: Der flüchtige Blick. Sehen und Identität in der Kultur der Neuzeit, Reinbek 1989, S. 72ff.; BURCKHARDT 1994, S. 40ff. und ALEIDA ASSMANN: Auge und Ohr. Bemerkungen zur Kulturgeschichte der Sinne in der Neuzeit, in: Sehnsucht des Auges, hrsg. von Aharon R. E. Agus, Jan Assmann, Berlin 1994, S. 142-160.

[874] Zur Theorie der Perspektive vgl. auch Pozzos Traktat aus dem Jahr 1693; vgl. dazu auch WOLFGANG SCHÖNE: Zur Bedeutung der Schrägsicht für die Deckenmalerei des Barock, in: Festschrift für Kurt Badt zum 70. Geburtstag, hrsg. von MARTIN GOSEBRUCH, WERNER GROSS, Berlin 1961, S. 144-172, insbesondere S. 149ff. und KERBER 1971, S. 54ff. Schöne betont die Verwendung der Schrägsicht, wohingegen Kerber bei den Fresken Pozzos in S. Ignazio die Untersicht als ideale Sicht für den Betrachter favorisiert; vgl. auch BURDA-STENGEL 2001, S. 69ff., S. 83ff. und S. 93ff.

[875] Vgl. IMORDE 1997, S. 10ff.

[876] DELEUZE 1995, S. 201.

frömmigkeit kanalisiert wurde.[877] Für die Kirchengestaltung Rottmayrs und Tauschs in Breslau werden die Prinzipien der gestuften Rezeption von Paleotti in spezifischer Weise weiterentwickelt. Befriedigten vor allem die Wirkung der Farbe und die reiche Ausstattung die „idioti" und lobten die Künstler die Lösung der Fragen der Perspektive bzw. bewunderten den Verismus und Illusionismus, so wurden die „animi nobili", in diesem Fall die gebildete Oberschicht Breslaus, die zum Teil noch protestantisch war, von der Ikonographie überzeugt – sei es aufgrund der zeitgenössischen Figuren oder aber auch aufgrund der verschiedenen biblischen Episoden, die jeweils mit der besonderen Missions- und Heilstätigkeit der Jesuiten verknüpft wurden. Der anagogische Aspekt war im Wesentlichen für die Mitglieder des Kollegs und der Universität gedacht, für die sich eine hoch komplexe und differenzierte theologische Diskussion über die Bedeutung von Wort und Bild in der Heilsvermittlung inklusive der visualisierten und hierarchisierten Formen von Kirche vor ihren Augen ausbreitete. Verbunden wurden hierbei abstrakte theologische Sinngehalte mit realistischen Darstellungen – ganz im Sinne der Theologie der „visibilitas" Bellarminos. Die Verschmelzung der verschiedenen Illusionsräume kann im Sinne Ottonellis Begriff des „inganno" interpretiert werden, nach dem neben der repräsentativen Macht der Malerei diese insbesondere die Fähigkeit habe, den Betrachter zu täuschen. Die Gefahr einer „Fehlinterpretation" wurde mit Hilfe von Predigten, also über die Vermittlung der Jesuiten, hierbei vermieden

Wie sowohl für die Fresken Rottmayrs und die Umgestaltung des Kircheninnenraumes inklusive des Hochaltars von Tausch als auch für die ephemere Architektur gezeigt werden konnte, spielt die Bewegung sowohl als Darstellungsform und -inhalt eine wesentliche Rolle. Darüber hinaus wird die Bewegung aber selbst zu einem die Rezeption des Betrachters steuernden Mittel. Das Transitorische und das Performative werden zur Grundlage einer Synästhesie. Eine Betonung liegt deshalb gerade bei den Jesuiten im Bereich der rhythmischen und szenischen Künste: Musik[878] und Theater, Tanz und Feuerwerk. Das Theatralische, oder besser: das Performative, gehört ebenso wie das Transitorische zu den konstitutiven Bestandteilen der Innenraumausstattung, wie sie sich

---

[877] Ein erste Beispiel dieser Ritualisierung der Landschaft waren die bereits erwähnten "Sacri Monti" in der Mailänder Diözese Borromeos.

[878] Um eine bei der Komplexität des Themas einigermaßen klare Argumentation zu gewährleisten, musste hier die Musik leider unberücksichtigt bleiben; vgl. dazu beispielhaft H. JAMES JENSEN: Signs and meaning in eighteenth century art. Epistemology, rhetoric, painting, poesy, music, dramatic performance, and G. F. Handel, New York, Washington u.a. 1997. Obwohl es sich hier wahrlich nicht um einen jesuitischen Komponisten handelt, analysiert Jensen die Zusammenhänge zwischen den verschiedenen Kunstgattungen und der ihr zugrunde liegenden „associationistic Psychology", ebd., S. 70ff.

in der Namen-Jesu-Kirche in Breslau manifestiert.[879] Insofern scheinen die Aufführungen der Jesuiten – nicht nur der Schuldramen im Kolleg,[880] sondern auch der Ignatiusspiele in der Kirche – im Zusammenhang mit der Frage nach dem Gesamtkunstwerkcharakter des gesamten „dekorativen Ensembles" zu stehen. Seit Mitte des 17. Jahrhunderts arbeiteten die jesuitischen „Regisseure" verstärkt mit Emblemen, Bildern und musikalischen Effekten, um dem Text größere emotionale Wirkung zu verleihen.[881] Entwickelt wurde, wie Barbara Bauer nachweisen konnte, eine Synästhesie, in der sich die multimediale Praxis des Performativen des Jesuitentheaters[882] in Form von Regeln niedergeschlagen hat.

---

[879] Zum Zusammenhang von Politik, Rhetorik und theatralischen Inszenierungen vor allem in Italien und Frankreich vgl. KRISTIAAN P. AERCKE: Gods of play. Baroque festive performances as rhetorical discourse, New York 1994, vor allem S. 18ff.

[880] Zu den Dramen vgl. in Glatz Archiwum Prow. Malopolskiej, Rkp. Nr. 2554, S. 185ff. beispielsweise ein Stück zum 100. Jahrestag der Heiligsprechung Johannis Francisci Regis1738: Erstes Jahr-Hundert deß Breßlauer Collegii In Isaac jener reichlichen Frucht deß hunderten Jahrs deß in das Land Chanan wandernden Grossen Seelen Opferers Abraham vorgebildet mit Begängnuß deß von Ihro Päpstl Heiligkeit Clemente XII. in die Zahl der Heiligen jüngst übersetzten Heiligen Joannis Francisci Regis.

[881] Vgl. BARBARA BAUER: Das Bild als Argument: Emblematische Kulissen in den Bühnenmeditationen Franciscus Langs, in: Archiv für Kulturgeschichte, Jg. 64, 1982, S. 79-170, insbesondere S. 85ff. So auch Fumaroli: "[Les jésuites ont mis] au service de l'Eglise une méthode efficace de conversion et de transformation chrétienne de l'homme et de la société modernes. Cette méthode a sans doute pour modè les les Exercices spirituels. Mais elle en multiplie les lignes de force en les projetant, en les prolongeant sur d'autres registres, repris de l'anthropologie antiques mais purifiés du mythe païen et reformés au service de la foi chrétienne", Fumaroli (Hrsg.) 1999, S. 79. Er räumt allerdings dem Theater und der Rhetorik eine übergeordnete Rolle ein, von der ich wiederum annehme, dass Grundlage beider eines neues politisches und gesellschaftliches Verständnis über die Bedeutung der Visualisierung darstellt.

[882] Das Jesuitentheater ist vielfältig untersucht worden. Einen neuen Ansatz parallel zu den hier vorgestellten Ideen verfolgt FERNANDO AMADO AYMORÉ: Mission und Glaubenskampf auf der Bühne: Instrumentalisierung des Visuellen im Katechismustheater der Jesuiten. Beispiele aus Brasilien, Japan und Deutschland zwischen 1580-1640, in: JOHANNES MEIER (Hrsg.): „...usque ad ultimum terrae". Die Jesuiten und die transkontinentale Ausbreitung des Christentums 1540-1773, Göttingen 2000, S. 69-84; außerdem SANDRA KRUMP: Sinnenhafte Seelenführung. Das Theater der Jesuiten im Spannungsfeld von Rhetorik, Pädagogik und ignatianischer Spiritualität, in: Künste und Natur in Diskursen der frühen Neuzeit 2000, S. 937-950, und DIES.: In scenam datus est cum plausu. Das Theater der Jesuiten in Passau (1612-1773), 2 Bde., Berlin 2000. Grundlegend neben den Arbeiten von BAUER 1986, insbesondere S. 268ff., ELIDA MARIA SZAROTA: Das Jesuitendrama als Vorläufer der modernen Massenmedien, in: Daphnis, Jg. 4, 1975, S. 129-143, und JEAN-MARIE VALENTIN: Le théâtre des jésuites dans les pays de langue allemande (1584-1680), 3 Bde., Bern, Frankfurt/Main u.a. 1978, außerdem DERS.: Theatrum Catholicum. Les jésuites et la scène en Allemagne au XVIe et au XVIIe siècles, Nancy 1990; FRANZ HADAMOWSKY: Das Theater in den Schulen der Societas Jesu in Wien (1555-1761), Wien, Köln u.a. 1991. Zum Zusammenhang von Predigt und Theater FIDEL RÄDLE: Theater als Predigt. Formen religiöser Unterweisung in lateinischen Dramen der Reformation und Gegenreformation, in: Rottenburger Jahrbuch für Kirchengeschichte, Jg. 16, 1997, S. 41-60. Außerdem DOGLIO (Hrsg.) 1995, darin vor allem HEINRICH PFEIFFER: La radice spirituale dell'attività teatrale della Compagnia di Gesù negli "Esercizi Spirituali" di Sant'Ignazio, S. 31-38, ADRIANO

Die sinnliche „mise en scène" zeigt sich in den Gesamtinszenierungen sowohl in den Produkten der bildenden und der darstellenden Kunst wie auch im zentralen religiösen „Drama" der Liturgie. Unter diesem Begriff wird die simultane Erregung mehrerer sinnlicher Empfindungen verstanden, und es ist dies die Verschmelzung von Kunst und Leben, in der es um die Abstimmung der kirchlichen Liturgie auf das architektonische, räumliche und dekorative Ambiente ging.[883] Als Komplement für die subtilen Vorgänge der Eucharistie wird ein alle Sinne einnehmende Inszenierung insbesondere von den Jesuiten realisiert. Diese „Psychagogie"sollte den Einzelnen „führen, orientieren, kanalisieren".[884] So erhält das Wort erst in seiner Visualisierung Bedeutung, denn nach jesuitischer Auffassung existiere es erst in der „fleischlichen Inkarnation";[885] ein Aspekt der jesuitischen Theologie, der selbst zum Thema des Freskos der Breslauer Kirche wurde. In einem weiteren Beispiel aus Glatz wird sogar die Bedeutung des Theaters in Bezug auf die Affekterregung selbst reflektiert.[886] Von den Jesuiten im 17. Jahrhundert wurde eine einheitliche Theorie entwickelt, in welcher Rede und Spiel, Musik, Tanz und Malerei in einer solchen Weise kombiniert wur-

---

PROSPERI: La chiesa tridentina e il Teatro: strategie di controllo del secondo '500, S. 15-30, und MARC FUMAROLI: Les jésuites et la pédagogie de la parole, S. 39-56. Einen Überblick verschafft NIGEL GRIFFIN: Jesuit Drama. A guide to the literature, S. 465-496, und JEAN-MARIE VALENTIN: Les Ludi de Jacob Bidermann et les débuts du théatre des jésuites dans l'empire, S. 235-256. Zu Bidermann außerdem PETER-PAUL LENHARD: Religiöse Weltanschauung und Didaktik im Jesuitendrama. Interpretationen zu den Schauspielen Jacob Bidermanns, Frankfurt/Main, Bern 1976, und Franz Lang: Abhandlung über die Schauspielkunst, München 1727, übersetzt und hrsg. von ALEXANDER RUDIN, Bern 1975.

[883] Vgl. EULER-ROLLE 1993, S. 365. Lehnt zwar Euler-Rolle die Bezeichnung Gesamtkunstwerk für die Innenausstattungen des 17. und 18. Jahrhunderts ab, weil dieser, zunächst als Religionsersatz gedacht, erst im 19. Jahrhundert seine wesentliche Ausprägung fand, so konzediert er jedoch, dass in Kirchenräumen des Barock der Realraum transzendiert würde durch die farbliche und die formale Vereinheitlichung, welche den gebauten Raum mit den illusionistischen Deckenmalereien und der plastischen Figurenwelt verknüpft. Der Raum gehe als Ganzes in eine höhere Sphäre über. Vgl. EULER-ROLLE 1993, S. 369. Er behauptet, dass im Gegensatz zum barocken Raum das Gesamtkunstwerk des 19. Jahrhunderts den beabsichtigten Zusammenhang erst ästhetisch konstruiere. Jener hingegen setze die vorhandenen Modelle der göttlichen Ordnung in die Kunst um; er habe nichts Spekulatives. Meines Erachtens besteht gerade die Leistung der Synästhesie der Jesuiten darin, über das Transitorische und das Performative sowohl ein gemeinschaftliches Erleben zu garantieren, als auch die Sinnstiftung für den Einzelnen – trotz der theologisch-konfessionellen Vorgaben – ausreichenden künstlerisch-ästhetischen Raum zu lassen.

[884] ELISABETH VON SAMSONOW: Topoi der Gelehrten, Dichterischen und Homiletischen Barock: Psychopomp und Theater. Zum Modell der frühen jesuitischen Rhetorik und gegenreformatorischen Propagation Fidei in Österreich, in: Verdrängter Humanismus – Verzögerte Aufklärung, Bd. 1, 2. Teilband 1997, S. 247-258, hier S. 252; sowie VALENTIN 1990, S. 247f., BAUER 1982, S. 79ff.

[885] SAMSONOW 1997, S. 254. So stellt sie weiter für das jesuitische Theater fest: „Die zwei grundlegenden Dramen – Eucharistie und metanoisches Theater – sind wesentlich gleich strukturiert; beide gehen von einer Inkarnations- und Transsubstantiationsidee aus".

[886] Vgl. Die Erbauung des Theatri oder Schau Bühne, von dessen grundt und erfindung das Mittelpunkt, o. Datum, Archiwum Prow. Malopolskiej, Rkp. Nr. 3305, S. 1-15.

den,[887] dass ein die verschiedenen Sinne ansprechendes, ästhetisch performatives Kunstwerk entstand. Das theatralische Agieren kann somit auch als emblematische Rede gedeutet werden.[888] Ein Kunstwerk, dass insbesondere die habsburgische Welt als perfekte historische Realisierung der christlichen Monarchie interpretierte.[889] „Durch die Veredlung der 'weltlichen Sinnlichkeit durch ein anständiges Theater' [verbunden mit den anderen performativ wirkenden Kunstgattungen wie Musik und bildender Kunst] durch ihr pädagogisches Geschick und Gespür für den 'Geist der Zeit' belebten die Jesuiten alte Frömmigkeitsformen wieder im Sinne von Gemeinschaftserlebnissen".[890] Die Vorliebe des Barocks besteht darin, sich zwischen zwei Künsten anzusiedeln, um damit eine Einheit der Künste als „Performance" zu erreichen und den Zuschauer in diese „Performance" einzubeziehen. „Weder aber erliegt der Barock eigentlich dieser Illusion, noch tritt er aus ihr heraus, sondern er realisiert etwas in der Illusion selbst oder teilt ihr eine geistige Anwesenheit mit, die ihren Teilen und Stücken wieder eine kollektive Einheit gibt".[891]

In einer für Schlesien spezifischen Form wird hier eine besondere Verbindung zwischen jesuitischer Bildauffassung und habsburgischer Repräsentation hergestellt.[892] Die Jesuiten versuchten, durch die als Mittel und als Inhalt verstandenen Begriffe des Transitorischen und des Performativen die visuelle Wahrnehmung – weit über den Rahmen der sakralen Kunst hinaus – des einzelnen Gläubigen zu kontrollieren. Die äußeren Bilder wurden inszeniert und instrumentalisiert, um die inneren Bilder zu disziplinieren. Deutlich zeigt sich dies im Verhältnis von Wort und Bild. Deren Interdependenz wird im Fresko Rottmayrs – der Anbetung des Namens Jesu, der als abstraktes Symbol in einem illusionistischen Realraum präsentiert wird – selbst thematisiert und für die unterschiedlichen Rezipientengruppen „lesbar" gemacht. So kann in den dekorativen Ensembles, die sich durch ihren performativen und transitorischen Charakter auszeichnen, auch eine Vorgeschichte der modernen Propaganda gelesen werden, die versucht, in totaler Einflussnahme alle Sinne des Rezipienten anzu-

---

[887] Zu den Aufführungen in Glatz vgl. EMIL BECK: Schauspiele des Glatzer Jesuitenkollegs, Beilage zu dem Jahresberichte der Gymnasial-Bibliothek in Glatz, Glatz 1893; einzelne Periochen wie beispielsweise das Märtyrerdrama Artemas vom 10. August 1690, vgl. Archiwum Prow. Malopolskiej, Rkp. Nr. 2554, S. 43ff.
[888] Vgl. SAMSONOW 1997, S. 253
[889] VALENTIN 1990, S. 372f., Valentin verweist ebenso darauf, dass die jesuitische Paneqyrik z.B. für Ferdinand III. und Leopold I. sich inbeondere auf die von Bellarmino formulierten Eigenschaften bezieht.
[890] BAUER 1994, S. 238.
[891] DELEUZE 1995, S. 204.
[892] Beispielhaft auch allein für den Stil Tauschs: "Proprio in Silesi, una regione multiculturale, si raggiunge una particolare sintesi, per la quale all'elemento illusivo e al verticalismoviene assegnatoun ruolo importante nell'ambito di una composizione di 'contrappunto' ad un'opera generale, funzionalead una interpretazione complementare della concezione dualistica del mondo", DZIURLA 1996, S. 429.

sprechen. Ein ästhetisches Konzept wird als Basis für politische Vorstellungen genutzt: Politik und Ästhetik gewinnen ein neues Verhältnis zueinander.[893] Tausch und Rottmayr verstanden es, sich innerhalb des theologischen Referenzrahmens zu bewegen und diesen wie auch die römischen Vorbilder in Urbanistik, Architektur, Skulptur und Malerei selbst gleichfalls kongenial zu reflektieren. Ikonographische und illusionistische Inventionen im Dienst einer jesuitisch-habsburgischen Rekatholisierungspolitik setzen ein symbolisches Denkmal; gleichzeitig gaben Rottmayr und Tausch dem einzelnen gläubigen Betrachter gerade über eine nur noch individuell zu erfahrende transitorische Wahrnehmung des Performativen einen neuen Freiheitsraum, der sicherlich nicht in der Intention ihrer Auftraggeber lag, aber als fast zwangsläufige Konsequenz ihrer Inszenierungsprogramme erscheint.

---

[893] Vgl. für eine erste methodische Auseinandersetzung der soziologischen Theorie mit der Kunstwahrnehmung PIERRE BOURDIEU: Zur Soziologie der symbolischen Formen, Frankfurt/Main 1994, S. 125ff. und S. 159ff., und NELSON GOODMAN: Sprachen der Kunst. Entwurf einer Symboltheorie, Frankfurt/Main 1997, S. 53ff.

IV. Schluss

Ohne Bilder keine Politik! So könnte ein Motto für die heutige Verbindung von Bild und Macht lauten. Visuelle Vermittlung von Herrschaft spielt eine immer wichtigere Rolle. Sie wird interpretiert als visuelle Konstruktion des Politischen.[894] Politische Kommunikation in einer durch Massenmedien vermittelten Realität weist nicht nur argumentative Strukturen auf. Vielmehr müssen diese ergänzt werden durch ikonische Elemente, die der Kommunikation eine emotionale Dimension hinzufügen. Diese von Marion Müller für die (post)modernen Kommunikations- und Medientheorien formulierten Forderungen können mit demselben Anspruch auf die Frühmoderne übertragen werden. Oder, um es wiederum mit einem Motto auszudrücken: Ohne das rechte Bild kein rechter Glaube. Die Geschichte von Bild, Macht und Konfession, in der es um die unterschiedlichsten Ausdrucksformen des Bildes geht, ist zwar im Bereich der Kulturgeschichte angesiedelt, kann aber mit dem gleichen Anspruch ebenfalls als eminent politische Geschichte gelten. Der neue Umgang mit den Bildern im ausgehenden 16. und 17. Jahrhundert ist verbunden mit einer „Vision" von Gesellschaft. So müssen die zwischen 1560 und 1740 erfolgten Veränderungen, die sich in einem neuen Stil, einer veränderten Ikonographie, einem erneuerten Frömmigkeitsverständnis und auch in einem neuen perspektivischen Illusionismus ausdrückten, in ihrem interdependenten Verhältnis zueinander erkannt werden. Diese Veränderungen können erst in der Synthese der Einzelanalysen verstanden werden. Zugrunde lag den oben genannten Veränderungen die politische „Vision" der konfessionell verfassten katholischen Kirche der „visibilitas", deren Prinzipien Ordnung, Klarheit und Sichtbarkeit waren. Die heutige Soziologie begründet in Auseinandersetzung mit den Thesen Karl Mannheims die Relevanz von Bildern für jegliche Art von Gesellschaft: „In letzter Analyse gibt es eine Gesellschaft, weil die Individuen in ihren Köpfen eine Art dieser Gesellschaft tragen".[895] Auch die frühneuzeitliche Idee von Gesellschaft zeichnete sich

---

[894] Vgl. WILHELM HOFMANN (Hrsg.): Die Sichtbarkeit der Macht. Theoretische und empirische Untersuchungen zur visuellen Politik, Baden-Baden 1999, darin insbesondere DERS.: Die Sichtbarkeit der Macht. Überlegungen zum Paradigmenwechsel von "logozentrischer" zur „ikonozentrischer" Politik, S. 7-14, Hofmann unterscheidet dabei zwischen drei unterschiedlichen Blickwinkeln: 1. Fiktionalität/Authentizität, 2. Mythopoiesis/Visuelles Gedächtnis und 3. Sprache-Bild-Relationen. MARION G. MÜLLER: Politische Vision, in: ebd., S. 15-27; KLAUS SACHS-HOMBACH, JÖRG R. SCHIRRA: Zur politischen Instrumentalisierbarkeit bildhafter Repräsentationen. Philosophische und psychologische Aspekte der Bildkommunikation, in: ebd., S. 28-39; GABRIELE GRAMELSBERGER: Zur Intersubjektivität ikonischer Wissensvermittlung und deren Wahrheitsfähigkeit, S. 61-75, sowie BERTRAM SCHEUFELE: (Visual) Media Framing und Politik. Zur Brauchbarkeit des Framing-Ansatzes im Kontext (visuell) vermittelter politischer Kommunikation und Meinungsbildung, S. 91-107.

[895] LOUIS WIRTH: Einleitung zu Karl Mannheim: Ideologie und Utopie, Frankfurt/Main 1929, Neuausgabe Frankfurt/Main 1985, S. XXI.

durch „kollektive Mentalbilder" aus, die wiederum von äußeren Bildern beeinflusst oder erzeugt waren. Gerade das Verhältnis von inneren und äußeren Bildern stand sowohl für die posttridentinischen Theologen als auch für die barocken Künstler im Mittelpunkt ihres Interesses. Komplex ist diese Interdependenz, weil die Vorstellung einer sichtbaren Kirche, die sich an den einzelnen Gläubigen wendet, selbst mit Bildern operiert. Oder anders ausgedrückt: Es geht dabei auch um das Verhältnis von Wort und Bild *in* Wort und Bild. Visualisierung als Grundelement einer neuen katholischen Auffassung verbindet die irrationalen Momente des Bildes in Bezug auf ihre emotionale Wirkung mit den rationalen, im Hinblick auf Überprüfbarkeit und Kontrolle. Die Geschichte der Visualisierung in Auseinandersetzung mit den posttridentinischen Theologen und Künstlern ist darüber hinaus eine konfessionell geprägte Geschichte über das Verhältnis von Wort und Bild. Insofern erschiene es nur dann nicht verwunderlich, wenn die Bilder innerhalb einer politischen Geschichte der frühen Neuzeit nur am Rande eine Rolle spielten, wenn diese allein auf Malerei oder Skulptur beschränkt blieben. Oder die heutigen Wissenschaftler übersehen die weit über die Grenzen von Theologie und Ästhetik hinausreichenden Konzepte der posttridentinischen Autoren, wenn sie mit Blick auf das Tridentinum der Bilderfrage eine marginale Rolle zuweisen, die für die folgende künstlerische Produktion ohne Bedeutung geblieben wäre.[896] Hierbei ist zu beachten, dass das Tridentinum selbst zum Bild, zum Symbol wurde; jedoch nicht im Sinne derart umfassender Interpretationen des „iconic turn", nach denen alles zum Bild werde. Hingegen wurde in der posttridentinischen Epoche des Barock über die Bedeutung des Bildes reflektiert, und zwar theologisch-politisch und später auch im Medium des Bildes selbst.

Das Tridentinum bildete eine wesentliche Zäsur in der Behandlung der Bilderfrage auf katholischer Seite. Das auf seiner vorletzten Session verabschiedete Bilderdekret knüpfte wie die meisten Konzilsbeschlüsse in seinem dogmatischen Teil an die mittelalterlichen Traditionen an. In seinem Reformteil wandten sich die Konzilsteilnehmer sowohl gegen Missbräuche innerhalb der katholischen Kirche als auch gegen protestantische Kritik. Das Bilderdekret entstand im Wesentlichen unter dem Eindruck der hugenottischen Bilderstürme in Frankreich und enthielt diesbezüglich eine zweifache Abgrenzung: Gegenüber den Häretikern wurde festgestellt, dass die Bilder Christi, der Jungfrau Maria und der anderen Heiligen in den Kirchen aufgestellt und verehrt werden sollten, und mit Blick auf abergläubische Vorstellungen und Praktiken innerhalb des Katholizismus wurde der Glaube an eine den Bildern innewohnende Kraft zurückgewiesen. Im Sinne der Scholastik lehrte das Konzil, dass der Bilderkult sich auf die in den Bildern dargestellten Prototypen bezöge. Die Reformbestimmungen befassten sich scheinbar oberflächlich mit der Bekämpfung der

---

[896] Vgl. beispielsweise HECHT 1997, S. 327.

Missbräuche, sowohl in der künstlerischen Gestaltung als auch in der kultischen Praxis. Diese vermeintliche Trivialität des Dekrettextes scheint jedoch zumindest in Bezug auf die in der Folge entstandenen Traktate im Hinblick auf die Ausformulierung der Bildtheorie und Bilderpolitik von Vorteil gewesen zu sein: Das Bilderdekret fungierte als Matrix und steckte die Grenzen für diejenigen Theologen der folgenden Generation ab, welche sich mit der Bilderfrage auf höherem intellektuellen Niveau in theologisch-dogmatischen sowie philosophisch-ästhetischen Kontexten beschäftigten. Das Bilderdekret im Speziellen wie auch das Konzil von Trient insgesamt waren also weniger inhaltlich der Beginn der Reformen als ein Symbol derselben.

Modern und konservativ: Dieses scheinbare Paradoxon kann für die posttridentinischen Theologen insbesondere in Bezug auf ihre Stellungnahme zur Frage der Bildtheorie gelten. Das in der Forschungsliteratur vorherrschende Diktum von den repressiven Vorschriften der Bildertraktate soll weder in sein Gegenteil verkehrt, noch sollen die Theoretiker zu verkannten Wegbereitern der modernen demokratischen Gesellschaft und Verfechtern einer autonomen Kunst erklärt werden. Dennoch muss das apodiktische Urteil insofern revidiert werden, als sie eine utilitaristische, politisch wirksame und medienhistorisch relevante ästhetische Konzeption entwickelten. Dementsprechend können sie als konservative Reformer bezeichnet werden, die versuchten, ihre konservativen Ziele mit modernen Mitteln durchzusetzen.

Die um die Durchführung der Reformen bemühten Bischöfe und Theologen wie Borromeo, Paleotti, Bellarmino und Possevino verfassten die für die sakrale Kunst und Predigt bzw. Wissenschaftskonzeption wichtigsten Schriften in der posttridentinischen Periode. Alle Autoren gehörten zur gesellschaftlichen Elite, ohne jedoch, mit Ausnahme Borromeos, zu den politisch wirklich einflussreichen Familien zu zählen. Borromeo, Paleotti, Bellarmino und Possevino kannten sich persönlich, und zumindest Paleotti und Borromeo waren befreundet. Überdies verbindet die Autoren eine ähnliche Lebensführung. Sie verstanden sich in ihren geistlichen Ämtern als Vorbild und verknüpften deshalb eine persönliche Askese mit besonderer Strenge in pastoralen und theologischen sowie in politischen und ästhetischen Fragen. Entsprechend ihrer Herkunft waren alle Autoren klassisch-humanistisch gebildet. So fürchteten sie einerseits den gesellschaftlichen Umbruch, den ihrer Meinung nach die Reformation verursacht hatte – sie bezeichneten diesen sogar als rituelle Verunreinigung. Andererseits erkannten sie die Notwendigkeit von Reformen in allen Bereichen. Die aufgezeigte Parallele zwischen der Konzeption der Predigt und der bildenden Kunst lässt auf ein implizit vorhandenes gesellschaftliches Leitmodell schließen, welches Bellarmino mit seiner Theologie der „visibilitas" erfasst. Dieses politische und soziale Modell ist nicht nur bedeutend für die bildtheologischen, ästhetischen und rhetorischen Ausführungen, sondern zeigt sich ebenfalls in den Wissenschaftskonzeptionen einer Bibliotheca selecta von Possevino und in den universalwissenschaftlichen Ansätzen Kirchers.

Bilder wurden von allen Autoren prinzipiell gerechtfertigt. Die theologischen Begründungen blieben traditionell, wie beispielsweise der Vergleich des Bildes mit dem Buch und die sich daraus ergebende Argumentation im Sinn der „biblia pauperum" zeigt. In eklektizistischer Weise wurde auf ein immenses Kompendium des Wissens zurückgegriffen: Dieses reichte von der Bibel über die Kirchenväter bis zu antik-heidnischen Autoren und Zeitgenossen wie Alberti. Wie Possevino ausführt, sollte das vorhandene Wissen geordnet und nur zweckgebunden für die „katholische Sache" eingesetzt werden: Es wurde selbst diszipliniert. Neben mnemotechnischen wurden den Bildern vor allem didaktische Aufgaben zugewiesen. Gleichzeitig betonten alle Autoren deren transzendente, mystische Bedeutung, wobei die Stellung der Bilder in der Liturgie im Verhältnis zu den Sakramenten von Paleotti und Borromeo stärker als von Bellarmino hervorgehoben wurde. Als wesentliche Neuerung wurde insbesondere von Paleotti die Funktion der „excitatio", die Möglichkeit, mit Bildern die Emotionen zu bewegen, herausgearbeitet. Methodisch übertrug Paleotti die Typologie der Rhetorik auf die Kunsttraktate. Gerade die Affekterregung spielte bei den jesuitischen Autoren in Bezug auf die ignatianische Spiritualität eine herausragende Rolle.

In ähnlicher Weise wie das Bild als solches rechtfertigten die Autoren die Bilderverehrung in Abgrenzung zu den Protestanten. Die Bilder wurden nicht nur verteidigt, sondern zur Pflicht erhoben: Die Gefahr der Idolatrie sei geringer als die des Ikonoklasmus gewesen. In höchst komplexer Weise wurde die Prototypenlehre des Tridentinums mit Rückbezug auf das zweite Nizänum übernommen. Bilder hatten für alle drei Autoren die Aufgabe, die Gläubigen zur Devotion zu führen. So sollten Missbräuche in der Bilderverehrung streng durch den laut den Bestimmungen des Tridentinums dazu befugten Bischof geahndet werden. Die Theologen betonten das Heilige, „sacrum", unter zwei Gesichtspunkten: sozial und ontologisch. Sozial, da es die Vermittlerfunktion der katholischen Kirche bestätigte, indem die Sphäre der Kleriker von derjenigen der Laien klarer getrennt werden sollte; ontologisch, da es die göttliche Präsenz in den Kirchen und dort besonders in den Sakramenten hervorhob.

Die Funktion des Künstlers wurde in theologischen Bildertraktaten erstmalig ausführlich behandelt. Einerseits wurde seine Nobilitierung, die bereits hundert Jahre zuvor erfolgt war, auch von kirchlicher Seite akzeptiert, andererseits seine Aufgabe neu definiert: Hierbei sollte weder seine künstlerische Freiheit eingeschränkt werden, noch entwickelten die Theoretiker Vorschriften in Stilfragen, vielmehr sollten moralisch-normative Wertvorstellungen den Künstler beschränken. Vor allem sollte dieser als Vorbild für die Gläubigen agieren. Als Multiplikator für die katholische Glaubensvermittlung sollte er einer besonders strengen Disziplin unterworfen werden. Über eine verbesserte Ausbildung in allen Fragen der Moral, der Theologie und anderer Wissenschaften sollte er, mit dem Ziel, sich selbst zu kontrollieren, einen höheren Bildungsstand erlangen. Ebenso sollte er sich seiner herausgehobenen sozialen Stellung und der sich daraus ergebenden Verantwortung bewusst werden. Da die Theologen dieser Erziehung allein nicht trauten, sollte die äußere, letzte Kontrollinstanz den Bischöfen überlassen werden.

Paleottis Theorie stellte das Bild und den Künstler in den Dienst der katholischen Kirche. Die Bestimmungen dieses Kategoriensystems mussten aber nicht zwangsläufig zu einer objektivierten Kunst und einem entindividualisierten Künstler führen; vielmehr wurde der Künstler in seiner künstlerischen Individualität angesprochen. Insbesondere Paleotti errichtete das doktrinäre Fundament für das Zusammenwirken von Theologen und Künstlern der darauf folgenden Jahrzehnte. Die Autoren waren sich der politischen, gesellschaftlichen und konfessionellen Brüche, die sich infolge der Renaissance und der Reformation ergeben hatten, bewusst und versuchten gerade deshalb, die Wirkung des Bildes zu kontrollieren, weil sie dessen Wirkungsmacht erkannten – und fürchteten.

Gerade deshalb gerät der Betrachter in das Zentrum der posttridentinischen Überlegungen. Denn in der Vermittlung des „richtigen" Glaubens an den einzelnen Gläubigen besteht – in dieser Sichtweise – die Hauptaufgabe für den Künstler. Dies wird deutlich in der erstmalig von Paleotti formulierten Rezeptionsästhetik. Ebenso wie er vom individuellen Künstler ausging, wollte er auch jeden einzelnen Gläubigen durch die Bilder angesprochen wissen. Dementsprechend systematisierte er das Publikum in vier verschiedene Gruppen, die jeweils gemäß ihrer intellektuellen und psychischen Fähigkeiten und Bedürfnisse durch die Bilder erreicht werden sollten. Seinen Schwerpunkt legte er auf die Analyse der Bedürfnisse der „idioti". In diesem Zusammenhang entwickelte Paleotti eine Wirkungsästhetik, wobei er eine Affektenlehre mit der Betonung der „persuasione" aus der Rhetorik übernahm.

In den Traktaten zur Predigt wurde nicht nur das Leben eines jeden Predigers – bis in den niederen Klerus hinein – reguliert, auch Form und Inhalt der Predigt wurden geregelt. Darüber hinaus sollten die Prediger lernen, sich selbst zu disziplinieren. Die Predigten sollten sich einer einfachen, leicht verständlichen Sprache bedienen, damit die „idioti" auch erreicht werden konnten. Als Basis sollten die biblischen Schriften dienen – in Auseinandersetzung mit dem „solascriptura"-Prinzip Luthers. Predigten sollten sich insbesondere mit den dichotomischen Themen Tugend und Laster bzw. Strafe und Gnade beschäftigen. In der praktischen Seelsorgetätigkeit sollte die Predigt dazu dienen, Missstände innerhalb der Gemeinde auf der Kanzel anzuprangern und den Schwerpunkt auf persönliche Sünden und Häresie zu legen. Als Garanten der guten Ordnung dagegen sollten die katholische Tradition, das Papsttum und die kirchliche Hierarchie gepriesen werden. Der Klerus sollte also in den rhetorischen Sachverhalten instruiert werden, um diese „göttlichen Wahrheiten" in menschlichen Worten zu propagieren.

Beide Bereiche wurden von den maßgeblichen Theologen parallel zueinander konzipiert, um das in Wort und Bild propagierte posttridentinische Leitmodell, welches sich durch Ordnung und Hierarchie auszeichnete, den Gläubigen sichtbar vor Augen führen zu können. Dem entsprach Bellarminos theologische Prämisse einer sichtbaren Kirche. Er forderte eine Theologie der Klarheit und der Äußerlichkeit: Die Kirche musste sich in ihrer konkreten und tangiblen Form legitimieren, so dass allein die „similitudine" der wahren Dinge zählte, die sich in den Bildern als Instrumente des katholischen Ritus ausdrücken sollte. Als zentrale Begriffe durchzogen Ordnung, Klarheit, Evidenz und Korrespondenz Bellarminos *Controversiae*. Ein „ökonomischer Mechanismus" wird erkennbar, der auf eine Wissenschaft der Ordnung abzielte, welche wiederum das „Bild" der sichtbaren sozialen Differenzen befestigte. Gemeinsames Ziel der Bemühungen der posttridentinischen Theologen war der Umbau der Gesellschaft. Insofern standen funktionale, ideologische und propagandistische Gesichtspunkte im Vordergrund. Dieses langsame Aufweichen von kompromissloser Härte bezeichnet den Übergang von der „ecclesia militans" zur „ecclesia triumphans"; einer Kirche, die sich nicht mehr nur verteidigen musste, sondern in einem Demonstrationsstil ihre Überlegenheit feiern konnte. Das Bild besaß innerhalb der katholischen Konfessionalisierung eine ihm durch die Theorie zugewiesene Aufgabe: Die inneren und äußeren Bilder sollten kontrolliert werden, um den einzelnen Gläubigen zu disziplinieren. Hierbei waren sich die Theologen im Gegensatz zur protestantischen Auffassung der affektiven Wirkungspotenziale des Bildes nicht nur stärker bewusst, sondern versuchten, diese für ihre Zwecke der gesellschaftlichen Transformation zu instrumentalisieren. Sie begründeten somit eine politisch wirksame ästhetische Konzeption, die als ideologische Grundlage für eine Rekatholisierungspolitik, wie sie insbesondere die Jesuiten propagierten, fungierte.

Entsprechend bzw. parallel zu den Vorstellungen Bellarminos ging es Possevino vor allem darum, den „rechten katholischen Glauben" mit Hilfe von Büchern zu gewährleisten. Ziel ist das (rationale) Streben nach Effizienz der Wissensaneignung und dem gestuften Aufbau der gelehrten Studien im Hinblick auf die „pietas". Eine sukzessive und kontrollierte Aneignung des Wissens entsprechend der individuellen Auswahl und den jeweiligen Fähigkeiten des einzelnen Gläubigen sollte erst den Aufbau einer sichtbaren Kirche gewährleisten, die sich durch Klarheit, Ordnung und Hierarchie auszeichnet. Gefahren drohten dem menschlichen Streben nach Wissen deshalb durch die mangelhafte Kenntnis der 'wahren' – posttridentinisch verfassten – katholischen Konfession.

Possevino folgt in seinen Überlegungen zur Wissensvermittlung an den einzelnen Gläubigen grundsätzlich den posttridentinischen Prinzipien: Seine Haltung ist geprägt von der Sicht des Predigers bzw. des Missionars, der an die individuelle Verantwortung des Menschen appelliert. Wie der Prediger und auch der Künstler auf die unterschiedlichen Dispositionen der zu unterweisenden Gläubigen Rücksicht zu nehmen haben, so geht seine Theorie von der Wissensvermittlung gleichsam in Einklang mit Paleottis Überlegungen zur gestuften Rezeption von unterschiedlich veranlagten „ingenia" aus. Entscheidend ist hierbei wiederum die Verdeutlichung klarer Prinzipien, die der Einzelne verinnerlichen sollte.

Kircher appliziert die posttridentinischen Überlegungen zur „visibilitas" und der gestuften Rezeption auf seine universalwissenschaftlichen Konzepte, insbesondere seine Universalsprache, seine Kombinatorik und seine Optik, und leitet daraus in ihren politischen Konsequenzen bedeutende erkenntnistheoretische Erkenntnisse ab. Wissen – und somit Ordnung – ist nach Kircher in der Seele des Menschen zeichenhaft abgebildet. Der Weg der Erkenntnis orientiert sich an den wirkungsästhetischen Vorstellungen Paleottis: Wahrnehmungstheoretische Fragen verbinden sich mit der zeitgenössischen Naturwissenschaft. Die Würde des einzelnen Menschen ist nur durch seine Verbundenheit mit Gott, die sich in der „wahren" Konfession zeige, zu erlangen. Das Abbild des Wirkens Gottes wiederum zeigt sich für ihn in der politischen Sphäre im Wirken von Papst und Kaiser. Bei allen Überlegungen spielt der Gegensatz zwischen der Vermittlung eines korporativen Gesellschaftsmodells und eines nur noch individuell anzusprechenden Gläubigen eine Rolle. Ein Gegensatz, der sich nicht besser ausdrücken ließe als in dem Gegensatz zwischen Fragmentierung und Universalwissenschaft. Spielen das Papsttum und der Kaiser als theoretisch-politischer Fokus bereits bei Kircher eine wesentliche Rolle, so überrascht es nicht, dass diese beiden Mächte auch im Zentrum der weiteren Modifikationen des Visualisierungskonzeptes stehen.

Rom selbst bildet das 'Laboratorium', in dem, in enger Anbindung an die Herrschaftsausübung des Papstes, von den theoretisch im Medium des Wortes agierenden Theologen und den Künstlern ein „sacrum theatrum" erschaffen wurde. Dieses „sacrum theatrum" basiert auf den Vorstellungen einer „ecclesia visibilis", die „wahre" Kirche dem einzelnen Betrachter vor Augen zu führen. Hierbei geht es aber nicht um Fragen einer ikonographischen Umsetzung, sondern um die Weiterentwicklung der Modelle im Medium des Bildes selbst. In der Urbanistik sowie in Malerei und Skulptur wird in einem oberhalb der Repräsentation der Transformation der „ecclesia militans" zur „ecclesia triumphans" gelegenen Meta-Diskurs das Verhältnis von Wort und Bild und von inneren und äußeren Bildern neu bestimmt.

Die ersten Ansätze der posttridentinischen Bilderpolitik gelten der Neubelebung der Bilderverehrung entsprechend den Konzilsbeschlüssen. Die Polarität zwischen Bild und Kunst in der Umbruchphase der frühen Neuzeit wurde für Inszenierungen der alten Kultbilder – unter Zuhilfenahme der „neuen" Kunst – instrumentalisiert. Missbräuche des Rituals waren auf dem Tridentinum verboten worden, und so konnten Rituale bei gleichzeitiger „Entritualisierung der Gesellschaft" als Mittel zur Disziplinierung eingesetzt werden. Neben den römischen Beispielen, wie in der Cappella Paolina, kann Mailand unter Borromeo als eines der frühesten gelten. Die vor allem in der Bilderverehrung zum Ausdruck kommende Volksfrömmigkeit wird im Rahmen der Disziplinierung entsprechend kanalisiert. Im Zuge der Affekterregung spielt auch der Vorbildcharakter wie beim Märtyrerzyklus in S. Stefano Rotondo eine Rolle. Die Bilder hatten nicht nur die Aufgabe der Selbstvergewisserung, sondern sollten den einzelnen Novizen auf die Mission vorbereiten und in psychologischer Hinsicht eine entsprechende Opferbereitschaft erwecken. Erst nach einer Generation konnten die Maßnahmen zur Disziplinierung von Kunst, Künstler und Publikum ihre volle Wirkung entfalten. Die Auswirkungen bezogen sich sowohl auf den Produktionsprozess als auch auf das Rezeptionsverhalten. Die entscheidenden Neuerungen wurden in der zweiten Künstlergeneration nach den posttridentinischen Theologen auf ästhetischem Gebiet erreicht. Erst mit dem stark durch die Jesuiten beeinflussten Bernini und Pozzo, seines Zeichens selbst Ordensmitglied, wurden die nun auch verinnerlichten Prinzipien für den Künstler umgesetzt. Die Disziplinierung des einzelnen Gläubigen erfolgte im Zusammenhang mit dem in bildlicher Form umgesetzten Konzept der „persuasione". Dessen politischen und sozialen Dimensionen zeigen sich sowohl in den urbanistischen Konzepten für den Vorplatz von S. Pietro als auch in der gestuften Rezeption des theatralischen Konzeptes der Ausstattung für die Cappella Cornaro. In einer künstlerisch gestalteten Wort-Bild-Verbindung reflektiert Bernini selbst über das Verhältnis von Wort und Bild und deren jeweilige Fähigkeiten, den einzelnen Gläubigen emotional zu bewegen und so zum rechten Glauben zu führen bzw. intellektuell zu überzeugen. Bereits im Zusammenhang mit der Analyse der Kolonnaden auf dem Petersplatz wird deutlich, dass das Gesamtkonzept erst in der Verbindung von Architektur, Skulptur und liturgischer Frömmigkeitspraxis zur Geltung kommt. Hierbei spielt die Bewegung eine wesentliche Rolle: sowohl die räumliche Bewegung des einzelnen Betrachters als auch die emotionale Bewegtheit. Insofern lassen sich auch die perspektivischen Inventionen, wie sie in den folgenden Jahrzehnten von Pozzo weiterentwickelt wurden, als Auseinandersetzung mit den Prinzipien Paleottis bzw. Ottonellis verstehen. Die „richtige" Perspektive ergibt sich für den Gläubigen nur in jenem vom Künstler bestimmten und von den jesuitischen Predigern erläuterten „punto stabile". Gehört es sicherlich zu den nichtintendierten Folgen, dass ein bestimmtes Maß an „Individualisierung" sich darin äußert, dass jeweils nur ein Betrachter zur selben Zeit diesen Platz einnehmen kann, so ist die Grundlage dessen aber die Schaffung einer katholischen „corporate identity". Die theologischen Konzepte der Visualisierung führten zu einer korporativen Kultur der katholischen Kirche; dieser Barockkatholizismus versprach das Aufgehen in der Gemeinschaft – visualisiertes Heilsversprechen bedeutete Sinnstiftung bzw. Konstruktion derselben.

Eine besondere Weiterentwicklung des römischen Modells stellt die Herrschafts- und Frömmigkeitspraxis der Habsburger dar. Die „pietas austriaca" kann als eine auf dem Modell der sichtbaren Kirche aufbauende Ideologie der sinnstiftenden Visualisierung von Herrschaft interpretiert werden, die sich an den Prinzipien Bellarminos orientierte und dabei auf die Konzeptionen der gestuften Rezeption und der Affekterregung als wesentliches Mittel setzte. Dabei war die Frömmigkeit im Zuge einer Monokonfessionalisierungspolitik als übergreifende politische Klammer von Bedeutung. Erst auf dieser Grundlage war es möglich, sowohl Herrschaft wie auch die Affekte und den Glauben zu visualisieren, um diese damit überprüfen und disziplinieren zu können.

Die Habsburger Herrschaft bediente sich verschiedener Symbole. Die siegreiche Schlacht am Weißen Berg von 1620 wurde ebenso wie das Trienter Konzil symbolisch überhöht und im Nachhinein zum Ausgangspunkt einer Habsburger „Erfolgsgeschichte". Konnten die Habsburger insbesondere nach der siegreichen Schlacht am Weißen Berg, wie schon zuvor in ihren österreichischen Territorien, ihre rigide Rekatholisierungspolitik auch in Böhmen umsetzen, waren ihnen in Schlesien engere (außen)politische Grenzen gesetzt. Ein Territorium, dessen Bevölkerung seit mehr als hundert Jahren mehrheitlich protestantisch geprägt war, stellte eine besondere Herausforderung für die jesuitisch-posttridentinische Missionspolitik dar. In ähnlicher Weise, wie Borromeo sich mit seinem Erzbistum Mailand in nächster Nähe zu den calvinistischen „Häretikern" in Genf befand, sahen die Habsburger Herrscher ihre schlesischen Provinzen durch die Nähe zu den „häretischen Mächten" im Norden besonders gefährdet. So kam eine Bilderpolitik zur Anwendung, die sich in ihren Grundzügen am römischen Modell orientierte. Dabei kamen alle zur Verfügung stehenden Medien zum Einsatz, wobei in beiden Modi, des Wortes und des Bildes, agiert wurde. Neben der Rekatholisierung der Stadtpfarrkirche, wie in Glatz, und der Revitalisierung von Prozessionen stand die Bilderverehrung selbst im Mittelpunkt der jesuitischen Bestrebungen. Diese Kulte wurden, wie zuvor bereits bei den römischen Vorläufern, neu inszeniert. Die vormals oft unkontrollierte Volksfrömmigkeit wich nun einer disziplinierten und kanalisierten Visualisierung. Ikonographisch wurde das römische Repertoire einem spezifisch schlesisch-habsburgischen angepasst. Neben Maria spielte Joseph als Patron der Habsburger eine wesentliche Rolle. Die jesuitischen „Standardheiligen", Ignatius und Franz Xaver, wurden um Allegorien ergänzt, die sich mit dem besonderen Kampf gegen die „Häresie" in Schlesien auseinander setzten. Hierbei verteidigten die jesuitischen Missionare – wie bereits in S. Stefano Rotondo – insbesondere die Bilder. In Breslau wird dies im Fresko Rottmayrs vorgeführt. Aufgrund der Sonderstellung der Grafschaft Glatz konnten die Jesuiten nicht nur die dortige Kirche übernehmen, sondern mit einer Vielzahl von Wegkreuzen und Kapellen sowohl die Stadt als auch die Landschaft sakralisieren und ritualisieren. Wie erfolgreich diese Politik war, zeigte sich in einer am Ende dieses Prozesses fast gänzlich katholischen Bevölkerung. In Breslau hingegen mussten die Jesuiten Rücksicht auf den protestantischen Rat der Stadt nehmen. Dort vollzogen sie ihre bedeutendsten Inszenierungen im Innenraum der Kirche oder des Kollegs. Mit Rottmayr und Tausch wurden beide wesentlichen Traditionslinien aufgenommen: Habsburg und Rom standen Pate für die kongenialen Weiterentwicklungen der Visualisierungen in Wort und Bild. Der bewegte Betrachter nimmt über die transitorische Wahrnehmung des Performativen visuell teil an der Gemeinschaft der Gläubigen, als sichtbarer Nachweis von gottgefälliger, katholischer Herrschaft, die sich in der „pietas" der Habsburger widerspiegelt und dem individuellen Gläubigen als identitätsstiftendes Moment in einer korporativ verfassten Gemeinschaft dient. Der bewegte Betrachter wird in Schlesien in spezifischer Weise von den Künstlern Tausch und Rottmayr in Szene gesetzt. Posttridentinisch-jesuitische Bildauffassung, römische Modelle sowie habsburgische Repräsentation und Frömmigkeitspraxis werden synthetisiert. Mit Hilfe der transitorischen Wahrnehmung und einer der Synästhesie verpflichteten Inszenierung wird die Wahrnehmung des einzelnen Betrachters gelenkt und kontrolliert. Das interdependente Verhältnis von Wort und Bild bei dieser Disziplinierung wird selbst zum Thema des Ausstattungsprogramms und für die jeweiligen Rezipientengruppen lesbar und damit emotional wie intellektuell erfahrbar.

Die Funktion dieses Systems aus bildender Kunst, Theater und Predigt bestand im Wesentlichen in seiner Funktion für die Propagierung – aber auch Modifizierung – gesellschaftlicher Visionen und für mentale Transformationen. Ikonographische und illusionistische Inventionen reflektierten den theologischen Referenzrahmen und entwickelten die sprachlichen wie visuellen römischen Modelle im Dienst einer jesuitisch-habsburgischen Rekatholisierungspolitik künstlerisch weiter. Darüber hinaus ermöglichten die Künstler dem einzelnen Betrachter einen spezifischen Freiheitsraum mittels der nur noch individuell zu erfahrenden transitorischen Wahrnehmung. Als nicht beabsichtigte Folge einer sichtbaren Kirche, die sich aller visuellen Medien und Möglichkeiten bediente, entspricht diese Entwicklung nicht dem Gesellschaftsmodell Bellarminos, kann aber als dessen fast zwangsläufige Konsequenz erscheinen. Die rezeptionsästhetischen Ideen setzten somit einen Individualisierungsprozess in Gang, der sich nicht nur in der Fragmentierung des Blickes wiederfindet, sondern eben auch in der Fragmentierung der emotionalen Bewegung des einzelnen Gläubigen durch eine räumliche (also sinnlich erfahrbare) sowie virtuelle (also geistig erfahrbare) Bewegung des Betrachters.

Die Übernahme der rhetorischen Typologie für die Bildtheologie beweist nicht nur deren Bedeutung für die barocke Kunst, sondern widerlegt auch die dichotomischen Vorstellungen von der Theologie des Wortes im Protestantismus und der Theologie des Bildes im Katholizismus. Im Gegensatz zur protestantischen Trennung von Wort und Bild wird die unlösbare Verknüpfung anerkannt, die zwischen Rhetorik und Sehen bestand: Bilder waren Zeichen, und Begriffe wiederum enthielten stets einen irreduziblen bildlichen Anteil. Im Ergebnis sollte daher nicht von einer Wortkultur der Protestanten und einer Bildkultur der Katholiken ausgegangen werden. Dahinter steht ein katholisches Gesellschaftsmodell, das in der Folge eine Bildkultur fördert, die sprachlich-metaphorisch, und einer Wortkultur, die bildlich-metaphorisch argumentiert. Der konfessionelle Unterschied besteht somit in einem Distinktionsverhalten der Protestanten und einer katholischen Synthese. Insofern die Distinktion vor allem im Sinne eines analytischen Wissenschaftsverständnisses den rationalen Prinzipien der Aufklärung näher stand, verwundert es nicht, dass die katholisch-barocke Sehweise später mit Irrationalität gleichgesetzt wurde.

Am Anfang der Entwicklung steht eine fragmentierte konfessionelle und politische Situation, die die posttridentinischen Autoren und Künstler letztlich durch eine Fragmentierung der visuellen Wahrnehmung zu überwinden suchten. Über den Zwischenschritt, die Affekte des Einzelnen zu erregen, damit die inneren Bilder diszipliniert und kontrolliert werden konnten, wurde die monofokale Perspektive aufgesprengt. Wissen und visuelle Wahrnehmung haben sich nicht nur als eigenständige Systeme, als Ästhetik und Wissenschaft von der Theologie und Politik, etabliert, sondern waren der Motor einer sich dynamisierenden Gesellschaft. Die Fragmentierung von Gesellschaft, und darüber hinaus von Wahrnehmung und Perspektive, erlaubt einen neuen Blick auf die Interdependenzen von Ästhetik und politischen Transformationsprozessen.

Die Ergebnisse der Analyse ermöglichen es, die historischen Modelle von Sozialdisziplinierung, Konfessionalisierung und Modernisierung zu variieren: In der Bewertung des Bild-Instrumentariums, insbesondere für die Propaganda, müssen die Modelle modifiziert werden. Über die intendierten Modernisierungsprozesse hinaus verweisen die Visualisierungen in Wort und Bild auf die Ambivalenzen der Moderne, wenn sie nicht sogar essentiell als Vorläufer der postmodernen Ästhetik aufgrund der angestrebten Auflösung der Unterscheidung zwischen sinnlicher und rein ästhetischer Lust gelten können. Beabsichtigt war eine nahezu vollständige Disziplinierung des Individuums, die sich in bildlicher und sprachlicher Kontrolle ausdrückte.

Die hier beispielhaft vorgeführte Erweiterung des Konfessionalisierungsansatzes versteht sich als synthetisiertes Modell von politischen und kulturhistorischen Fragen, die sich mit Komplexen von Visualisierungen, dem Sehen inklusive der erkenntnistheoretischen Konsequenzen und dem Entstehen von Sehkulturen beschäftigt. Der Barock versuchte sich, so Buci-Glucksmann, an der Darstellung des Nicht-Darstellbaren:[897] ein programmiertes Scheitern. Näher als dem Schönen stand der Barock mit dieser unerfüllbaren Sehnsucht also dem, was in der traditionellen Ästhetik als das Erhabene bewundert wird. Außer Acht

---

[897] Vgl. BUCI-GLUCKSMANN 1994, S. 124ff.

gelassen werden bei der grundsätzlichen Annahme der Interdependenzen zwischen sprachlicher und visueller Wahrnehmung oft die ihr zugrunde liegenden politischen Modelle. Insofern kann die barocke Ordnung nicht als „anarchisch" angesehen werden, sondern sie ist erfüllt bzw. durchzogen von einer politischen Vision von Hierarchie, Ordnung und Disziplinierung, wie es bereits Maravall für Spanien nachgewiesen hatte.[898] Grundlage für die Transformationsprozesse bildet eine gesellschaftliche Vision, ein anthropologisches Modell. Darauf aufbauend, wird ein System von Fragmentierung und „corporate identity", von Auflösung und Universalismus aufgebaut. Erst in dessen Folge werden Bild und Wort miteinander verknüpft und eingebunden. Da die Affekte des Einzelnen ins Zentrum rücken, müssen diese gelenkt und gleichzeitig diszipliniert werden.

In Auseinandersetzung mit beiden Theoriesträngen – der Konfessionalisierung und der Sehkulturen – erscheint mir die Entwicklung eines eigenen Instrumentariums wesentlich, um den Phänomenen des so genannten Barockzeitalters gerecht zu werden. Somit könnte eine sozialwissenschaftlich orientierte Geschichtsschreibung, die sich sowohl mit Macht-, Herrschafts- und Disziplinierungsfragen als auch mit Visualisierungen und Sehkulturen beschäftigt, einer ästhetisch und kunsthistorisch orientierten Geschichtswissenschaft gegenübergestellt werden, ohne diese „krampfhaft" miteinander zu versöhnen, sie aber doch im gegenseitigen Austausch fruchtbringend zu nutzen. Insoweit sind die vorliegenden Ergebnisse zumindest inspiriert von einem „jesuitischen" wie „postmodernen Synkretismus".

Aufbauend auf diese exemplarische Studie könnten weitere Untersuchungen den spezifischen Verbindungen von visuellen Vorstellungen und deren erkenntnistheoretischen Konsequenzen nachgehen: Erhält beispielsweise die hier nur am Rande erwähnte Kategorie des Erhabenen,[899] wie sie sich in den Begriffen

---

[898] MARAVALL 1987, S. 263.

[899] Zum Erhabenen vgl. einführend den Sammelband CHRISTINE PRIES (Hrsg.): Das Erhabene. Zwischen Grenzerfahrung und Größenwahn, Weinheim 1989, darin vor allem JÖRG VILLWOCK: Sublime Rhetorik. Zu einigen noologischen Implikationen der Schrift „Vom Erhabenen", S. 33-54, CARSTEN ZELLE: Schönheit und Erhabenheit. Der Anfang doppelter Ästhetik bei Boileau, Dennis, Bodmer und Breitinger, S. 55-75, und ein Gespräch zwischen Jean-François Lyotard und Christine Pries: Das Undarstellbare – wider das Vergessen, S. 319-348. Vgl. auch, um wiederum den Bogen in die „Postmoderne", zur Systemtheorie zu schlagen, NIKLAS LUHMANN: Die Kunst der Gesellschaft, Frankfurt/Main 1995, S. 430f.: „Die Differenz von Sein und Schein bzw. von Alltag und Alltäglichem wird in der Welt des Scheins wiederholt (...). Es kommt im Bereich der Kunst nicht zur Fiktion der Unterscheidung von Fiktion und Realität. Diese primäre Fiktion fungiert vielmehr als unzugängliches Gesetz, als transzendentale Bedingung, als Bereich des Unbewußten (...). Sie fungiert als Paradoxie. Diese Legitimation des schönen Scheins hatte im Verhältnis zu Religion und Wissenschaft durchgesetzt werden müssen. Zugleich offeriert sie aber auch Möglichkeiten, das Verhältnis von Kunst und Politik neuen Bedingungen anzupassen (...) Wenn nun Wahrheit und Schönheit (Wissenschaft und Kunst) so scharf differenziert werden, wird man nicht erwarten können, daß im gleichen Zuge auch die alte Einheit von Gutheit und Schönheit (honestum et decorum, Moral und Lust) aufgegeben wird".

des „stupor" widerspiegelt, bereits vor dem ausgehenden 18. Jahrhundert Qualitäten, um damit die Verknüpfung der Probleme von Darstellbarkeit und Visualisierung mit einer sich etablierenden politischen Ästhetik im Transformationsprozess der Frühen Neuzeit zu erklären? In welchem Maße können somit sozial- und politikhistorische Fragestellungen mit geistes- und kulturhistorischen über diesen Begriff verbunden werden, um die Bedeutung der konfessionellen Frage auch für ästhetische und erkenntnistheoretische Folgerungen nutzbar zu machen, woraus sich eine Neubewertung des Barock – nicht nur als Epoche – ergibt?[900] Darüber hinaus müssten die hier präsentierten Beobachtungen auf drei Ebenen vertieft werden: 1. inhaltlich-räumlich: In welcher Weise werden die am europäischen Beispiel vorgestellten politischen Visionen der Visualisierung „internationalisiert"?[901] 2. inhaltlich-thematisch: Welchen Einfluss hatte die Konstituierung einer „politischen Ästhetik" bzw. die Etablierung einer nunmehr neuen visuellen Regeln unterworfenen Politik auf (post)moderne politische Inszenierungen bzw. auf eine politische Ästhetik?[902] 3. inhaltlich-methodisch: Inwieweit ist bei der Untersuchung der Interdependenzen von Visualisierungen in Wort und Bild auf linguistische und symboltheoretische Analysen zurückzugreifen?[903]

Abschließend sei eine nicht im Rahmen einer einzelnen Studie verifizierbare These in Anlehnung an Webers religionssoziologische Untersuchungen gewagt:

---

[900] „Die Theatralisierung der Welt eröffnet der Kunst Gestaltungsspielräume und entlastet zugleich ihr Verhältnis zur Politik", ebd., S. 431

[901] Beispielsweise für Lateinamerika und die Rückwirkungen auf das transatlantische System. Insbesondere die Forschung über Spanien hat sich in Auseinandersetzung mit den Thesen Maravalls ausführlich mit dieser Problematik beschäftigt, vgl. nur beispielhaft: ANNE J. CRUZ, MARY ELIZABETH PERRY (Hrsg.): Culture and control in Counter-Reformation Spain, Minneapolis 1992; Alain Saint-Saëns: Art and faith in Tridentine Spain, New York, Washington u.a. 1995; DAVID H. DARST: Converting fiction. counter reformational closure in the secular literature of Golden Age Spain, Chapel Hill 1998; JAVIER APARICIO MAYDEU: Calderón y la máquina barocca, Amsterdam, Atlanta 1999; THOMAS S. ACKER: The Baroque Vortex. Velázquez, Calderón, and Gracián under Philip IV, New York, Washington u.a. 2000; sowie JOACHIM KÜPPER, FRIEDRICH WOLFZETTEL: Diskurse des Barock: dezentrierte oder rezentrierte Welt?, München 2000.

[902] Beispielsweise könnte hier die politische Theologie Carl Schmitts nach ihren Wurzeln in einer posttridentinischen Theologie der „visibilitas" befragt werden.

[903] Exemplarisch sei hier nur auf die von Mark Johnson und George Lakoff entwickelten Modelle verwiesen. Vgl. GEORGE LAKOFF, MARK JOHNSON: Metaphors we live by, Chicago, London 1980, und jüngst DIES.: Philosophy in the flesh. The embodied mind and its challenge to western thought, New York 1999. Sie weisen den Bildern – also sowohl bildlichen Darstellungen als auch sprachlichen Bilder – einen bedeutenden „Welt konstituierenden" Charakter zu. Dies scheint einen ganz wesentlichen Schlüssel für jede Form von Wort-Bild-Verhältnissen darzustellen, ohne die sich insbesondere der Barock mit seiner engen Verzahnung von Wort und Bild nicht denken ließe. Ein instruktives Beispiel sind die Emblemata, aber auch alle anderen Spielarten, die jeweils die erkenntnistheoretischen Konsequenzen mit bedenken. Weiterhin könnten diese Modelle für einen interdisziplinären Ansatz einer „Psychohistorie" nutzbar gemacht werden, der weit über Siegmund Freud und seine Epigonen hinausweist.

Wenn die protestantische Bildauffassung für die Geburt der modernen Kunst[904] und des modernen Kapitalismus verantwortlich ist, so könnte vielleicht die posttridentinisch-katholische die „Dogmen" für die postmoderne Kunst geliefert haben. Die Untersuchungen zur posttridentinischen Bildtheologie und der nicht zuletzt auf ihr basierenden künstlerischen und Herrschaftspraxis haben gezeigt, dass die visuelle Ordnung nicht allein, wie es bei Foucault heißt, der Überwachung und Abstraktion im Interesse der Macht dient. Genauso wenig kann von einem heroischen Akt der subjektiven Behauptung der Künstler oder des „anarchischen" Bildes selbst gesprochen werden. Anhand der Transformationsprozesse über das Bild konnte gezeigt werden, dass die Analyse derselben nicht auf der Grundlage dichotomischer Setzungen vorgenommen werden kann. Die sich überlagernden abstrakt erscheinenden Prozesse können in einem sozialen Feld verortet werden, in dem den handelnden Personen wie auch den unterschiedlichen konkreten Bildern und Bildtraditionen Rechnung getragen wird. Exemplarisch wurde dies für die konfessionellen Strukturen im 17. Jahrhundert nachgewiesen. In dieser Hinsicht könnten auch die modernen und postmodernen Transformationsprozesse jenseits der Analysemuster von „omnipräsenter" Kontrolle oder der „Demokratisierung" des Sehens auf ihre jeweiligen sozialen Felder bezogen werden. Damit könnte auch die Bedeutung des Bildes konkret in die Analyse dieser Prozesse einfließen, ohne das Bild selbst entweder fast mythisch zu überhöhen oder es gänzlich aus der Analyse auszuschließen.

---

[904] Vgl. HOFMANN 1993, S. 12ff., der im Protestantismus die Grundlage für die moderne Kunst sieht.

V. Quellen- und Literaturverzeichnis

1. Quellen

[o. Verf.]: Andächtige Vorstellung des Heiligen Grabs in der Pfarr-Kirchen der Gesellschaft Jesu zu Glatz, Archiwum Prow. Malopolskiej, Rkp. Nr. 3318, S. 155-160.

[o. Verf.]: Beschreibung des Trauergerüstes für Joseph I., Archiwum Prow. Malopolskiej, Rkp. Nr. 2615, S. 125-127.

[o. Verf.]: Des geistlichen Baumeisters S. Ignatius von Loyola und der von Ihm gestifteten Gesellschaft Jesu in der durch das Luthertum eingerissenen Kirchen Gottes kostbarer Bau; Am Fest des gedachten heiligen Patriarchen in der von gedachter löblichen Societät Zu Ehren den Allerheiligsten Namen Jesu Auff der Kayserlichen Burg in Breslau Neu auffgebauten Kirche, Schweidnitz 1698.

[o. Verf.]: Die Erbauung des Theatri oder Schau Bühne, von dessen grundt und erfindung das Mittelpunkt, o. Datum, Archiwum Prow. Malopolskiej, Rkp. Nr. 3305.

[o. Verf.]: Einnahmen- und Kostenbuch der Universitätskirche von 1705-1775, Archiwum Prow. Malopolskiej, Rkp. Nr. 1369.

[o. Verf.]: Erstes Jahr-Hundert deß Breßlauer Collegii In Isaac jener reichlichen Frucht deß hunderten Jahrs deß in das Land Chanan wandernden Grossen Seelen Opferers Abraham vorgebildet mit Begängnuß deß von Ihro Päpstl Heiligkeit Clemente XII. in die Zahl der Heiligen jüngst übersetzten Heiligen Joannis Francisci Regis, Archiwum Prow. Malopolskiej, Rkp. Nr. 2554.

[o.Verf.]: Liebreichster Danck und Ehr-Bezeugnis der blühenden in denen Gebotten Gottes unterwiesenen Breßlauer Jugend gegen ihren grossen Vorsprecher und Lehr-Vatter S. Ignatius von Loyola, Stifter der Gesellschaft Jesu mit öffentlicher Bekänntnis und Vorstellung der empfangenen heilsamen Lehren auff sechs Schau-Bühnen in gewöhnlichen Umbgang zu Breßlau, Staatsbibliothek Wrocław, Yn 197.

[o. Verf.]: Novus Silentiarius, Harpocrates Sacer D. Joannes Nepomucenus, Staatsbibliothek Wrocław, Yn 219.

[o. Verf.]: Parelium Leopoldium Sive Leopoldus Primus, & Magnus, Augustissimi Nominis Sui Anagrammatissimo, Sol Duplus in Ortu, Duplus in Progressu, Duplus in Occasu (...), Breslau 1705, unpaginiert.

[o. Verf.]: Periochen der Glatzer Jesuiten, Archiwum Prow. Malopolskiej, Rkp. Nr. 2554.

[o. Verf.]: Predigt aus Prag in S. Nicolai vom 9. April 1730, Archiwum Prow. Malopolskiej, Rkp. Nr. 2554.

[o. Verf.]: Schola affectivus, o. Ort, o. J. , Archiwum Prow. Malopolskiej, Rkp. Nr. 3349.

Acta Ecclesiae Mediolanensis, 3 Bde., hrsg. von A. Ratti, Mailand 1890-1892.

Avancini, Nikolaus: Pietas victrix sive Flavius Constantantinus Magnus, de Maxentio Tyranno Victor: acta Viennae Ludis Caesareis, Aug. Rom. Imp. Leopoldo a studiosa iuventute Casarei et Academici Collegii Soc. Jesu mense Feb. anno 1659, Wien 1659.

Ders.: Leopoldi Guilielmi archiducis Austriae principis pace et bello inclyti virtutes, Antwerpen 1665.

Bascapé, Carlo: De vita et rebus gestis Caroli S.R.E. Cardinalis Tituli S. Praxedis Archiepiscopi libri septem, Ingolstadt 1592, Nachdruck Mailand 1983.

Bellarmino, Roberto: De ratione formandae concionis, Rom 1593, wieder abgedruckt in: Actuarium Bellarminianum, Supplément aux œuvres du Cardinal Bellarmin, hrsg. von Xavier-Marie Le Bachelet, Paris 1913, S. 655-657.

Ders.: Opera Omnia, hrsg. von Justinus Fèvre, Paris 1870.

Bellori, Giovan Pietro: Le vite de' pittori, scultori, e architetti moderni, Rom 1672, hrsg. von Evelina Borea, Turin 1976.

Braun, Konrad: De imaginibus libri adversus iconoclastas, Mainz 1548.

Borromeo, Carlo: Instructiones fabricae et supellectilis ecclesiasticae libri II, in: Paola Barocchi: Trattati d'arte del cinquecento. Fra manierismo e controriforma, 3 Bde., Bari 1960-1962, Bd. 3, S. 1-113 und S. 383-464.

Ders.: Instructiones pastorum ad concionandum, confessionisque et eucharistiae sacramenta ministrandum utilissimae, Mailand 1583, Nachdruck Innsbruck 1846.

Catarino, Ambrogio: Disputatio de cultu et adoratione imaginum, Rom 1552.

Chantelou, P. Fréart de: Tagebuch des Herrn von Chantelou über die Reise des Cavaliere Bernini nach Frankreich, übersetzt von Hans Rose, München 1919.

Conciliorum oecumenicorum decreta, hrsg. von Josephus Alberigo u.a., Bologna 1973.

Concilium Tridentinum: diarium, actorum, epistularum, tractatum nova collectio, hrsg. von der Görresgesellschaft, Freiburg 1911ff.

Donnelly, John Patrick, und Roland Teske (Hrsg.): Spiritual Writings by Robert Bellarmine, Wisconsin Province 1989.

Fontana, Domenico: Della trasportatione dell'obelisco vaticano e delle fabbriche di nostro signore Papa Sisto V. fatte dal Cavalier D. Fontana architetto di Sua Santità, Libro Primo, Rom 1590, Libro Secondo, Neapel 1603.

Ignatius von Loyola: Gründungstexte der Gesellschaft Jesu, 2 Bde., Köln 1998.

Ders.: Geistliche Übungen, übersetzt von Peter Knauer, Würzburg 1999.

Kircher, Athanasius: Ars magna lucis et umbrae, Amsterdam 1671, 1. Aufl. Rom 1646.

Ders.: Oedipus Aegyptiacus, Rom 1653.

Ders.: Ars magna sciendi, VII, Amsterdam 1669.

Ders.: Principis Christiani archetypon, Amsterdam 1669.

Ders.: Turris babel, Amsterdam 1679.

Kögler, Joseph: Die Chroniken der Grafschaft Glatz, Bd. 2: Die Pfarrei- und Stadtchroniken von Glatz – Habelschwerdt – Reinerz mit den dazugehörigen Dörfern, neu bearbeitet von Dieter Pohl, Modautal 1993.

Kundmann Christian: Promtuarium Rerum Naturalium et Artificalium Vratislaviense, Breslau 1726.

Lamormaini, Wilhelm: Ferdinandi II. Romanorum Imperatoris virtutes, Wien 1638; deutsche Ausgabe übersetzt von Johann Jacob Curtius: Tugenden Kayser Ferdinandi II., Wien 1638.

Lang, Franz: Abhandlung über die Schauspielkunst, München 1727, übersetzt und hrsg. von Alexander Rudin, Bern 1975.

Lequile, Didaco da: De Rebus Austriacis, Innsbruck 1660, mit dem beigebundenen Teil Colossus Angelicus sive Austriae Sobolis admiranda moles Apocalypsea Religione constans, Oeniponti 1655.

Litterae annuae, Archiwum Panstwowe Miasta Wrocławia i Wjewództwa Wrocławskiego (Staatliches Archiv der Stadt und der Woiwodschaft Breslau), Rep. 135, B 73.

Litterae Annuae, Archiwum Prow. Malopolskiej, Rkp. Nr. 2553.

Luther, Martin: Wider die himmlischen Propheten, von den Bildern und Sakrament, 1525, in: ders.: Werke, Weimarer Ausgabe, Bd. 18, S. 37-214.

Masenius, Jacobus: Speculum imaginum veritatis occultae, Exhibens Symbola, Emblemata, Hieroglyphica, Aenigmata, Omni, tam materiae, quam formae varietate, exemplis simul, ac praeceptis illustratum, Köln 1650.

Miller, Johannes: Historia Beatissimae Virginis Glacensis, Glatz 1690.

Molanus, Johannes: De picturis et imaginibus sacris, Löwen 1570, Nachdruck Paris 1996.

Ders.: De historia sacrarum imaginum et picturarum pro vero earum usu contra abusum, Löwen 1594.

Monumenta Tridentina. Beiträge zur Geschichte des Concils von Trient 1546-1547, München 1899ff.

Ottonelli, Giovan Domenico, Pietro Berettini: Trattato della pittura e scultura. Uso et abuso loro, Florenz 1652, hrsg. von Vittorio Casale, Nachdruck Rom 1973.

Pascoli, Lione: Vite de' pittori, scultori ed architetto moderni, Rom 1736, Faksimile-Ausgabe, Rom 1933.

Paleotti, Gabriele: De tollendis imaginem abusibus novissima condideratio; in: Paolo Prodi: Ricerche sulla teorica delle arti figurative nella Riforma cattolica, in: Archivio Italiano per la storia della Pietà, Jg. 4, 1965, Appendice seconda, S. 194-208.

Ders.: Discorso intorno alle imagini sacre e profane, in: Paola Barocchi: Trattati d'arte del cinquecento. Fra manierismo e controriforma, 3 Bde., Bari 1960-62, Bd. 2, S. 117- 503 und S. 615-699.

Ders.: Instruzzione per li predicatori destinati alle ville, o terre, Rom 1578.

Possevino, Antonio: Bibliotheca selecta, Rom 1593 und Venedig 1603.

Pozzo, Andrea: Prospettiva de Pittori de Architetti D'Andrea Pozzo dell Compagnia di Giesù. Parte Prima. In cui s'igneva il modo più sbrigato di mettere in prospettiva tutti i disegni d'Architettura, Rom 1693; Parte Seconda, Rom 1700.

Princeps in compendio, hoc est puneta aliquot compendiosa, quae circa Gubernationem Reipublicae observanda videntur, Wien 1668, neu herausgeben von Oswald Redlich, in: Monats-Blätter für Landeskunde von Niederösterreich, Jg. 3, 1906/07, S. 105-124.

Sanders, Nicholas: A Treatise of the Image of Christ, and his saints: and that it is unlauful to breake them, and lauful to honour them, Löwen 1567; Reprint Ilkley 1976.

Ders.: De Typica et honoraria sacrarum imaginum Adoratione libri duo, Löwen 1569.

Ders.: Rise and Growth of the Anglican Schism, Löwen 1585; neu hrsg. von David Lewis, London 1877.

Schönleben, Johann Ludwig (Diego Tafuri): Dissertatio polemica de prima origine aug. Domus Habsburgico-Austriacae, Ljubiljana 1682.

Suárez, Francisco: Opera omnia. Edito novo, 28 Bde., Paris 1856-1861.

Treuherzige Warnungs=Schrift / Daß man die Päpstiche Lehre meyden / und bey der Lutherischen standhafftig bleiben sol: An die Evangelische Christen / so in Böheimb und andern örtern bedrenget werden / aus Christlichem Mitleiden verfasset / und in öffentlichen Druck gegeben / durch die Doctorn und Professorn der Theologischen Facultet zu Wittenberg, Wittenberg 1625.

Tromp, Sebastian: S. Robertus Cardinalis Bellarminus, Opera Oratoria Postuma, 11 Bde., Rom 1942ff.

Tympe, Matthaeus: Der Ceremonien Warumb / Das ist: Lautere und klare Ursachen und außlegungen der fürnemsten Ceremonien (...), Münster 1609.

Zeichnungen für Dekorationen der Kirche in Glatz, Archiwum Prow. Malopolskiej, Rkp. Nr. 5016, S. 26-28.

Entwurfszeichnungen für ein Trauergerüst für Ferdinand III., Archiwum Prow. Malopolskiej, Rkp. Nr. 5016, S. 156 und S. 158.

Entwurfszeichnungen für nicht zuzuordnende Entwurfszeichnungen in Glatz, Archiwum Prow. Malopolskiej, Rkp. Nr. 5016, S. 155 und S. 161.

2. Literatur

Acker, Thomas S.: The Baroque Vortex. Velázquez, Calderón, and Gracián under Philip IV, New York, Washington u.a. 2000.

Ackerman, James S.: Pellegrino Tibaldi, San Carlo Borromeo e l'architettura ecclesiastica del loro tempo in: San Carlo Borromeo 1986, S. 573-586.

Aercke, Kristiaan P.: Gods of play. Baroque festive performances as rhetorical discourse, New York 1994.

Alberigo, Giuseppe: Carlo Borromeo between two models of bishop, in: San Carlo Borromeo 1988, S. 250-263.

Ders.: Karl Borromäus. Geschichtliche Sensibilität und pastorales Engagement, Münster 1995.

Altendorfer, Hans-Dietrich, Peter Jezler (Hrsg.): Bilderstreit. Kulturwandel in Zwinglis Reformation, Zürich 1984.

Alvarez, Manuel Fernandez: San Carlo Borromeo nei suoi rapporti con la Spagna, in: San Carlo Borromeo 1986, S. 709-726.

Amado Aymoré, Fernando: Mission und Glaubenskampf auf der Bühne: Instrumentalisierung des Visuellen im Katechismustheater der Jesuiten. Beispiele aus Brasilien, Japan und Deutschland zwischen 1580-1640, in: Meier (Hrsg.), 2000, S. 69-84.

Ammicht-Quinn, Regina: Körper – Religion – Sexualität. Theologische Reflexionen zur Ethik der Geschlechter, Mainz 2000.

Anderes, Bernhard (Hrsg.): Kunst um Karl Borromäus, Luzern 1980.

Andrisani, Gaetano: Contributi allo studio dell'iconografia bellarminiana, in: Roberto Bellarmino. Arcivescovo di Capua 1992, S. 697-720.

Angenendt, Arnold: Heilige und Reliquien. Die Geschichte ihres Kultes vom frühen Christentum bis zur Gegenwart, München 1994.

Antikenrezeption im Hochbarock, hrsg. von Herbert Beck, Sabine Schulze, Berlin 1989.

Antkowiak, Zygmunt: Koscioły Wrocławia, Breslau 1991.

Aparicio Maydeu, Javier: Calderón y la máquina barocca, Amsterdam, Atlanta 1999.

Appuhn-Radtke, Sybille: Visuelle Medien im Dienst der Gesellschaft Jesu: Johann Christoph Storer (1620-1671) als Maler der katholischen Reform, Regensburg 2000.

Archiv und Gedächtnis. Studien zur interkulturellen Überlieferung, hrsg. von Michel Espagne, Katharina Middell und Matthias Middell, Leipzig 2000.

Ardura, Bernard: Les réseaux catholiques réformateurs précurseurs et réalisateurs du Concile de Trente en France, en Allemagne, en Italie et dans la Péninsule Ibérique, in: Renaissance Européenne et phénomènes religieux 1450-1650, Montbrison 1991, S. 265-288.

Arnold, Franz Xaver: Die Staatslehre des Kardinal Bellarmin, München 1954.

Assmann, Aleida: Auge und Ohr. Bemerkungen zur Kulturgeschichte der Sinne in der Neuzeit, in: Sehnsucht des Auges, hrsg. von Aharon R. E. Agus, Jan Assmann, Berlin 1994, S. 142-160.

Aspekte der Gegenreformation, hrsg. von Victoria von Flemming, Frankfurt/Main 1997 (= Sonderheft Zeitsprünge, Jg. 1).

Aubin, Paul: L'image dans l'œuvre de Plotin, in: Recherches de Science Religieuse, Jg. 41, 1953, S. 348-379.

Aurenhammer, Hans W.: Kunstliteratur des 17. Jahrhunderts, in: Frühneuzeit-Info, Jg. 5, 1994, H. 2, S. 183-189, und Jg. 6, 1995, H. 1, S. 105-115.

Bärsch, Jürgen: Die Feier von Allerseelen in der Kölner Kirche. Gottesdienst und volksfrommes Brauchtum in Zeugnissen der Kölner Diözesanliturgie, in: Gerhards (Hrsg.) 2000, S. 243-272.

Bäumer, Johannes: Die Geschäftsordnung des Trienter Konzils, in: Bäumer (Hrsg.) 1979, S. 113-140.

Bäumer, Remigius (Hrsg.): Concilium Tridentinum, Darmstadt 1979.

Ders.: Das 2. Konzil von Nizäa in der theologischen Diskussion des 16. Jahrhunderts, in: Annuarium Historiae Conciliorum, Jg. 20, 1988, S. 414-440.

Ders.: Konrad Braun, in: Katholische Theologen der Reformationszeit, hrsg. von Erwin Iserloh, Bd. 5, Münster 1988.

Ders.: Österreich und das Tridentinum, in: Verdrängter Humanismus – Verzögerte Aufklärung, Bd. 1, Teilband 1 1996, S. 741-759.

Baffetti, Giovanni: Retorica e scienza. Cultura gesuitica e seicento Italiano, Bologna 1997.

Bahlcke, Joachim: Die Geschichte der schlesischen Territorien von den Anfängen bis zum Ausbruch des Zweiten Weltkrieges, in: Schlesien und die Schlesier, hrsg. von dems., München 1996, S. 14-155.

Bailey, Gauvin Alexander: 'le style jésuite n'existe pas': Jesuit corporate culture and the visual arts, in: O'Malley (Hrsg.) 1999, S. 38-89.

Baldini, Ugo: Saggi sulla cultura della Compagnia di Gesù, Padua 2000.

Barbuto, Gennaro: Il 'Principe' di Bellarmino, in: Bellarmino e la Controriforma 1990, S. 123-190.

Barner, Wilfried: Barockrhetorik. Untersuchungen zu ihren geschichtlichen Grundlagen, Tübingen 1970.

Barocchi, Paola: Trattati d'arte del cinquecento. Fra manierismo e controriforma, 3 Bde., Bari 1960-1962.

Barock Regional – International, hrsg. von Götz Pochat, Brigitte Wagner, Graz 1993.

Baronio e l'arte. Atti del convegno internazionale di studi Sora 10.-13.10. 1984, hrsg. von Romeo De Maio, Agostino Borromeo, Luigi Gulia, Georg Lutz, Aldo Mazzacane, Sora 1985.

Baronio Storico e la Controriforma. Atti del convegno internazionale di studi Sora 6.-10.10. 1979, hrsg. von Romeo De Maio, Luigi Gulia, Aldo Mazzacane, Sora 1982.

Baroque Art: The Jesuit contribution, hrsg. von Rudolf Wittkower, Irma B. Jaffè, New York 1972.

Barthes, Roland: Mythologies, Paris 1957.

Battisti, Alberta (Hrsg.): Andrea Pozzo, Mailand, Trient 1996.

Bauch, Kurt: Imago, in: Beiträge zu Philosophie und Wissenschaft. Wilhelm Szilasi zum 70. Geburtstag, München 1960, S. 9-28.

Bauer, Barbara: Das Bild als Argument: Emblematische Kulissen in den Bühnenmeditationen Franciscus Langs, in: Archiv für Kulturgeschichte, Jg. 64, 1982, S. 79-170.

Dies.: Jesuitische „ars rhetorica" im Zeitalter der Glaubenskämpfe, Frankfurt/Main, Bern u.a. 1986.

Dies.: Multimediales Theater. Ansätze zu einer Poetik der Synästhesie bei den Jesuiten, in: Renaissance-Poetik 1994, S. 197-238.

Bauer, Hermann: Barock: Kunst einer Epoche, Berlin 1992.

Baumgarten, Jens M.: Die Gegenreformation in Schlesien und die Kunst der Jesuiten. Das Transitorische und das Performative als Grundbedingung für die Disziplinierung der Gläubigen, in: Jahrbuch für Schlesische Kirchengeschichte, Jg. 76/77, 1997/98, S. 129-164.

Baumstark, Reinhold (Hrsg.): Ausstellungskatalog Rom in Bayern. Kunst und Spiritualität der ersten Jesuiten, München 1997.

Baxandall, Michael: Giotto and the Orators. Humanist observers of painting in Italy and the discovery of pictorial composition 1350-1450, Oxford 1971.

Beck, Emil: Schauspiele des Glatzer Jesuitenkollegs, Beilage zu dem Jahresberichte der Gymnasial-Bibliothek in Glatz, Glatz 1893.

Becker-Hubert, Manfred: Die tridentinische Reform im Bistum Münster unter Fürstbischof Bernhard von Galen, Münster 1978.

Bellarmino e la Controriforma, hrsg. von Romeo De Maio, Agostino Borromeo, Luigi Gulia, Georg Lutz, Aldo Mazzacane. Atti del simposio internazionale di studi, Sora 15.-18.10.1986, Sora 1990.

Belting, Hans: Bild und Kult. Eine Geschichte des Bildes vor dem Zeitalter der Kunst, München 1990.

Bendiscoli, M.: Carlo Borromeo cardinale nepote arcivescovo di Milano e la riforma della Chiesa milanese, in: Storia di Milano, Bd. 10, Mailand 1957, S. 119-199.

Bentley, Jerry H.: Renaissance culture and western pragmatism in early modern times, in: Humanity and Divinity in Renaissance and Reformation, hrsg. von John W. O'Malley, Thomas M. Izbicki, Gerald Christianson, Leiden, New York u.a. 1993, S. 35-52.

Berghaus, Margot: Zur Theorie der Bildrezeption, in: Publizistik, Jg. 12, 1986, H. 3-4, S. 278-295.

Bernardini, Maria Grazia, Maurizio Fagiolo dell'Arco (Hrsg.): Gian Lorenzo Bernini. Regista del Barocco, Mailand 1999.

Bernett, Ron: Cultures of vision, Bloomington, New York 1998.

Berns, Jörg Jochen: Die Macht der äußeren und der inneren Bilder. Momente des innerprotestantischen Bilderstreits während der Reformation, in: Begrifflichkeit und Bildlichkeit der Reformation, hrsg. von Italo Michele Battafarano, Bern, Frankfurt/Main 1992, S. 9-38.

Ders.: Film vor dem Film. Bewegende und bewegliche Bilder als Mittel der Imaginationssteuerung in Mittelalter und Früher Neuzeit, Marburg 2000.

Ders., Wolfgang Neuber (Hrsg.): Ars memorativa. Zur kulturgeschichtlichen Bedeutung der Gedächtniskunst 1400-1750, Tübingen 1993.

Bertelli, Carlo: La Madonna di S. Maria in Trastevere, Rom 1961.

Bevan, Edwin R.: Holy images. An inquiry into idolatry and image-worship in ancient paganism and in christianity, London 1940.

Bieńkowski, Tadeusz: 'Bibliotheca selecta de ratione studiorum' Possevina, jako teoretyczny fundament kultury kontrreformacji, in: Wiek XVIII – Kontrreformacja-Barok. Prace z historii kultury, Breslau 1970.

Biersack, Manfred: Initia Bellarminiana. Die Prädestinationslehre bei Robert Bellarmin SJ bis zu seinen Löwener Vorlesungen 1570-1576, Stuttgart 1989.

Bilder und Bildersturm im Spätmittelalter und in der frühen Neuzeit, hrsg. von Bob Scribner, Martin Warnke, Wiesbaden 1990.

Biondi, Albano: La Bibliotheca selecta di Antonio Possevino. Un progetto di egemonia culturale, in: La 'Ratio studiorum'. Modelli culturali e pratiche educative dei Gesuiti in Italia tra Cinque e Seicento, hrsg. von Gian Paolo Brizzi, Rom 1981, S. 43-75.

Bireley, Robert: Maximilian von Bayern, Adam Contzen S.J. und die Gegenreformation in Deutschland 1624-1635, Göttingen 1975.

Ders.: Religion and politics in the age of the counterreformation. Emperor Ferdinand II., William Lamormaini, S.J., and the formation of imperial policy, North Carolina 1981.

Ders.: Les jésuites et la conduite de l'état baroque, in: Giard (Hrsg.) 1996, S. 229-242.

Black, Christopher F.: Perugia and post-tridentine church reform, in: The Journal of Ecclesiastical History, Jg. 35, 1984, S. 429-451.

Ders.: 'Exceeding every expression of words': Bernini's Rome and the religious background, in: Effigies & Ecstasie 1998, S. 11-22.

Blum, Paul Richard: Die geschmückte Judith. Die Finalisierung der Wissenschaften bei Antonio Possevino S.J., in: Nouvelles de la république der lettres, Jg. 1, 1983, S. 113-126.

Blunt, Anthony: Artistic theory in Italy 1450-1600, Oxford 1964.

Bode, Helmut: Die Kirchenbauten der Jesuiten in Schlesien, Halle 1935.

Böcker-Dursch, Heidy: Zyklen berühmter Männer in der bildenden Kunst Italiens - 'Neuf Preux' und 'Uomini Illustri', München 1973.

Bösel, Richard: Jesuitenarchitektur in Italien 1540-1773, Wien 1985.

Ders.: Typus und Tradition in der Baukultur gegenreformatorischer Orden, in: Römische Historische Mitteilungen, Jg. 31, 1989, S. 239-254.

Ders.: Le opere Viennesi e i loro riflessi nell'Europa centro-orientale, in: De Feo (Hrsg.) 1996, S. 204-229.

Boespflug, Francois: Pour une nouvelle réception du décret de Nicée II. Remarques et suggestions d'un théologien francais, in: Atti del III Convegno storico interecclesiale, Bari 11.-13.5.1987, Bari 1988, S. 161-171.

Borromeo, Agostino: Archbishop Carlo Borromeo and the ecclesiastical policy of Philip II in the state of Milan, in: San Carlo Borromeo 1988, S. 85-111.

Boschloo, Anton Willem Adriaan: Annibale Carracci in Bologna. Visible reality in art after the council of Trent, 2 Bde., 's-Gravenhage 1974.

Borsi, Franco: Bernini Architetto, Mailand 1980.

Bossy, John: The Counter-Reformation and the people of catholic Europe, in: Past & Present, Nr. 47, 1970, S. 51-70.

Bourdieu, Pierre: Zur Soziologie der symbolischen Formen, Frankfurt/Main 1994.

Brandenburg, Hugo: Die Kirche S. Stefano Rotondo in Rom. Bautypologie und Architektursymbolik in der spätantiken und frühchristlichen Architektur. Berlin, New York 1998.

Ders., József Pál (Hrsg.): Santo Stefano Rotondo in Roma: archeologia, storia dell'arte, restauro, Wiesbaden 2000.

Bredekamp, Horst: Kunst als Medium sozialer Konflikte. Bilderkämpfe von der Spätantike bis zur Hussitenrevolution, Frankfurt/Main 1975.

Ders.: Götterdämmerung des Neoplatonismus, in: Die Lesbarkeit der Kunst. Zur Geistes-Gegenwart der Ikonologie, hrsg. von Andreas Beyer, Berlin 1992, S. 75-83.

Ders.: Antikensehnsucht und Maschinenglauben, Berlin 1993.

Ders.: Sankt Peter in Rom und das Prinzip der produktiven Zerstörung. Bau und Abbau von Bramante bis Bernini, Berlin 2000.

Ders., Michael Diers, Charlotte Schoell-Glass (Hrsg.): Aby Warburg, Weinheim 1991.

Breuer, Dieter: Der Prediger als Erfolgsautor. Zur Funktion der Predigt im 17. Jahrhundert, in: Vestigia Bibliae, Jg. 3, 1981, S. 31-48.

Breuer, Stefan: Die Revolution der Disziplin. Zum Verhältnis von Rationalität und Herrschaft in Max Webers Theorie der vorrationalen Welt, in: Kölner Zeitschrift für Soziologie und Sozialpsychologie, Jg. 30, 1978, S. 409-437.

Brix, Michael: Trauergerüste für die Habsburger in Wien, in: Wiener Jahrbuch für Kunstgeschichte, Jg. 26, 1973, S. 208-265.

Brizzi, Gian Paolo: Les jésuites et l'école en Italie (XVIe-XVIIIe siècles), in: Giard (Hrsg.) 1995, S. 35-54.

Brock, Bazon: Der byzantinische Bilderstreit, in: Bildersturm. Die Zerstörung des Kunstwerks, hrsg. von Martin Warnke, München 1973, S. 30-40.

Broderick, James: The life and work of blessed Robert Francis Cardinal Bellarmine, 2 Bde., London 1928.

Ders.: Robert Bellarmine: Saint and scholar, London 1961.

Brosse, Olivier de la, Joseph Lecler, Henri Holstein: Lateran V und Trient (1. Teil), Mainz 1987.

Brown, Beverly Louise (Hrsg.): Die Geburt des Barock, Stuttgart 2001.

Dies.: Die Geburt des Barock: Die Malerei in Rom 1592-1623, in: dies. (Hrsg.) 2001, S. 14-41.

Brown, Peter: Macht und Rhetorik in der Spätantike. Der Weg zu einem „christlichen Imperium", München 1995.

Brückner, Wolfgang: Devotio und Patronage. Zum konkreten Rechtsdenken in handgreiflichen Frömmigkeitsformen des Spätmittelalters und der frühen Neuzeit, in: Laienfrömmigkeit im späten Mittelalter, hrsg. von Klaus Schreiner, München 1992, S. 79-91.

Brunner, Otto: Adeliges Landleben und europäischer Geist, Salzburg 1949.

Ders.: Neue Wege der Sozialgeschichte, Göttingen 1956.

Bryson, Norman, Michael Ann Holly Keith Moxey (Hrsg.): Visual culture. Images and interpretations, Hanover, London 1994.

Buci-Glucksmann, Christine: La foli du voir: de l'esthétique baroque, Paris 1986.

Dies.: Baroque reason. The aesthetics of modernity, London 1994.

Dies.: Der kartographische Blick der Kunst, Berlin 1997.

Dies. (Hrsg.): Puissance du baroque, Paris 1996.

Budzynski, Józef: Jezuici w Kłodzku a barokwy teatr szkolny na Śląsku w XVII i XVIII wieku, in: Jan Wrabec (Hrsg.): Michał Klahr starszy i jego srodowisko kulturowe, Wrocław 1995, S. 263-278.

Buratti Mazzotta, Adele: L'azione pastorale dei Borromeo a Milano e la nuova sistemazione urbanistica della città, in: La città rituale. La città de lo stato di Milano nell'età del Borromeo, hrsg. von ders., Garo Coppola, Giulio Crespi u.a., Mailand 1982, S. 9-55.

Dies.: L'apoteosi di Carlo Borromeo disegnata in due secoli di progetti per il Sacro Monte di Arona (1614-1828), in: Sacri Monti 1992, S. 231-240.

Burckhardt, Jacob: Gesamtausgabe, 14 Bde., Stuttgart, Berlin u.a. 1929-1934.

Burckhardt, Martin: Metamorphosen von Raum und Zeit. Eine Geschichte der Wahrnehmung, Frankfurt/Main, New York 1994.

Burda-Stengel, Felix: Andrea Pozzo und die Videokunst. Neue Überlegungen zum barocken Illusionismus, Berlin 2001.

Burgemeister, Ludwig: Die Jesuitenkunst in Breslau, Breslau 1901.

Burke, Peter: Städtische Kultur in Italien zwischen Hochrenaissance und Barock, Berlin 1987.

Burnett, Ron: Cultures of vision, Bloomington, Indianapolis 1995.

Buschbell, Gottfried: Selbstbezeugungen des Kardinals Bellarmin, Krumbach 1924.

Buttlar, Karen: Rubens' Gemälde für S. Maria in Vallicella in Rom: Kritischer Forschungsbericht, unveröffentlichte Magisterarbeit, Hamburg 2001.

Büttner, Frank: Rhetorik und barocke Deckenmalerei. Überlegungen am Beispiel der Fresken Johann Zicks in Bruchsal, in: Zeitschrift des deutschen Vereins für Kunstwissenschaft, Jg. 43, 1989, S. 49-72.

Ders.: „Argumentatio" in Bildern der Reformationszeit. Ein Beitrag zur Bestimmung argumentativer Strukturen in der Bildkunst, in: Zeitschrift für Kunstgeschichte, Jg. 57, 1994, S. 23-44.

Calì, Maria: Da Michelangelo all'Escorial. Momenti del dibattito religioso nell'arte del Cinquecento, Turin 1980.

Call, Michael J.: Boxing Teresa. The Counter-Reformation and Bernini's Cornaro Chapel, in: Woman's Art Journal, Jg. 18, 1997, S. 34-39.

Campenhausen, Hans von: Die Bilderfrage in der Reformation, in: Zeitschrift für Kirchengeschichte, Jg. 68, 1957, S. 96-128.

Caraffa, Costanza: Offene Fragen zu Gaetano Chiaveri, in: Sachsen und Polen zwischen 1697 und 1765, Schriftenreihe des Vereins für sächsische Landesgeschichte, Bd. 4/5, Dresden 1998, S. 419-444.

Cardini, Franco: I Sacri Monti nella storia religiosa ed artistica d'Europa, in: Sacri Monti 1992, S. 111-118.

Carloni, Rosella: Ipotesi die programma iconografico, in: Valentino Martinelli (Hrsg.): Le statue berniane del Colonnato di San Pietro, Rom 1987, S. 39-55.

Carta Marina: Biografia, in: De Feo (Hrsg.) 1996, S. 245-247.

Casale, Vittorio: Authors of the "Trattato della pittura", in: The Burlington Magazine, Jg. 117, 1975, S. 303ff.

Casciato, Maristella, Maria Grazia Ianniello, Maria Vitale (Hrsg.): Enciclopedismo in Roma Barocca. Athanasius Kircher e il Museo del Collegio Romano tra Wunderkammer e museo scientifico, Venedig 1986.

Cattaneo, Enrico: Carlo Borromeo Arcivescovo Metropolita, in: Ricerche Storiche sulla Chiesa Ambrosiana, Jg. 8, 1964, S. 427-457.

Ders.: La Chiesa di Ambrogio. Studi di storia e di liturgia, Mailand 1984.

Ders.: Terra di Sant'Ambrogio. La Chiesa Milanese nel primo millennio, Mailand 1989.

Certeau, Michel de: Carlo Borromeo, in: Dizionario Biografico degli Italiani, hrsg. von P. Caropreso, G. A. Lombardo, F. Lucibelli, Bd. 20, Rom 1977, S. 260-269.

Chastel, André: Le concile de Nicée et les théologiens de la Réforme catholique, in: Nicée II 1987, S. 333-338.

Chillemi, Rosolino: Aspetti culturali nella Capua del Cinquecento, in: Roberto Bellarmino. Arcivescovo di Capua 1992, S. 459-472.

Chomarat, Jacques: Grammaire et rhétorique chez Erasme, 2 Bde., Paris 1981.

Christin, Olivier: Une révolution symbolique. L'iconoclasme huguenot et la reconstruction catholique, Paris 1991.

Cialdea, Renato: Riflessioni sul Museo Kircheriano, in: Maristella Casciato, Maria Grazia Ianniello, Maria Vitale (Hrsg.): Enciclopedismo in Roma Barocca. Athanasius Kircher e il Museo del Collegio Romano tra Wunderkammer e museo scientifico, Venedig 1986, S. 355-359.

Cochrane, Eric W.: Counter Reformation or Tridentine reformation? Italy in the Age of Carlo Borromeo, in: San Carlo Borromeo 1988, S. 31-46.

Ders.: Italy 1530-1630, London, New York 1988.

Colareta, Marco: L'Ottonelli-Berettini e la critica moralistica, in: Annali della Scuola Normale Superiore di Pisa, s. III, V, 1, 1975, S. 177-197.

Coliva, Anna, Sebastian Schütze (Hrsg.): Bernini Scultore. La nascita del Barocco in Casa Borghese, Rom 1998.

Colli, Agostino: Un trattato di architettura cappuccina e le "Instructiones fabricae" di San Carlo, in: San Carlo Borromeo 1986, S. 663-690.

Conley, Thomas M.: Rhetoric in the European tradition, New York, London 1990.

Connors, Joseph M.: Saint Charles Borromeo in the homiletic tradition, in: American Ecclesiastical Review, Jg. 138, 1958, S. 9-23.

Conrads, Norbert: Schlesiens frühe Neuzeit (1469-1740), in: Deutsche Geschichte im Osten Europas: Schlesien, hrsg. von dems., Berlin 1994, S. 178-345.

Conti, Alessandro: Die Entwicklung des Künstlers, in: Italienische Kunst. Eine neue Sicht auf ihre Geschichte, hrsg. von Luciano Bellosi u.a., München 1991, S. 93-232.

Corbo, Anna Maria: I pittori della Cappella Paolina di Santa Maria Maggiore a Roma, in: Palatino, Jg. 9, 1967, S. 301-313.

Coreth, Anna: Pietas austriaca, Wien 1959.

Cormack, Robin: The Byzantine Eye: Studies in art and patronage, London 1989.

Courtine, Jean-Francois: Théologie morale et conception du politique chez Suarez, in: Giard (Hrsg.) 1996, S. 261-278.

Coyne, George V.: Bellarmino e la nuova astronomia nell'età della Controriforma, in: Bellarmino e la Controriforma 1990, S. 571-578.

Craig, W. L.: Divine foreknowledge and human freedom, Leiden 1991.

Crary, Jonathan: Techniken des Betrachters. Sehen und Moderne im 19. Jahrhundert, Dresden, Basel 1996.

Cropper, Elizabeth, Charles Dempsey: The state of research in Italian painting of the seventeenth century, in: Art Bulletin, Jg. 69, 1987, S. 494-509.

Crosby, Alfred W.: The measure of reality. Quantification and western society, 1250-1600, Cambridge 1997.

Cruz, Anne J., Mary Elizabeth Perry (Hrsg.): Culture and control in Counter-Reformation Spain, Minneapolis 1992.

Czarnecka, Mirosława (Hrsg.): Zur Literatur und Kultur Schlesiens in der Frühen Neuzeit aus interdisziplinärer Sicht, Breslau 1998.

Czechowicz, Boguslaw, Arkadiusz Dobrzyniecki (Hrsg.): O Sztuce Sepulkralnej na Śląsku, Breslau 1997.

DaCosta Kaufmann, Thomas: East and West: Jesuit art and artists in central Europe, and central European art in the Americas, in: O'Malley (Hrsg.) 1999, S. 274-304.

Dal Mas, Roberta Maria: L'altare di sant'Ignazio nel Gesù di Roma: cronache del progetto, in: De Feo (Hrsg.) 1996, S. 144-154.

Daly, Peter M.: A Survey of emblematic publications of the Jesuits of the upper German province to the year 1800, in: dems. (Hrsg.) 2000, S. 45-68.

Ders., G. Richard Dimler, Rita Haub (Hrsg.): Emblematik und Kunst der Jesuiten in Bayern, Turnhout 2000.

Dargan, Edwin Charles: A history of preaching, 2 Bde., New York 1968.

Darley, Andrew: Visual digital culture. Surface play and spectacle in new media genres, London 2000.

Darst, David H.: Converting fiction. Counter reformational closure in the secular literature of Golden Age Spain, Chapel Hill 1998.

Declercq, Gilles: Stylistique et rhétorique, in: XVIIe siècle, Jg. 38, 1986, S. 212-237.

De Falco, Paola: Bellarmino e la scienza, in: Bellarmino e la Controriforma 1990, S. 541-570.

De Feo, Vittorio, Valentino Martinelli (Hrsg.): Andrea Pozzo, Mailand 1996.

Delanda, Odile: Sainte Marie Madeleine et l'application du décret tridentin (1563) sur les Saintes Images, in: Marie Madeleine dans la mystique, les arts et les lettres, Actes du Colloque international, Avignon 20.-21.7.1988, hrsg. von Eve Duperray, Paris 1989, S. 191-210.

De Laurentiis, Valeria: Immagini ed arte in Bellarmino, in: Bellarmino e la Controriforma 1990, S. 579-608.

Deleuze, Gilles: Die Falte: Leibniz und der Barock, Frankfurt/Main 1995.

Delius, Walter: Antonio Possevino S.J. und Ivan Groznyi. Ein Beitrag zur Geschichte der kirchlichen Union und der Gegenreformation des 16. Jahrhunderts, Stuttgart 1962.

Dell'Acqua, Gian Alberto: La basilica di San Lorenzo, Mailand 1985.

De Maio, Romeo: Michelangelo e la Controriforma, Bari 1978.

Ders.: Introduzione. Bellarmino e la Controriforma, in: Bellarmino e la Controriforma 1990, S. XIX-XXIV.

Ders.: Rinascimento lievemente narrato, Neapel 1993.

Demoustier, Adrien: L'originalité des "Exercices spirituels", in: Giard (Hrsg.) 1996, S. 23-36.

Dempsey, Charles: Annibale Carracci and the beginnings of Baroque style, Glückstadt 1977.

Ders.: Some observations on the education of artists in Florence and Bologna during the later sixteenth century, in: Art Bulletin, Jg. 62, 1980, S. 552-569.

Ders.: La riforma pittorica dei Carracci, in: Nell'età di Correggio e dei Carracci. Pittura in Emilia dei secoli XVI-XVII, Ausstellungskatalog, Bologna 1986, S. 237-254.

Ders.: The Carracci Academy, in: Academies of art between Renaissance and Romanticism, in: Leids Kunsthistorisch Jaarboek, Jg. 5/6, 1986/87, S. 33-43.

Ders.: The Carracci and the devout style in Emilia, in: Emilian Painting of the 16th and 17th Centuries: A Symposium, Bologna 1987, S. 75-87.

Ders.: Gli studi sui Carracci: lo stato della questione, in: Arte a Bologna. Bollettino dei Musei Civici Bolognesi, Jg. 1, 1990, S. 21-31.

Denti, Giovanni: Architettura a Milano tra Controriforma e Barocco, Florenz 1988.

Despinescu, P. Anton: Un peuple solidaire dans la vénération des images et dans le culte des saints, in: Annuarium Historiae Conciliorum, Jg. 20, 1988, S. 368-370.

Deutsche Geschichte im Osten Europas: Schlesien, hrsg. von Norbert Conrads, Berlin 1994.

Deventer, Jörg: Die politische Führungsschicht der Stadt Schweidnitz in der Zeit der Gegenreformation, in: Jahrbuch für Schlesische Kirchengeschichte, Jg. 67, 1997/98, S. 27-50.

Ders.: Gegenreformation in Schlesien: Die habsburgische Rekatholisierungspolitik in Glogau und Schweidnitz 1526-1707, Köln u.a. 2003.

Die katholische Konfessionalisierung, hrsg. von Wolfgang Reinhard, Heinz Schilling, Gütersloh, Münster 1995.

Dietrich, Thomas: Die Theologie der Kirche bei Robert Bellarmin (1542-1621), Paderborn 1999.

Diez, Karlheinz: „Ecclesia – non est civitas Platonica": Antworten katholischer Kontroverstheologen des 16. Jahrhunderts auf Martin Luthers Anfrage an die „Sichtbarkeit" der Kirche, Frankfurt/Main 1997.

Dinges, Martin: Frühneuzeitliche Armenfürsorge als Sozialdisziplinierung. Probleme mit einem Konzept, in: Geschichte und Gesellschaft, Jg. 17, 1991, S. 5-29.

Dlugosz, Józef: Kolegium jezuickie w Kłodzku na tle innych uczelni tego zakonu na Śląsku, in: Michał Klahr starszy i jego środowisko kulturowe, hrsg. von Jan Wrabec, Breslau 1995, S. 253-262.

Doglio, Federico, Maria Chiabò (Hrsg.): I Gesuiti e i Primordi del Teatro barocco in Europa. XVIII Convegno Internazionale Rom 26.-29. 10. 1994, Anagni 30.10. 1994, Rom 1995.

Donnelly, John Patrick: Antonio Possevino, S.J. as a Counter-Reformation critic of the arts, in: Journal of the Rocky Mountains Medieval and Renaissance Association, Jg. 3, 1982, S. 153-164.

Ders., Roland Teske (Hrsg.): Spiritual writings by Robert Bellarmin, Wisconsin Province 1989.

Ders.: Antonio Possevino and Jesuits of Jewish Ancestry, in: Archivum historicum Societatis Iesu, Jg. 55, 1986, S. 3-31.

Dorati, Maria: Gli scultori della Cappela Paolina in Santa Maria Maggiore, in: Commentari, Jg. 18, 1967, S. 231-260.

Duden, Barbara, Ivan Illich: Die skopische Vergangenheit Europas und die Ethik der Opsis, in: Historische Anthropologie, Jg. 3, 1995, S. 203-221.

Duhr, Bernhard: Geschichte der Jesuiten in den Ländern deutscher Zunge, 4 Bde., Freiburg im Breisgau (Bd. 4: München) 1907-1928.
Dumeige, Gervais, Heinrich Bacht (Hrsg.): Geschichte der ökumenischen Konzilien, 13 Bde., Mainz 1981ff.
Dumeige, Gervais: L'image du Christ. Verbe de Dieux. Recherche sur l'horos du IIe concile de Nicée et la tradition théologique, in: Annuarium Historiae Conciliorum, Jg. 20, 1988, S. 258-267.
Durass, Amelie: Die Architektenfamile Lurago. Ein Beitrag zur Kunstgeschichte Böhmens. Phil. Diss. Köln, Prag o.J. [1933].
Dusini, Antonio: L'Episcopato nel deceto dogmatico sull'Ordine Sacro, della XXIII sessione del Concilio di Trento, in: Il Concilio di Trento 1979, S. 577-614.
Dziurla, Henryk: Christophorus Tausch uczeń Andrei Pozza, Breslau 1991.
Ders.: Christophorus Tausch, allievo di Andrea Pozzo, in: Battisti (Hrsg.) 1996, S. 409-430.
Eberhard, Winfried: Voraussetzungen und strukturelle Grundlagen der Konfessionalisierung in Ostmitteleuropa, in: Konfessionalisierung in Ostmitteleuropa: Wirkungen des religiösen Wandels im 16. und 17. Jahrhundert in Staat, Gesellschaft und Kultur, hrsg. von Joachim Bahlcke, Arno Strohmeyer, Stuttgart 1999, S. 89-104.
Eco, Umberto: Kircher tra steganografia e poliografia, in: Sardo (Hrsg.) 2001, S. 209-213.
Effigies & Ecstasie. Roman baroque sculpture and design in the age of Bernini, hrsg. von Aidan Weston-Lewis, Edinburgh 1998.
Eire, Carlos M. N.: The reformation critique of the image, in: Bilder und Bildersturm im Spätmittelalter und in der frühen Neuzeit 1990, S. 51-68.
Elias, Norbert: Über den Prozeß der Zivilisation, Frankfurt/Main 1977.
Emiliani, Andrea: Natura e storia: due appuntamenti nell'organizzazione figurativa bolognese fra cinquecento e barocco, in: Emilian Painting of the 16th and 17th centuries: A Symposium, Bologna 1987, S. 11-22.
Enggass, Robert: The painting of Baciccio. Giovanni Battista Gaulli 1639-1709, Pennsylvania 1964.
Espagne, Michel, Matthias Middell: Von der Elbe bis an die Seine. Kulturtransfer zwischen Sachsen und Frankreich im 18. und 19. Jahrhundert, Leipzig 1993.
Euler-Rolle, Bernd: Kritisches zum Begriff des „Gesamtkunstwerkes" in Theorie und Praxis, in: Kunsthistorisches Jahrbuch Graz, Jg. 25, 1993, S. 365-374.
Evans, Robert J.: The making of the Habsburg Monarchy 1550-1700, Oxford 1979.
Eybl, Franz M.: Abraham a Sancta Clara. Vom Prediger zum Schriftsteller, Tübingen 1992.

Fabre, Pierre-Antoine: Ignace de Loyola. Le lieu de l'image. Le problème de la compositon de lieu dans les pratiques spirituelles et artistiques jésuites de la seconde moitié du XVIe siècle, Paris 1992.

Ders.: Les "Exercices spitituels" sont-ils illustrables?, in: Giard (Hrsg.) 1996, S. 197-212.

Fagiolo, Marcello: Arche-tipologiea della piazza di S. Pietro, in: Immagini del Barocco 1982, S. 117-132.

Fagiolo dell'Arco, Maurizio: Bernini "regista" del Barocco, in: Gian Lorenzo Bernini. Regista del Barocco,1999, S. 17-36.

Fahrnberger, Gerhard: Bischofsamt und Priestertum in den Diskussionen des Konzils von Trient, Wien 1970.

Feigenbaum, Gail: La pratica nell'Accademia dei Carracci, in: Accademia Clementina. Atti e Memorie, Jg. 32, 1993, S. 169-184.

Feld, Helmut: Das Verständnis des Abendmahls, Darmstadt 1976.

Ders.: Der Ikonoklasmus des Westens, Leiden 1990.

Ders.: Mutmaßungen zur religiösen Bildaussage in Manierismus und Barock: Tintoretto - El Greco - Bernini, Tübingen 1992.

Feldhay, Rivka: The cultural field of Jesuit science, in: O'Malley (Hrsg.)1999, S. 107-130.

Fell, Georg: Einleitung zu den Pädagogischen Schriften von Antonio Possevin S.J., in: Der Jesuiten Perpiñá, Bonifacius und Possevin Ausgewählte Pädagogische Schriften, hrsg. von Franz Xaver Kunz, Freiburg 1901, S. 275-399.

Feros, Antonio: Kingship and favoritism in the Spain of Philip III, 1598-1621, Cambridge 2000.

Ferraro, Domenico: Bellarmino, Suárez, Giacomo I e la polemica sulle origini del potere politico, in: Bellarmino e la Controriforma 1990, S. 191-250.

Ficacci, Luigi: Lanfranco e la nascita del 'Barocco', in: Coliva (Hrsg.) 1998, S. 331-388.

Finney, Paul Corby: The invisible God. The earliest Christians on art, New York, Oxford 1994.

Fiocchi, Ambrogio M.: S. Roberto Bellarmino, Rom 1930.

Fischer, Balthasar: Predigtgrundsätze des hl. Carl Borromäus, in: Trierer theologische Zeitschrift, Jg. 61, 1952, S. 213-221.

Fischer, Wolfgang P.: Frankreich und die Wiedereröffnung des Konzils von Trient, Münster 1973.

Flemming, Viktoria von: Gegenreformation oder Konfessionalisierung als Modernisierung?, in: Aspekte der Gegenreformation, S. 423-439.

Florisoone, Michel : Esthétique et mystique d'après Sainte Thérèse et Saint Jean de la Croix, Seuil 1956.

Föllinger, Georg: Zur Priesterausbildung in den Bistümern Köln, Paderborn und Konstanz nach dem Tridentinum, in: Ecclesia militans, Jg. 1, 1988, S. 369-397.

Foucault, Michel: Archäologie des Wissens, Frankfurt/Main 1973.
Ders.: Überwachen und Strafen. Die Geburt des Gefängnisses, Frankfurt/Main 1991,
François, Michel: La reception du Concile en France sous Henri III, in: Il Concilio di Trento e la Riforma Tridentina, Atti del Convegno storico internazionale, Bd. 1, Rom 1965, S. 383-400.
Frangenberg, Thomas: Der Betrachter. Studien zur florentinischen Kunstliteratur des 16. Jahrhunderts, Berlin 1990.
Freedberg, David: Johannes Molanus on provocative paintings, in: Journal of the Warburg and Courtauld Institutes, Jg. 34, 1971, S. 229-245.
Ders.: Iconoclasm and painting in the revolt of the Netherlands 1566-1609, New York 1988.
Freitag, Josef: Sacramentum ordinis auf dem Konzil von Trient. Ausgeblendeter Dissens und erreichter Konsens, Innsbruck 1991.
Freitag, Werner: Volks- und Elitenfrömmigkeit in der frühen Neuzeit. Marienwallfahrten im Fürstbistum Münster, Paderborn 1991.
Ders.: Konfessionelle Kulturen und innere Staatsbildung. Zur Konfessionalisierung in westfälischen Territorien, in: Westfälische Forschungen, Jg. 42, 1992, S. 75-191.
Freudenberger, Theobald: Die Fürstbischöfe von Würzburg und das Konzil von Trient, Münster 1989.
Friedel, Helmut: Die Cappella Altemps in S. Maria in Trastevere, in: Römisches Jahrbuch für Kunstgeschichte, Jg. 17, 1978, S. 89-123.
Fumaroli, Marc: L'Age de l'Eloquence. Rhétorique et "res literaria" de la Renaissance au seuil de l'époque classique, Genf 1980.
Ders.: Héros et Orateurs. Rhétorique et dramaturgie cornéliennes, Genf 1990.
Ders.: L'école du silence, Paris 1998, [1. Aufl. 1994].
Ders.: Les Jésuites et la pédagogie de la parole, in: Doglio (Hrsg.) 1995, S. 39-56.
Ders.: The Fertility and the shortcoming of Renaissance Rhetoric: The Jesuit Case, in: O'Malley (Hrsg.)1999, S. 90-106.
Ders.: Rome et Paris – Capitales de la république européenne des lettres, mit einem Vorwort von Volker Kapp, Hamburg 1999.
Ders.: (Hrsg.): Histoire de la rhétorique dans l'Europe moderne 1450-1950, Paris 1999.
Galeota, Gustavo: Roberto Bellarmin SJ (1542-1621), in: Katholische Theologen der Reformationszeit, Bd. 5, hrsg. von Erwin Iserloh, Münster 1988, S. 153-168.
Ders.: Genesi, sviluppo e fortuna delle Controversiae di Roberto Bellarmino, in: Bellarmino e la Controriforma 1990, S. 3-48.
Gamrath, Helge: Roma sancta Renovata, Rom 1987.

Ganzer, Klaus: Das Konzil von Trient - Angelpunkt für eine Reform der Kirche?, in: Römische Quartal Schrift, Jg. 175, 1989, S. 30-50.

Ders.: Das Konzil von Trient und die theologische Dimension der katholischen Konfessionalisierung, in: Die katholische Konfessionalisierung 1995, S. 50-69.

Gargano, Maurizio: L'altare di sant'Ignazio nel Gesù di Roma: commitenza e cantiere, in: De Feo (Hg.) 1996, S. 156-167.

Garstein, Oskar: Rome and the Counter-Reformation in Scandinavia, 2 Bde., Oslo 1963-1980.

Gatti Perer, Maria Luisa: Le "istruzioni" di San Carlo Borromeo e l'ispirazione classica nell'architettura lombarda del Seicento in Lombardia, in: Il mito del classicismo seicento, Messina 1964, S. 100-123.

Dies.: Cultura e socialità dell'altare barocco nella antica Diocesi di Milano, in: Arte Lombarda 1975, S. 11-66.

Dies.: Progetto e destino dell'edificio sacro dopo S. Carlo, in: San Carlo Borromeo 1986, S. 611-632.

Gerhards, Albert, Andreas Odenthal (Hrsg.): Kölnische Liturgie und ihre Geschichte. Studien zur interdisziplinären Erforschung des Gottesdienstes im Erzbistum Köln, Münster 2000.

Ghirardi, Angela: Ritratto e scena di genere. Arte, scienza, collezinismo nell'autunno del Rinascimento, in: La pittura in Emilia e in Romagna. Il Cinquecento. Un'avventura artistica tra natura e idea, Mailand 1995, S. 148-185.

Giakalis, Ambrosius: Images of the Divine. The theology of icons at the Seventh Ecumenical Council, Leiden, New York u.a.1994.

Gian Lorenzo Bernini Architetto e l'architettura europea del sei-settecento, hrsg. von Gianfranco Spagnesi, Marcello Fagiolo, Florenz 1983.

Giard, Luce (Hrsg.): Les Jésuites à la Renaissance. Système éducatif et production du savoir, Paris 1995.

Ders., Louis de Vaucelles (Hrsg.) : Les Jésuites à l'âge baroque 1540-1640, Grenoble 1996.

Giesecke, Michael: Der Buchdruck in der frühen Neuzeit – eine historische Fallstudie über die Durchsetzung neuer Informations- und Kommunikationstechnologien, Frankfurt/Main 1991.

Ders.: Sinnenwandel, Sprachwandel, Kulturwandel: Studien zur Vorgeschichte der Informationsgesellschaft, Frankfurt/Main 1992.

Gilcher-Holtey, Ingrid: Kulturelle und symbolische Praktiken: das Unternehmen Pierre Bourdieu, in: Hardtwig (Hrsg.) 1996, S. 111-130.

Ginzburg, Carlo: Représentation: le mot, l'idée, la chose, in: Annales, Jg. 46, 1991, S. 1219-1234.

Glaser, Hubert: „nadie sin fructo": Die bayerischen Herzöge und die Jesuiten im 16. Jahrhundert, in: Baumstark (Hrsg.) 1997, S. 55-82.

Gleichmann, Peter (Hrsg.): Materialien zu Norbert Elias' Zivilisationstheorie, Frankfurt/Main 1979.

Godwin, Joscelyn: Athanasius Kircher. Ein Mann der Renaissance und die Suche nach dem verlorenen Wissen, Berlin 1994.

Göttler, Christine: Die Disziplinierung des Heiligenbildes durch altgläubige Theologen nach der Reformation. Ein Beitrag zur Theorie des Sakralbildes im Übergang vom Mittelalter zur Frühen Neuzeit, in: Bilder und Bildersturm im Spätmittelalter und in der frühen Neuzeit 1990, S. 263-298.

Dies.: „Jede Messe erlöst eine Seele aus dem Fegefeuer." Der privilegierte Altar und die Anfänge des barocken Fegefeuerbildes in Bologna, in: Ausstellungskatalog Himmel, Hölle, Fegefeuer. Das Jenseits im Mittelalter, hrsg. von Peter Jezler, Zürich 1994, S. 149-164.

Dies.: Rubens' „Teresa von Avila als Fürbitterin für die Armen Seelen": Ein Altarbild als Ordenpropaganda und persönliches Epitaph, in: Die Malerei Antwerpens – Gattungen, Meister, Wirkungen. Studien zur flämischen Kunst des 16. und 17. Jahrhunderts, hrsg. von Ekkehard Mai, Karl Schütz, Hans Vlieghe, Köln 1994, S. 59-72.

Dies.: Die Kunst des Fegefeuers nach der Reformation. Kirchliche Schenkungen, Ablaß und Almosen in Antwerpen und Bologna um 1600, Mainz 1996.

Dies.: „Nomen mirificum". Rubens' „Beschneidung Jesu" für den Hochaltar der Jesuitenkirche in Genua, in: Aspekte der Gegenreformation, S. 796-844.

Goldstein, Carl: Visual fact over verbal fiction: A study of the Carracci and the criticism, theory, and practice in Renaissance and Baroque Italy, Cambridge 1988.

Gómez López José Domingo: Muta praedicatio: El arte, vehícolo conceptual de la Revelación, en el „Discorso intorno alle imagini sacre et profane" de Gabriele Paleotti (1522-1597), Rom 2001.

Gonzales Enciso, Agustin, Roberto J. López (Hrsg.): Imagen del rey, imagen de los reinos. Las ceremonias públicas en la España moderna (1500-1814), Pamplona 1999.

Goodman, Nelson: Sprachen der Kunst. Entwurf einer Symboltheorie, Frankfurt/Main 1997.

Goodman, Peter: The saint as a censor. Robert Bellarmine between inquisition and index, Leiden, Boston u.a. 2000.

Gorman, Michael John: From 'The Eyes of All' to 'Useful Quarries in philosophy and good literature': Consuming Jesuit science, 1600-1665, in: O'Malley (Hrsg.) 1999, S. 170-189.

Grabar, André: L'iconoclasme Byzantin, Paris 1984.

Gramelsberger, Gabriele: Zur Intersubjektivität ikonischer Wissensvermittlung und deren Wahrheitsfähigkeit, in: Hofmann (Hrsg.) 1999, S. 61-75.

Grassi, Ernesto: Die Macht der Phantasie. Zur Geschichte abendländischen Denkens, Königstein 1979.

Graziani, Alberto: Bartolomeo Cesi, Bussero 1988.

Grendler, Paul F.: Critics of the Italian world (1530-1560), Anton Francesco Doni, Nicolò Franco and Ortensio Lando, Wisconsin 1969.

Griffin, Nigel: Jesuit Drama. A guide to the literature, in: Doglio (Hrsg.) 1995, S. 465-496.

Grote, Andreas (Hrsg.): Macrocosmos in Micrcosmo: die Welt in der Stube. Zur Geschichte des Sammelns 1450 bis 1800, Opladen 1994.

Grotz, Hans: Die früheste römische Stellungnahme gegen den Bildersturm, in: Annuarium Historiae Conciliorum, Jg. 20, 1988, S. 150-161.

Grundmann, Günther: Die Kunstdenkmäler der Provinz Niederschlesien, Bd. 1: Die Stadt Breslau, Dritter Teil, Breslau 1934.

Habermas, Jürgen: Theorie des kommunikativen Handelns, 2 Bde., Frankfurt/Main 1981.

Habermas, Rebekka: Wallfahrt und Aufruhr. Zur Geschichte des Wunderglaubens in der frühen Neuzeit, Frankfurt/Main 1991.

Hadamowsky, Franz: Das Theater in den Schulen der Societas Jesu in Wien (1555-1761), Wien, Köln u.a. 1991.

Harasimowicz, Jan: Typi i programy śląskich ołtarzy wieku reformaćji, in: Roczniki sztuki śląskiej, Jg. 12, 1979, S. 7-27.

Ders.: Funkcje katolickiego mecenatu artystycznego na Śląsku w dobie reformaćji i „odnowy trydenckiej" kósciola, in: Śląski kwartalnik historiyczny Sobótka, Jg. 41, 1986, S. 561-581.

Harden, James A.: St. Robert Bellarmine, Preacher, in: Homiletic and Pastoral Review, Jg. 47, 1946/47, S. 186-192.

Hardtwig, Wolfgang, Hans-Ulrich Wehler (Hrsg.) Kulturgeschichte heute, Göttingen 1996.

Harris, Steven J.: Les chaires de mathématiques, in: Giard (Hrsg.) 1995, S. 239-262.

Haus, Andreas: Piazza S. Pietro – Concetto e forma, in: Gian Lorenzo Bernini architetto e l'architettura europea 1983, S. 291-315.

Hausberger, Klaus: Das kritische hagiographische Werk der Bollandisten, in: Historische Kritik in der Theologie. Beiträge zu ihrer Geschichte, hrsg. von Georg Schwaiger, Göttingen 1980, S. 210-244.

Hautecoeur, Louis: Le Concile de Trente et l'art, in: Il Concilio di Trento 1979, S. 345-362.

Hawlik-van de Water, Magdalena: Der Schöne Tod. Zeremonialstrukturen des Wiener Hofes bei Tod und Begräbnis zwischen 1640 und 1740, Wien 1989.

Hecht, Christian: Katholische Bildertheologie im Zeitalter von Gegenreformation und Barock, Berlin 1997.

Heiliger Karl Borromäus. Reformer - Heiliger - Vorbild, Ausstellungskatalog, Hohenems 1988.

Heinen, Ulrich: Rubens zwischen Predigt und Kunst. Der Hochaltar für die Walburgenkirche in Antwerpen, Weimar 1996.

Heinzel, Alexander: Propaganda im Zeitalter der Reformation. Persuasive Kommunikation im 16. Jahrhundert, St. Augustin 1998.

Heiß, Gernot: Die Bedeutung und die Rolle der Jesuiten im Verlauf der innerösterreichischen Gegenreformation, in: Katholische Reform und Gegenreformation in Innerösterreich 1564-1628, hrsg. von France M. Dolinar, Klagenfurt 1994, S. 63-76.

Henkel, Annegret: Geistliche Erfahrung und Geistliche Übungen bei Ignatius von Loyola und Martin Luther, Frankfurt/Main, Berlin u.a. 1995.

Hentrich, Wilhelm: Gregor von Valencia und der Molinismus, Innsbruck 1928.

Hersche, Peter: Italien im Barockzeitalter(1600-1750), Wien, Köln u.a. 1999.

Herz, Alexandra: The Sixtine and Pauline Tombs in Sta. Maria Maggiore. An iconogaphical study, Ann Arbor 1974.

Dies.: The Sixtine and Pauline Tombs, in: Storia dell'Arte, Bd. 41-43, 1981, S. 241-262.

Herzig, Arno: Reformatorische Bewegungen und Konfessionalisierung. Die habsburgische Rekatholisierungspolitik in der Grafschaft Glatz, Hamburg 1996

Ders.: Schlesien und die Grafschaft Glatz im Zeitalter des Konfessionalismus, in: Jahrbuch für Schlesische Kirchengeschichte, Jg. 75, 1996, S. 1-22.

Ders.: Die Entstehung der Barocklandschaft in der Grafschaft Glatz, in: Jahrbuch der Schlesischen Friedrichs-Wilhelms-Universität zu Breslau, Jg. 38/39, 1997/98, S. 385-403.

Ders.: Die Jesuiten im feudalen Nexus. Der Aufstand der Ordensuntertanen in der Grafschaft Glatz im ausgehenden 17. Jahrhundert, in: Prague Papers on History of International Relations, Prag 1999, S. 41-62.

Ders.: Der Zwang zum wahren Glauben. Rekatholisierung vom 16. bis zum 18. Jahrhundert, Göttingen 2000.

Herzner, Volker: Honor refertur ad prototypa, in: Zeitschrift für Kunstgeschichte, Jg. 42, 1979, S. 117-132.

Heywood Ian, Barry Sandwell (Hrsg.): Interpreting visual culture exploration in the hermeneutics of the visual, London, New York 1999.

Hipp, Hermann: Studien zur „Nachgotik" des 16. und 17. Jahrhunderts in Deutschland, Böhmen, Österreich und der Schweiz, 3 Bde., Phil. Diss. Tübingen 1979.

Hibbard, Howard: Ut pictura sermones: The first painted decorations of the Gesù, in: Baroque Art: The Jesuit Contribution, hrsg. von Rudolf Wittkower, Irma B. Jaffe, New York 1972, S. 29-50.

Hofmann, Werner: Die Menschenrechte des Auges, in: Die Menschenrechte des Auges. Über Aby Warburg, hrsg. von Werner Hofmann, Georg Syamken, Martin Warnke, Frankfurt/Main 1980, S. 85-111.

Ders. (Hrsg.): Luther und die Folgen für die Kunst, Katalog der Ausstellung in der Hamburger Kunsthalle, München 1983.

Ders.: Malerei in der Nachfolge Christi. Die Geburt der Moderne aus dem Geist der Religion, Hamburg 1993.

Hofmann, Wilhelm (Hrsg.): Die Sichtbarkeit der Macht. Theoretische und empirische Untersuchungen zur visuellen Politik, Baden-Baden 1999.

Ders.: Die Sichtbbarkeit der Macht. Überlegungen zum Paradigmenwechsel von „logozentrischer" zur „ikonozentrischer" Politik, in: dems. (Hrsg.) 1999, S. 7-14.

Hofmannsthal, Hugo von: Gesammelte Werke, 10 Bde., Frankfurt/Main 1979.

Hohlweg, Armin: Byzantinischer Bilderstreit und das 7. Ökumenische Konzil, in: Orthodoxes Forum, Jg. 1, 1987, H. 2, S. 191-208.

Holert, Tom: Bildfähigkeiten. Visuelle Kultur, Repräsentationskritik und Politik der Sichtbarkeit, in: Imagineering. Visuelle Kultur und Politik der Sichtbarkeit, hrsg. von dems., Köln 2000, S. 14-33.

Hubala, Erich: Johann Michael Rottmayr, Wien, München 1981.

Hüttl, Ludwig: Marianische Wallfahrten im süddeutsch-österreichischen Raum, Köln, Wien 1985.

Hundemer, Markus: Rhetorische Kunsttheorie und barocke Deckenmalerei. Zur Struktur und Substruktur sinnlicher Erkenntnis im Barock, Regensburg 1997.

Huonder, Anton: Deutsche Jesuitenmissionäre des 17. und 18. Jahrhunderts. Ein Beitrag zur Missionsgeschichte und zur deutschen Biographie, Freiburg 1899.

Ders.: Der Europäismus im Missionsbetrieb, Aachen 1921.

Il Concilio di Trento come crocevia della politica europea, hrsg. von Hubert Jedin, Paolo Prodi, Bologna 1979.

Imdahl, Max (Hrsg.): Arbeiter diskutieren moderne Kunst. Seminare im Bayerwerk Leverkusen, Berlin 1982.

Imagineering. Visuelle Kultur und Politik der Sichtbarkeit, hrsg. von Tom Holert, Köln 2000.

Imorde, Joseph: Präsenz und Realpräsenz: oder die Kunst den Leib Christi auszustellen; (das vierundzwanzigstündige Gebet von den Anfängen bis in das Pontifikat Innocenz X.), Emsdetten, Berlin 1997.

Immagini del Barocco. Bernini e la cultura del Seicento, hrsg. von Marcello Fagiolo, Gianfranco Spagnesi, Florenz 1982.

Iodice, Antonio: I principi ipiratori della pastorale riformatrice del Bellarmino a Capua, in: Roberto Bellarmino. Arcivescovo di Capua 1992, S. 311-362.

Iserloh, Erwin: Die Verteidigung der Bilder durch Johannes Eck zu Beginn des reformatorischen Bildersturms, in: Aus Reformation und Gegenreformation. Festschrift für Theobald Freudenberger, Würzburg 1974, S. 75-85.

Ders.: Das tridentinische Meßopferdekret in seinen Beziehungen zu der Kontroverstheologie der Zeit, in: Bäumer (Hrsg.) 1979, S. 341-381.

Ders.: Karl Borromäus (1538-1584) ein Heiliger der katholischen Reform im 16. Jahrhundert, in: Weisheit Gottes – Weisheit der Welt, Festschrift für Joseph Kardinal Ratzinger zum 60. Geburtstag, hrsg. von Walter Baier, Stephan Otto Horn u.a., St. Ottilien 1987, Bd. 2, S. 889-900.

Iserloh, Erwin, Josef Glazik, Hubert Jedin: Reformation, Katholische Reform und Gegenreformation, Freiburg 1967.

Jacks, Philip J.: Baronius and the antiquities of Rome, in: Baronio e l'arte 1985, S. 75-96.

Jäger, Jens: Photographie: Bilder der Neuzeit. Einführung in die Historische Bildforschung, Tübingen 2000.

Jarzombek, Mark: On Leon Baptista Alberti. His literary and aesthetic theories, Massachusetts 1989.

Jay, Martin: Die skopische Ordnung der Moderne, in: Leviathan, Jg. 20, 1992, S. 178-195.

Ders.: Downcast Eyes. The denigration of vision in twentieth-century French thought, Berkeley 1993.

Jedin, Hubert (Hrsg.): Krisis und Wendepunkt des Trienter Konzils (1562/63). Die neuentdeckten Geheimberichte des Bischofs Gualterio von Viterbo an den heiligen Karl Borromäus erstmals herausgegeben und gewürdigt, Würzburg 1941.

Ders.: Katholische Reformation oder Gegenreformation?, Luzern 1946.

Ders.: Das Konzil von Trient. Ein Überblick über die Erforschung seiner Geschichte, Rom 1948.

Ders.: Geschichte des Konzils von Trient, 4 Bde., Freiburg 1949-1975.

Ders.: Das Tridentinum und die bildende Kunst, in: Zeitschrift für Kirchengeschichte, Jg. 75, 1963, S. 321-339.

Ders.: Der Abschluß des Trienter Konzils 1562/63, Münster 1964.

Ders.: Kirche des Glaubens - Kirche der Geschichte, Freiburg 1966.

Ders.: Die Bedeutung der Bologneser Tagungsperiode für die dogmatischen Definitionen und das Reformwerk des Konzils von Trient, in: ders. 1966, S. 213-223.

Ders.: Entstehung und Tragweite des Trienter Dekretes über die Bilderverehrung, in: ders. 1966, S. 460-498.

Ders.: Papst und Konzil. Ihre Beziehungen vor, auf und nach dem Trienter Konzil, in: ders. 1966, S. 429-440.

Ders.: Kirchenreform und Konzilsgedanke 1550-1559, in: ders. 1966, S. 237-263.

Ders.: Kleine Konzilgeschichte, Freiburg 1978.

Ders.: Der Kampf um die bischöfliche Residenzpflicht 1562/63, in: Il Concilio di Trento 1979, S. 1-26.

Jensen, H. James: Signs and meaning in eighteenth century art. Epistemology, rhetoric, painting, poesy, music, dramatic performance, and G. F. Handel, New York, Washington u.a. 1997.

Jezler, Peter: Etappen des Zürcher Bildersturms, in: Bilder und Bildersturm im Spätmittelalter und in der frühen Neuzeit 1990, S. 143-174.

Jezuicka ars educandi, hrsg. von Ludwik Grzebien, Jerzy Paszenda, Stanisław Witkowski, Krakau 1995.

Jobst, Christoph: Die christliche Basilika. Zur Diskussion eines Sakralbautypus in italienischen Quellen der posttridentinischen Zeit, in: Aspekte der Gegenreformation, S. 698-749.

Johannes Nepomuk, Ausstellungskatalog, hrsg. vom Adalbert-Stifter-Verein unter Mitarbeit von Franz Matsche, Passau 1971.

Jones, Pamela M.: Federico Borromeo and the Ambrosiana. Art patronage and reform in seventeenth-century Milan, Cambridge 1993.

Julia, Dominique: Généalogie de la "Ratio Studiorum", in: Giard (Hrsg.) 1996, S. 115-130.

Kalinowski, Konstanty: Gloryfikacja panuacego i dynastii w sztuce Śląska XVII i XVIII wieku, Warschau, Posen 1973.

Ders.: Die Glorifizierung des Herrschers und Herrscherhauses in der Kunst Schlesiens im 17. und 18. Jahrhundert, in: Wiener Jahrbuch für Kunstgeschichte, Jg. 28, 1975, S. 106-122.

Ders.: Barock in Schlesien. Geschichte, Eigenart und heutige Erscheinung, München 1990.

Kapner, Gerhardt: Barocker Heiligenkult in Wien und seine Träger, München 1978.

Ders.: Die Kunst in Geschichte und Gesellschaft, Wien 1991.

Kapp, Volker: Die Sprache der Zeichen und Bilder. Rhetorik und nonverbale Kommunikation in der frühen Neuzeit, in: ders. (Hrsg.): Die Sprache der Zeichen und Bilder. Rhetorik und nonverbale Kommunikation in der frühen Neuzeit, Marburg 1990, S. 7-10.

Ders.: Die Lehre von der actio als Schlüssel zum Verständnis der Kultur der frühen Neuzeit, in: ders. (Hrsg.): Die Sprache der Zeichen und Bilder. Rhetorik und nonverbale Kommunikation in der frühen Neuzeit, Marburg 1990, S. 40-64.

Karcher, Eva: Ursache und Wirkung des Bildverständnisses des Konzils von Trient, in: Die Kunst und die Kirchen. Der Streit um die Bilder heute, hrsg. von Rainer Beck, Rainer Volp, Gisela Schmirber, München 1984, S. 82-92.

Kauffmann, Hans: Giovanni Lorenzo Bernini. Die figürlichen Kompositionen, Berlin 1970.

Kemp, Martin: The science of art. Optical themes in western art from Brunelleschi to Seurat, New Haven, London 1990.

Kemp, Wolfgang: Kunstwissenschaft und Rezeptionsästhetik, in: ders. (Hrsg.): Der Betrachter ist im Bild. Kunstwissenschaft und Rezeptionsästhetik, Berlin 1992, S. 7-28.

Kempers, Bram: Kunst, Macht und Mäzenatentum. Der Beruf des Malers in der italienischen Renaissance, München 1989.

Kerber, Bernhard: Andrea Pozzo, Berlin, New York 1971.

Kirschbaum, E.: L'influsso del Concilio di Trento nell'arte, in: Gregorianum, Jg. 26, 1945, S. 100-116.

Kittsteiner, Heinz-D.: Die Entstehung des modernen Gewissens, Frankfurt/Main 1995.

Kleinhans, Robert G.: Erasmus' doctrine of preaching: A study of the ecclesiastes sive De Ratione Concionandi, Princeton 1968.

Kleinspehn, Thomas: Der flüchtige Blick. Sehen und Identität in der Kultur der Neuzeit, Reinbek 1989.

Kliemann, Julian: Giorgio Vasari: Kunstgeschichtliche Perspektiven, in: Kunst und Kunsttheorie 1400-1600, 1991, S. 29-74.

Klimpel, Georg: Kollegienbauten der Jesuiten in Schlesien, Breslau 1924.

Knox, Dilwyn: Late medieval and renaissance ideas on gesture, in: Die Sprache der Zeichen und Bilder. Rhetorik und nonverbale Kommunikation in der frühen Neuzeit, hrsg. von Volker Kapp, Marburg 1990, S. 11-39.

Koch, Gertrud: Nähe und Distanz: Face-to-face-Kommunikation in der Moderne, in: Auge und Affekt. Wahrnehmung und Interaktion, hrsg. von ders., Frankfurt/Main 1995, S. 272-291.

Köhler, Joachim: Das Ringen um die tridentinische Erneuerung im Bistum Breslau 1564-1620, Köln 1973.

König, Winfried (Hrsg.): Erbe und Auftrag der schlesischen Kirche. 1000 Jahre Bistum Breslau, Dülmen 2000.

Konfessionalisierung in Ostmitteleuropa: Wirkungen des religiösen Wandels im 16. und 17. Jahrhundert in Staat, Gesellschaft und Kultur, hrsg. von Joachim Bahlcke, Arno Strohmeyer, Stuttgart 1999.

Krautheimer, Richard: A Christian Triumph in 1597, in: Essays in the history of art. Essays presented to Rudolf Wittkower, London 1967, S. 174-178.

Ders.: Three Christian capitals: topography and politics, Berkeley 1983.

Ders.: The Rome of Alexander VII, 1655-1667, Princeton 1985.

Kravagna, Christian (Hrsg.): Privileg im Blick. Kritik der visuellen Kultur, Berlin 1997.

Kristeller, Paul Oskar: Studien zur Geschichte der Rhetorik und zum Begriff des Menschen in der Renaissance, Göttingen 1981.

Krüger, Klaus: Das Bild als Schleier des Unsichtbaren. Ästhetische Illusion in der Kunst der frühen Neuzeit in Italien, München 2001

Krump, Sandra: Sinnenhafte Seelenführung. Das Theater der Jesuiten im Spannungsfeld von Rhetorik, Pädagogik und ignatianischer Spiritualität, in: Künste und Natur in Diskursen der frühen Neuzeit, Bd. 2, 2000, S. 937-950.

Dies.: In scenam datus est cum plausu. Das Theater der Jesuiten in Passau (1612-1773), 2 Bde., Berlin 2000.

Kruttge, Erich, Paul Prohase, Wilhelm Schulte: Festschrift zur Feier des dreihundertjährigen Bestehens des Königlichen Katholischen Gymnasiums in Glatz 1597-1897, Glatz 1897.

Künste und Natur in Diskursen der frühen Neuzeit, 2 Bde., hrsg. von Hartmut Laufhütte, Wiesbaden 2000.

Küpper, Joachim, Friedrich Wolfzettel: Diskurse des Barock: dezentrierte oder rezentrierte Welt?, München 2000.

Kummer, Stefan: Anfänge und Ausbreitung der Stuckdekoration im römischen Kirchenraum (1500-1600), Tübingen 1987.

Ders.: „Doceant Episcopi". Auswirkungen des Trienter Bilderdekrets im römischen Kirchenraum, in: Zeitschrift für Kunstgeschichte, Jg. 56, 1993, S. 508-533.

Kunst und Kunsttheorie 1400-1600, hrsg. von Peter Ganz, Martin Gosebruch, Nikolaus Meier, Martin Warnke, Wiesbaden 1991.

Ladner, Gerhard B.: Der Bilderstreit und die Kunst-Lehren der byzantinischen und abendländischen Theologie, in: Zeitschrift für Kunstgeschichte, Jg. 50, 1931, S. 1-31.

Lakoff, George, und Mark Johnson: Metaphors we live by, Chicago, London 1980.

Dies.: Philosophy in the flesh. The embodied mind and its challenge to western thought, New York 1999.

Land, Norman E.: Titian's Martyrdom of St. Peter Marty and the 'Limitations' of Ekphrastic Art Criticism, in: Art History, Jg. 13, 1990, S. 293-317.

Ders.: The viewer as poet. The Renaissance response to art, Pennsylvania 1994.

Langé, Santino: Problematiche emergenti nella storiografia sui Sacri Monti, in: Sacri Monti 1992, S. 1-26.

LaRusso, Dominic A.: Rhetoric in the Italian Renaissance, in: Renaissance Eloquence 1983, S. 37-55.

Lasswell, Harold D.: Propaganda, in: Propaganda, hrsg. von Robert Jackall, New York 1995, S. 13- 25.

Lavin, Irving: Bernini and the unity of the visual arts, New York, London 1980.

Le Bachelet, Xavier-Marie: Bellarmin avant son Cardinalat, 1542-1598, Paris 1911.

Lec, Zdzislaw: Jezuici we Wrocławiu (1581-1776), Breslau 1995.

Ders.: Apostolstwo Słowa jako jedna z form duszpasterstwa jezuitów we Wrocławiu w latach 1581-1595 i 1638-1776, in: Jezuicka ars educandi, hrsg. von Ludwik Grzebien, Jerzy Paszenda, Stanislaw Witkowski, Krakau 1995, S. 131-140.

Lecler, Joseph, Henri Holstein, Pierre Adnès, Charles Lefebvre (Hrsg.): Trient, Bd. 10 und 11 der Geschichte der ökumenischen Konzilien, Mainz 1987.

Lee, Rensselaer W.: Ut Pictura Poesis: The humanistic theory of painting, New York 1967.

Leinkauf, Thomas: Mundus Combinatus. Studien zur Struktur der barocken Universalwissenschaft am Beispiel Athanasius Kirchers SJ (1602-1680), Berlin 1993.

Lenhard, Peter-Paul: Religiöse Weltanschauung und Didaktik im Jesuitendrama. Interpretationen zu den Schauspielen Jacob Bidermanns, Frankfurt/Main, Bern 1976.

Levy, Evonne: The institutional memory of the Roman Gesù. Plans for renovation in the 1670s by Carlo Fontana, Pietro da Cortona and Luca Berettini, in: Römisches Jahrbuch der Bibliotheca Hertziana, Bd. 38, 2003, S. 73-426.

Lies, Lothar: Origenes' Eucharistielehre im Streit der Konfessionen. Die Auslegungsgeschichte seit der Reformation, Innsbruck, Wien 1985.

Lindberg, David C.: Theories of vision from Al-Kindi to Kepler, Chicago, London 1976.

Lindemann, Bernd Wolfgang: Bilder vom Himmel. Studien zur Deckenmalerei des 17. und 18. Jahrhunderts, Worms 1994.

Loidl, Franz: Menschen im Barock. Abraham a Sancta Clara über das religiös-sittliche Leben in Österreich in der Zeit von 1670 bis 1710, Wien 1938.

Lorenz, Hellmut: Bernini e l'architettura barocca austriaca, in: Gian Lorenzo Bernini Architetto e l'architettura europea 1983, S. 641-660.

Ders.: Domenico Martinelli und die österreichische Barockarchitektur, Wien 1991.

Ders.: Johann Bernhard Fischer von Erlach, Zürich 1992.

Ders. (Hrsg.): Barock, Geschichte der bildenden Kunst in Österreich, Bd. 4, München 1999.

Lüdke, Martin (Hrsg.): Verkehrte Welten: Barock, Moral und schlechte Sitten, Hamburg 1992.

Luebke, David M.: Naive monarchism and Marian veneration in early modern Germany, in: Past & Present, Nr. 154, 1997, S. 71-106.

Lüthi, Kurt: Christliche Sexualethik. Traditionen, Optionen, Alternativen, Wien u.a. 2001.

Luhmann, Niklas: Die Kunst der Gesellschaft, Frankfurt/Main 1995.

Luria, Keith P.: The Counter-Reformation and popular Spirituality, in: Christian Spirituality, Teil 3: Post Reformation and Modern, hrsg. von Louis Dupré, Don E. Saliers, New York 1989, S. 93-120.

Machilek, Franz: Schlesien, in: Die Territorien des Reichs im Zeitalter der Reformation und Kofessionalisierung, Bd. 2, hrsg. von Anton Schindling, Walter Ziegler, Münster 1993, S. 102-138.

Macioce, Stefania: Undique Splendent: Aspetti della pittura sacra nella Roma di Clemente VIII Aldobrandini (1592-1605), Rom 1990.

Magnien, Michel: D'une mort, l'autre (1536-1572): la rhétorique reconsiderée, in: Fumaroli (Hrsg.) 1999, S. 341-410.

Magaß, Walter: Der Prediger und die Rhetorik, in: Rhetorik, Bd. 5: Rhetorik und Theologie, hrsg. von Walter Jens, Tübingen 1986, S. 13-26.

Magnuson, Torgil: Rome in the Age of Bernini, 2 Bde., Stockholm 1982/1986.

Mahon, Denis: Studies in seicento art and theory, London 1947.

Mai, Ekkehard, Karl Schütz, Hans Vlieghe (Hrsg.): Die Malerei Antwerpens – Gattungen, Meister, Wirkungen. Studien zur flämischen Kunst des 16. und 17. Jahrhunderts, Köln 1994.

Maissen, Thomas: Von der Legende zum Modell. Das Interesse an Frankreichs Vergangenheit während der italienischen Renaissance, Basel, Frankfurt/Main 1994.

Mâle, Emile: L'art religieux après le Concile de Trente, Paris 1932.

Mancia, Anita: Bibliografia sistematica e commentata degli studi sull'opera bellarminiana dal 1900 al 1990, in: Roberto Bellarmino. Arcivescovo di Capua 1992, S. 805-870.

Dies.: L'opera del Card. Roberto Bellarmino teologo e pastore di un tempo di transizione, in: Roberto Bellarmino. Arcivescovo di Capua 1992, S. 901-907.

Mandziuk, Józef: Historia Kosciola katholickiego na Śląsku czasy reformaćji protestackiej reformy katolikiej i kontrreformaćji 1520-1742, Warschau 1995.

Mannheim, Karl: Ideologie und Utopie, Frankfurt/Main, 1985 [1. Aufl. 1929].

Maravall, José Antonio: Estado moderno y mentalidad social, 2 Bde., Madrid 1972.

Ders.: Teatro y literatura en la sociedad barroca, Madrid 1972.

Ders.: Culture of the Baroque. Analysis of a historical structure, übersetzt von Terry Cochran, Minneapolis 1986, [Originalausgabe: La cultura del Barocco, Barcelona 1975].

Ders.: Velázquez y el espíritu de la modernidad, Madrid 1987.

Marchetti, Valerio: Gli scritti religiosi di Giovanni Botero, in: Botero e la "Ragion di stato", hrsg. von Enzo Baldini, Florenz 1992, S. 127-147.

Ders.: Controllo e disciplinamento dell'immaginazione religiosa nella Chiesa evangelica tedesca, in: Disciplina dell'anima, disciplina del corpo e disciplina della società tra medioevo ed età moderna, hrsg. von Paolo Prodi, Bologna 1994, S. 295-356.

Marcora, Carlo: Trattati d'arte sacra all'epoca del Baronio, in: Baronio e l'arte 1985, S. 189-244.

Marder, Tod A.: Bernini's Scala Regia at the Vatican Palace, Cambridge 1997.

Ders.: Il nuovo linguaggio architettonico di Gian Lorenzo Bernini, in: Bernardini (Hrsg.) 1999, S. 127-136.

Margerie, Bernard: Saint Robert Bellarmin, prédicateur modèle et théologien de la fonction de la prédication dans l'économie du salut, in: Divinitas, Jg. 17, 1973, S. 74-88.

Marino, Angela: L'idea di tradizione e il concetto di modernità nell'architettura della Compagnia di Gesù, in: L'architettura della Compagnia di Gesù in Italia XVI-XVIII secolo, hrsg. von Luciano Patetta, Stefano Della Torre, Genua 1992, S. 53-56.

Marion, Jean-Luc: Der Prototyp des Bildes, in: Wozu Bilder im Christentum? 1990, S. 117-135.

Maron, Gottfried: Die nachtridentinische Kodifikationsarbeit in ihrer Bedeutung für die katholische Konfessionalisierung, in: Die katholische Konfessionalisierung 1995, S. 104-124.

Martinelli, Valentino (Hrsg.): Le statue berniane del Colonnato di San Pietro, Rom 1987.

Ders.: "Teatri sacri e profani" di Andrea Pozzo nella cultura prospettico-scenografica barocca, in: De Feo (Hrsg.) 1996, S. 94-113.

Maser, Eduard M.: Disegni inediti di Johann Michael Rottmayr. Monumenta Bergomensia XXX, Presentazione von Hans Aurenhammer, Bergamo 1971.

Ders.: Rottmayrs Entwürfe für die Jesuitenkirche in Breslau, in: Mitteilungen der Österreichischen Galerie in Wien 1973, S. 5-17.

Matsche, Franz: Die Kunst im Dienst der Staatsidee Kaiser Karls VI., 2 Bde., Berlin 1981.

Mayer-Himmelheber, Susanne: Bischöfliche Kunstpolitik nach dem Tridentinum. Der Secunda Roma Anspruch Carlo Borromeos und die mailändischen Verordnungen zu Bau und Ausstattung der Kirchen, München 1984.

McGinness, Frederick J.: Preaching ideals and practice in Counter-Reformation Rome, in: Sixteenth Century Journal, Jg. 11, 1980, H. 2, S. 109-127.

Ders.: Rhetoric and Counter-Reformation Rome: Sacred oratory and the construction of the catholic world view 1563-1621, Berkeley 1982.

Ders.: The Rhetoric of Praise and the New Rome of the Counter-Reformation, in: Rome in the Renaissance. The City and the Myth, hrsg. von Paul A. Ramsey, Binghamton, N. Y. 1982, S. 355-369.

Ders.: Right Thinking and Sacred Oratory in Counter-Reformation Rome, Princeton 1995.

Meersseman, G. G.: Il tipo ideale di Parroco secondo la riforma tridentina nelle sue fonti letterarie, in: Il Concilio di Trento 1979, S. 27-44.

Meier, Johannes (Hrsg.): „... usque ad ultimum terrae». Die Jesuiten und die transkontinentale Ausbreitung des Christentums 1540-1743, Göttingen 2000.

Mendelsohn, Leatrice: Paragoni. Benedetto Varchi's due lezzione and cinquecento art theory, Ann Arbor 1982.

Menke, Christoph: Der ästhetische Blick: Affekt und Gewalt, Lust und Katharsis, in: Auge und Affekt. Wahrnehmung und Interaktion, hrsg. von Gertrud Koch, Frankfurt/Main 1995, S. 230-246.

Michał Klahr starszy i jego środowisko kulturowe, hrsg. von Jan Wrabec, Breslau 1995.

Michalski, Sergiusz: Bild, Spiegelbild, Figura, Repraesentatio. Ikonitätsbegriffe im Spannungsfeld zwischen Bilderfrage und Abendmahlskontroverse, in: Annuarium Historiae Conciliorum, Jg. 20, 1988, S. 458-488.

Ders.: Die protestantischen Bilderstürme. Versuch einer Übersicht, in: Bilder und Bildersturm im Spätmittelalter und in der frühen Neuzeit 1990, S. 69-124.

Ders.: The reformation and the visual arts. The Protestant image question in Western and Eastern Europe, London, New York 1993.

Michels, Norbert: Bewegung zwischen Ethos und Pathos. Zur Wirkungsästhetik italienischer Kunsttheorie des 15. und 16. Jahrhunderts, Münster 1988.

Middell, Matthias (Hrsg.): Kulturtransfer und Vergleich, Leipzig 2000,

Ders.: Kulturtransfer und Archiv, in: Archiv und Gedächtnis. Studien zur interkulturellen Überlieferung, hrsg. von Michel Espagne, Katharina Middell und dems., Leipzig 2000, S. 7-35.

Minnich, Nelson H.: The debate between Desiderius Erasmus of Rotterdam and Alberto Pio of Carpi on the use of sacred images, in: Annuarium Historiae Conciliorum, Jg. 20, 1988, S. 379-413.

Mikuda-Hüttel, Barbara: Vom 'Hausmann' zum Hausheiligen des Wiener Hofes. Zur Ikonographie des hl. Joseph im 17. und 18. Jahrhundert, Marburg 1997.

Mirzoeff, Nicholas (Hrsg.): The visual culture reader, London, New York 1998.

Ders.: An introduction to visual culture, London, New York 1999.

Mitchell, W. J. T.: Picture theory: Essays on verbal and visual representation, Chicago 1994.

Ders.: Der Pictorial Turn, in: Christian Kravagna (Hrsg.): Priviileg Blick. Kritik der visuellen Kultur 1997, S. 15-40.

Moffit, John F.: A christianization of pagan antiquity, in: Paragone, Jg. 35, 1984, S. 44-60.

Mols, Roger: Saint Charles Borromée, pionnier de la pastorale moderne, in: Nouvelle Revue théologique, Jg. 79, 1957, S. 600-622 und S. 715-747.

Monssen, Leif: Rex Gloriose Martyrum: A contribution to jesuit iconography, in: Art Bulletin, Jg. 63, 1981, S. 130-137.

Ders.: Triumphus and Trophaea Sacra: Notes on the iconography and spirituality of the triumphant martyr, in: Konsthistorik Tidskrift, Jg. 51, 1982, S. 10-20.

Ders.: St. Stephen's Balustrade in Santo Stefano Rotondo, in: Acta ad Archaeologiam et Artium Historiam Pertinentia, Jg. 3 N.S., 1983, S. 107-182.

Ders.: The Martyrdom Cycle in Santo Stefano Rotondo, in: Acta ad Archaeologiam et Artium Historiam Pertinentia, Jg. 2 N.S., 1982, S. 175-317, und Jg. 3 N.S., 1983, S. 11-106.

Morse, Ruth: Truth and convention in the Middle Ages. Rhetoric, representation, and reality, Cambridge 1991.

Mouchel, Christian: Les rhétoriques post-tridentines (1570-1600): la fabrique d'une société chrétienne, in: Fumaroli (Hrsg.) 1999, S. 431-498.

Mühlen, Ilse von zur: Nachtridentinische Bildauffassungen. Cesare Baronio und Rubens Gemälde für S. Maria in Vallicella in Rom, in: Münchner Jahrbuch der Bildenden Kunst, Jg. 41, 1990, S. 23-60.

Dies.: S. Maria in Vallicella. Zur Geschichte des Hauptaltars, in: Römisches Jahrbuch der Bibliotheca Hertziana, Jg. 31, 1996, S. 247-272.

Dies.: Bild und Vision. Peter Paul Rubens und der „Pinsel Gottes", Frankfurt/Main 1998.

Dies.: Imaginibus honos – Ehre sei dem Bild. Die Jesuiten und die Bilderfrage, in: Baumstark (Hrsg.) 1997, S. 161-170.

Müller, Gerhard: Karl V. und das Konzil während des Pontifikates Clemens VII., in: Bäumer (Hrsg.) 1979, S. 74-112.

Müller, Jürgen: Ripa und die Gegenreformation, in: De zeventiende eeuw, Jg. 11, 1995, S. 56-66.

Müller, Marion G.: Politische Vision, in: Hofmann (Hrsg.) 1999, S. 15-27.

Murphy, James J.: Rhetoric in the Middle Ages. A history of rhetorical theory from Saint Augustine to the Renaissance, Berkeley, Los Angeles, London 1974.

Ders.: Renaissance rhetoric: A short-title catalogue, New York, London 1981.

Ders. (Hrsg.): Renaissance eloquence: Studies in the theory and practice of Renaissance rhetoric, Berkeley, Los Angeles u.a. 1983.

Ders.: One thousand neglected authors: The scope and importance of Renaissance rhetoric, in: Renaissance Eloquence 1983, S. 20-36.

Myers, W. David: "Poor, sinning folk". Confession and conscience in Counter-Reformation Germany, Ithaca, London 1996.

Nardone, Giorgio: La controversia sul giudice delle controversie: il Cardinale Bellarmino e Thomas Hobbes, in: Roberto Bellarmino. Arcivescovo di Capua 1992, S. 543-628.

Natusiewicz, Ryszard: Kósciol Uniwerstytecki ksioeczy Jezuitów we Wroclawiu, Breslau 1995.

Neumann, Gerhard (Hrsg.): Szenographien. Theatralität als Kategorie der Literaturwissenschaft, Freiburg 2000.

Nicée II, 787-1987. Douze siècles d'images religieuses, Actes du Colloque International Nicée II., Paris 2.-4.10.1986, hrsg. von Francois Boespflug, Nicolas Lossky, Paris 1987.

Nichols, Aidan: The horos of Nicaea II: a theological re-appropriation, in: Annuarium Historiae Conciliorum, Jg. 20, 1988, S. 171-181.

Nicosia, C.: La bottega e l'accademia. L'educazione artistica nell'età dei Carracci, in: Accademia Clementina. Atti e Memorie, Jg. 32, 1993, S. 201-208.

Noehles, Karl: La chiesa di SS. Martina e Luca nell'opera di Pietro da Cortona, Rom 1970.

Nolte, Josef: Unterscheidung der Bilder, in: Theologische Quartalschrift, Jg. 175, 1995, S. 294-305.

Noreen, Kirstin: Ecclesiae militantis triumphit: Jesuit iconography and the Counter-Reformation, in: Sixteenth Century, Jg. 24, 1998, S. 689-715.

Novelli, Angelo: S. Carlo Borromeo, oratore sacro, in: La Scuola Cattolica, Jg. 38, 1910, S. 108-136.

Obirek, Stanislaw: Jezuici w Rzeczypospolitej Obojga Narodów w latach 1564-1668, Krakau 1996.

Odenthal, Andreas: Theologische und psychoanalytische Überlegungen zu einer praktisch-theologischen Theorie des Gottesdienstes als Symbolgeschehen, Stuttgart 2003

Odenthal, Andreas: Gottesdienst zwischen römischem Vorbild und diözesaner Ausprägung. Stationen Kölnischer Liturgieentwicklung im Spiegel der Forschung, in: Gerhards (Hrsg.) 2000, S. 29-45.

Oechslin, Werner: Pozzo e il suo Trattato, in: Battisti (Hrsg.) 1996, S. 189-206.

Oechslin, Werner, Anja Buschow: Festarchitektur. Der Architekt als Inszenierungskünstler, Stuttgart 1984.

O'Malley, John W.: Praise and blame in Renaissance Rome. Rhetoric, doctrine, and reform in the Sacred Orators of the Papal Court, c. 1450-1521, Durham 1979.

Ders.: Content and rhetorical forms in sixteenth-century treatises on preaching, in: Renaissance Eloquence 1983, S. 238-252.

Ders.: Erasmus and the history of sacred rhetoric: The Ecclesiastes of 1535, in: Erasmus of Rotterdam Society Yearbook, Jg. 5, 1985, S. 1-29.

Ders.: Saint Charles Borromeo and the Praecipuum Episcoporum Munus: His place in the history of preaching, in: San Carlo Borromeo 1988, S. 139-157.

Ders.: Was Ignatius a church reformer? How to look at early modern catholicism, in: Catholic Historical Review, Jg. 77, 1991, S. 177-193.

Ders.: The Historiography of the Society of Jesus: Where does it stand today?, in: ders. (Hrsg.) 1999, S. 3-37.

Ders.: Trent and all that. Renaming Catholicism in the early modern era, Cambridge, London 2000.

Ders., Gauvin Alexander Bailey, Steven J. Harris, T. Frank Kennedy (Hrsg.): The Jesuits: Cultures, sciences, and the arts 1540-1773, Toronto, Buffalo u.a. 1999.

Oestreich, Gerhard: Strukturprobleme des europäischen Absolutismus, in: Vierteljahrschrift für Sozial- und Wirtschaftsgeschichte, Jg. 55, 1968, S. 319-347.

Olmi, Giuseppe: Ulisse Aldovrandini. Scienza e natura nel secondo Cinquecento, Trient 1976

Ders.: Ulisse Aldovrandini and the Bolognese painters in the second half of the 16th century, in: Emilian Painting of the 16th and 17th Centuries: A Symposium, Bologna 1987, S. 63-74.

Olmi, Giuseppe, Paolo Prodi: Gabriele Paleotti, Ulisse Aldovrandini e la cultura a Bologna nel secondo Cinquecento, in: Nell'età di Correggio e dei Carracci. Pittura in Emilia dei secoli XVI-XVII, Ausstellungskatalog, Bologna 1986, S. 213-235.

Opitz, Claudia, Hedwig Röckelein, Gabriela Signori, Guy P. Marchal (Hrsg.): Maria in der Welt. Marienverehrung im Kontext der Sozialgeschichte. 10.-18. Jahrhundert, Zürich 1993.

O'Reilly, Terence: From Ignatius Loyola to John of the Cross. Spirituality and literature in sixteenth-century Spain, Aldershot, Brookfield 1995.

O'Rourke Boyle, Marjorie: Loyola's Acts. The Rhetoric of the Self, Berkeley, Los Angeles u.a. 1997.

Orsenigo, Cesare: Der heilige Carl Borromäus. Sein Leben und sein Werk, Freiburg 1937.

Ostrow, Steven F.: Art and spirituality in Counter-Reformation Rome. The Sistine and the Pauline Chapels in S. Maria Maggiore, Cambridge 1996.

Oszcanowski, Piotr: Śląskie castra doloris cesarza Leopolda I. Przyczynek do ikonografii władcy i gloryfikacjy panuacego, in: O Sztuce Sepulkralnej na Śląsku, hrsg. von Boguslaw Czechowicz, Arkadiusz Dobrzyniecki, Breslau 1997, S. 105-146.

Otto, Gert: Zur Kritik am rhetorischen Predigtverständnis, in: Rhetorik, Bd. 5, Rhetorik und Theologie, S. 1-12.

Otto, Stefan: Die Funktion des Bildbegriffs in der Theologie des 12. Jahrhunderts, Münster 1963.

Oy-Marra, Elisabeth: Das Verhältnis von Kunst und Natur im Traktat von Gian Domenico Ottonelli und Pietro da Cortona: Della pittura et scultura. Uso e abuso loro, in: Künste und Natur in Diskursen der frühen Neuzeit, S. 433-444.

Palmieri, E. Ginex: San Carlo l'uomo e la sua epoca, Mailand 1984.

Panofsky, Gerda S.: Ghiberti, Alberti und die frühen Italiener, in: Kunst und Kunsttheorie 1400-1600, 1991, S. 1-28.

Papas, Athanasios: Die Ideen des 7. Ökumenischen Konzils über die kirchliche Kunst und die Paramentenpracht des Byzantinischen Ritus, in: Annuarium Historiae Conciliorum, Jg. 20, 1988, S. 370-378.

Parodi, Cristina: Marino Bassi e la ricostruzione della Cupola di S. Lorenzo tra Cinque e Seicento, in: Arte Lombarda 1990, H. 1-2, S. 31-45.

Pastor, Ludwig von: Geschichte der Päpste, Freiburg 1927.

Patetta, Luciano, Stefano Della Torre (Hrsg.): L'architettura della Compagnia di Gesù in Italia XVI - XVII secolo, Atti del convegno, Mailand 24.-27.10.1990, Genua 1992.

Patzak, Bernhard: Die Jesuitenbauten in Breslau und ihre Architekten, Straßburg 1918.

Ders.: Die Elisabethkapelle des Breslauer Domes, Breslau 1922.

Paulmann, Johannes: Vergleich und interkultureller Transfer. Zwei Forschungsansätze zur europäischen Geschichte des 18. bis 20. Jahrhunderts, in: Historische Zeitschrift, Bd. 267, 1998, S. 649-685.

Petersson, Robert T.: The art of ecstasy: Teresa, Bernini, and Crashaw, London 1970.

Petry, Ludwig: Breslau und seine ersten Oberherrn aus dem Hause Habsburg 1526-1635. Ein Beitrag zur politischen Geschichte der Stadt, St. Katharinen 2000.

Pevsner, Nikolaus: Gegenreformation und Manierismus, in: Repertorium für Kunstwissenschaft, Jg. 46, 1925, S. 243-262.

Ders.: Beiträge zur Stilgeschichte des Früh- und Hochbarock, in: Repertorium für Kunstwissenschaft, Jg. 49, 1928, S. 225-246.

Piaia, Gregorio: Aristotelismo, 'herisia' e giurisdizionalismo nella polemica del P. Antonio Possevino contro lo Studio di Padova, in: Quaderni per la Storia dell'Università di Padova, Jg. 6, 1973, S. 125-145.

Pfeiffer, Heinrich: La radice spirituale dell'attività teatrale della Compagnia di Gesù negli "Esercizi Spirituali" di Sant' Iganzio, in: Doglio (Hrsg.) 1995, S. 31-38.

Pinkus, Karen: Picturing silence. Emblem, language, Counter-Reformation matriality, Ann Arbor 1996.

Pitti, Pietro: L'architetto Bartolomeo Ammanati e i Gesuiti, in: Archivum Historicum Societatis Iesu, Jg. 12, 1943, S. 9ff.

Pizarro Gomez, Francisco Javier: Arte y espectaculo en los viajes de Felipe II, Madrid 1999.

Pochat, Götz: Der Symbolbegriff in der Ästhetik und Kunstwissenschaft, Köln 1983.

Ders.: Geschichte der Ästhetik und Kunsttheorie. Von der Antike bis zum 19. Jahrhundert, Köln 1986.

Ders.: Rhetorik und bildende Kunst in der Renaissance, in: Renaissance-Rhetorik 1993, S. 266-284.

Poensgen, Thomas: Die Gestaltung der im Barock ausgemalten Langhausgewölbe der Kirchen in Rom und im übrigen Italien, Phil. Diss. Hamburg 1965.

Pörtner, Regina: Gegenreformation und ständischer Legalismus in Innerösterreich, 1564-1628, in: Zeitschrift für Historische Forschung, Jg. 27, 2000, S. 499-542.

Polcin, Stanislas: Une tentative union au XVIe siècle: la mission religieuse de Père Antoine Possevin S.J. en Moscovie, Rom 1957.

Ders.: Antoine Possevin, J. de Vendeville et Thomas de Jésus et les origines de la Propagande, in: Analecta Ordinis S. Basilii Magni, Jg. 6, 1967, S. 577-595.

Poletto, Christine: Art et pouvoirs à l'Age baroque. Crise mystique et crise esthétique aux XVIe et XVIIe siècles, Paris 1990

Pons, Alain: La rhétorique des manières au XVIe siècle en Italie, in: Fumaroli (Hrsg.) 1999, S. 411-430.

Popelka, Lieselotte: Castrum doloris oder „Trauriger Schauplatz". Untersuchungen zur Entstehung und Wesen ephemerer Architektur, Wien 1994.

Posner, Donald: Annibale Carracci. A study in the reform of Italian painting around 1590, London, New York 1971.

Preimesberger, Rudolf: Themes from art theory in the early works of Bernini, in: Gianlorenzo Bernini: New aspects of his art and thought, hrsg. von Irving Lavin, Pennsylvania 1985, S. 1-24.

Ders.: Berninis Cappella Cornaro. Eine Bild-Wort-Synthese des siebzehnten Jahrhunderts?, in: Zeitschrift für Kunstgeschichte, Jg. 49, 1986, S. 190-219.

Ders.: Zu Berninis Borghese-Skulpturen, in: Antikenrezeption im Hochbarock 1989, S. 109-128.

Ders.: Alessandro Algardis Statue des heiligen Philippus Neri. Zum Thema Wort und Bild im römischen Barock, in: Kunsthistorisches Jahrbuch Graz, Jg. 25, 1993, S. 153-162.

Pries, Christine (Hrsg.): Das Erhabene. Zwischen Grenzerfahrung und Größenwahn, Weinheim 1989.

Prinz, Michael: Sozialdisziplinierung und Konfessionalisierung. Neuere Fragestellungen in der Sozialgeschichte der frühen Neuzeit, in: Westfälische Forschungen, Jg. 42, 1992, S. 1-25.

Prodi, Paolo: Il Cardinale Gabriele Paleotti (1522-1597), 2 Bde., Rom 1959/1967.

Ders.: San Carlo Borromeo e il cardinale Gabriele Paleotti: due vescovi della riforma cattolica, in: Critica Storia, Jg. 3, 1964, S. 135-151.

Ders.: Ricerche sulla teorica delle arti figurative nella riforma cattolica, in: Archivio Italiano per la storia della Pietà, Jg. 4, 1965, S. 123-212.

Ders.: Charles Borromée, archevèque de Milan et la papauté, in: Revue d'Histoire Ecclésiastique, Jg. 62, 1967, S. 379-411.

Ders.: Il sovrano pontefice – Un corpo e due anime: la monarchia papale nella prima età moderna, Bologna 1982.

Ders.: Il Concilio di Trento e la riforma dell'arte sacra, in: Arte, economia, cultura e religione nella Brescia del XVI secolo, hrsg. von Maurizio Pegrari, Brescia 1988, S. 387-399.

Projects for St. Peter and its Piazza, in: Effigies & Ecstasies 1998, S. 103-117.

Prokupek, Ladislav: Die Jesuiten in Böhmen, in: Verdrängter Humanismus – Verzögerte Aufklärung, Bd. 1, 2. Teilband 1997, S. 323-380.

Prosdocimi, Luigi: Riforma borromaica e conservatorismo politico, in: San Carlo Borromeo 1986, S. 691-708.

Prosperi, Adriano: La chiesa tridentina e il teatro: strategie di controllo del secondo Cinquecento, in: Doglio (Hrsg.) 1995, S. 15-30.

Puttfarken, Thomas: The dispute about disegno und colorito in Venice: Paolo Pino, Lodovico Dolce and Titian, in: Kunst und Kunsttheorie 1400-1600, 1991, S. 75-100.

Rabe, Carsten: Die Gründung der Jesuitenuniversität in Breslau. Ein Quellenbeleg aus dem Jahr 1677, in: Historisches Jahrbuch der Görresgesellschaft, Jg. 117, 1997, S. 181-187.

Ders.: Alma Mater Leopoldina: Kolleg und Universität der Jesuiten in Breslau 1638-1811, Köln, Weimar u.a. 1999.

Rädle, Fidel: Theater als Predigt. Formen religiöser Unterweisung in lateinischen Dramen der Reformation und Gegenreformation, in: Rottenburger Jahrbuch für Kirchengeschichte, Jg. 16, 1997, S. 41-60.

Rambaldi, S. P.: Educazione evangelica e catechista: da Erasmo al gesuita Antonio Possevino, in: Ragione e "civilitas". Figure del vivere associato nella cultura del Cinquecento europeo, hrsg. von Davide Bigalli, Mailand 1986, S. 73-92.

Randles, W. G. L.: Le ciel chez les jésuites espagnols et portugais (1590-1651), in: Giard (Hrsg) 1995, S. 129-144.

Rasmussen, Niels: Liturgy and iconography at the canonization of Carlo Borromeo, 1 November 1610, in: Analecta Romana Instituti Danici, Jg. 15, 1985, S. 119-150.

Ders.: Liturgy and iconography at the canonization of Carlo Borromeo, 1. November 1610, in: San Carlo Borromeo 1988, S. 264-276.

Rau, Susanne: Städtische Geschichtsschreibung und Erinnerungskultur im Zeitalter der Reformation und Konfessionalisierung in Bremen, Breslau, Hamburg und Köln, Hamburg, München 2002.

Reichel, Peter: Der schöne Schein des Dritten Reiches: Faszination und Gewalt des Faschismus, München 1991.

Reijen, Willem van: Modernisierung oder Disziplinierung – Einschluß oder Ausschuß, in: Aspekte der Gegenreformation, S. 478-491.

Reiner, Johann E.: Entstehungsgeschichte des Trienter Predigtreformdekretes, in: Zeitschrift für katholische Theologie, Jg. 30, 1915, S. 256-317 und S. 465-523.

Reinhard, Wolfgang: Gegenreformation als Modernisierung? Prolegomena zu einer Theorie des konfessionellen Zeitalters, in: Archiv für Reformationsgeschichte, Jg. 68, 1977, S. 226-251.

Ders.: Konfession und Konfessionalisierung in Europa, in: Bekenntnis und Geschichte. Die Confessio Augustana im historischen Zusammenhang, hrsg. von dems, München 1981, S. 165-189.

Ders.: Zwang zur Konfessionalisierung. Prolegomena zu einer Theorie des konfessionellen Zeitalters, in: Zeitschrift für historische Forschung, Jg. 10, 1983, S. 257-277.

Ders.: Historiker, „Modernisierung" und Modernisierung. Erfahrungen mit dem Konzept „Modernisierung" in der neueren Geschichte, in: Innovation und Originalität, hrsg. von Walter Haug, Burghart Wachinger, Tübingen 1993, S. 53-69.

Ders.: Disciplinamento sociale, confessionalizzazione, modernizzazone. Un discorso storiografico, in: Disciplina dell'anima, disciplina del corpo e disciplina della società tra medioevo ed età moderna, hrsg. von Paolo Prodi, Bologna 1994, S. 101-124.

Ders.: Fundamentalistische Revolution und kollektive Identität, in: Die fundamentalistische Revolution. Partikularistische Bewegungen der Gegenwart und ihr Umgang mit der Geschichte, hrsg. von dems., Freiburg 1995, S. 9-48.

Ders.: Was ist katholische Konfessionalisierung?, in: Die katholische Konfessionalisierung 1995, S. 419-452.

Ders.: Das Konzil von Trient und die Modernisierung der Kirche, unveröffentlichtes Manuskript 1995.

Ders.: Abschied von der „Gegenreformation" und neue Perspektiven der Forschung, in: Aspekte der Gegenreformation, S. 440-451.

Reiter, Ernst: Martin von Schaumburg, Fürstbischof von Eichstätt (1560-1590) und die Trienter Reform, Münster 1965.

Renaissance Eloquence. Studies in the theory and practice of Renaissance rhetoric, hrsg. von James J. Murphy, Berkeley 1983.

Renaissance-Rhetorik, hrsg. von Heinrich F. Plett, Berlin, New York 1993.

Richgels, Robert W.: The pattern of controversy in a Counter-Reformation classic: The controversies of Robert Bellarmine, in: Sixteenth Century Journal, Jg. 11, 1980, H. 2, S. 3-15.

Roberto Bellarmino. Arcivescovo di Capua, teologo e pastore della riforma cattolica, hrsg. von Gustavo Galeota, Atti del convegno internazionale di studi, Capua 28.9.-1.10.1988, Capua 1992.

Rocha, Pedro Romano: Os Jesuítas e a liturgia, in: Brotéria, Jg. 129, 1989, S. 174-192.

Roeck, Bernd: Psychohistorie im Zeichen Saturns. Aby Warburgs Denksystem und die moderne Kulturgeschichte, in: Hardtwig (Hrsg.) 1996, S. 255-283.

Röckelein, Hedwig: Maria, Abbild oder Vorbild? Zur Sozialgeschichte mittelalterlicher Marienverehrung, Tübingen 1990.

Rombold, Günter: Die verweisende Kraft der Bilder. Die römisch-katholische Tradition, in: Bild und Bildlosigkeit. Beiträge zum interreligiösen Dialog, hrsg. von Hans-Martin Barth, Christoph Elsas, Hamburg 1994, S. 62-74.

Rose, Hans: Spätbarock. Studien zur Geschichte des Profanbaues in den Jahren 1660-1760, München 1922.

Rubinstein, Nicolai: Political ideas in Sienese art, in: Journal of the Warburg and Courtauld Institutes, Jg. 21, 1958, S. 181ff.

Rudert, Konstanze: Lorenzo Mattinelli in seiner Dresdner Zeit (1738-48), Phil. Diss. Dresden 1994.

Rurale, Flavio: I Gesuiti a Milano. Religione e politica nel secondo Cinquecento, Rom 1992.

Sacri Monti: Devozione, Arte e cultura della Controriforma, hrsg. von Luciano Vaccaro, Francesco Ricardi, Mailand 1992.

Sachs-Hombach, Klaus und Jörg R. Schirra: Zur politischen Instrumentalisierbarkeit bildhafter Repräsentationen. Philosophische und psychologische Aspekte der Bildkommunikation, in: Hofmann (Hrsg.) 1999, S. 28-39.

Sahes, Daniel J.: Icon and logos. Sources in eight-century iconoclasm, Toronto 1986

Saint-Saëns, Alain: Art and faith in tridentine Spain, New York, Washington u.a. 1995.

Salvinucci, Lydia Insolera: Gli affreschi del ciclo die martiri commissionati al Pomarancio in rapporto alla situazione religiosa ad artistica della seconda metà del Cinquecento, in: Brandenburg (Hrsg.) 2000, S. 129-137.

Samsonow, Elisabeth von: Topoi des Gelehrten, Dichterischen und Homiletischen Barock: Psychopomp und Theater. Zum Modell der frühen jesuitischen Rhetorik und gegenreformatorischen Propagation Fidei in Österreich, in: Verdrängter Humanismus – Verzögerte Aufklärung, , Bd. 1, 2. Teilband 1997, S. 247-258.

San Carlo Borromeo e il suo tempo. Atti del convegno internazionale nel IV centenario della morte, Mailand 21.-26. 5. 1984, 2 Bde., Rom 1986.

San Carlo Borromeo. Catholic reform and ecclesiastical politics in the second half of the sixteenth century, hrsg. von John M. Headley, John B. Tomaro, Washington 1988.

Sannazzaro, Giovanni Battista: La città dipinta, in: La città rituale. La città de lo stato di Milano nell'età del Borromeo, hrsg. von Adele Buratti, Garo Coppola, Giulio Crespi u.a., Mailand 1982, S. 57-103.

Sarasin, Philipp: Subjekte, Diskurse, Körper. Überlegungen zu einer diskursanalytischen Kulturgeschichte, in: Hardtwig (Hrsg.) 1996, S. 131-164.

Sardo, Eugenio Lo (Hrsg.): Athanasius Kircher. Il museo del mondo, Rom 2001.

Scaduto, Mario: La missione del nunzio. Due memoriali di Possevino ambasciatore, 1581, 1582, in: Archivum historicum Societatis Iesu, Jg. 49, 1980, S. 135-160.

Scaglione, Aldo: The liberal arts and the Jesuit college system, Amsterdam, Philadelphia 1986.

Scavizzi, Giuseppe: La teologia cattolica e le immagini durante il XVI secolo, in: Storia dell'Arte, Jg. 21, 1974, S. 171-212.

Ders.: Arte e architettura sacra, Rom 1982.

Ders.: The Cross: A 16th century controversy, in: Storia dell'arte, Jg. 65, 1989, S. 27-43.

Ders.: The controversy on images from Calvin to Baronius, New York 1992.

Ders.: La controversia sull'arte sacra nel secolo XVI, in: Cristianesimo nella storia, Jg. 14, 1993, S. 569-593.

Scheffczyk, Leo (Hrsg.): Der Mensch als Bild Gottes, Darmstadt 1969.

Scheufele, Bertram: (Visual) Media Framing und Politk. Zur Brauchbarkeit des Framing-Ansatzes im Kontext (visuell) vermittelter politischer Kommunikation und Meinungsbildung, in: Hofmann (Hrsg.) 1999, S. 91-107.

Schiffmann, René: Roma felix. Aspekte der städtebaulichen Gestaltung Roms unter Papst Sixtus V., Frankfurt/Main 1985.

Schilling, Heinz: Religion und Gesellschaft in der calvinistischen Republik der Vereinigten Niederlande, in: Kirche und gesellschaftlicher Wandel in deutschen und niederländischen Städten der werdenden Neuzeit, Köln, Wien u.a. 1980, S. 197-250.

Ders.: Die Konfessionalisierung im Reich. Religiöser und gesellschaftlicher Wandel in Deutschland zwischen 1555 und 1620, in: Historische Zeitschrift, Bd. 246, 1988, S. 1-45.

Ders.: Nationale Identität und Konfession in der europäischen Neuzeit, in: Studien zur Entwicklung des kollektiven Bewußtseins in der Neuzeit, Teil 1: Nationale und kulturelle Identität, hrsg. von Bernhard Giesen, Frankfurt/Main 1991, S. 192-252.

Ders.: Chiese confessionali e disciplinamento sociale. Un bilancio provvisorio della ricerca storica, in: Disciplina dell'anima, disciplina del corpo e disciplina della società tra medioevo ed età moderna, hrsg. von Paolo Prodi, Bologna 1994, S. 125-160.

Ders.: Die Kirchenzucht im frühneuzeitlichen Europa in interkonfessionell vergleichender und interdisziplinärer Perspektive – eine Zwischenbilanz, in: ders. (Hrsg.): Kirchenzucht und Sozialdisziplinierung im frühneuzeitlichen Europa, Berlin 1994, S. 11-40.

Ders.: Die Konfessionalisierung von Kirche, Staat und Gesellschaft – Profil, Leistung, Defizite und Perspektiven eines geschichtswissenschaftlichen Paradigmas, in: Die katholische Konfessionalisierung 1995, S. 1-49.

Ders.: Konfessionelles Zeitalter, in: Geschichte in Wissenschaft und Unterricht, Jg. 48, 1997, S. 351-370, S. 618-627, S. 682-694 und S. 748-766.

Schillinger, Jean: Abraham a Sancta Clara: pastorale et discours politique dans l'Autriche du XVIIe siècle, Bern u.a. 1993.

Schindling, Anton: Konfessionalisierung und Grenzen von Konfessionalisierbarkeit, in: Die Territorien des Reichs im Zeitalter der Reformation und Konfessionalisierung 7, hrsg. von dems., Walter Ziegler, Münster 1997, S. 9-44.

Schirra, Jörg R.: Zur politischen Instrumentalisierbarkeit bildhafter Repräsentationen. Philosophische und psychologische Aspekte der Bildkommunikation, in: Hofmann (Hrsg.) 1999, S. 28-39.

Schlesien und die Schlesier, hrsg. von Joachim Bahlcke, München 1996

Schleusener-Eichholz, Gudrun: Das Auge im Mittelalter, 2 Bde., München 1985.

Schlosser, Julius von: Die Kunstliteratur, Wien 1924.

Schluchter, Wolfgang: Die Entwicklung des okzidentalen Rationalismus, Tübingen 1979.

Schmidt, Heinrich Richard: Konfessionalsierung im 16. Jahrhundert, München 1992.

Schneyer, Johann Baptist: Geschichte der katholischen Predigt, Freiburg 1969.

Schoeck, Richard J.: "Going for the throat": Erasmus' rhetorical theory and practice, in: Renaissance-Rhetorik 1993, S. 43-58.

Schöne, Wolfgang: Über das Licht in der Malerei, Berlin 1954.

Ders.: Zur Bedeutung der Schrägsicht für die Deckenmalerei des Barock, in: Festschrift für Kurt Badt zum 70. Geburtstag, hrsg. von Martin Gosebruch, Werner Gross, Berlin 1961, S. 144-172.

Scholz-Hänsel, Michael: Eine spanische Wissenschaftsutopie am Ende des 16. Jahrhunderts. Die Bibliotheksfresken Pellegrino Pellegrinis im Escorial, Münster 1987.

Schorn-Schütte, Luise: Bikonfessionalität als Chance? Zur Entstehung konfessionsspezifischer Soziallehren am Ende des 16. und zu Beginn des 17. Jahrhunderts, in: Archiv für Reformationsgeschichte, Sonderband: Die Reformation in Deutschland und Europa, Interpretationen und Debatten, hrsg. von Hans R. Guggisberg, Gottfried G. Krodel, Gütersloh 1993.

Schröder, Gerhart: Logos und List. Zur Entwicklung der Ästhetik in der frühen Neuzeit, Königstein 1985.

Ders.: Das freche Feuer der Moderne und das Heilige. Zu Berninis Cappella Cornaro, in: Antikenrezeption im Hochbarock 1989, S. 193-204.

Schuck-Wersig, Petra: Expeditionen zum Bild. Beiträge zur Analyse des kulturellen Stellenwerts von Bildern, Frankfurt/Main, Berlin u.a. 1993.

Schütz, Werner: Geschichte der christlichen Predigt, Berlin 1972.

Schulze, Winfried: Gerhard Oestreichs Begriff 'Sozialdiszipinierung' in der frühen Neuzeit, in: Zeitschrift für historische Forschung, Jg. 14, 1987, S. 265-302.

Schumacher, John N.: Ignatian spirituality and the liturgy, in: Woodstock Letters, Jg. 87, 1958, S. 14-35.

Schwager, Klaus: Die architektonische Erneuerung von Santa Maria Maggiore unter Paul V., in: Römisches Jahrbuch für Kunstgeschichte, Jg. 20, 1983, S. 243-312.

Scribner, Bob: Das Visuelle in der Volksfrömmigkeit, in: Bilder und Bildersturm im Spätmittelalter und in der frühen Neuzeit 1990, S. 9-20.

Sehnsucht des Auges, hrsg. von Aharon R. E. Agus, Jan Assmann, Berlin 1994.

Shuger, Debora: Sacred rhetoric in the Renaissance, in: Renaissance-Rhetorik 1993, S. 121-142.

Sievernich, Michael, Günter Switek (Hrsg.): Ignatianisch: Eigenart und Methode der Gesellschaft Jesu, Freiburg 1990.

Signori, Gabriela: Maria zwischen Kathedrale, Kloster und Welt, Sigmaringen 1995.

Simoncini, Giorgio: Roma restaurata. Rinnovamento urbano al tempo di Sisto V, Florenz 1990.

Sisto Quinto, hrsg. von Marcello Fagiolo, Maria Luisa Madonna, 2 Bde., Bd. 1: Roma e il Lazio al tempo di Sisto V, Bd. 2: Le Marche al tempo di Sisto V, Rom 1992.

Ślaski, Jan: Roberto Bellarmino e la letteratura dell'età della Controriforma in Polonia, in: Bellarmino e la Controriforma 1990, S. 519-539.

Smith, Jeffrey Chipps: Sensous worship. Jesuits and the art of the early catholic reformation in Germany, Princeton, Oxford 2002.

Sollbach, Gerhard E.: Die mittelalterliche Lehre vom Mikrokosmos und Makrokosmos, Hamburg 1995.

Sommervogel, Claude: Bibliothèque de la Compagnie de Jésus, Brüssel, Paris 1890ff.

Sorbelli, Albano: Storia della stampa in Bologna, Bologna 1929.

Spadaccini, Nicholas, Jenaro Talens (Hrsg.): Rhetoric and politics. Baltasar Gracián and the New World Order, Minneapolis, London 1997.

Speyer, Wolfgang: Büchervernichtung und Zensur des Geistes bei Heiden, Juden und Christen, Stuttgart 1981.

Spindler-Niros, Ursula: Farbigkeit in bayerischen Kirchenräumen des 18. Jahrhunderts, Frankfurt/Main 1981.

Stakemeier, Eduard: Trienter Lehrentscheidungen und reformatorische Anliegen, in: Bäumer (Hrsg.) 1979, S. 199-250.

Standaert, Nicolaus: Jesuit corporate culture as shaped by the Chinese, in: O'Malley (Hrsg.) 1999, S. 352-363.

Stein, Dieter: Biblische Exegese und kirchliche Lehre im Für und Wider des byzantinischen Bilderstreits, in: ...kein Bildnis machen. Kunst und Theologie im Gespräch, hrsg. von Christoph Dohmen, Thomas Sternberg, Würzburg 1987, S. 69-81.

Stillig, Jürgen: Jesuiten, Ketzer und Konvertiten in Niedersachsen, Hildesheim 1993.

Stirm, Margarete: Die Bilderfrage in der Reformation, Gütersloh 1977.

Stock, Alex: Bilderstreit als Kontroverse um das Heilige, in: Wozu Bilder im Christentum? 1990, S. 63-86.

Stoichita, Victor I.: Das selbstbewußte Bild. Vom Ursprung der Metamalerei, München 1998.

Stolleis, Michael: "Konfessionalisierung" oder "Säkularisierung" bei der Entstehung des frühmodernen Staates, in: Aspekte der Gegenreformation, S. 452-477.

Strinati, Claudia: Gli affreschi della chiesa di San'Ignazio a Roma, in: De Feo (Hrsg.) 1996, S. 66-93.

Szarota, Elida Maria: Das Jesuitendrama als Vorläufer der modernen Massenmedien, in: Daphnis, Jg. 4, 1975, S. 129-143.

Dies.: Die Jesuitendramen im deutschen Sprachgebiet. Eine Periochen-Edition, 4 Bde., München 1979-1987.

Talkenberger, Heike: Von der Illustration zur Interpretation: Das Bild als historische Quelle, in: Zeitschrift für Historische Forschung, Jg. 21, 1994, S. 289-313.

Terhalle, Johannes: „...ha della Grandezza de padri Gesuiti": Die Architektur der Jesuiten um 1600 und St. Michael in München, in: Baumstark (Hrsg.) 1997, S. 83-146.

Tessari, Antonio Secondo: Antonio Possevino e l'architettura, in: Archivum historicum Sociatatis Iesu, Jg. 52, 1983.

Ders.: Tempio di Salomone e tipologia della chiesa nelle Disputationes de controversiis christianae fidei di San Roberto Bellarmino S.J., in: L'architettura della Compagnia di Gesù in Italia XVI - XVII secolo 1992, S. 31-34.

Thoenes, Christoph: Studien zur Geschichte des Petersplatzes, in: Zeitschrift für Kunstgeschichte, Jg. 26, 1963, S. 97-145.

Thomson, Oliver: Mass persuasion in history. An historical analysis of the development of propaganda techniques, New York 1977.

Thümmel, Hans-Georg: Die Ikone im Westen, in: Annuarium Historiae Conciliorum, Jg. 20, 1988, S. 354-367.

Ders.: Bild und Wort in der Spätantike, in: Wozu Bilder im Christentum? 1990, S. 1-16.

Ders.: Bilderlehre und Bilderstreit. Arbeiten zur Auseinandersetzung über die Ikone und ihre Begründung vornehmlich im 8. und 9. Jahrhundert, Würzburg 1991.

Ders.: Die Frühgeschichte der ostkirchlichen Bilderlehre. Texte und Untersuchungen zur Zeit vor dem Bilderstreit, Würzburg 1993.

Tintelnot, Hans: Barocke Freskomaler in Schlesien, in: Wiener Jahrbuch für Kunstgeschichte, Jg. 16, 1954, S. 173-198.

Toffanin, Giuseppe: L'umanesimo al concilio di Trento, Bologna 1955.

Tomaro, John B.: San Carlo Borromeo and the implementation of the council of Trent, in: San Carlo Borromeo 1988, S. 67-84.

Treffers, Bert: Kunst und Wirkstätte des Heiligen: Neue Orden, neue Heilige, neue Altarbilder, in: Brown 2001, S. 338-371.

Trexler, Richard C.: Church and community 1200-1600. Studies in the history of Florence and New Spain, Rom 1987.

Ders.: Sex and conquest. Gendered violence, political order, and the european conquest of the Americas, Ithaca 1995.

Trisco, Robert: Carlo Borromeo and the council of Trent: The question of reform, in: San Carlo Borromeo 1988, S. 47-66.

Turchini, Angelo: Bellarmino e il processo di canonizzazione di S. Carlo Borromeo, in: Bellarmino e la Controriforma 1990, S. 385-401.

Ders.: Bayern und Mailand im Zeichen der konfessionellen Bürokratisierung, in: Die katholische Konfessionalisierung 1995, S. 394-404.

Tyrell, Hartmann: Potenz und Depotenzierung der Religion und Rationalisierung bei Max Weber, in: Saeculum, Jg. 44, 1993, S. 300-347.

Valentin, Jean-Marie: Le théâtre des Jésuites dans les pays de langue allemande (1584-1680), 3 Bde., Bern, Frankfurt/Main u.a. 1978.

Ders.: Theatrum Catholicum. Les jésuites et la scène en Allemagne au XVIe et au XVIIe siècles, Nancy 1990.

Ders.: Les Ludi de Jacob Bidermann et les débuts du théâtre des jésuites dans l'empire, in: Doglio (Hrsg.) 1995, S. 235-256.

Valerio, Adriana: La verità luogo teologico in Bellarmino, in: Bellarmino e la Controriforma 1990, S. 49-88.

Valignano, Alessandro: The jesuits and the culture in the East, in: O'Malley (Hrsg.) 1999, S. 336-351.

Verdrängter Humanismus – Verzögerte Aufklärung, hrsg. von Michael Benedikt, Reinhold Knoll, Josef Rupitz, Bd. 1, 1. Teilband: Philosophie in Österreich (1400-1650). Vom Konstanzer Konzil zum Auftreten Luthers. Vom Beginn der Reformation bis zum Westfälischen Frieden, Klausen-Leopoldsdorf 1996.

Verdrängter Humanismus – Verzögerte Aufklärung, hrsg. von Michael Benedikt, Reinhold Knoll, Josef Rupitz, Bd. 1, 2. Teilband: Die Philosophie in Österreich zwischen Reformation und Aufklärung (1650-1750). Die Stärke des Barock, Klausen-Leopoldsdorf 1997.

Vernant, Jean Paul: Image et apparence dans la théorie platonicienne de mimesis, in: ders.: Religions, histoires, raisons, Paris 1979, S. 105-137.

Veyne, Paul: Conduites sans croyance et oeuvres d'art sans spectateurs, in: Diogène, 1988, Nr. 143, S. 3-22.

Ders.: Propagande expression roi, image idole oracle, in: L'Homme, Jg. 30, 1990, Nr. 114, S. 7-26.

Villwock, Jörg: Sublime Rhetorik. Zu einigen noologischen Implikationen der Schrift „Vom Erhabenen", in: Pries (Hrsg.) 1989, S. 33-54.

Virilio, Paul: Die Sehmaschine, Berlin 1989.

Ders.: Rasender Stillstand, München 1992.

Vocelka, Karl: Die politische Propaganda Kaiser Rudolfs II. (1576-1612), Wien 1981.

Voelker, Evelyn C.: Charles Borromeo's "Instructiones fabricae et supellectilis ecclesiasticae," 1577. A translation with commentary and analysis, Ann Arbor 1977.

Dies.: Borromeo's influence on sacred art and architecture, in: San Carlo Borromeo 1988, S. 172-187.

Vogt, Hermann J.: Das Bild als Ausdruck des Glaubens in der frühen Kirche. Die Bilder des Katechismus, in: Theologische Quartalschrift, Jg. 175, 1995, S. 306-329.

Wandel, Lee Palmer: Iconoclasts in Zurich, in: Bilder und Bildersturm im Spätmittelalter und in der frühen Neuzeit 1990, S. 125-142.

Warburg, Aby: Italienische Kunst und internazionale Astrologie im Palazzo Schifanoia zu Ferrara, Rom 1922.

Warncke, Carsten-Peter: Sprechende Bilder - sichtbare Worte. Das Bildverständnis in der frühen Neuzeit, Wiesbaden 1987.

Warnke, Martin: Italienische Bildtabernakel bis zum Frühbarock, in: Münchner Jahrbuch der Bildenden Kunst, Jg. 19, 1968, S. 61-102.

Ders.: Bilderstürme, in: ders. (Hrsg.): Bildersturm. Die Zerstörung des Kunstwerks, München 1973, S. 7-13.

Ders.: Hofkünstler. Zur Vorgeschichte des modernen Künstlers, Köln 1985.

Weber, Hermann: L'accettazione in Francia del Concilio di Trento, in: Il Concilio di Trento come crocevia della politica europea, hrsg. von Hubert Jedin, Paolo Prodi, Bologna 1979, S. 120-143.

Weber, Matthias: Das Verhältnis Schlesiens zum Alten Reich in der Frühen Neuzeit, Köln, Weimar u.a. 1992.

Wehner, Richard: Jesuiten im Norden. Zur Geschichte des Ordens in Schweden I, 1574-1879, Paderborn 1974.

Weil, Mark S.: The relationship of the Cornaro Chapel to mystery plays and Italian court theatre, in: "All the world's a stage..." Art and pageantry in the Renaissance and Baroque, Bd. 2, Theatrical spectacle and spectacular theatre, hrsg. von Barbara Wisch, Susan Scott Munshower, Pennsylvania 1990, S. 459-469.

Weisbach, Werner: Der Barock als Kunst der Gegenreformation, Berlin 1921.

Ders.: Gegenreformation - Manierismus - Barock, in: Repertorium für Kunstwissenschaft, Jg. 49, 1928, S. 16-28.

Weiss, James Michael: Ecclesiastes and Erasmus: The mirror and the image, in: Archiv für Reformationsgeschichte, Jg. 65, 1974, S. 83-198.

Welti, Manfred E.: Kleine Geschichte der italienischen Reformation, Gütersloh 1985.

Wendebourg, Dorothea: Die Ekklesiologie des Konzils von Trient, in: Die katholische Konfessionalisierung 1995, S. 70-87.

Westfehling, Uwe: Zeichnen in der Renaissance: Entwicklung – Techniken - Formen - Themen, Köln 1993.

Wirth, Louis: Einleitung zu Karl Mannheim: Ideologie und Utopie, Frankfurt/Main 1985.

Wilberg-Vignau, Peter: Andrea Pozzos Deckenfresko in S. Ignazio, München 1970.

Willms, Herbert: Eikon, eine begriffsgeschichtliche Untersuchung zum Platonismus, Münster 1935.

Willoweit, Dietmar: Katholische Reform und Disziplinierung als Element der Staats- und Gesellschaftsorganisation, in: Glaube und Eid. Treueformeln, Glaubensbekenntnisse und Sozialdisziplinierung zwischen Mittelalter und Neuzeit, hrsg. von Paolo Prodi, München 1993, S. 113-132.

Wittkower, Rudolf: Gian Lorenzo Bernini. The sculptor of the Roman Baroque, London 1955.

Ders., Irma B. Jaffè (Hrsg.): Baroque art: The Jesuit contribution, New York 1972.

Wölfflin, Heinrich: Renaissance und Barock, München 1926.

Ders.: Italien und das deutsche Formgefühl, München 1931.

Ders.: Gedanken zur Kunstgeschichte, Basel 1941.

Ders.: Kunstgeschichtliche Grundbegriffe. Das Problem der Stilentwicklung in der neueren Kunst, München 1943.

Wohlfeil, Rainer: Das Bild als Geschichtsquelle, in: Historische Zeitschrift, Bd. 249, 1986, S. 91-100.

Ders., Brigitte Tolkemitt (Hrsg.): Historische Bildkunde. Probleme - Wege - Beispiele, Berlin 1991.

Wohlmuth, Josef: Realpräsenz und Transsubstantiation im Konzil von Trient. Eine historisch-kritische Analyse der Canones 1-4 der Sessio XIII, 2 Bde., Bern, Frankfurt/Main 1975.

Ders. (Hrsg.): Streit um das Bild. Das Zweite Konzil von Nizäa (787) in ökumenischer Perspektive, Bonn 1989.

Ders.: Bild und Sakrament im Konzil von Trient, in: Wozu Bilder im Christentum? 1990, S. 87-104.

Wolf, Gerhard: Salus Populi Romani. Die Geschichte römischer Kultbilder im Mittelalter, Weinheim 1990.

Ders.: Regina Coeli, Facies Lunae, „et in terra pax", in: Römisches Jahrbuch der Bibliotheca Hertziana, Jg. 27/28, 1991/1992, S. 283-336.

Ders.: Cecilia, Agnes, Gregor und Maria. Heiligenstatuen, Madonnenbilder und ihre künstlerische Inszenierung im römischen Sakralraum um 1600, in: Aspekte der Gegenreformation 1997, S. 750-796.

Wosch, Jan: Terytorialny rozwój wasnoeci ziemskiej zakonu jezuitów na Śląskuod XVI do XVIII wieku, in: Studia Śląsku, Jg. 34, 1978, S. 11-50.

Wozu Bilder im Christentum? Beiträge zur theologischen Kunsttheorie, hrsg. von Alex Stock, St. Ottilien 1990.

Wrabec, Jan: Kóscioły na Śląsku w 18 wieku, Breslau 1986.

Ders. (Hrsg.): Michał Klahr starszy i jego środowisko kulturowe, Breslau 1995.

Wrba, Johannes: Die Österreichische Provinz der Gesellschaft Jesu im 16. und 17. Jahrhundert – in der Zeit des Barock, in: Verdrängter Humanismus – Verzögerte Aufklärung, Bd. 1, 2. Teilband 1997, S. 277-322.

Wright, Anthony D.: Bellarmine, Baronius and Federico Borromeo, in: Bellarmino e la Controriforma 1990, S. 323-370.

Yates, Frances A.: The art of memory, Chicago 1966

Zacchi, Alessandro: La pittura nell'età post-tridentina: osservanza religiosa e osservazione della realtà in Bartolomeo Cesi, in: La pittura in Emilia e in Romagna, Teil 1: Il Cinquecento. Un'avventura artistica tra natura e idea, hrsg. von Vera Fortunati, Mailand 1995, S. 244-279.

Zapperi, Roberto: Annibale Carracci: Bildnis eines jungen Künstlers, Berlin 1990.

Ders.: Der Neid und die Macht: die Farnese und Aldobrandini im barocken Rom, München 1994.

Zedelmaier, Helmut: Bibliotheca Universalis und Bibliotheca Selecta. Das Problem des gelehrten Wissens in der frühen Neuzeit, Köln, Weimar u.a. 1992.

Zeeden, Ernst Walter: Das Zeitalter der Glaubenskämpfe 1555-1648, Stuttgart 1970.

Ders.: Konfessionsbildung. Studien zur Reformation, Gegenreformation und katholischen Reform, Stuttgart 1985.

Zelle, Carsten: Schönheit und Erhabenheit. Der Anfang doppelter Ästhetik bei Boileau, Dennis, Bodmer und Breitinger, in: Pries (Hrsg.) 1989,S. 55-75.

Zen, Stefano: Civiltà cristiana e commitenza eroica, in: Baronio e l'arte 1985, S. 289-328.

Ders.: Bellarmino e Baronio, in: Bellarmino e la Controriforma 1990, S. 277-322.

Ders.: Baronio Storico: Controriforma e crisi del metodo umanistico, Neapel 1994.

Zhang, Qiong: Translation as cultural reform: Jesuit scholastic psychology in the transformation of the confucian discourse on human nature, in: O'Malley (Hrsg.) 1999, S. 364-379.

Zollikofer, Kaspar: Berninis Grabmal für Alexander VII. Fiktion und Repräsentation, Worms 1994.

Zuccari, Alessandro: La politica culturale dell'oratorio romano nelle imprese artistiche promosse da Cesare Baronio, in: Storia dell'arte, Bd. 41-43, 1981, S. 171-193.

Ders.: Restauro e filologia baroniani, in: Baronio e l'arte 1985, S. 489-510.

Ders.: Bellarmino e la prima iconografia gesuitica: la cappella degli Angeli al Gesù, in: Bellarmino e la Controriforma 1990, S. 609-628.

VI. Register

1. Personenregister

Abel...S. 186
Alberti, Leon Battista..S. 68, 116, 121, 206
Alciatus..S. 123
Aldovrandini, Ulisse...S. 53, 55
Alessi, Galeazzo..S. 51
Algardi, Alessandro..S. 149f.
Alexander VII., Papst...S. 140, 158
Alvares, Melchior...S. 40
Ambrosius...S. 47, 87, 87
Anna, Heilige..S. 186
Apelles..S. 93
Appian..S. 88
Aquaviva, Claudio..S. 64
Aristoteles..S. 85
Armenini, Giovanni Battista...S. 55, 122
Arnestus von Pardubitz...S. 173f.
August I., Kurfürst von Sachsen (d. Starke)................................S. 164
Augustinus..S. 85, 108, 181
Avancini, Nikolaus...S. 168
Baciccio, siehe Gaulli, Giovanni Battista
Baius, Michael...S. 60
Barocci, (Baroccio), Federico..S. 77
Baronio, Cesare..S. 63, 120
Basilius, Heiliger..S. 79
Bassi, Martino..S. 51
Bellarmino, Roberto.........................S. 13f., 18, 41, 43, 59-67, 74-77, 81-87, 90
....93, 95, 102, 107, 111, 115, 118f., 124, 127, 131-135
....155-159, 173, 183, 191, 198, 205, 208, 213
Bellori, Giovan Pietro..S. 148
Bernini, Gian Lorenzo...............................S. 16, 146-153, 156-159, 179, 210
Bezeleel..S. 94
Bonifaz VIII. Papst..S. 47
Bordini, G.F..S. 153
Borgia, Francisco de...S. 184
Borromeo, Carlo........................S. 13f., 18, 41-52, 56f., 63, 66, 69, 72, 74f., 81
....84, 90-96, 102, 107-115, 128, 131, 137, 142, 183
....205f., 210

268

Borromeo, Federico...S. 14, 46
Botero, Giovanni..S. 87
Braun, Konrad..S. 85
Bruno, Giordano...S. 63
Bullinger, Heinrich...S. 87

Calvin, Johannes............................S. 34, 39, 59, 69, 74, 86f., 131, 157, 181
Canavale, Francesco..S. 173
Canisius, Petrus..S. 44, 65
Caravaggio, Michelangelo Merisi...S. 89
Carducho, Vicente...S. 122
Carova, Andrea..S. 173
Carracci, Malerfamilie..S. 54
Catarino, Ambrogio...S. 85
Cavallini, Pietro...S. 93
Cesi, Bartolomeo...S. 54
Christina, Kg. von Schweden..S. 158
Christus..S. 36f., 72, 74, 80, 83, 149, 160, 184, 190
Cicero, Marcus T..S. 85, 87
Circignani, Niccolò (gen. Il Pomarancio)...S. 144
Clemens VII., Papst..S. 62
Clemens XI., Papst..S. 185
Cornaro, Federico..S. 146, 148, 150
Cortona, Pietro da..S. 100f.

David..S. 186
DaVinci, Leonardo..S. 147
Dolce, Lodovico...S. 88
Dürer, Albrecht...S. 55, 94, 121

Elias...S. 186
Erasmus..S. 60, 87
Eusebius..S. 86

Faltone, Geronimo...S. 173
Ficino, Marsillio...S. 120
Fra Bartolomeo..S. 94
Franck, Adam..S. 178
Franz von Toledo..S. 60
Franz Ludwig von Pfalz-Neuburg...S. 180, 185, 187
Franz Xaver.......................................S. 177, 180, 182, 185, 187, 191, 211
Franziskus von Assisi...S. 108, 181
Ferdinand II., dt. Kaiser...S. 165, 167

Ferdinand III., dt. Kaiser..S. 169, 171, 179

Galesinus, Petrus..S. 49
Galilei, Galileo...S. 44, 64
Gaulli, Giovanni Battista...S. 183
Gilio, d'Onofrio...S. 78, 87, 91, 102
Giovanni da Fiesole...S. 94
Gonzaga, ital. Fürstengeschlecht..S. 33
Gracián, Baltasar..S. 107
Gregor d. Große, Papst..S. 84, 94, 113, 121
Gregor von Valencia..S. 63
Gregor XIII., Papst..S. 47, 61, 63
Gregor XV., Papst..S. 134
Guevara, Antonio de...S. 167
Guicciardini, Francesco...S. 155
Guise, Kardinal (d.i. Charles de Lorraine, gen. 'Kardinal
von Lothringen')..S. 33f.

Hartmann, Heinrich...S. 171
Haus Habsburg.................S. 126, 135, 139f., 161-189, 202-205, 211f.
Hedwig, Heilige..S. 185f.
Hegel, Georg Wilhelm Friedrich..S. 80
Hieronymus...S. 86
Hobbes, Thomas..S. 62
Horaz..S. 99, 119, 111
Hosius, Stanislaus..S. 33
Hus, Jan...S. 168

Illyricus, Mathias Flacius..S. 62
Innozenz III., Papst..S. 88
Innozenz X., Papst..S. 157

Jahve...S. 186
Jakob I., Kg. von England..S. 62
Jesus..S. 186-188
Johannes Chrysostomos..S. 86, 113
Johannes Damascenus..S. 79, 86
Johannes Nepomuk..S. 168, 191
Johannes der Täufer..S. 77
Joseph, Heiliger.......................................S. 168, 179f., 184, 189, 211
Joseph I., dt. König...S. 172, 185, 194
Judas Thaddäus...S. 186

Karl III., siehe Karl VI.
Karl V., dt. Kaiser..S. 165

Karl VI., dt. Kaiser..S. 185, 195
Karlstadt, Andreas (d.i. Andreas Bodenstein)...S. 132-134
Kircher, Athanasius.........................S. 15, 117, 123-126, 159f., 190, 206, 209
Kostka, Stanislaus...S. 184

Lamormaini, Wilhelm..S. 167, 171
Lanfranco, Giovanni..S. 148
Laynez, (Laínez), Diego..S. 44
Leopold I., dt. Kaiser...S. 169, 180, 185, 193, 197, 201
Liechtenstein, Anton Florian von..S. 160
Loyola, Ignatius von.........................S. 66, 67, 134, 144, 160, 177, 182-188
....180f., 191, 211, 217f.
Luis de Grenada...S. 122
Lukas, Apostel..S. 79, 94, 141f., 160, 166
Luna, Graf (span. Gesandter)..S. 34, 40
Lurago, Carlo..S. 173
Luther, Martin..............................S. 67, 132f., 135, 155, 181f., 188, 207

Macchiavelli, Niccolò...S. 155
Marcellus II., Papst..S. 59
Maria...S. 36, 79f., 92, 94, 109, 142, 166-168, 176
....179f., 185f., 204, 211
Mariano, Mario..S. 175
Martyribus, Bartholomäus de..S. 44
Masen, Jacob (Masenius, Jacobus)...S. 127
Matteo di Siena..S. 144
Maximilian von Bayern..S. 172
de'Medici, Gian Angelo..S. 44
de'Medici, Katharina..S. 44
Mercurian, Eberhard...S. 61
Metaphrastes..S. 85
Michael, Erzengel..S. 185
Michaele, Antonio...S. 40
Michelangelo (Buonarotti, Michelangelo)...........S. 41, 90, 92, 96-98, 110, 147
Miller, Johannes...S. 174-176, 179
Misciatelli, Piero..S. 158
Molanus, Johannes..S. 14, 42, 57, 85, 102
Molina, Luis de..S. 62, 120
Moneta, Ludovico..S. 50
Moretti, Theodor..S. 180
Morone, Giovanni...S. 33, 44

Neri, Filippo..S. 53
Nikephoros, Patriarch..S. 79

Noah..S. 186
Nogueras, Jacobus Gilbertus...S. 40
Nyssenus, Gregor..S. 86

Oliva (Jesuitengeneral)...S. 151
Olympius, Heiliger...S. 179
Ottokar II. von Böhmen..S. 173
Ottonelli, Gian Domenico...S. 14, 99, 102, 126, 198, 209
Pacheco, Francisco..S. 122
Pacifico, Ponzio..S. 49
Paleotti, Camillo..S. 53
Paleotti, Gabriele................S. 13f., 18, 41f., 46, 52-59, 65, 68f., 70-102, 108-116
....122, 124, 126f., 129, 131-134, 137-139, 142, 149-151
....160f., 174, 176, 183, 189, 198, 205-207, 209f.
Palladio, Andrea..S. 107
Palmio..S. 53
Palomino, Antonio...S. 122
Pascoli, Lione..S. 160
Paul III., Papst...S. 45
Paul V., Papst..S. 151
Paulus, Apostel...S. 113, 152, 184
Pázmánny, Peter..S. 65
Pelagius, Mönch..S. 181
Peretti, Felice, siehe Sixtus V.
Petrarca..S. 77
Petrus, Apostel...S. 122, 152
Phidias...S. 93
Pico, Giovanni...S.120
Pino, Marco dal...S. 87
Pius IV., Papst..S. 40, 52, 62
Pius V., Papst..S. 47, 109, 122
Platon...S. 85
Plinius d. Ä..S. 82, 85, 121
Plutarch..S. 87
Possevino, Antonio...S. 14f., 117-123, 105f., 208
Pozzo, Andrea del....................S. 16, 159f., 178, 184f., 188, 190, 193, 196, 210
Protogenes...S. 93

Qintilian, Marcus Fabius...S. 87

Raffael (Raffaelo Santi)..S. 76, 92
Ribera, Juan Vicente de..S. 44
Ripa, Cesare..S. 59
Rottmayr, Johann Michael...................S. 183f., 186-190, 195f., 198, 201f., 211f.

Rubens, Peter Paul..S. 18, 141, 183, 189
Rudolf von Habsburg..S. 167

Salomo..S. 69, 76, 78, 186
S. Teresa, siehe Theresa von Avila
Sanders, Nicholas..S. 85
Savonarola, Girolamo...S. 120
Sebastian, Heiliger..S. 186
Seneca, Lucius d.Ä...S. 87
Seripando, Girolamo...S. 33, 44
Sirleto, Gugliemo..S. 56
Sixtus V., Papst...S. 16, 62, 64, 122, 152-158
Skarga, Piotr..S. 65
Strabo..S. 85
Suárez, Francisco..S. 189
Surius, Laurentius...S. 85

Tasso, Torquato...S. 172
Tausch, Christoph..S. 178f., 187-189, 198, 202, 212
Tempesta, Antonio..S. 144
Theresa von Avila, Heilige...S. 15, 146, 151, 180
Thomas von Aquin...S. 60, 78, 85, 87f., 99
Tibaldi, Domenico..S. 48
Tibaldi, Pellegrino..S. 48, 51
Tizian (Vecellio, Tiziano)..S. 70, 100
Tympe, Matthaeus..S. 176

Urban VII., Papst...S. 64
Urban VIII., Papst...S. 140, 156

Vasari, Giorgio...S. 68f., 85, 87, 90
Vinzentius, Heiliger..S. 179
Vitruv, Pollio...S. 89
Volterra, Daniele da..S. 41

Wilcke, Johan Kasper...S. 178
Wittelsbacher, Herzöge...S. 45
Wolff, Friedrich..S. 172
Wyclif (Wycliffe, Wiclif), John von...S. 86

Zwingli, Huldrych...S. 13, 34, 39, 181

2. Ortsregister

Ägypten..S. 92
Afrika..S. 185
Amerika...S. 185
Asien...S. 122, 185
Avignon...S. 118

Bayern, Herzogtum..S. 44
Bibliotheka Vaticana..S. 153
Böhmen...S. 169, 179, 211
Bologna..S. 48-56, 111
Borgo Nuovo, Rom...S. 157
Breslau......................S. 13, 17, 30, 140, 171-173, 180-187, 190f., 194
....196, 198-200, 211f.
Cappella Cornaro, S. Maria della Vittoria, Rom..........S. 139, 146-152
Cappella Paolina, S. Maria Maggiore, Rom................S. 141-143, 210
Capua..S. 62
Cateau-Cambrésis..S. 43
Circus Maximus...S. 154

Europa...S. 52, 101, 118, 122, 185

Florenz..S. 60
Frankreich............................S. 33f., 43, 77, 118, 123, 161, 164, 204
Franz-Xaver-Kapelle, Breslau......................................S. 183, 187
Fulda..S. 123

Genf...S. 211
Glatz, Grafschaft...S. 170, 173
Glatz, Stadt...............S. 13, 17, 31, 140, 170f., 173-175, 180, 187, 189
....191, 197, 200, 211
Glogau...S. 171

Hirschberg...S. 171

Ignatius-Kapelle, Breslau...S. 183, 187
Il Gesù, Rom..S. 99, 159, 182, 184
Indien..S. 101
Ingolstadt..S. 56, 63, 141

Kapitol...S. 153
Kirche am Hof, Wien...S. 192

Kolonnaden v. S. Pietro...S. 16, 151-159, 210

Lateran..S. 152f.
Liegnitz...S. 171
Löwen...S. 60, 63
Lyon..S. 118

Mailand...S. 43-48, 56, 63, 107, 113, 129, 210f.
Mainz..S. 123
Marc-Aurel-Säule...S. 152
Maria Zell..S. 166
Mondovi...S. 60
Monte Celio, Rom..S. 143

Namen-Jesu-Kirche, Breslau.......................................S. 182f., 186, 188

Padua..S. 60
Piazza del Popolo...S. 152
Poissy...S. 35
Polen...S. 118
Prag...S. 16, 170, 173f., 182

Rom............................S. 13, 15f., 24f., 30, 43, 45, 51, 56, 59, 62, 94, 107
....................123, 129, 140, 142-146, 150-163, 173f., 179f.,184, 195, 209, 212

Salone Sistino, Rom...S. 153
S. Ambrogio, Mailand..S. 48
S. Croce in Gerusalemme, Rom..S. 48
S. Giovanni in Laterano, Rom...S. 48
S. Ignazio, Rom...S. 16, 139, 159f., 184f., 190, 196f.
S. Lorenzo, Mailand...S. 48
S. Lorenzo fuori le mura, Rom..S. 48
S. Maria Maggiore, Rom..S. 16, 94, 141-143, 153f.
S. Maria in Vallicella, Rom..S. 83, 141
S. Maria della Vittoria, Rom..S. 139, 146-152, 179
S. Nazaro, Mailand...S. 48
S. Nereo e Achilleo, Rom...S. 99
S. Paolo fuori le mura, Rom..S. 48, 154
S. Pietro in Vaticano, Rom..........................S. 16, 48, 139, 152-157, 210
S. Sebastiano, Rom...S. 48
S. Simpliciano, Mailand...S. 48
S. Stefano Rotondo, Rom............................S. 17, 99, 139, 143-147, 210f.
S. Stefano, Mailand..S. 48
S. Vittore al Corpo, Mailand..S. 48
Schlesien.......................................S. 15-17, 25, 139, 161-172, 179f.

....	188f., 201, 211f.
Schweden..	S. 118
Schweidnitz...	S. 171
Sorbonne...	S. 35f., 39f.
Spanien..	S. 29, 48, 164, 195, 214f.
St. Germain-en-Laye...	S. 35
Südamerika..	S. 122, 185
Trajanssäule..	S. 135, 152
Trient................................	S. 12, 17, 19, 32f., 36, 39-46, 49, 52, 55, 78, 80
....	105, 143, 152, 179, 205, 211
Via Felice...	S. 153f.
Via Flaminia...	S. 154
Weißer Berg (Schlacht)..................................	S. 146, 170-173, 179, 211
Wien..	S. 16, 125, 170, 192-194
Würzburg..	S. 123

3. Sachregister

Aberglauben...S. 35, 38
Ablass...S. 33, 39, 47, 133
abusus (siehe auch Missbrauch)..S. 36
adoratio...S. 82
Ästhetik (siehe auch Wirkungsästhetik u. Rezeptionsästhetik)........S. 12, 16
...................................S. 24, 76, 100, 123, 135f. 195, 202, 204, 213, 215
Affekt.........................S. 18, 23, 30, 87, 97, 99, 132, 134, 146, 151, 155
....161, 211, 213f.
Affektenlehre..S. 88, 132, 151, 207
Affekterregung............S. 14, 16, 24, 95-102, 115-117, 139, 146-152, 156-160
....179, 200, 206, 210f.
Affektdisziplinierung...S. 115-117
affetto misto...S. 147
Albigenser...S. 181
Allegorie...S. 11, 77, 97, 109, 146, 164, 187, 188, 211
Allusion...S. 164, 188
Altar (siehe auch Hochaltar)..............................S. 147, 175, 178f., 188
Altarbild...S. 142, 151, 188f.
Ambulatorium...S. 143
Anagogik...S. 69, 76, 96, 198
Anno Santo, siehe Heiliges Jahr
Anthropologie..S. 64f.
Anticamera...S. 75
Apotheose..S. 194, 197
Architektur............S. 16, 29, 31, 42, 49, 57, 66, 69, 76, 90, 119, 122, 158
....160f., 187f., 191-199, 210
Architektur, ephemere..S. 191-196, 198
argutia...S. 147
Arithmetik..S. 121
artes liberales..S. 70f., 102
artes meccaniche..S. 71
artes praedicandi..S. 106
arti del disegno...S. 69
ascensus...S. 124, 177, 194, 197
Askese..S. 45, 205
assumptio...S. 142, 178
Augustiner...S. 40, 44

Baptisterium...S. 50
Barmherzigkeit...S. 93, 112
Barockkatholizismus...S. 129, 163, 210

277

Beichte..S. 23, 75, 116, 176
Beichtväter..S. 167, 171
Betstock..S. 167
biblia pauperum...S. 76, 206
Bibliothek...S. 119-121
Bilderdekret................................S. 14, 17, 31-41, 49, 81, 86, 106, 203-205
Bilderfrage....................S. 12f., 15, 4218, 21, 32, 34-42, 58, 65, 76, 85
....107, 127f., 129, 134, 138
Bilderkult...S. 58f., 85, 135
Bilderpolitik..............................S. 14, 26, 40, 42, 128, 130, 180, 205, 209, 211
Bildersturm..S. 32-34, 130, 135
Bilderverbot..S. 74, 38
Bilderverehrung.................S. 14, 18, 25, 34-39, 42, 43, 66, 78, 80f., 83
....86, 88, 129, 133, 135, 141, 142-144, 161, 181, 185
....191, 206, 209-211
Bildhauerei..S. 70, 148
Bildpotenzial...S. 131f., 136
Bildtheologie..S. 144, 212
Bildtheorie....................S. 13f., 26, 37, 42, 56, 67, 74, 84, 97, 124, 126
....130, 161, 205
Bildverständnis..S. 19, 83, 130, 155
Bittprozession, siehe Prozession
Blasphemie..S. 110
Bradellae..S. 50
Breviarium...S. 41
brevità..S. 70
Bruderschaften..S. 168, 172, 180
Buße..S. 84, 93, 98

Calvinismus...S. 34
caritas..S. 88, 98
Castrum doloris, siehe Trauergerüst
cohortatio..S. 114
Collegio Romano...S. 61, 124
comodità..S. 69
concetto..S. 24, 66, 78, 82, 149
conquestio..S. 114
cultus latriae..S. 83

delectare...S. 98, 101, 105
Demut...S. 93f., 105, 112
descensus..S. 190, 194, 196
Devotion.....................................S. 72, 87, 90 101, 112, 148, 150, 187

dignitas hominis..S. 125
diletto..S. 69, 73
Diözese...S. 37, 41, 45-57, 105, 111, 113, 116, 175, 198
disegno..S. 68, 79, 91f. 96
Disziplin...S. 19, 71, 90, 117, 136, 155, 206
Disziplinierung................S. 12, 14, 20f., 26, 31f., 89, 94f., 117, 134, 139-141
....146, 148, 151, 161, 163, 171, 210, 213f.
docere..S. 108f.
Dogma..S. 26, 75, 86
Dominikaner..S. 40, 106
Dresdner Akkord..S. 169
dulia...S. 80, 82-84
Duldsamkeit..S. 112

ecclesia militans...........................S. 32, 108, 112, 145, 154, 174, 180, 208f.
ecclesia triumphans......................S. 32, 81, 140, 147, 152, 155-158, 180, 208f.
effetti sopranaturali..S. 100
Ehebruch..S. 110
Eifer..S. 111f.
Eitelkeit..S. 58, 95, 105, 111
Ekklesiologie...S. 64
Emblem..S. 123, 149
Emotion..S. 96, 99, 103, 116, 206
Empyreum...S. 158, 189f.
Engel..S. 59, 68, 77, 147, 151, 160, 175, 178
epilogus..S. 114
Epiphanie..S. 189
Erntezauber..S. 58
Eucharistie..................S. 75, 82, 135, 168, 183, 186, 188, 194, 197, 200
Evangelium..S. 109
Ewigkeit..S. 116, 153, 156
excitatio...S. 73, 97, 206
exemplum doloris...S. 122
exordium...S. 114
Exequien...S. 192f.
Exerzitien.................................S. 44, 65, 67, 115, 127, 134, 144, 160

facilità..S. 70
Fegefeuer..S. 33, 75, 186
Feuer...S. 111, 133, 146, 160
Feuerwerk..S. 198
figura serpentinata...S. 147
flectare...S. 105

Fluch..S. 110
Flut..S. 111
Fragmentierung...................................S. 16, 124f., 132, 152, 209, 212f.
Franziskaner..S. 106, 171
Fresko.........................S. 83, 144f., 148f., 160, 183f., 190, 200, 211
Frömmigkeit............................S. 22, 25, 49, 99, 165f., 168f., 194, 211
Fronleichnam..S. 168, 176
fruito..S. 124

Gebet..S. 109, 116, 158, 185
Gegenreformation.......................S. 17-20, 26, 47, 151, 163, 170
Gehorsam..S. 92, 99, 111, 114
Geiz...S. 110
Geometrie..S. 121
Gnade.........................S. 75f., 89, 91, 111, 116, 174f., 207
Gnadenbild...S. 142, 174f., 197
Götzenbilder..S. 68, 122
Grammatik...S. 53, 162
Graphik..S. 69
Grotesken...S. 59, 88, 90, 97, 101

Häresie.........................S. 46, 112, 114, 118f., 160, 167, 188, 207, 211
heidnisch..........................S. 34, 38, 58, 70, 77, 85, 87f., 93, 101, 109
....112f., 120, 122, 206
Heilige................S. 33f., 36-38, 43, 46f., 68, 72, 76, 78, 80-82
....94, 147, 149, 158, 180f., 184, 204
Heiligenverehrung.......................................S. 25, 39, 133, 135
Heiliger Stuhl..S. 38
Heiliges Jahr..S. 47
Hexerei..S. 110
Hierarchie.....................S. 21, 30, 102, 124, 135, 142, 155f., 161, 208, 214
Hieroglyphen...S. 123, 154
Himmelfahrt..S. 142, 178, 190
Hochaltar........S. 18, 173-175, 178, 182, 186-189, 191, 196-198
Hölle...S. 75
Hochzeit..S. 110
Hurerei..S. 110
hyperdulia...S. 80, 83f.

idioti.....................S. 42, 75, 88, 92, 95-98, 100-102, 116, 132, 137
....176, 189, 207
Idolatrie...S. 35, 66, 78, 80, 82f., 87, 206
idolum..S. 67f.
Ikone..S. 75, 83, 86, 141, 142, 166

Ikonographie..................S. 42, 57, 59, 62, 96, 147, 156, 168, 177, 191, 198, 203
Ikonoklasten..S. 70, 72, 130
Ikonoklasmus, siehe Bildersturm
Ikonodulen...79, 130
Illusion...S. 139, 159, 164, 189, 193, 201, 203
imago...S. 66-68, 77f., 83, 149
imitatio..S. 47, 147
Imprese..S. 59, 99, 123, 149
Indifferenz (religiöse)..S. 53
Indvidualisierung...S. 22, 125, 132, 146, 159
ingenia...S. 121, 209
insegnare...S. 70, 97
instruere..S. 98, 101
ius reformandi...S. 165

Jesuiten (= Societas Jesu)...............S. 13-18, 24f., 32, 35, 42, 44f., 59f., 62f., 99
....106, 113, 117f., 120, 123, 126f., 141, 143, 145
....151, 159-163, 166-190
Jesuitenkirche..S. 173, 182f., 186, 192, f.
Jesuitenkolleg..S. 60, 118, 122, 144, 173, 201
Jesuitenuniversität...S. 172, 194

Kardinaltugenden, siehe Tugenden
Karmeliter..S. 40, 146
Kasuistik...S. 58, 74, 94
Katechismus..S. 33, 41, 44, 53, 58, 86
Katholische Konfession..S. 155
Katholische Konfessionalisierung...S. 19f., 26, 41, 44
Katholische Mission..S. 180
Klarheit...S. 124, 156, 161, 203, 208
Kleidung..S. 50, 112
Klerus...............................S. 22, 41, 53, 87, 108, 111f., 114, 132, 207
Konfessionalisierung..S. 19-25, 29
Kontemplation...S. 73, 126, 190f.
Kontroverstheologie..S. 61, 63-65
Konzil, siehe Nizänum und Tridentinum
Kultbild..S. 16, 127, 136, 139, 141f., 146, 209
Kulturtransfer..S. 161f.
Kultus..S. 36, 82f.
Kunsttheorie..S. 67f., 75, 87, 98, 101-103
Kurie..S. 40, 44, 46, 56, 62, 84

Laie..S. 50, 106, 108-116, 171, 187, 206
Laokoon..S. 122

lapis angularis...S. 157
Laster...S. 73, 89, 104, 108, 110, 112, 116, 184
latria...S. 35, 80, 82f.
letterati...S. 96, 98
libro degli idioti...S. 95
libro populare...S. 95f.
Licht...S. 126, 160, 178, 187, 190, 194
Liturgie...S. 23, 49, 134, 175, 187, 197, 200, 206
locus sanctus...S. 84
lumen...S. 126
luogo teologico...S. 67
lux...S. 126

Malerei.........................S. 16, 23, 29, 42, 54, 57-59, 68-73, 76f., 88, 92-103
.........................119, 138, 141, 147f., 183f., 187f., 195-200, 204, 209
manifestatio per verbum...S. 124
mansuetudo...S. 193
Märtyrer/Martyrium.........................S. 47, 72, 94, 112, 117, 122, 143-145, 185f.
Marianische Kongregation...S. 171
memoria...S. 73f., 83, 97, 118, 145
Mikrokosmos...S. 124f.
Missbrauch...S. 36, 82, 94, 108, 133
Mission.........................S. 24, 99, 106, 122f., 141, 143-145, 161, 166, 170
.........................185, 198, 208, 210
Mitleid...S. 105, 182
Mnemotechnik...S. 74, 144, 206
Modernisierung...S. 21-23, 29, 139
Monokonfessionalisierung...S. 162, 165, 211
Moralpsychologie...S. 87
Musik...S. 23, 198-201
muta praedicatio...S. 76

narratio...S. 114, 145
necessità...S. 69, 75, 89
Nizänum...S. 32, 35, 39, 69, 79f., 85f., 206

Obelisk...S. 16, 152-158
onestà...S. 59, 82f.
Ordnung.........................S. 20, 24, 31, 84, 108, 110f., 113, 118, 124-126
.........................131, 135, 142, 152, 156, 167, 200, 203, 207-209
Optik...S. 121, 126, 160, 209

pagan, siehe heidnisch
Panegyrik...S. 166

Patrozinium..S. 178
performativ..S. 158, 191, 195-202, 212
Perspektive.....................S. 11, 19-22, 28, 35, 68, 134, 158-161, 179, 197f., 213
persuasione..S. 73, 88, 93, 98, 102, 210
pietas...S. 119, 208
pietas austriaca...................S. 16, 135, 162, 164, 166-168, 179f., 189, 194, 211f.
pietas eucharistica..S. 168
pietas mariana..S. 168
pietas victrix...S. 168
pittori...S. 59, 89, 91-96, 148, 160
pittura scandalose...S. 58
pittura sospette...S. 58
Plastik...S. 69
Pönitentiatrie..S. 60
Prädestinationslehre..S. 60, 62
Prager Frieden..S. 169
Prediger......................S. 25, 60, 70, 76, 83, 92f., 102-120, 132, 134, 149
....169, 171, 207f. 210
Predigerspiegel..S. 104
Predigt...............S. 18, 20f., 23, 42, 52f., 60, 65, 71, 83, 102-117, 133
.............................135f., 138, 150, 169, 176, 181f., 191, 199, 205, 207, 212
Presbyterium..S. 178, 183, 186f.
princeps absolutus..S. 165
proskynesis..S. 35
Protestanten.....................S. 12f., 17, 24, 75, 86f., 112, 122, 136, 142-146, 155
....163, 165-168, 171, 181, 186, 206, 213
Protestantismus...S. 12, 23, 32, 65, 117, 216
Prototyp...S. 37, 49, 68, 79-83, 125, 204
Provinzialsynode..S. 38, 53, 106
Prozession....................S. 38, 47f., 106, 144f., 158, 168f., 171, 177, 211
punto stabile..S. 210

Quarantore-Gebet..S. 168

ratio studiorum...S. 61, 119f.
Reformation....................S. 12, 25, 34, 37, 65, 118-136, 174, 183, 205, 207
Rekatholisierung......S. 15, 17, 139, 163, 165, 167, 169f., 171, 177, 179-181, 202
Rekatholisierungspolitik..............S. 17, 139, 163, 170, 174, 179, 202, 208, 211
Religionsgespräch..S. 35, 65
Reliquien..S. 32, 37-39, 47, 81f., 84-86, 144, 179
Reliquienverehrung/Reliquienkult...S. 38, 47, 65, 67, 81
Renaissance..S. 28-30, 38, 77, 92f., 123, 127, 132, 140
renovatio Romae..S. 152

repraesentatio...............S. 37, 75f., 79-83
res publica letteraria...............S. 140
res publica Catholica...............S. 66
res publica christiana...............S. 115, 134, 140, 159
Rezeptionsästhetik...............S. 96, 102
Rhetorik...............S. 15, 31, 42, 53, 70f., 97-99, 102f., 106f., 110f.
...............112-115, 135, 189, 199f., 206f., 213
Ritus...............S. 47, 49, 52, 76, 86, 105, 133, 145, 208
Roma felix...............S. 152-156
Rota...............S. 52

Sabbatgebot...............S. 74
Sacri Monti...............S. 48, 84
Sakrament...............S. 37, 64, 72, 75f., 109, 206
Sakramentspiele...............S. 168
Salböl...............S. 79
Schatten...............S. 126
Schlange, eherne...............S. 74, 78, 82
Scholastik...............S. 17, 42, 60, 108f., 204
Seelsorger/Seelsorge...............S. 57, 59, 113, 187, 207
sensuali...............S. 101
sermo humilis...............S. 189
similitudine...............S. 68, 79, 82, 98, 190, 208
simulacra mentis...............S. 133
Skulptur...............S. 158, 182, 189, 195-197, 202, 209f.
Sol Duplus...............S. 194, 217
sola-scriptura-Prinzip...............S. 67, 155, 207
Sonne...............S. 169, 179, 188, 194
spirituali...............S. 52, 77, 96, 101, 137
Spiritualität...............S. 42, 65, 67, 112, 162, 182, 191, 199, 206
stabilità...............S. 70
Strafe...............S. 51, 94, 108, 111, 114, 116, 207
stupendo...............S. 148
stupor...............S. 215
sublim...............S. 73, 98f., 128, 148
Sünde/Erbsünde...............S. 73, 78, 94, 104, 108, 110f., 116, 176, 207
Synästhesie...............S. 191, 198-200, 212
Synode...............S. 24, 49, 57

Tabernakel...............S. 27, 69, 76, 178f.
Tanz...............S. 110, 198
Teufel...............S. 101
Theater...............S. 191, 193, 198-201, 212

theatrum sacrum...S. 153, 157, 159, 163
Theologie...............................S. 15, 24, 35, 61, 64f., 67, 69f., 75, 82, 104, 111
....119f., 135, 189, 200, 204-208, 212-216
Theologie der Visibilitas...............S. 67, 124f., 159, 161, 191, 198, 203, 209, 215
Tod..S. 94, 111, 116, 147, 192
Traktat...........................S. 13-15, 18, 20, 26f., 33, 41f., 55-57, 61, 65, 68, 82
....85f., 88, 90, 99f., 107-109, 113, 115-117, 128
....130, 134, 137-141, 150, 155, 159, 205-207
transitorisch...S. 133, 157f., 195-201, 212
Transverberation..S. 147-149
Trauergerüst..S. 193f.
Tridentinum...................S. 14, 17f., 25f., 32, 34, 40, 42, 46f., 51-53, 56, 69, 84
....86, 103, 114, 127f., 179f., 204, 206
Trinität...S. 68, 160, 179
Triumphwagen...S. 183, 186, 190
trophaea sacra..S. 144
Trunksucht...S. 110
Tugenden.......................S. 44, 47, 82, 104, 108, 111f., 116, 183f., 191, 194

Universalwissenschaft...S. 15, 117, 124f., 159, 206, 209
Universum..S. 125, 153
Urbanistik..S. 16, 31, 48, 152, 155f., 209
utilità..S. 69f., 82, 92, 108, 121, 205

Vaterunser...S. 109
Verdammnis..S. 116
vera ecclesia...S. 67, 125, 156
Verismus...S. 198
virtù...S. 69-71, 73, 78, 90, 93, 98, 105
Visitation..S. 23f., 46f., 49, 53
Visualisierung.....................S. 12-17, 31f., 139f., 143-145, 158-164, 169, 173
....191, 199f., 204, 211-213
Volksfrömmigkeit............................S. 24f., 32, 129, 136, 141, 179f., 210
Vulgata..S. 41, 62, 104, 109

Wallfahrt......................................S. 38, 47f., 66, 84, 133, 153f., 166-169, 177
Wirkungsästhetik..S. 87, 97, 127, 151, 207

Zauberspruch..S. 110
zelante concionatore...S. 112
Zensur..S. 23, 41, 61
Zeremonien...S. 76, 176f.

VII. Abbildungsverzeichnis
1. Abbildungen

Abb. 1: Cappella Paolina, Blick zum Altar, S. Maria Maggiore, Rom

Abb. 2: Cappella Paolina, Altar mit der Lukas-Madonna, S. Maria Maggiore, Rom

Abb. 3: S. Stefano Rotondo, Blick in das Ambulatorium, Rom

Abb. 4: Nicolò Circignani, Martyrium des Heiligen Christian, S. Stefano Rotondo, Rom

Abb. 5: Gian Lorenzo Bernini, Ekstase der Heiligen Theresa, Cappella Cornaro, S. Maria della Vittoria, Rom

Abb. 6: Gian Lorenzo Bernini, Ekstase der Heiligen Theresa, Blick auf den Altar, Cappella Cornaro, S. Maria della Vittoria, Rom

Abb. 7: Gian Lorenzo Bernini, Mitglieder der Familie Cornaro in den seitlichen Logen, Cappella Cornaro, S. Maria della Vittoria, Rom

Abb. 8: Gian Lorenzo Bernini, Spruchband mit der Inschrift "Nisi coelum creassem, ob te solam crearem", Cappella Cornaro, S. Maria della Vittoria, Rom

Abb. 9: Bordini-Stadtplan mit der mystischen Interpretation der Wege, Rom 1588

Abb. 10: Vedute mit der Straßenführung, Salone Sistino, Bibliotheca Vaticana, Rom

Abb. 11: G. Maggi, Vatikanischer Obelisk vor S. Pietro, Esquilinischer Obelisk hinter S. Maria Maggiore (oben), Lateranischer Obelisk vor der Benediktions-Loggia, Projekt für den Augustäischen Obelisken vor S. Croce in Gerusalemme (unten), Radierungen für das Werk von G. F. Bordini, Rom 1588

Abb. 12: Vatikanischer Obelisk, Platz vor S. Pietro, Rom

Abb. 13: Kolonnaden, Platz vor S. Pietro, Blick von S. Pietro, Rom

Abb. 14: Kolonnaden mit den Heiligen-Skulpturen, Platz vor S. Pietro, Blick auf die Hauptfassade, Rom

Abb. 15: Andrea Pozzo, Langhaus von S. Ignazio, Blick vom Eingangsbereich, Rom

Abb. 16: Andrea Pozzo, Langhausfresko von S. Ignazio, Blick vom idealen Betrachterstandpunkt, Rom

Abb. 17: Stadtpfarrkirche, Blick auf den Hochaltar, Glatz

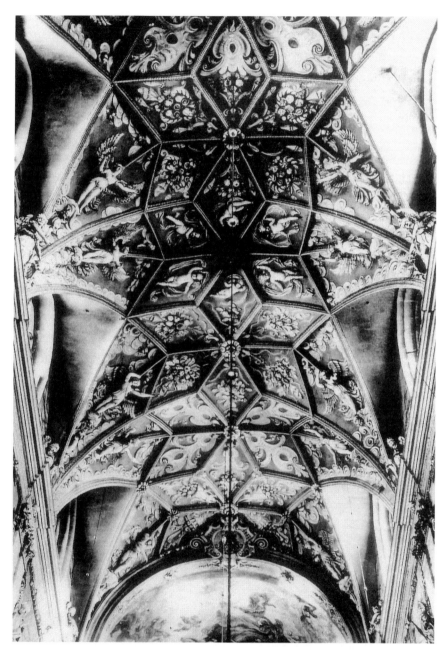

Abb. 18: Stadtpfarrkirche, Blick in das Gewölbe des Hauptschiffs, Glatz

Abb. 19: Christoph Tausch, Hochaltar, Stadtpfarrkirche, Glatz

Abb. 20: Jesuitenkirche, Blick auf die Hauptfassade, Breslau

Abb. 21: Johann Michael Rottmayr, Langhausfresko, Anbetung des Namen Jesu, Jesuitenkirche, Breslau

Abb. 22: Johann Michael Rottmayr, Langhausfresko, Monogramm „IHS",
Jesuitenkirche, Breslau

Abb. 23: Peter Paul Rubens, Triumph des katholischen Glaubens, Louvre, Paris

Abb. 24: Baciccio, Langhausfresko, Il Gesù, Rom

Abb. 25: Johann Michael Rottmayr, Langhausfresko, Maria, Jesuitenkirche, Breslau

Abb. 26: Johann Michael Rottmayr, Langhausfresko, Ignatius, Franz Xaver, Francisco de Borgia, Stanislaus Kostka, Jesuitenkirche, Breslau

Abb. 27: Johann Michael Rottmayr, Langhausfresko, Erzengel Michael, Jesuitenkirche, Breslau

Abb. 28: Johann Michael Rottmayr, Langhausfresko, jesuitischer Märtyrer und Bilderverehrer, Jesuitenkirche, Breslau

Abb. 29: Johann Michael Rottmayr, Langhausfresko, Balustrade auf der Seite
Europas mit Papst Clemens XI., Kaiser Leopold I., König Joseph I., der Kronprätendent Karl (der spätere Kaiser Karl VI.), Kurfürsten und der Breslauer
Fürstbischof Franz Ludwig von Pfalz-Neuburg, Jesuitenkirche, Breslau

Abb. 30: Johann Michael Rottmayr, Presbyteriumsfresko, Anbetung Jahves, Jesuitenkirche, Breslau

Abb. 31: Johann Michael Rottmayr, Langhausfresko, Fresko über der
Musikempore, Engelschor, Jesuitenkirche, Breslau

Abb. 32: Jesuitenkirche, Blick auf den Hochaltar, Breslau

Abb. 33: Christoph Tausch, Hochaltar, Jesuitenkirche, Breslau

Abb. 34: Christoph Tausch, Beschneidung Christi, Hochaltar, Jesuitenkirche, Breslau

Abb. 35: Andrea Pozzo, Trauerprospekt für Kaiser Leopold I., Jesuitenkirche, Wien, Radierung von J. A. Pfeffel und C. Engelbrecht, 1705

Abb. 36: Anonymes Trauerprospekt für Kaiser Leopold I., Kirche am Hof, Wien, Radierung von F. A. Dietell, 1705

2. Abbildungsnachweise

Abb. 1 und 2: Gerhard Wolf: Regina Coeli, Facies Lunae, "et in terra pax", in: Römisches Jahrbuch der Bibliotheca Hertziana, Jg. 27/28, 1991/1992, S. 283–336.

Abb. 3 und 4: Leif Monssen: The Martyrdom Cycle in Santo Stefano Rotondo, in: Acta ad Archaeologiam et Artium Historiam Pertinentia, Jg. 2 N.S., 1982, S. 175–317, und Jg. 3 N.S., 1983, S. 11-106.

Abb. 5 bis 8: Irving Lavin: Bernini and the unity of the visual arts, New York, London 1980.

Abb. 9 bis 11: René Schiffmann: Roma felix. Aspekte der städtebaulichen Gestaltung Roms unter Papst Sixtus V., Frankfurt/Main 1985.

Abb. 12: Gian Lorenzo Bernini Architetto e l'architettura europea del seisettecento, hrsg. von Gianfranco Spagnesi, Marcello Fagiolo, Florenz 1983.

Abb. 13: Franco Borsi: Bernini Architetto, Mailand 1980.

Abb. 14: Gian Lorenzo Bernini Architetto e l'architettura europea del seisettecento, hrsg. von Gianfranco Spagnesi, Marcello Fagiolo, Florenz 1983.

Abb. 15 und 16: Felix Burda-Stengel: Andrea Pozzo und die Videokunst. Neue Überlegungen zum barocken Illusionismus, Berlin 2001.

Abb. 17 bis 22: Herder-Institut, Marburg.

Abb. 23: Louvre, Paris.

Abb. 24: Robert Enggass: Baciccio. The painting of Baciccio. Giovanni Battista Gaulli 1639–1709, Pennsylvania 1964.

Abb. 25 bis 34: Herder-Institut, Marburg.

Abb. 35 und 36: Michael Brix: Trauergerüste für die Habsburger in Wien, in: Wiener Jahrbuch für Kunstgeschichte, Jg. 26, 1973, S. 208–265.